COLLECTION
DES MÉMOIRES

RELATIFS

A L'HISTOIRE DE FRANCE.

SUITE DE LA VIE DE GUIBERT DE NOGENT, PAR LUI-MÊME. — VIE DE SAINT-BERNARD, PAR GUILLAUME DE SAINT-THIERRI, etc.

PARIS, IMPRIMERIE DE A. BELIN,
rue des Mathurins-Saint-Jacques, n. 14.

COLLECTION
DES MÉMOIRES

RELATIFS

A L'HISTOIRE DE FRANCE,

DEPUIS LA FONDATION DE LA MONARCHIE FRANÇAISE JUSQU'AU 13ᵉ SIÈCLE;

AVEC UNE INTRODUCTION, DES SUPPLÉMENS, DES NOTICES
ET DES NOTES;

Par M. GUIZOT,

PROFESSEUR D'HISTOIRE MODERNE A L'ACADÉMIE DE PARIS.

A PARIS,

CHEZ J.-L.-J. BRIÈRE, LIBRAIRE,

RUE SAINT-ANDRÉ-DES-ARTS, N°. 68.

1825.

VIE DE GUIBERT DE NOGENT.

LIVRE TROISIÈME.

Comment il arriva que Gaudri, évêque de Laon, mourut dans les tortures, et que l'église et la ville presque tout entières furent la proie des flammes.

CHAPITRE PREMIER.

Nous allons maintenant, comme nous l'avons promis, parler des gens de Laon, ou plutôt raconter les troubles qui désolèrent cette cité. Il faut d'abord expliquer comment, à notre avis, la perversité des évêques de cette ville fut la source d'où découla le principe de tout le mal. Comme cette perversité remonte fort haut et dura long-temps, il semble utile d'en parler, dans cet ouvrage, en partant de l'évêque Ascelin, qu'on appelait aussi Adalbéron[1]. Celui-ci était, selon ce que nous avons appris, né en Lor-

---

[1] C'est l'auteur du poème satirique adressé au roi Robert, que nous avons publié dans le tome VI de cette collection.

raine, possédait de vastes domaines ainsi que de grandes richesses de tout genre, et, par toutes sortes de violences, il procura au siége de Laon, auquel il avait été promu, des biens immenses. Il décora en effet son église des ornemens les plus magnifiques, et ajouta beaucoup aux revenus et aux droits, tant du clergé que de l'évêché; mais tous ces dons, il les souilla par la plus criante iniquité. Qu'est-il en effet de plus scélérat et de plus honteux que de trahir, comme il le fit, son seigneur et roi, un homme innocent, auquel il avait prêté serment de fidélité, et pour transporter dans une famille étrangère les droits appartenant à la race du grand Charles? et ce crime, à l'exemple de Judas, il le consomma le jour même de la cène du Seigneur. Et certes, dans cette expulsion du prince régnant et de ceux qui devaient lui succéder, ce ne fut pas l'utilité d'un changement, dans les circonstances où l'on était alors, qu'il considéra, mais bien l'accomplissement de ses desseins pervers contre des gens qui ne lui avaient fait aucun mal. Cependant Dieu différa la punition du forfait, et la ville ainsi que son évêque n'en continuèrent pas moins à jouir des prospérités temporelles.

CHAPITRE II.

Dans la suite Hélinand, homme d'une famille pauvre, d'une extraction obscure, très-peu lettré, et d'un extérieur assez chétif, parvint, par la recommandation de Gautier l'ancien, comte de Pontoise, dans le comté duquel il avait pris naissance, à se concilier la faveur d'Edouard roi des Anglais, dont l'épouse avait contracté je ne sais quel lien avec ledit comte. Hélinand devint chapelain de ce prince qui, connaissant le goût des Français pour l'élégance des manières, l'envoya souvent auprès de Henri roi des Français. Comme ce monarque était cupide et dans l'habitude de vendre les évêchés, Hélinand obtint de lui, par d'immenses et infâmes présens, la promesse que, si quelqu'un des évêques de France venait à mourir, il hériterait des ornemens pontificaux. A cette époque en effet l'Angleterre était célèbre par ses richesses infinies, et cet Hélinand, une fois placé dans la chapelle du roi et de la reine de ce pays, avait amassé de vastes monceaux d'or ; aussi grâces à la possibilité où il se trouvait de répandre, comme nous l'avons dit, des largesses, le roi Henri ne se montra point sourd à sa voix. On fit ce qui lui avait été promis, et on l'éleva au siége de Laon. Là, sachant bien qu'il ne pouvait se prévaloir ni d'aucune considération du côté de ses parens, ni de sa science dans les lettres, il mit toutes ses espérances de succès dans une opulence qui suppléait à bien des choses, et dont il savait faire usage avec beaucoup d'adresse et pour donner de somptueux banquets.

Il s'appliqua donc à élever et embellir des églises, et en paraissant faire ainsi beaucoup pour Dieu, il fournissait de puissans motifs de croire qu'il ne recherchait que les faveurs du ciel et attendait de ses seules bonnes actions l'illustration de son nom. Par ces artifices, il parvint ensuite au siége de l'archevêché de Rheims. Depuis deux ans déjà il l'avait obtenu, en prodiguant de grosses sommes au roi Philippe, homme très-vénal dans la distribution des biens de Dieu, lorsque le seigneur pape lui fit savoir que celui qui a une épouse ne peut en aucun cas en prendre et en conserver en même temps une seconde. Comme au surplus quelqu'un lui demandait pourquoi il portait son ambition si haut, il répondit nettement que, s'il pouvait arriver même à être pape, il ne se cacherait en aucune manière d'y prétendre.

Au reste, quel qu'il ait été au fond, soit par ambition, soit par tout autre motif humain, on doit le louer sans réserve, et de ce qu'il sut admirablement garantir de toute atteinte les droits de son église, et de ce que, par d'abondantes largesses, il accrut la splendeur de son siége et des églises qui en relevaient. Il était juste que les richesses du monde ne manquassent pas à celui qui les employait à rehausser l'éclat des maisons du Seigneur.

CHAPITRE III.

Cet Hélinand étant mort eut pour successeur Enguerrand, homme éminemment digne, par la noblesse de son origine et sa science dans les lettres, d'occuper le susdit évêché de Laon, mais d'une criminelle incurie pour la conservation des droits de l'église, en comparaison de son prédécesseur. Hélinand arracha en effet du roi Philippe, à force de prières et de présens, la restitution de certains revenus qu'autrefois la couronne avait enlevés par violence à ce siége épiscopal, et fit confirmer, par lettres royales dûment scellées, cette église dans la possession desdits revenus ; Enguerrand au contraire déshonora son entrée dans l'épiscopat en remettant tous ces biens au roi : déjà trois évêques se sont succédés dans Laon, depuis que son église est dépouillée de ces propriétés, et peut-être en restera-t-elle privée à tout jamais. Enguerrand a si bien fait par là qu'il a rendu, ce me semble, tous les évêques qui le suivront complices de sa simonie. Comment en effet des gens qui n'obtiennent la prélature qu'en affectant la plus grande crainte pour l'autorité royale oseraient-ils refuser des biens que lui, déjà évêque, a si damnablement abandonnés ? Comme cet Enguerrand était dépourvu de toute affection pour Dieu, tournait en dérision toute tempérance et toute dévotion, et se montrait ouvertement, par ses contes et ses propos licencieux, pire qu'un bouffon ou un baladin, ce fut de son temps que commencèrent à se manifester les causes de destruction de la cité de Laon, des églises de ce siége et de toute la province ; et il en arriva que lui-même n'eut pas une heureuse fin.

Il y avait en effet un certain homme du même nom que lui, Enguerrand de Boves, qui lui tenait de près par les liens du sang. Libéral, prodigue et dépensier sans mesure, cet homme affectait pour les églises un respect et une munificence sans bornes, choses dans lesquelles seulement il avait appris à faire consister la religion ; mais d'un autre côté il était tellement adonné à l'amour du sexe, qu'il avait toujours autour de sa personne quelques femmes achetées ou empruntées, et ne faisait généralement rien que ce à quoi le poussait leur effronterie. Ayant toujours échoué dans ses projets pour se marier, il se mit à courir les femmes d'autrui, parvint à séduire furtivement l'épouse d'un certain comte de Namur son parent, et, après l'avoir sollicitée secrètement au crime, finit par vivre publiquement avec elle comme avec une légitime épouse. Tous deux au surplus, pressés par la honte, auraient facilement abjuré cette union fréquemment frappée d'anathèmes, et que les conciles ont foudroyée de leur réprobation et de leurs malédictions, si l'évêque dont il s'agit, aveuglé par sa parenté avec l'homme, et par les flatteries perfides de la femme, n'eût molli dans son devoir. Sa lâche condescendance à favoriser cette union adultère alla jusqu'au point d'absoudre en secret une faute universellement condamnée et publiquement excommuniée. O honte pour lui! ceux même qu'il voulut persuader faussement de l'efficacité de cette absolution qu'il leur donnait, ne poussèrent jamais la présomption jusqu'à se croire vraiment absous.

Cependant, comme il est écrit que de la race du serpent il sortira un basilic, le mal qu'on favorise enfante violemment des maux pires encore. Aussi qui pourrait redire par combien de meurtres l'époux, à qui sa femme avait été ainsi enlevée, exerça ses fureurs sur le comté de Portian? Cette femme était la fille de Roger, comte de Portian, et le dernier fruit de sa tendresse. Pour elle, quoique née d'une mère de condition moyenne, il rejeta les fils et les filles qu'il avait eus d'une épouse d'un sang beaucoup plus noble; pour elle, cédant aux instances d'une marâtre, il priva de tous leurs droits ses premiers et légitimes héritiers ; enfin il la donna en mariage, avec son comté, au Lorrain Godefroi, comte de Namur. Pendant que celui-ci était occupé à guerroyer en Lorraine contre quelques-uns de ses ennemis, sa femme s'établit, par son ordre exprès, à Tournes, château du Portian. Là, comme son époux ne pouvait satisfaire aux devoirs conjugaux autant qu'elle le voulait, nul doute qu'elle ne se soit attachée à d'autres ; pour en être sûr il suffit de remarquer qu'elle ne serait pas montée au comble d'un déshonneur aussi public et aussi monstrueux que celui où on la voyait, si elle ne fût descendue d'abord par tous les degrés des fautes cachées : ce qui surtout le prouve, c'est qu'elle sortit grosse de la couche d'un autre quand elle vint prendre dans celle d'Enguerrand la place qu'elle occupait alors. Tous ceux, au surplus, qui l'ont connue sont d'opinion que nous aurions trop à rougir, non seulement de détailler le cours de ses déportemens, mais même de les rappeler dans notre mémoire.

Cependant Godefroi, son mari, était jeune et beau de tous points ; cet Enguerrand, au contraire, à qui elle s'abandonnait, était un homme d'un âge avancé. Les feux de la guerre commencèrent donc à s'allumer entre ces deux rivaux, avec tant de fureur que tous ceux des gens d'Enguerrand qui tombaient dans les mains du Lorrain étaient pendus à des fourches patibulaires, ou bien avaient les yeux crevés ou les pieds coupés. Ceux qui, même encore aujourd'hui, visitent la contrée du Portian, le reconnaissent avec certitude, et moi-même j'ai entendu affirmer par un homme du pays, qui prit part dans le temps à une boucherie de ce genre, que dans un seul jour, douze hommes environ, faits prisonniers dans une rencontre, furent attachés à la fois à une même potence. Quelques-uns, en effet, des principaux du Portian avaient été entremetteurs et auteurs de la fuite de cette femme infidèle, et pour cela ils traînèrent une vie et subirent une mort infâmes. Aussi que signifie la fable de Vénus insensible aux feux de Vulcain, et qui se jette dans les bras de Mars, sinon l'emportement des passions lubriques, dont la rage se tourne en cruauté ? Qui pourrait redire les pillages, les incendies et les autres maux qu'a coutume d'engendrer tout orage pareil à celui qui éclata pour lors ? Ils furent si grands qu'ils forcent au silence ceux qui seraient tentés de les rapporter.

Ce fut donc par un bien coupable aveuglement que le dit seigneur évêque se permit d'absoudre des gens qui vivaient dans une union si diabolique. Nous pourrions raconter encore des mœurs de ce prélat beaucoup de choses qu'il vaut mieux taire ; mais, ce qui l'emporte sur tout le reste, c'est qu'il n'était nullement aiguillonné ni ramené à Dieu par la conscience de son péché. Atteint à la fin par les infirmités, sans que celles-ci le retirassent du vice, ses sens furent tout à coup tellement engourdis, et il se vit si rapidement enveloppé des ombres de la mort, qu'on ne put en tirer une parole raisonnable ; ce fut de force, par les soins des autres, et sans qu'on lui demandât son avis, qu'on fit venir un confesseur ; et qu'on lui apporta l'extrême-onction et la communion. Lorsque déjà sa langue et ses yeux nageaient dans les flots de la mort, arriva cet autre Enguerrand, qu'il avait serré plus fortement dans les liens du péché, en le déliant mal à propos, et auquel les clercs avaient, comme à un excommunié, interdit l'entrée de la maison, pour que le mourant reçût l'extrême-onction. Celui-ci, fondant en pleurs, appelait le prélat à haute voix, disant : « Seigneur évêque, voici votre Enguerrand, je suis votre parent. » L'autre alors, qui n'avait pu demander ni à se confesser ni à recevoir l'extrême-onction et la communion, jeta ses bras au col de son parent, l'attira vers lui et le tint fortement embrassé. Après cette action, qui scandalisa tous les assistans, il ne prononça plus que des paroles pleines de délire jusqu'au moment où il rendit l'âme. La femme même, pour l'amour de laquelle il s'était conduit comme on a dit, raconta maintes fois et publiquement, en citant les détails de cette affaire, que ce qu'il avait fait méchamment pendant sa vie, il l'avait, pour ainsi dire, par un dernier pas dans la malice, confirmé à sa mort. Voilà comment le ciel révèle les iniquités de certaines gens, afin que la terre s'élève contre eux, et qu'ils deviennent un sujet d'horreur pour ceux-là même auxquels ils se sont efforcés de plaire par d'infâmes moyens.

CHAPITRE IV.

Cet homme étant mort ainsi, le siége de l'église de Laon demeura vacant pendant deux années ; à la fin, nous nous réunîmes pour élire un évêque. Du nombre de ceux qui se trouvèrent à cette assemblée, fut ce même Enguerrand, qui, par ses sollicitations auprès du roi, avait fait nommer le dernier évêque, à qui cependant ce même prince avait refusé précédemment divers évêchés, à cause de ses vices. Tous ses efforts et ses discours tendaient à obtenir que celui qu'on élirait évêque lui fût entièrement dévoué. Le roi et le clergé le favorisaient puissamment dans les brigues qu'il faisait pour déterminer le choix de l'évêque, et cela dans le seul but que celui-ci osât moins s'élever contre son prétendu mariage. Pour la perte de la ville et au détriment de toute la province, on nomma un certain Gaudri, référendaire du roi des Anglais, qu'on avait appris être fort riche en or et en argent.

Avant que cette élection se fît, les deux archidiacres de l'église de Laon, Gautier et Ébal, furent portés à la chaire épiscopale par suite des contestations qui s'élevèrent entre les électeurs ; mais le jugement du siége apostolique les rejeta tous deux. Gautier en effet n'était point clerc, et avait toujours mené la vie de chevalier ; quant à l'autre, on l'accusait d'incontinence dans l'amour des femmes. Ceux-ci écartés, un troisième candidat, desirant se placer sur le siége épiscopal, se rendit à la cour, et tout en se donnant comme ne voulant agir que pour un autre, il parvint à faire tomber sur lui-même la promesse de l'évêché. Il traita avec le roi moyennant de magnifiques et nombreux présens, et, tout bouffi de son succès, il se repaissait, non de richesses réelles, mais d'espérances et de promesses de richesses. De retour chez lui, il s'attendait à être, le dimanche suivant, placé sur la chaire épiscopale par les envoyés royaux; mais voilà que Dieu, qui se plaît à tendre des piéges à de tels hommes, et à les renverser au moment où ils sont le plus élevés, frappa ce superbe d'une maladie mortelle. Ce fut donc mort qu'on l'apporta, ce même dimanche, dans cette même église, où il se flattait d'être reçu comme évêque par le peuple et le clergé : à peine, au reste, son cadavre y fut-il déposé, qu'il creva, selon ce qu'on m'a rapporté, et que des flots d'une humeur fétide s'en écoulèrent jusqu'au milieu du chœur. Mais revenons au sujet dont nous nous sommes écartés.

Grâces donc d'abord aux intrigues d'Enguerrand, et ensuite à l'appui que d'autres prêtèrent à ses mauvaises manœuvres, le clergé, au mépris des canons, sollicita [1] le roi des Anglais, qui tenait alors sa cour à Rouen, d'appuyer l'élection du susdit Gaudri, de qui on espérait, bien à tort, de grands avantages. Celui-ci, qui ne doutait nullement qu'on ne l'élût, mais n'appartenait à aucune église à quelque titre que ce fût, et n'avait jamais reçu des ordres sacrés autre chose que la cléricature, ni mené jusqu'alors d'autre vie que celle d'un soldat, travailla, au moyen de son parti, à être sur-le-champ fait sous-diacre, et à obtenir un canonicat dans l'église de Rouen. Comme donc tous donnaient leur assentiment à ce qu'on l'acceptât pour évêque, Anselme, homme qui, par sa science dans les lettres et la douceur de ses mœurs, était la lumière de toute la France, et même du monde latin, s'opposa seul à ce choix. Cet Anselme avait su positivement, et par le témoignage de

[1] D'Achery met en marge que *le roi des Anglais sollicita l'élection* ; le texte latin veut dire également que *l'élection fut sollicitée du roi*. Ce qui a fait adopter le sens auquel on s'est arrêté, c'est que plus bas il est dit que l'on *avait sollicité l'élection du roi des Anglais*.

gens dignes de foi, quel était l'homme, tandis que moi je suivais, quoique bien à contre cœur, le parti d'un homme qui m'était inconnu. J'étais, certes, de ceux à qui cette élection déplaisait; mais, par une timidité coupable, j'obéissais à l'autorité de mes supérieurs en dignité.

A son entrée dans la ville, Gaudri fut reçu avec la pompe la plus mondaine, et peu après me pressa de me rendre à Rome avec lui. Il résolut d'emmener avec lui dans ce voyage, en les défrayant de toutes dépenses, Adalbéron, abbé de Saint-Vincent, natif de Soissons, et très-lettré, l'abbé de Ribemont, qui n'était pas non plus sans instruction dans les lettres, et moi, beaucoup plus jeune en âge et en science que les deux autres. Nous nous mîmes en route et apprîmes par le bruit public, en arrivant à Langres, que le seigneur pape Pascal avait quitté Rome et s'approchait des frontières du diocèse où nous nous trouvions. Nous séjournâmes donc huit jours dans cette cité de Langres.

Lorsque le seigneur pape fut arrivé à Dijon, des clercs de Laon, dont le susdit évêque élu, Gaudri, avait traîné un grand nombre à sa suite, allèrent au devant du pontife dès qu'ils le virent établi dans ledit château de Dijon, et lui parlèrent en faveur du choix qu'ils avaient fait. Le pape, déjà instruit de cette affaire par une foule de rapports, promit qu'il ferait toutes choses suivant les desirs de ceux qui le sollicitaient. Voici pourquoi il en fut ainsi. Gaudri avait été élu quoiqu'il ne fût pas dans les ordres, sans compter d'autres motifs d'exclusion, et ces faits, le susdit Anselme les avait fait parvenir aux oreilles du pape ; mais les officiers du palais de ce pontife, c'est-à-dire ses domestiques, ayant appris quelle était l'opulence de cet homme, s'en félicitèrent et se concertèrent pour l'appuyer de leurs éloges : car c'est leur usage de s'apprivoiser dès qu'ils entendent résonner le nom de l'or.

Le lendemain du jour où le pape fut reçu dans la ville de Langres, il traita l'affaire de l'élection de Laon. Lorsque j'eus lu devant lui le procès-verbal de cette élection, dans lequel il était parlé, assez bien et mieux même qu'il ne fallait, de la vie et des mœurs de Gaudri, le pape appela près de lui nous autres abbés qui nous trouvions à Langres, ainsi que quelques prêtres de l'église de Laon, venus avec l'évêque élu ; puis il commença à entrer en conférence avec nous, prenant son texte de ce qu'il venait d'entendre lire touchant cette élection. L'assemblée comptait un grand nombre de personnages distingués, tels que des évêques italiens et français, des cardinaux même, et d'autres gens fort lettrés. Le pontife nous demanda premièrement pourquoi nous avions choisi un homme qui nous était inconnu. Comme aucun des prêtres, dont certains ne savaient pas même les premiers élémens de la langue latine, ne répondait à cette question, il se tourna vers les abbés. J'étais assis entre mes deux collègues. Ceux-ci gardant aussi le silence sur le sujet mis en avant, on commença de droite et de gauche à me presser de parler ; intimidé par ma jeunesse, et craignant d'être taxé de témérité pour oser prendre la parole dans une telle assemblée et sur un si grave sujet, je ne pus qu'à grand'peine, et en rougissant, me résoudre à ouvrir la bouche. La discussion avait lieu, non dans notre langue maternelle, mais dans celle des hommes lettrés; je m'attachai donc, quoique avec une grande confusion d'esprit et de visage, à parler d'une manière qui convînt au goût de celui qui nous interrogeait; enveloppant de formes de langage, arrangées avec art, des expressions mitigées, mais qui ne s'éloignaient pas entièrement de la vérité, je dis que nous ne connaissions pas, il est vrai, pour l'avoir vu familièrement et pratiqué, l'homme dont nous avions fait choix, mais que nous avions reçu des rapports favorables sur son intégrité. Le pape s'efforça de confondre mes argumens par cette citation de l'Évangile : « Celui qui a vu rend témoignage[1]. » Mais comme il n'élevait pas explicitement l'objection que Gaudri eût été élu par la volonté de la cour, tout subterfuge de chicane sur un tel point devenait inutile ; j'y renonçai donc, et confessai que je ne pouvais rien opposer aux paroles du pontife, ce qui lui plut fort, car il était moins lettré qu'il n'eût convenu à sa haute dignité. Sentant bien cependant que toutes les phrases que j'avais entassées, pour défendre notre élection et répondre à la première question posée par le pape, étaient de peu de poids, quoiqu'elles obtinssent un grand succès auprès de ce pontife, je me jetai ensuite sur les nécessités pressantes dans lesquelles se trouvait notre église, et je m'étendis d'autant plus sur ce sujet que la personne élue était moins propre aux fonctions de l'épiscopat.

Le pape demanda en outre quels ordres sacrés avait reçus Gaudri; à quoi je répondis qu'il devait être sous-

---

[1] Évangile selon saint Jean, chap. XIX, v. 35.

diacre. Le pontife s'enquit encore de l'église à laquelle il avait été attaché ; craignant de mentir sur ce point, j'hésitais ; mes collègues les abbés me soufflèrent que c'était l'église de Rouen ; je le dis, mais en ajoutant, pour être fidèle à la vérité, que Gaudri n'y était entré que tout récemment. Enfin le pape nous somma de déclarer si celui que nous avions élu devait le jour à une union légitime. On lui avait dit en effet très-positivement que Gaudri était enfant naturel. Comme sur cet article je me montrais plus ferme que sur tous les autres, et que même je ne manifestais pas le moindre doute, le pape me dit : « Rendriez-« vous témoignage sur tous ces points ?—Sur les autres « articles, répondis-je, je me tais, mais sur celui-ci « je déclare en toute confiance que Gaudri n'est ni bâ-« tard ni enfant supposé. » Toutes les objections élevées contre l'élection, le pape ne les approfondit pas plus que je ne l'ai dit, et s'il les présenta d'une manière sérieuse, ce ne fut pas pour repousser Gaudri, mais parce que maître Anselme, qui avait attaqué près de lui l'élection sous tous ces rapports, était présent, et qu'il se pouvait que ce qu'il avait dit en arrière de Gaudri, il se portât à le lui reprocher en face.

Mais maître Anselme lui-même reconnut d'un coup d'œil sûr quels intérêts déterminaient, je ne dis pas le seigneur pape, mais les officiers de son palais, et il comprit combien il serait difficile d'arracher des mains de Gaudri l'or, cette vraie massue d'Hercule. Cet éloquent rhéteur, voyant donc les seigneurs prélats appuyer, mais uniquement pour la forme et par badinage, si j'ose m'exprimer ainsi, les uns l'avis du seigneur pape, les autres le mien, s'abstint de toute opposition. La discussion tomba donc promptement : le sujet élu fut amené au milieu de l'assemblée, et reçut du seigneur pape la faculté d'exercer les fonctions de l'épiscopat. L'assemblée fut alors dissoute, et le pape sortit. Aussitôt, voilà que des cardinaux font cercle autour de moi, me pressent, m'accablent d'ardentes protestations, et me disent : « Votre discours nous a fait un grand plaisir. » Ce plaisir, Seigneur, mon Dieu, tu le sais, avait moins sa source dans l'éloquence de mes paroles, que dans l'espoir d'avoir bonne part aux deniers dont Gaudri était arrivé chargé. Mon collègue, l'abbé de Saint-Vincent, Adalbéron et moi, nous leur avions apporté chacun vingt livres d'argent monnoyé ; c'en fut assez pour étancher la soif qui dévorait tous ces avides solliciteurs, et les déterminer à soutenir Gaudri et ses défenseurs.

Lorsqu'enfin ils se furent retirés, le camerlingue du seigneur pape, un nommé Pierre, moine de Cluny, qui avait recueilli à Rouen quelques renseignemens sur Gaudri, au moment où nous demandions au roi des Anglais de nous le donner pour évêque, vint à moi, et me dit en particulier ces mots : « Puisque
« le seigneur pape a bien voulu accepter votre té-
« moignage en faveur de la personne que vous
« desiriez, et vous écouter avec bonté, vous de-
« vez au moins engager l'homme sur qui s'est por-
« té votre choix, à obéir en toutes choses aux or-
« dres du pontife, et à le servir dans ses affaires afin
« qu'à son tour, et s'il en est besoin de nouveau,
« le pape vous écoute favorablement, en tout ce
« qui intéressera soit votre évêque, soit d'autres. »

Voilà comme on enduit de miel les bords d'un vase rempli d'une liqueur amère. Quoi de mieux, en effet, que de se conformer aux volontés du pape? Mais quoi de pire que de faire sa cour aux hommes, et de les payer pour en obtenir les grâces de Dieu? Quant à moi, je refusai fortement et avec horreur de me rendre l'entremetteur d'une telle affaire.

Gaudri reçut donc dans l'église de Saint-Ruffin l'onction épiscopale; mais ce fut pour lui un triste pronostic que le texte de l'Evangile du jour qui disait: « Votre âme sera percée par une épée[1]. » Lui-même, au reste, manifesta clairement ce que ces paroles de l'Evangile permettaient de conjecturer sur lui, lorsqu'à Langres, et après en avoir reçu la permission du pape, il s'avança processionnellement vers l'autel du martyr Mammet, à la tête des clercs chantant le *Te Deum laudamus*. Il entonna, en effet, le verset qui se présenta le premier à sa pensée, et ce fut celui où se trouvent ces mots? « Femme, voilà votre fils[2]; » et il alla ensuite se vanter partout de ce choix avec une grande jactance. Ce Gaudri se montrait dans le fait un homme merveilleusement inconséquent et léger dans ses habitudes et ses propos; il se plaisait surtout à parler d'actions militaires, de chiens et d'oiseaux de proie; toutes choses auxquelles il s'était formé chez les Anglais. Aussi arriva-t-il de là qu'un certain jour qu'il venait de faire la dédicace d'une église, et qu'un jeune clerc d'un bon naturel et moi nous l'accompagnions à cheval, Gaudri ayant rencontré un paysan armé d'une lance, ce bel

---

[1] Évangile selon saint Luc, chap. II, v. 35.
[2] Évangile selon saint Jean, chap. XIX, v. 26.

évêque, encore coiffé de la mitre qu'il portait dans la sainte cérémonie dont il sortait, enleva subitement l'arme de cet homme, et piqua des deux son cheval, tendant le bras comme s'il voulait frapper quelqu'un de cette lance. A cette vue le clerc et moi nous écriâmes, lui en langage vulgaire et moi en me servant des paroles du poète :

> *Non bene conveniunt nec in una sede morantur*
> *Cidaris et lancea* [1].

Cependant ce grand amas d'argent anglais, qui remplissait tant de coffres et de vases, et y était entré par de mauvais moyens, fut promptement dilapidé. J'ai en effet entendu affirmer au susdit maître Anselme, qui suivit Gaudri, déjà évêque, dans un voyage qu'il fit pour revoir les Anglais, que quand il fut arrivé dans le pays de ce peuple, il s'éleva, de quelque côté qu'il tournât ses pas, tant de plaintes sur les concussions à l'aide desquelles avait été acquis l'argent dont ces vases étaient pleins, que ledit maître comprit facilement que ces richesses, dont Gaudri faisait parade, avaient été volées à autrui et acquises par des voies criminelles.

[1] La tiare et la lance ne vont pas bien ensemble, et figurent mal sur une même personne.

CHAPITRE V.

Trois ans à peine après son ordination cet évêque leva, pour ainsi dire, l'étendard, et fit voir ce qu'on devait attendre de son épiscopat. On comptait parmi les principaux de la cité de Laon le châtelain d'un monastère de filles, homme très-courageux, nommé Gérard. Quoique d'une petite taille, et en apparence d'une frêle constitution, il avait une telle vivacité de langage et d'esprit, et une telle ardeur pour le métier des armes, qu'il s'était fait redouter et respecter du plus grand nombre dans les pays de Soissons, de Laon et de Noyon; plus il s'était acquis au loin une vaste réputation de bravoure, plus, quelquefois, il déchirait ses voisins par d'âcres propos, sans toutefois s'en permettre jamais contre quelqu'un d'honnête. Il arriva de là qu'il ne se fit aucun scrupule de dénigrer en secret la comtesse dont nous avons parlé ci-dessus [1], et même de s'exprimer publiquement sur son compte avec indignation. En cela il avait grand tort; car c'était s'élever contre Enguerrand, le tenant de ladite femme, lequel l'avait comblé de biens. Lui-même d'ailleurs, avant de se choisir une épouse, avait vécu dans une indigne familiarité avec cette comtesse dont nous parlons; mais, après avoir été long-temps son galant, il rompit avec elle tout commerce de prostitution dès qu'il se fut marié.

[1] Chap. III.

A leur tour sa femme et la comtesse commencèrent à s'attaquer de paroles infâmes. Toutes deux, en effet, étaient bien instruites de leurs anciens et mutuels déportemens, et mieux elles se connaissaient réciproquement, plus elles parlaient l'une de l'autre d'une manière honteuse. La comtesse donc, qui savait que le mari de l'autre femme lançait fréquemment contre elle de rudes sarcasmes, était furieuse contre lui, comme si c'eût été un mari qui l'eût répudiée ignominieusement. Aussi, plus méchante que le serpent le plus venimeux, conjurait-elle de jour en jour avec plus d'emportement la perte de cet homme.

Mais comme Dieu met toujours une pierre d'achopement sur le chemin de ceux qui pèchent volontairement, il s'éleva tout à coup, pour causer la perte de Gérard, une affaire que voici. Quelques difficultés étant survenues entre lui et l'évêque Gaudri, Gérard s'expliqua d'une manière inconvenante sur ce prélat et ses commensaux. Celui-ci, bien loin de le supporter patiemment, machina, de concert avec les siens et presque tous les grands de la ville, le meurtre de Gérard; tous firent à l'envi le serment de se prêter une mutuelle assistance pour ce crime, et plusieurs même des femmes les plus riches entrèrent dans le complot. L'évêque alors, laissant l'exécution de cette affaire aux mains des conjurés, et cédant aux sentimens les plus coupables, se mit en route pour la ville des saints apôtres. Mais, grand Dieu! tu le sais; ce n'était pas les saints apôtres qu'il allait chercher; il voulait seulement que son absence fît croire qu'il n'était pour rien dans l'horrible forfait qui se préparait. Il partit donc à peu près vers la fête de saint Martin, et une fois arrivé à Rome, il y resta jusqu'au moment où il apprit que l'on avait consommé le meurtre de l'homme, objet de sa haine, d'autant plus détesté des méchans qu'il était moins odieux aux bons. La chose se passa comme je vais le dire.

Le sixième jour après l'octave de la fête de l'apparition de Notre-Seigneur, et au moment où le crépuscule du matin commençait à blanchir le ciel, Gérard sortit de son lit pour se rendre à la principale église de la bienheureuse Marie. L'un des premiers de la cité, qui faisait partie des conjurés, étant alors venu le trouver, Gérard lui raconta un songe qu'il avait eu cette même nuit, et qui, disait-il, lui causait encore une grande terreur. Il lui avait paru, en effet, que deux ours lui arrachaient du corps le foie ou le poumon, je ne sais pas bien lequel des deux. Mais hélas! ô douleur! dans ce temps, ce malheureux homme était exclu de la communion. La cause de cette exclusion, la voici : Un certain moine, qui demeurait à Barisy de Saint-Amand, avait amené avec lui, pour les instruire dans la langue des Francs, deux jeunes enfans qui ne savaient parler que la langue teutonique. Barisy était, avec tous les domaines qui en dépendaient, sous la protection de Gérard. Celui-ci, voyant ces enfans vêtus élégamment, et sachant qu'ils n'étaient pas d'une naissance obscure, les enleva, et força leurs parens à les racheter. Leur mère lui envoya donc, outre l'argent convenu, une tunique faite de peaux de rats étrangers, et du genre de celles qu'on appelle rénales, parce qu'elles ne descendent pas au dessous des reins.

Revêtu de cette tunique, et ayant par-dessus une

robe de pourpre, Gérard, suivi de quelques cavaliers, et monté lui-même sur son cheval, se rendit à la susdite église. Dès qu'il y fut entré, il s'arrêta devant l'image de Notre-Seigneur attaché à la croix, tandis que ses compagnons allaient çà et là visiter les divers autels des saints. Les agens des conjurés étaient aux aguets, et l'on vint bientôt à l'évêché annoncer aux gens de l'évêque que Gérard de Crécy, surnom qu'il portait comme seigneur de ce château, faisait ses prières dans l'église. Tous aussitôt prennent leurs glaives, les cachent sous leurs manteaux, et ayant à leur tête Rorigon, frère de l'évêque, passent sous la voûte qui entoure la partie supérieure de la basilique, et parviennent jusqu'à l'endroit où priait Gérard. Celui-ci était alors appuyé contre une certaine colonne qu'on appelle le pilier, et du pupitre jusque vers le milieu du temple se trouvaient plusieurs autres colonnes placées çà et là. Comme il était fort matin, il faisait encore très-sombre, et l'on voyait à peine quelques hommes épars dans cette vaste église : les meurtriers se jettent donc par derrière sur ce malheureux qui priait, ayant la ceinture de son manteau détachée et jetée en arrière, et les mains jointes sur la poitrine pendant ses oraisons. L'un des assassins, l'économe de l'évêque, tirant fortement par en bas la robe de Gérard, l'emprisonne si bien dedans qu'il ne pouvait remuer facilement les mains, et lui dit, après l'avoir ainsi saisi à l'improviste : « Tu es pris. » Gérard, qui était borgne, tournant sur lui son œil farouche, et le regardant avec sa férocité ordinaire, lui répliqua : « Va-t-en loin d'ici, obscène parasite. » Mais l'autre, s'adressant à Rorigon, lui cria : « Frappez-le donc. »

Celui-ci, tirant sur-le-champ l'épée qu'il portait à son côté gauche, blessa Gérard à l'endroit où le nez se réunit au front. L'infortuné, sentant le coup, leur dit : « Menez-moi où vous voudrez. » Mais les meurtriers le percèrent bientôt de coups redoublés, et se mirent à l'accabler de tous côtés. Lui alors, désespérant de ses forces, s'écria : « Sainte Marie, secourez-moi ! » Et à ces mots il expira dans les plus cruelles souffrances.

Dans ce complot étaient, outre l'évêque lui-même, les deux archidiacres de l'église de Laon, Gautier et Gui. Ce dernier, qui exerçait aussi la charge de trésorier, habitait une maison qui touchait à la basilique. De cette demeure sortirent en toute hâte deux domestiques, qui coururent à l'église et prirent part à cet horrible assassinat. Il avait, en effet, été convenu, sous le sceau d'un serment sacrilége, que si les gens de la cour de l'évêque soupçonnaient que le meurtre s'exécutât, ils viendraient de cette même maison prêter leur assistance aux conjurés. Comme donc ceux-ci avaient, outre beaucoup d'autres blessures, rompu à Gérard le cou et les jambes, et que leur victime étendue dans le milieu de la basilique, en proie aux plus cruelles douleurs, poussait d'affreux mugissemens, quelques clercs qui se trouvaient alors dans le chœur, et plusieurs pauvres femmes qui allaient çà et là faire leurs oraisons, murmurèrent, et saisis d'une horrible frayeur, osèrent même faire éclater des cris de mécontentement. Le crime consommé, les deux principaux assassins, dont nous avons parlé, retournèrent au palais épiscopal : là se joignirent à eux les grands de la ville, qui par là trahirent eux-mêmes la part qu'ils avaient à cette infâme trahison; là aussi se réunirent les deux archidiacres. Mais le préposé royal, nommé Yves, homme d'une grande habileté, rassembla aussitôt les hommes du roi et les bourgeois de l'abbaye de Saint-Jean, dont il avait été le protecteur, assiégea, dévasta et brûla les maisons des conjurés, et les chassa eux-mêmes de la cité: alors les archidiacres qui, avec les grands, étaient les meurtriers de Gérard, s'en allèrent, parcourant tout le pays, et réclamant hautement l'exécution des promesses que leur avait faites, sur cette affaire, l'évêque absent.

CHAPITRE VI.

Ce prélat cependant prolongeait son séjour à Rome, semblait prendre plaisir à jouir de la présence du prince des apôtres, et, dans le fait, attendait, l'oreille toujours attentive, qu'il lui arrivât des régions de la Gaule quelque nouvelle conforme à ses desirs. On lui apprit enfin que ses vœux étaient accomplis: mais il fut impossible de cacher au seigneur pape le grand crime consommé dans une si grande église. L'évêque va donc trouver le pontife, lui parle, et à force de présens et d'adulations, parvient à éloigner de lui l'affreux soupçon de ce forfait. Alors il quitte Rome et revient avec un visage encore plus joyeux que de coutume. Cependant comme l'église, qu'on avait si cruellement souillée par cette œuvre d'iniquité, sentait le besoin d'être purifiée, on envoya un messager à Hubert, évêque de Senlis; et ce fut ce prélat, dégradé dans la suite pour cause de simonie, qu'on appela pour faire une si imposante cérémonie! Dans l'assemblée du peuple et du clergé, tenue à cette occasion, il me fut enjoint par maître Anselme, doyen de l'église de Laon, et par les chanoines, de prononcer devant le peuple un sermon sur le triste forfait qui s'était commis récemment. La teneur de ce discours rentrait dans l'idée que je vais en donner ici.

« Sauvez-moi, dis-je, ô mon Dieu, parce que les
« eaux sont entrées jusque dans mon ame; je suis en-
« foncé dans une boue profonde, où il n'y a point
« de fermeté¹. Si jusqu'à présent, en effet, vous
« avez eu à supporter des maux quelconques, aujour-
« d'hui le glaive est parvenu jusqu'au fond de vos
« ames²; vous vous êtes enfoncés dans une boue
« profonde, lorsque vous vous êtes précipités dans
« des maux extrêmes et désespérés, que vos péchés
« ont trop mérités. Cette boue est sans fermeté, car
« ceux auxquels vous devez recourir dans vos périls,
« vos chefs et vos grands ont perdu toute puissance
« et toute honnêteté. Si, dans d'autres temps, vos
« corps ont été quelquefois accablés des coups que
« vous vous portiez dans votre mutuelle hostilité,
« l'ame du moins était garantie de toute blessure :
« car cette église, en qui reposait l'espoir du salut,
« exempte de tous maux, florissait intérieurement et

¹ Psaume 68, v. 2, 3.
² Le texte dit *meam*, est parvenu *jusques au fond de mon ame*. Mais dans cette phrase les mots *mala habuistis*, et la suite où Guibert s'adresse aux auditeurs, prouvent que *meam* est de trop, ou qu'il faut *vestram*.

« se livrait à la joie : mais les eaux et le glaive entrent
« dans l'ame, quand les tribulations et les divisions
« pénètrent jusque dans les replis de l'intérieur et
« souillent le séjour de toute sainteté. Quel respect
« pensez-vous que je puisse obtenir de vous, qui
« méconnaissez les choses spirituelles, la dignité
« d'un lieu, qui n'a pu même assurer à des corps la
« protection de la prière ? Voilà que Dieu nous a
« fait sentir les effets de sa colère et de son indigna-
« tion, qu'il nous a accablés du poids de sa fureur, et
« nous a affligés par différens fléaux, qu'il nous a
« envoyés par le ministère des mauvais anges[1].
« La colère est le fruit de l'indignation ; la colère
« prend sa source dans l'indignation; s'indigner,
« comme vous le savez, est moins que se laisser em-
« porter à la colère : n'était-ce pas seulement de l'in-
« dignation que Dieu ressentait à bon droit contre
« vos péchés, lorsqu'il permettait que souvent vous
« souffrissiez, hors des murs de votre cité, le pil-
« lage, l'incendie et la mort ? Mais n'est-ce point sa
« colère qu'il a manifestée, quand les guerres ont été
« transportées du dehors au dedans même de la ville,
« et que des haines civiles ont commencé à exercer
« parmi nous leur rage ; lorsque de mutuelles fureurs
« ont animé les seigneurs contre les bourgeois, et
« les bourgeois contre les seigneurs ; lorsque, trans-
« portés d'une inimitié qui n'eût dû jamais exister,
« les hommes des abbés se sont précipités, les armes
« à la main, contre ceux de l'évêque, et les hommes
« de l'évêque contre ceux des abbés ? Mais parce que
« ni l'indignation ni la colère du Seigneur ne vous ont

[1] Psaume 77, v. 49.

« nullement amenés à vous corriger, il a enfin affligé
« de tribulations vos cœurs endurcis. Car, quand
« vous le fuyiez, ce n'est ni par le spectacle d'une
« misérable petite église inconnue, souillée du sang
« chrétien, ni par celui d'excès commis ailleurs que
« dans une église, qu'il vous a frappés et perdus en-
« tièrement; mais il a permis que la rage la plus in-
« fernale, conduite par les calculs les plus impies,
« ait égorgé au milieu de vous, et devant l'image
« même de Jésus-Christ attaché à la croix, un homme
« qui se livrait à la prière; et cela s'est fait, je le re-
« pète, non pas dans une église inconnue, mais dans
« la plus florissante des églises des Gaules, dans une
« église dont la renommée s'étend même au-delà des
« bornes du monde latin! Et quel homme a-t-on
« ainsi assassiné? N'est-ce pas un homme que re-
« commandait une naissance illustre, qui, dans un
« petit corps, portait une grande ame, et que l'éclat
« de ses armes a rendu célèbre dans toute la France?
« Le forfait, le lieu où il a été commis, la honte qui
« en rejaillit sur vous, de toutes parts on les redira.
« Si donc vous n'étiez pas contristés de cœur, et du
« plus profond de l'ame, de ce malheureux événe-
« ment, si vous n'étiez pas touchés d'un si grand
« déshonneur fait au sanctuaire, sachez-le bien, Dieu
« ouvrira une large voie au passage de sa colère, et il
« déploiera au grand jour, pour votre perte, l'animo-
« sité qu'il avait jusqu'ici tenue cachée dans l'ombre.
« Et pensez-vous que Dieu à la fin épargnera de vils
« chevaux, c'est-à-dire vos corps, lui qui, à cause
« de votre incorrigible perversité, n'a pas eu pitié
« de la mort de vos ames? Comme donc la plus cou-

« pable persévérance dans votre conduite a soulevé
« contre nous la vengeance divine, soyez certains
« que, si vous ne vous réformez sous la verge du Sei-
« gneur, vous tomberez dans l'état le plus affreux,
« par suite des guerres intestines qui ont pris racine
« parmi vous. »

Après avoir exposé ces choses et d'autres semblables, par l'ordre du clergé et la volonté du peuple, j'annonçai que les assassins du noble homme Gérard, les fauteurs et complices de ce forfait, ainsi que les gens qui leur avaient prêté secours, ou avaient fait société avec eux, allaient être excommuniés par l'évêque venu pour purifier l'église. Ces coupables ayant, en effet, été excommuniés de la bouche de tous les assistans, l'église fut solennellement purifiée. Cependant on porta bientôt jusqu'aux oreilles des archidiacres et des grands, qui s'étaient retirés de la ville, la nouvelle de l'anathême prononcé contre eux. Tous ces hommes exclus de la communion de l'église, irrités du sermon que j'avais fait et de l'excommunication fulminée contre eux, tournèrent sur moi leur haine ; rien n'égala surtout la fureur dont se sentit enflammé contre moi l'archidiacre Gautier ; qui l'entendait dans sa colère, croyait ouïr le fracas du tonnerre : mais, grâces à la volonté de Dieu, je ne fus atteint d'aucun coup de cette foudre. Au reste, taisons-nous sur ce ce qui nous concerne, et revenons promptement et sagement aux choses dont nous avons encore à parler.

CHAPITRE VII.

Le seigneur évêque Gaudri revint cependant de Rome avec une ample provision de lettres apostoliques dûment scellées. Mais comme, après le meurtre de Gérard, l'opinion générale accusait l'évêque de n'être pas étranger à ce crime, quoique ce prélat se fût efforcé de se mettre à l'abri de tout soupçon en prétextant une absence, le roi avait ordonné que l'on dépouillât le palais épiscopal de tout ce qui pouvait s'y trouver en grains, vin et lard. Ce dommage et sa cause, l'évêque les avait appris pendant son séjour à Rome; il fit donc adresser par le pape[1] des lettres au Roi qui avait résolu de le chasser de son siége, et commandé qu'on lui enlevât ses provisions. Il apporta également des dépêches apostoliques à ses collègues les évêques et aux abbés, tant de son diocèse que des autres. Sur son chemin était le pont de l'Aigle, rivière qui forme, ainsi que nous l'avons dit plus haut, la limite entre les territoires de Laon et de Soissons : au moment où Gaudri entra sur les terres de la première paroisse de son évêché, les archidiacres et les grands que nous venions d'excommunier, s'empressèrent d'accourir au-devant de lui. Il les reçut avec une tendre affection, leur prodigua

---

[1] Le texte dit simplement des *lettres*; mais d'abord, Gaudri les apporte; donc elles ne sont pas de lui; et plus bas, il montre des lettres du pape. C'est ce qui a déterminé à traduire *apicibus* par *lettres* apostoliques, et à mettre ici, des *lettres* du pape.

les caresses et les embrassemens, ne jugea pas digne de sa visite l'église de la bienheureuse Marie, à laquelle Dieu a voulu que nous fussions attachés, le premier temple qui se trouvait sur sa route, aux confins de son évêché, mais eut une longue conversation particulière avec ces hommes qu'il regardait comme les seuls qui lui fussent demeurés fidèles. De là, continuant son voyage, il logea dans Coucy avec tous ces mêmes gens.

Quant à moi, apprenant cela et ne voyant qu'avec grande horreur une telle conduite de sa part, je m'abstins entièrement de me présenter à ses regards et d'aller le saluer. Trois jours après, si je ne me trompe, étouffant extérieurement la colère qu'il respirait intérieurement contre moi, et dont ses familiers l'avaient enflammé par les raisons déduites plus haut, ce prélat me manda de venir le trouver. M'étant présenté chez lui, et voyant la maison pleine de ces homicides et excommuniés, je fus dans de vives angoisses. L'évêque, me montrant alors des lettres du pape, me conjura de ne point me prononcer pour son exclusion. Je promis de travailler pour lui autant que je le pourrais, mais ce ne fut ni de cœur ni de bonne foi que je donnai cette parole. Je ne voyais que trop, en effet, ses mauvaises intentions par ses rapports familiers avec ceux qui avaient si honteusement souillé sa propre église et encouru l'excommunication; auprès de lui étaient assis cet Enguerrand dont j'ai parlé plus haut, et cette comtesse qui, la veille même du jour où Gérard fut massacré, avait aiguisé par ses méchans propos les glaives des deux principaux auteurs de cet assassinat, et s'était complus à recevoir des preuves de leur affection. Comme cependant l'évêque était exilé de la cité par l'ordre du roi, se laissant emporter à la plus téméraire audace, il menaçait d'y rentrer et de s'y replacer à l'aide de bandes de gens de guerre; et, ce qui à peine aurait été possible aux César et aux Auguste, il se vantait de l'exécuter par la force des armes. Il rassembla donc un corps de cavaliers, et, comme il lui arrivait toujours, il consuma, sans aucun fruit, dans cette occasion, une grande quantité d'approvisionnemens de tout genre, qu'il avait réunis par de mauvais moyens. Enfin, après n'avoir recueilli que du ridicule de tant de préparatifs faits pour soutenir sa cause, il composa, par le moyen d'envoyés et à force d'immenses présens, avec le roi Louis-le-Gros, fils du roi Philippe, tant pour lui que pour les grands et les deux archidiacres, ses complices dans le meurtre de Gérard.

Etant donc rentré dans la ville, il tint un conciliabule dans l'église de Saint-Nicolas-des-Bois, et, au milieu de la messe qu'il y célébra, il annonça qu'il allait excommunier ceux qui, après la mort de Gérard, avaient condamné dans leurs biens et chassé de la ville les conjurés, auteurs de ce forfait. Ayant entendu ces paroles, je dis tout bas et à l'oreille à un abbé mon collègue, assis près de moi: « Écoute, je
« te prie, une chose tout-à-fait contraire au bon sens.
« Cet homme aurait dû excommunier ceux qui ont
« déshonoré son église par un crime horrible : et le
« voilà qui, au contraire, va venger les homicides
« des peines vengeresses du crime et justement por-
« tées contre eux, sur ceux qui voulaient les punir. »

L'évêque, qui redoutait les élans de toutes les bonnes consciences, m'ayant vu parler bas, se persuada que je disais quelque chose sur son compte, et m'apostropha en ces termes: « Que disiez-vous là, sei-« gneur abbé ? » Mais l'archidiacre Gautier, s'élançant de sa place avant que j'eusse pu répondre, s'écria : « Achevez, seigneur, ce que vous avez com-« mencé ; le seigneur abbé parlait d'autre chose. »

Gaudri prononça donc, au grand scandale du peuple et du clergé, l'excommunication de ceux qui avaient sévi contre les sacriléges bourreaux de Gérard et leurs auxiliaires. L'animadversion de la ville et du diocèse entier contre l'évêque fut de longue durée, parce qu'il tarda long-temps à excommunier les meurtriers de Gérard. A la fin, sachant que tous le tenaient pour suspect de participation au crime, et presque pour exécrable, il excommunia aussi les auteurs du forfait et leurs complices. Cependant il avait promis de grosses sommes d'argent aux familiers du roi, qui s'étaient fortement employés auprès de ce prince, tant pour lui que pour ses compagnons les sicaires nommés plus haut; mais il commença à rabattre beaucoup des promesses qu'il avait faites. Qui pourrait dire combien de reproches il entendit s'élever contre lui dans le public, tant que ceux qui dans cette œuvre de scélératesse avaient suivi son parti n'osèrent pas entrer dans le palais du roi, et que lui-même n'eut pas, à force d'or et d'argent, racheté leurs têtes de la mort funeste qui les menaçait ! Quant à lui, l'église ne pouvait l'accuser, puisqu'il avait réussi à se faire déclarer innocent par le siége apostolique.

CHAPITRE VIII.

Quelque temps après, comme il était allé demander de l'argent au roi des Anglais, autrefois son ami, et qu'il avait servi jadis, l'archidiacre Gautier et Gui arrangèrent, avec les grands de la ville, ce que je raconterai plus bas. Un tel malheur avait, depuis longues années, pesé sur cette cité, qu'on n'y craignait ni Dieu ni aucuns maîtres, et que chacun, selon son pouvoir et son caprice, remplissait la république de meurtres et de rapines. Pour parler, en effet, de ce qu'il y a de pire, s'il arrivait que le roi vînt dans la cité de Laon, lui, qui certes avait tout droit d'exiger, à la rigueur et comme monarque, le respect dû à sa dignité, lui-même, dis-je, était tout d'abord honteusement vexé dans ce qui lui appartenait; car, lorsqu'on menait, soit le matin soit le soir, ses chevaux à l'abreuvoir, on les enlevait de force, après avoir accablé ses gens de coups. Il était encore tellement passé en usage de traiter les clercs eux-mêmes avec le plus indigne mépris, qu'on n'épargnait ni leurs biens, ni leurs propres personnes. Tout vérifiait ce qu'on lit dans le prophète : « Alors le prêtre « sera traité comme le peuple[1]. » Mais que dirai-je de l'état des gens du peuple ? Aucun laboureur ne pouvait entrer dans la ville, aucun même ne pouvait en approcher, qu'il ne fût, à moins d'un sauf-conduit parfaitement en règle, jeté dans une prison et con-

[1] Isaïe, chap. XXIV, v. 2.

traint à se racheter, ou cité en jugement sans motif réel et sous le premier prétexte qui se présentait.

Rapportons pour exemple un seul fait qui, s'il se fût passé chez les Barbares ou les Scythes, serait certainement réputé ce qu'il y a de plus impie, au jugement même de ceux qui ne reconnaissent aucunes lois. Le samedi, les habitans des campagnes quittaient leurs champs, et venaient de tous côtés à Laon pour s'approvisionner au marché; les gens de la ville faisaient alors le tour de la place, portant, soit dans des corbeilles ou des écuelles, soit de toute autre manière, des échantillons de légumes, de grains ou de toute autre denrée, comme s'ils eussent voulu en vendre. Ils les présentaient au premier paysan qui cherchait de tels objets à acheter; celui-ci promettait de payer le prix convenu : alors le vendeur disait à l'acheteur : « Suis-moi dans ma maison afin de voir et d'examiner « la totalité des denrées que je te vends. » L'autre suivait; puis quand ils étaient arrivés jusqu'au coffre qui contenait la marchandise, l'intègre vendeur en levait et en soutenait le couvercle, disant à l'acheteur : « Mets la tête et les bras dans le coffre afin de mieux « t'assurer que toute cette marchandise ne diffère en « rien de l'échantillon que je t'ai montré sur la place. » Lorsque celui-ci, sautant sur le bord du coffre, y demeurait appuyé et suspendu sur le ventre, ayant la tête et les épaules penchées dedans, le brave vendeur, qui se tenait en arrière, soulevait le rustre imprudent par les pieds, le poussait à l'improviste dans le coffre, et rejetant le couvercle sur lui au moment où il tombait, le gardait enfermé dans cette sûre prison jusqu'à ce qu'il se fût racheté. Ces choses et d'autres semblables se passaient dans la ville. Les grands et leurs agens exerçaient publiquement le vol et le brigandage à main armée ; il n'y avait nulle sécurité pour tout homme qui se trouvait de nuit dans les rues ; être arrêté, pris ou tué, voilà le seul sort qui l'attendait.

Le clergé, les archidiacres et les grands, voyant comme les choses allaient, et recherchant tous les moyens de tirer de l'argent des hommes du peuple, traitèrent avec ceux-ci par députés, offrant de leur accorder, s'ils payaient une somme convenable, la faculté de former une commune. Or, voici ce qu'on entendait par ce nom exécrable et nouveau : Tous les habitans redevables par tête d'un certain cens devaient acquitter une seule fois dans l'année envers leur seigneur les obligations ordinaires de la servitude, et se racheter par une amende légalement fixée, s'ils tombaient dans quelque faute contraire aux lois. A cette condition, ils étaient entièrement exemptés de toutes les autres charges et redevances qu'on a coutume d'imposer aux serfs. Les hommes du peuple, saisissant cette occasion de se racheter d'une foule de vexations, donnèrent des monceaux d'argent à ces avares, dont les mains étaient comme autant de gouffres qu'il fallait combler. Ceux-ci, rendus alors plus traitables par cette pluie d'or tombée sur eux, promirent aux gens du peuple, sous la foi des sermens, de tenir exactement les conventions faites à cet égard.

Après que le clergé, les grands et le peuple, se furent ainsi arrangés pour se prêter un mutuel secours, l'évêque revint de chez les Anglais, apportant avec lui beaucoup d'argent ; mais, violemment irrité contre les auteurs d'une telle innovation, il s'abstint quelque temps de rentrer dans la ville. Entre lui et l'archidiacre Gautier, son complice, s'était élevée une haine qui ne tournait à l'éloge ni à la gloire d'aucun des deux. L'archidiacre tenait sur le meurtre de Gérard les propos les plus outrageans pour son évêque, et celui-ci de son côté répandait, d'accord avec d'autres, sur cette même affaire, je ne sais quels bruits fâcheux pour Gautier. De cela, j'en suis certain, parce que ce prélat se plaignit à moi de l'archidiacre en ces termes : « S'il arrivait, seigneur abbé, « que Gautier portât dans quelque assemblée des « accusations contre moi, le souffririez-vous donc « d'une ame tranquille? N'est-ce pas cet homme qui, « quand, mécontent de vos moines, vous les quit- « tâtes pour vous retirer à Flay, vous caressait en « face, et travaillait en arrière à exciter les haines « contre vous, paraissant en public embrasser chaude- « ment votre parti, et en secret s'irritant contre vous? » C'est ainsi que ce prélat, tourmenté par la conscience du crime qui pesait sur sa tête, inquiet et craintif du jugement de tous, m'animait par ses discours contre l'archidiacre, homme vraiment dangereux.

Au moment toutefois où il se disait transporté d'une inflexible animadversion contre ceux qui s'étaient entendus pour faire dans la ville l'arrangement dont on vient de parler, ou qui en avaient donné l'idée, on lui offrit de grosses sommes d'or et d'argent, et c'en fut assez pour apaiser la tempête de ses paroles. Il jura donc de respecter les droits de la commune établis sur le même pied que ceux qui avaient été réglés et écrits pour la cité de Noyon et la place de Saint-

Quentin. De riches dons, faits par les gens du peuple, engagèrent aussi le roi à confirmer et à jurer par serment ce traité. Mais qui pourrait dire que de querelles éclatèrent, lorsqu'après avoir accepté les présens du peuple et prodigué tant de sermens, ces mêmes hommes s'efforcèrent de détruire ce qu'ils avaient juré de maintenir, et tentèrent de ramener à leur ancien état les serfs, une fois émancipés et libres de toutes les rigueurs du joug? Une envie implacable rongeait, en effet, l'évêque et les grands contre les bourgeois; et le pasteur, tant qu'il ne parvenait pas, comme les Normands et les Anglais l'ont fait chez eux, à détruire de fond en comble la liberté des Français, languissait dévoré d'une cupidité insatiable, et oubliait tous les devoirs de sa profession. Aussi quelqu'un des hommes du peuple était-il cité en jugement non par la volonté de Dieu, mais par le caprice du juge, pour le dire nettement, et condamné par la loi, on épuisait toutes ses facultés jusqu'à ce qu'il fût réduit à la dernière extrémité.

Comme la destruction de toute justice est la suite ordinaire de la corruption qui porte à recevoir des présens, les hommes chargés de frapper les monnaies, sachant bien que s'ils prévariquaient dans leur charge, ils pourraient se faire absoudre en se rachetant avec de l'argent, falsifièrent tellement les espèces, que par cette manœuvre une foule de gens se trouvèrent plongés dans la dernière indigence. Ils fabriquèrent, en effet, avec le cuivre le plus vil, des pièces, qu'à force de méchans artifices, ils faisaient paraître, pour le moment du moins, plus brillantes que l'argent: ô douleur! le vulgaire ignorant y était trompé, se défaisait pour ces pièces de ce qu'il avait soit de précieux, soit même de peu de valeur, et ne recevait en échange qu'une scorie du métal le plus impur. Quant au seigneur évêque, on achetait par des présens sa patience à supporter un tel désordre: il arriva de là que, non seulement dans la contrée de Laon, mais bien par-delà et de tous côtés, beaucoup de gens furent précipités dans la misère. Comme, cependant, ce prélat se trouva dans l'impuissance bien méritée de garder dans la ville et de réformer sa propre monnaie, dont lui-même avait si méchamment et malheureusement favorisé la falsification, il ordonna que pendant quelque temps les oboles d'Amiens, monnaie pareillement très-corrompue, auraient cours dans la cité de Laon. Ne réussissant pas mieux à y retenir ces espèces, il finit par prescrire qu'on frappât des pièces à la date du moment présent, et sur lesquelles serait gravé un bâton pastoral, pour remplacer son effigie. Mais ces espèces furent tellement ridiculisées tout bas, et rejetées secrètement par tout le monde, qu'on les mettait généralement au dessous de la monnaie même la plus impure.

On avait soin en même temps, chaque fois que ces nouvelles monnaies étaient émises dans le public, de rendre des édits qui défendaient que personne osât décrier ces détestables espèces à l'effigie de l'évêque. De là naissaient fréquemment des occasions d'amener en justice les gens du peuple comme coupables d'avoir mal parlé de ce que faisait le pontife; de là aussi on prenait prétexte d'aggraver le cens, et de multiplier les extorsions autant qu'on le pouvait, et de toutes manières. Le principal agent de cette affaire était un certain moine, homme complétement perdu dans l'opinion, nommé Thierri, et venu de Tournai, lieu de sa naissance. Il apportait de Flandre grand nombre de lingots d'argent, et les frappait en mauvaise monnaie de Laon, qu'il répandait ensuite de tous côtés dans le pays. Sachant au moyen de détestables présens se concilier la bienveillance des riches, il introduisait dans la contrée le mensonge, le parjure et la pauvreté, et en chassait la vérité, la justice et l'opulence. Nulles guerres, nuls pillages, nuls incendies ne firent plus de mal à cette province, dans le temps même où Rome aimait tant à se gorger de la vieille monnaie de Laon.

Au surplus, rien de plus vrai que ce que dit le poète :

Arta superductum violat quandoque pudorem
Impietas contecta diu, nec clara recondi,
Ut lux clara vitrum, sic penetrat faciem[1].

Ce que l'évêque avait fait contre Gérard dans l'ombre, et comme s'il ne l'eût pas fait, il le fit quelque temps après contre un autre Gérard, et donna alors une preuve publique de sa cruauté. Ce Gérard était maire ou dixainier, je ne sais pas bien lequel, de paysans qui appartenaient au prélat; comme il se montrait favorable à Thomas, issu de cet Enguerrand dont nous avons parlé ci-dessus, c'est-à-dire, son fils, et l'homme le plus scélérat de tous ceux que nous avons connus dans cet âge, l'évêque le haïssait plus que

---

[1] L'impiété long-temps cachée, et qui, peu honorable, aurait dû rester dans l'ombre, quelquefois cependant étouffe le sentiment de pudeur dont elle s'était enveloppée avec art. Alors elle se manifeste sur le visage, comme la lumière brillante du jour pénètre le verre.

tout autre. Etant parvenu à s'emparer de lui, il le jeta dans une prison, dans l'enceinte même du palais épiscopal, et la nuit il lui fit arracher les yeux par les mains d'un certain noir de sa suite. Par cette action ce prélat se couvrit de honte, et fit revivre les bruits sur le crime auquel il s'était porté contre le premier Gérard ; cependant ni le clergé ni le peuple n'ignoraient que les canons du concile de Toulouse, si je ne me trompe, prescrivent aux évêques, prêtres et clercs de s'abstenir de donner la mort, et de prononcer un jugement emportant la peine de mort, ou l'amputation des membres. La nouvelle de ce forfait frappa bientôt les oreilles du roi ; je ne sais si elle arriva jusqu'au siége apostolique ; ce dont je suis sûr, c'est que le pape suspendit l'évêque de ses fonctions, et je crois que ce ne fut pas pour autre raison. Mais, pour comble d'iniquité, quoique ainsi suspendu, il fit la dédicace d'une certaine église. Ensuite il partit pour Rome, calma par ses paroles et d'autres moyens de persuasion le seigneur pape, reprit sur nous tout son pouvoir et revint. Dieu voyant donc que maîtres et sujets participaient de fait ou de consentement à la même sélératesse, ne put ajourner plus long-temps ses jugemens ; il permit qu'enfin les criminelles passions qui couvaient depuis long-temps éclatassent publiquement, et se portassent à cette fureur désordonnée, qui au moment même où elle s'emporte et se précipite avec le plus d'orgueil, tombe, grâce à la vengeance divine, brisée de tous côtés par une horrible chute.

L'évêque, ayant appelé près de lui certains clercs et grands de la cité, avait arrêté d'attaquer et détruire, à la fin du carême et dans les saints jours de la passion de Notre-Seigneur, la commune, que lui-même avait jurée, et que, par ses présens, il avait engagé le roi à jurer. Il invita le roi à venir pour les pieux offices de ce temps, et la veille du vendredi-saint, c'est-à-dire, le jour de la cène du Seigneur, il excita ce prince et toute sa suite à se parjurer pour sortir de la nasse où lui-même s'était pris le premier. Ce jour, au surplus, était celui où l'évêque Ascelin, son prédécesseur, trahit son souverain, comme je l'ai raconté plus haut. Dans ce jour donc, où Gaudri devait consacrer le très-glorieux chrême dont sont oints ceux qui remplissent les fonctions épiscopales, et absoudre le peuple de ses fautes, on ne le vit pas même entrer dans l'église. Il machinait avec les familiers du roi pour amener ce prince à détruire la commune et réduire les droits de la cité à leur état primitif. Mais les bourgeois, qui craignaient leur ruine, promirent au roi et à ses entours quatre cents livres ou plus, je ne sais pas bien lequel ; de leur côté, l'évêque et les grands pressèrent le monarque de s'entendre avec eux, et s'engagèrent à lui compter sept cents livres. Le roi Louis, fils de Philippe, était tellement remarquable de sa personne qu'il semblait fait tout exprès pour la majesté du trône; courageux dans la guerre, ennemi de toute lenteur en affaires, et d'un cœur ferme dans l'adversité ; bon d'ailleurs en toute autre chose, il se montrait peu louable en ceci seulement qu'il ouvrait trop facilement son âme et son oreille aux hommes vils et corrompus par l'avarice. Ce vice fut une source féconde de dommage ainsi que de blâme pour lui, et de malheurs pour beaucoup de gens. C'est ce que les faits prouveront de reste ici et ailleurs.

La cupidité de ce prince le fit donc pencher, comme je l'ai dit, vers ceux qui lui promettaient davantage ; de son consentement, et contre ce qui était dû à Dieu, tous ses sermens et ceux de l'évêque et des grands furent en conséquence violés, et déclarés nuls sans aucun respect pour l'honneur et pour les jours saints. Cette nuit, le roi, qui logeait hors du palais épiscopal, ne voulut pas coucher ailleurs qu'en ce palais, dans la crainte du trouble que son injustice avait excité parmi le peuple. Ce prince étant parti au lever du jour, l'évêque déclara nettement aux grands qu'ils n'avaient pas à s'inquiéter de leur engagement de payer une si grosse somme d'argent, et devaient savoir que lui les délivrait de toutes leurs promesses, quelles qu'elles fussent. « Que si, ajouta-t-il, je ne tiens pas la parole « que je vous donne, jetez-moi dans la prison royale, « et contraignez-moi de me racheter. »

La violation des traités qui avaient constitué ladite commune de Laon, remplit les cœurs des bourgeois de stupeur et de rage ; tous les hommes en charge cessèrent de s'occuper de leurs fonctions ; les savetiers et les cordonniers fermèrent leurs boutiques ; les aubergistes et les cabaretiers n'étalèrent aucune marchandise, et nul n'espérait qu'à l'avenir l'ardeur des maîtres pour le pillage laissât quelque chose à personne. L'évêque et les grands ne tardèrent pas en effet à calculer les facultés de tous les citoyens, et à exiger que chacun payât, pour détruire la commune, autant qu'on pouvait savoir qu'il avait donné pour l'établir. Les choses que je viens de dire se firent le jour même du vendredi-saint; celles que je vais raconter eurent lieu le samedi-saint; et c'est ainsi que les amis se préparèrent, d'un côté par l'homicide, de l'autre par le parjure, à recevoir le corps et le sang de Notre-Seigneur Jésus-Christ. L'évêque et les grands, pendant tous ces jours, ne songeaient qu'à dépouiller le peuple de tout ce qu'il possédait. D'autre part, ce n'était plus seulement de la colère, mais une rage de bête féroce qui transportait les gens de bas étage, et ils conspirèrent, sous la foi d'un mutuel serment, la mort de l'évêque et de ses complices. Il se trouva, dit-on, quarante personnes qui la jurèrent; mais leur projet ne put rester entièrement caché. Maître Anselme en eut quelque révélation, le jour même du samedi-saint, et quand déjà il commençait à faire nuit; il manda donc à l'évêque, qui se préparait à se coucher, de ne pas venir aux matines, vu que, s'il s'y présentait, il serait tué; mais ce prélat, stupide au delà de toute expression, s'écria : « Fi donc! moi périr par les mains de telles « gens! » Cependant, en affectant de parler d'eux avec mépris, il n'osa ni se lever pour les matines ni mettre le pied dans la basilique.

Le lendemain il ordonna à ses domestiques et à quelques soldats de cacher des épées sous leurs vêtemens, et de marcher derrière lui lorsqu'il suivrait son clergé à la procession. Pendant qu'elle défilait il s'éleva quelque tumulte, ainsi qu'il arrive d'ordinaire quand la foule est grande; un des bourgeois, sortant de dessous une voûte, et s'imaginant que l'on commençait à exécuter le meurtre juré, se mit à crier à haute voix et à plusieurs reprises, par manière de signal, *commune, commune!* Comme c'était un jour de fête, ces cris furent bientôt réprimés ; mais ils donnèrent quelques soupçons au parti opposé. Aussi, après que l'évêque eut achevé de célébrer les solennels offices de la messe, il fit venir, des domaines de l'évêché, une troupe nombreuse de paysans, chargea les uns de défendre les tours de l'église, et ordonna aux autres de bien garder son palais ; cependant il était évident que ces gens-là ne devaient pas lui être beaucoup moins ennemis, puisqu'ils savaient que les monceaux d'argent promis au roi par le prélat seraient certainement tirés de leurs propres bourses.

Il est d'usage à Laon que le second jour après Pâques, le clergé aille processionnellement faire une station à l'église de Saint-Vincent. Les bourgeois, sentant que la veille on avait prévenu l'exécution de leur dessein, résolurent de l'accomplir ce jour-là ; et, certes, ils l'auraient fait s'ils eussent su que tous les grands étaient avec l'évêque. Ils trouvèrent en effet dans le faubourg l'un de ces grands, homme incapable de nuire, et qui tout récemment avait pris pour femme une certaine jeune personne d'un naturel plein de pudeur, et ma cousine germaine ; mais ne voulant pas mettre les autres grands plus sur leurs gardes, ces gens s'abstinrent d'attaquer celui-ci. Comme on était déjà au troisième jour après Pâques, l'évêque plus tranquille renvoya les hommes qu'il avait, pour sa sûreté, préposés à la défense des tours et de son palais, en les forçant d'y vivre à leurs dépens. Le quatrième jour après Pâques, mon blé et plusieurs jambons de ceux qu'on appelle *bacons*, ayant été pillés par suite du désordre que ce prélat avait allumé

dans la ville, je me rendis chez lui et le priai de mettre un terme à l'horrible tempête qui agitait la cité. « Que
« pensez-vous donc, me répondit-il, que ces gens
« puissent faire avec toutes leurs émeutes ? Si mon
« Maître Jean tirait par le nez le plus redoutable
« d'entre eux, le pauvre diable n'oserait seulement
« pas murmurer. Hier ne les ai-je pas contraints de
« renoncer à ce qu'ils appellent leur commune, pour
« tout le temps de ma vie? » Je me tus, et voyant cet homme bouleversé par une violente et orgueilleuse colère, je m'abstins de rien dire. Au surplus, avant que je me fusse retiré de la ville, nous nous étions séparés, fortement brouillés, par suite de sa légèreté ordinaire. Beaucoup de gens, au reste, l'avaient averti du danger qui le menaçait, mais il ne daignait croire à personne.

CHAPITRE IX.

Le lendemain du jour où je vis l'évêque était la cinquième férie après Pâques. Ce prélat discutait dans l'après-midi avec l'archidiacre Gautier sur les sommes à exiger des bourgeois; tout à coup un grand tumulte éclate dans la ville, et une foule de gens crient *commune, commune !* De nombreuses bandes de bourgeois, armés d'épées, de haches à deux tranchans, d'arcs, de cognées, et portant des massues et des lances, inondent la basilique de la bienheureuse Vierge Marie, et en passant par cette même porte par laquelle étaient entrés les meurtriers de Gérard, se précipitent dans le palais épiscopal. A la première nouvelle de cette entreprise, les grands, qui avaient juré à l'évêque de se porter à son secours, s'il arrivait qu'il en eût besoin pour cette affaire, accoururent de toutes parts. Dans son empressement à venir, le châtelain Guinimar, homme noble, vieillard de la plus belle prestance et des mœurs les plus pures, traversa l'église en courant et n'ayant pour toutes armes que sa pique et son bouclier; mais à peine eut-il mis le pied dans le vestibule du palais épiscopal, qu'il fut frappé, sur le sommet de la tête, d'un coup de hache à deux tranchans, par un certain Rainbert autrefois son compère, et tomba le premier d'entre les grands. Peu après ce Raynier, celui dont j'ai parlé ci-dessus, et qui avait épousé une de mes cousines, se hâta d'arriver au palais de l'évêque; au moment où s'appuyant contre le puits de la chapelle épiscopale, il s'efforçait de pénétrer dans cette même chapelle, un coup de lance l'atteignit par derrière ; il tombe, et son corps est peu après brûlé de la ceinture en bas, dans l'incendie du palais. Un troisième, Adon, vice-seigneur, ardent de paroles, et encore plus ardent de cœur, mais qui seul alors ne pouvait avoir assez de forces pour résister à une foule d'ennemis, fut attaqué par une troupe de bourgeois au moment où il se dirigeait vers la maison du prélat ; il se défendit si vigoureusement de la lance et du glaive, qu'en un instant il abattit à ses pieds trois de ceux qui l'assaillaient ; ensuite il monta sur la table à manger qui se trouvait dans la cour, et comme, outre toutes les plaies dont son corps était couvert, il avait les genoux blessés, il tomba dessus, et, dans cette posture, combattit encore long-temps, portant à droite et à gauche de rudes coups à ceux qui le tenaient pour ainsi dire assiégé; à la fin son corps épuisé de fatigues fut percé d'un trait par un homme du peuple, et bientôt après entièrement réduit en cendres lors de l'incendie qui consuma la demeure épiscopale.

L'insolente populace, ne s'arrêtant pas là et attaquant son évêque, faisait un bruit effroyable devant les murs du palais; le prélat, secondé de quelques hommes d'armes, se défendit autant qu'il le put en faisant pleuvoir des pierres et des traits sur les assaillans. Dans cette occasion, comme autrefois, il montra constamment une grande et vigoureuse ardeur dans le combat. Mais comme il avait pris, sans y avoir de titre et sans avantage pour personne, un autre glaive que celui de l'Eglise, il a péri par le glaive. Ne pouvant à la fin repousser les audacieux assauts du peuple, il prit l'habit d'un de ses domestiques, s'enfuit dans le cellier de l'église, s'y renferma et se tapit dans une petite tonne, dont un fidèle client boucha l'ouverture, et Gaudri s'y crut bien caché. Les bourgeois courant çà et là cherchaient où il pouvait être et l'appelaient à grands cris, non pas évêque, mais coquin; ayant saisi un de ses valets ils ne purent ébranler sa fidélité ni en rien tirer qui leur plût; ils s'emparèrent d'un autre, et le perfide leur fit connaître par un signe de tête où il fallait chercher le prélat; alors se précipitant dans le cellier, ils se mirent à faire des trous de tous les côtés, et de cette manière ils parvinrent à trouver leur victime.

Il y avait un certain Teudegaud, homme profondément scélérat, serf de l'église de Saint-Vincent. Long-temps officier et préposé d'Enguerrand de Coucy à la recette du péage dû pour le passage du pont de Sourdes, il pillait souvent les pauvres voyageurs, et, après les avoir dépouillés de tout ce qu'ils portaient sur eux, il les précipitait et les engloutissait dans le fleuve, pour les mettre hors d'état d'élever des plaintes contre lui. Dieu seul sait combien de fois il fit pareille chose. Rapporter le nombre de ses larcins et de ses brigandages ne serait au pouvoir de personne, et il portait empreintes sur son horrible visage, si je puis m'exprimer ainsi, les iniquités sans bornes de son cœur. Étant tombé dans la disgrâce d'Enguerrand, il se jeta tête baissée à Laon dans le parti de la commune. Comme autrefois il n'avait épargné ni moine, ni clerc, ni étranger, ni âge ni sexe, ce fut lui qui se chargea de tuer l'évêque. Chef et moteur de la criminelle entreprise qui s'exécutait, il mettait tous ses soins à découvrir où était ce pontife, qu'il haïssait plus violemment que ne le faisait aucun des autres.

Ces gens allaient donc cherchant le prélat dans chacun des tonneaux. Teudegaud s'arrêta devant celui où se cachait le malheureux Gaudri, et en fit déboucher l'ouverture. Tous alors se mirent à demander qui était dedans. Quoique Teudegaud le frappât d'un bâton, à peine le pauvre évêque pût-il ouvrir ses lèvres glacées par la frayeur et répondre « que
« c'était un malheureux prisonnier. » Ce prélat avait l'habitude d'appeler Teudegaud par moquerie, à cause de sa figure de loup, *Jsengrin*, nom que quelques gens donnent ordinairement au loup : aussi le scélérat dit-il à l'évêque : « Ah ! ah ! c'est donc
« le seigneur Jsengrin qui est blotti dans ce ton-

« neau. » Gaudri qui, quoique pécheur, était cependant l'Oint du Seigneur, est alors tiré par les cheveux hors du tonneau, accablé d'une multitude de coups, et entraîné en plein jour dans le cul-de-sac du cloître des clercs, devant la maison du chapelain Godefroi. L'infortuné implore du ton le plus lamentable la pitié de ces furieux, s'engage à leur jurer que jamais il ne sera plus leur évêque, leur promet de grosses sommes d'argent et s'oblige à quitter le pays; mais tous, roidissant leur cœur, ne lui répondent que par des insultes. Un d'eux, Bernard, surnommé des Bruyères, élevant sa hache à deux tranchans, fait sauter cruellement la cervelle de la tête de cet homme sacré, quoique pécheur. Le prélat chancelle alors entre les mains de ceux qui le tiennent; mais, avant de tomber tout-à-fait, il reçoit d'un autre un coup qui lui fend le nez en travers, et il expire. Alors, faisant du pire qu'ils peuvent, ses bourreaux lui brisent les os des jambes et le percent de mille blessures. Quant à Teudegaud, apercevant l'anneau pastoral au doigt de celui qui naguère était évêque, et ne pouvant le dérober facilement, il coupe de son épée le doigt au pauvre mort, et s'empare ainsi de l'anneau. Puis enfin le cadavre de Gaudri, dépouillé de tout vêtement, est jeté nu dans un coin, devant la demeure même de son chapelain. O mon Dieu! qui pourrait dire que d'infâmes railleries les passans lancèrent sur ce corps gisant étendu dans la rue, et de combien de mottes de terre, de pierres et de boue ils le couvrirent!

Avant de passer à d'autres événemens, il sera bon de dire comment un fait tout récent hâta beaucoup la mort de Gaudri. Deux jours, si je ne me trompe, avant celui où il fut tué, les premiers de son clergé le sommèrent en pleine basilique de leur expliquer pourquoi, lorsque dernièrement le roi séjournait dans la ville, lui Gaudri les avait desservis auprès de ce prince, en disant que ses clercs ne méritaient aucun égard, étant presque tous issus de serfs des domaines royaux. L'évêque, niant aussitôt l'accusation portée contre lui, répondit, en étendant sa main droite vers l'un des autels : « Que la sainte « communion que j'ai prise naguère sur cet autel « tourne à ma perte, et que le glaive du Saint-Esprit, « j'en fais la prière au Ciel, transperce mon ame, si « jamais j'ai tenu de tels discours au roi contre vous. » En l'entendant parler ainsi, quelques-uns des clercs s'étonnèrent beaucoup et affirmèrent, sous la foi du serment, qu'ils l'avaient ouï exprimer de sa propre bouche au monarque les choses qu'on lui reprochait. Évidemment une telle légèreté de langue et d'esprit ne contribua pas peu à lui attirer les malheurs auxquels il succomba.

CHAPITRE X.

Cependant une partie de la populace furieuse se porta vers la demeure de Raoul, maître-d'hôtel de l'évêque, et qui avait été l'un des plus intimes familiers de Gérard de Crécy. C'était un homme de petite stature, mais d'une ame héroïque. Couvert de sa cuirasse, de son casque et d'une forte armure, il se disposait à faire une bonne résistance; mais voyant que ses ennemis l'emportaient trop par le nombre, il craignit qu'ils ne missent le feu à sa maison, jeta ses armes, et s'avança ainsi désarmé au milieu d'eux, implorant leur miséricorde au nom de la croix. Mais Dieu s'était retiré de lui: aussi ces hommes le renversèrent par terre et le massacrèrent impitoyablement. Avant que Gérard fût assassiné dans l'église, ce Raoul avait eu la vision que je vais raconter. Il lui sembla qu'il était dans la basilique de la bienheureuse Marie, et que des hommes de mœurs perverses s'y rassemblaient, dans le dessein de préparer des jeux inconnus parmi nous, et de donner un spectacle tout nouveau à certains personnages assis en cercle autour d'eux; mais qu'à la nouvelle de ce projet, d'autres hommes, sortant de la maison du trésorier Gui, attenante à l'église, apportèrent et firent circuler dans les rangs des spectateurs des vases remplis d'une liqueur d'une odeur si fétide que tous ceux qui la sentaient ne la pouvaient supporter. Certes, une telle vision est plus claire que le jour. De quel jeu horrible et vraiment digne des démons, de quel spectacle odieux les yeux ne furent-ils pas frappés dans cette église! Quelle infecte odeur de crime ne s'exhala-t-il pas de cette maison dans tous les lieux d'alentour! C'est ce qui se manifesta bientôt d'une manière évidente. En effet, la plaie dévorante qu'une populace furieuse fit d'abord à la maison du trésorier gagna bientôt l'église et s'étendit jusqu'au palais de l'évêque [1].

Ce même Raoul eut encore une autre vision, qui lui pronostiquait le sort dont il était menacé dans l'avenir. Il lui sembla, en effet, entendre son écuyer lui dire : « Seigneur, je viens de trouver ton cheval « d'un énorme et extraordinaire embonpoint dans la « partie antérieure de son corps, mais d'une telle « maigreur dans la partie postérieure, que jamais je « ne vis rien de semblable. » Raoul en effet possédait beaucoup de biens et une grande opulence ; mais toute cette abondance de richesses fut réduite à rien par la mort cruelle qu'on lui donna. Cette vision était claire, car le cheval désigne la gloire de ce monde.

La plus florissante des églises de France fut donc, surtout pour les péchés d'un certain homme, condamnée à la plus misérable destruction. Ce fut, en effet, de la maison du trésorier qui, par une simonie palpable, était en même temps archidiacre, qu'on vit le feu de l'incendie s'étendre en rampant jusque sur l'église. Le pourtour intérieur de cette basilique avait été richement décoré de tentures en drap et de tapis-

[1] L'auteur désigne ici l'incendie dont il va parler plus bas. Mais comme il a employé le mot *ficos*, on a traduit littéralement, quoique peut-être il fût plus clair de substituer le mot *flamme* ou *incendie*.

series en l'honneur des fêtes qu'on solennisait alors : dès que le feu y gagna, quelques-unes des tentures de drap furent, à ce qu'on croit, enlevées par des filous plutôt que consumées par les flammes : quant aux tapisseries, plusieurs devinrent la proie de l'incendie, parce qu'elles étaient suspendues à des cordes qu'un petit nombre d'hommes n'auraient pu tirer hors de leurs poulies. Les plaques d'or de l'autel, les tombeaux des saints, ainsi que l'espèce de ceintre qui s'élève au dessus, et qu'on appelle couvercle, et tout ce qui les entoure, furent, je crois, détruits et mis en cendres par le feu. Ce qu'il y a de certain, c'est qu'un des plus nobles clercs qui s'était enfermé sous un de ces couvercles, et n'osait en sortir de peur de tomber dans les mains des bandes de bourgeois qui erraient çà et là, vit bientôt les flammes briller autour de lui : courant alors vers le trône épiscopal, et brisant avec le pied le châssis vitré qui l'entourait, il sauta en bas et se sauva.

Le crucifix de Notre-Seigneur, richement doré, orné de pierres précieuses et garni d'un vase de saphir placé sous les pieds de la sainte image, tomba par terre entièrement fondu, et quand on le retira des décombres, ce ne fut pas sans qu'il eût perdu beaucoup de sa valeur. Lors donc que la basilique et le palais de l'évêque brûlaient, chose merveilleuse à raconter, et qui prouve combien sont mystérieux les jugemens de Dieu, un tison ou un charbon, je ne sais lequel, vola jusque sur le couvent de religieuses, embrâsa et réduisit en cendres l'église de Saint-Jean, connue sous le nom de Profonde, dédiée à la bienheureuse Marie, et celle de Saint-Pierre.

Il sera bon de rapporter ce qui, dans cet horrible désordre, arriva des femmes des grands. L'épouse du vice-seigneur Adon, voyant son mari se disposer, au premier bruit de la sédition, à marcher à la défense de l'évêque, ne douta pas qu'une mort prochaine ne la menaçât, et demanda à son époux de lui pardonner si par hasard elle avait commis quelque chose dont il eût à se plaindre. Tous deux se tinrent long-temps serrés dans les bras l'un de l'autre en poussant des sanglots, et se donnèrent les tristes embrassemens d'un dernier adieu. Comme cette femme disait à son mari : « Pourquoi me laisses-tu ainsi abandon-« née au glaive des bourgeois ? » Adon lui prit la main droite, la passa sous son bras gauche, tenant toujours sa lance de l'autre côté, et donna ordre à son intendant de le suivre en portant son bouclier ; mais celui-ci, l'un des principaux révoltés, non seulement n'accompagna pas son maître avec le bouclier, mais poussa rudement Adon par derrière, et l'accabla des injures les plus violentes, méconnaissant celui dont il était le serf, et que peu d'instans auparavant il venait encore de servir pendant son dîner. Adon cependant réussit à protéger sa femme au milieu des bandes de rebelles, et la cacha dans la maison d'un certain portier de l'évêque. Mais cette pauvre femme, voyant le palais épiscopal assailli, et l'édifice livré aux flammes, prit la fuite, allant où le hasard la conduisait. Quelques femmes de bourgeois, qu'elle avait offensées, se saisirent d'elle, la meurtrirent de coups de poing, et la dépouillèrent des riches vêtemens qu'elle portait. Elle prit alors un habit de religieuse, et ce ne fut qu'à grand'peine qu'elle parvint à gagner, sous ce costume, le monastère de Saint-Vincent.

Quant à ma cousine, lorsque son mari l'eut quittée, sans s'occuper de tout le mobilier de sa maison, et n'emportant que la robe qu'elle avait sur le corps, elle monta, avec l'agilité d'un homme, sur un mur qui entourait son verger, sauta en bas, et courut chercher un asile dans la cabane d'une pauvre femme qui l'accueillit bien. Peu après, cette infortunée, voyant les flammes s'étendre de tous côtés, se précipita vers la porte que la vieille avait fermée par dehors, brisa la serrure avec une pierre, emprunta l'habit d'une religieuse de ses parentes, se couvrit d'un voile, et espéra pouvoir aller se mettre en sûreté parmi les filles du Seigneur. Mais, remarquant que l'incendie dévorait aussi leur couvent, elle retourna sur ses pas, et se cacha dans une certaine maison encore plus éloignée du centre de la ville. Le lendemain, sachant que ses parens la cherchaient, elle se montra; mais bientôt le désespoir que lui avait causé la crainte de périr se changea en véritable rage quand elle apprit la mort de son mari.

D'autres femmes, comme l'épouse et les filles de Guinimar, seigneur châtelain, se cachèrent, ainsi que plusieurs encore, dans les endroits les plus misérables. Quant à l'archidiacre Gautier, il était avec l'évêque; mais voyant qu'on assiégeait le palais du prélat, et ne se dissimulant pas que toujours il avait jeté de l'huile sur le feu, il sauta par une fenêtre dans le verger du pontife, franchit le mur qui l'entourait, s'enfuit par des chemins détournés à travers les vignes, sans avoir même rien sur sa tête, et se jeta dans le château de Montaigu. Les bourgeois, ne le trouvant pas, disaient, en se riant de lui, que dans sa frayeur il avait cherché un asile au milieu des égoûts. L'épouse de Roger, seigneur de Montaigu, nommée Hermangarde, se trouvait ce jour-là dans la ville, parce que son mari avait, si je ne me trompe, succédé à Gérard dans la place de châtelain de l'abbaye; cette Hermangarde et la femme de Raoul, maître d'hôtel de l'évêque, se déguisèrent avec des habits de religieuses, suivirent la vallée de Bibrac, et se réfugièrent dans le monastère de Saint-Vincent. Le fils, à peine âgé de six ans, de ce même Raoul, ne fut pas si heureux; un homme l'emporta sous son manteau pour le sauver, mais un de ces misérables rebelles le rencontra, se fit montrer ce qu'il tenait enveloppé dans sa cape, et égorgea le pauvre enfant dans les bras même du fidèle serviteur.

Pendant le jour où l'insurrection éclata, et toute la nuit qui suivit, les clercs, les femmes et tous ceux qui fuyaient se frayèrent un chemin à travers des vignes plantées entre deux collines. On ne rougissait pas de revêtir les hommes des habits de femme, les femmes des habits d'homme. Les progrès de l'incendie, allumé de deux côtés à la fois, étaient si rapides, et les vents poussaient si fortement les flammes du côté du couvent de Saint-Vincent, que les moines craignaient de voir tout ce qu'ils possédaient devenir la proie du feu. Quant à ceux qui s'étaient réfugiés dans ce monastère, ils tremblaient comme s'ils eussent vu des épées suspendues sur leur tête. Ce fut au reste un grand bonheur pour l'archidiacre et trésorier Gui de ne pas se trouver à Laon dans le moment de cette révolte ; il avait été avant la fête de Pâques à Sainte-Marie de Versigny pour y faire ses dévotions, et les bourreaux se lamentaient particulièrement de son absence.

Après avoir ainsi massacré l'évêque et les premiers d'entre les grands, les bourgeois allèrent attaquer les maisons de tous ceux qui restaient encore en vie. Pendant toute la nuit ils cernèrent la demeure de Guillaume, fils de cet Haduin, qui, loin de conspirer avec les autres citoyens la mort de Gérard, avait été de grand matin prier à l'église avec ce malheureux qu'on se préparait à assassiner. Les insurgés travaillaient de toutes leurs forces à renverser les murailles de sa maison, les uns à l'aide du feu ; les autres à grands coups de pioches, de haches et de crocs ; de leur côté, ceux du dedans résistaient avec le plus grand courage ; à la fin cependant, Guillaume se vit contraint de se rendre ; mais, par un jugement miraculeux du Très-Haut, les bourgeois se contentèrent de jeter dans les fers, sans lui faire d'ailleurs nul autre mal, cet homme qu'ils haïssaient plus qu'aucun autre. Ils en agirent de même avec le fils de ce châtelain ; mais chez ce Guillaume était un certain jeune homme qui portait également le nom de Guillaume, valet de chambre de l'évêque, et qui se distingua beaucoup dans la défense de la maison dont il s'agit ici. Lorsqu'enfin celle-ci fut prise, quelques-uns des bourgeois, qui s'en étaient rendus maîtres, lui demandèrent s'il savait si le prélat avait été tué ou non ; il répondit qu'il l'ignorait. Parmi les rebelles en effet, les uns avaient massacré le pontife, et les autres avaient emporté d'assaut son palais ; ces derniers, en allant

çà et là, trouvèrent enfin le cadavre de l'évêque, et sommèrent le jeune homme de leur dire à quel signe ils pourraient reconnaître si le corps qu'ils voyaient étendu par terre était bien celui de Gaudri. Ce malheureux avait eu en effet la tête et le visage tellement défigurés par une foule de blessures profondes qu'on ne pouvait distinguer aucun de ses traits. Le jeune Guillaume leur dit alors : « Je me rappelle que pen-
« dant que ce prélat vivait, il aimait à parler de faits
« de guerre, pour lesquels, à son grand détriment,
« il montra toujours trop de penchant, et racontait
« souvent qu'un jour, dans un simulacre de combat,
« au moment où, monté sur son coursier, il attaquait,
« par manière de jeu, un certain chevalier, celui-ci
« le frappa de sa pique et le blessa au dessous du cou,
« vers la trachée-artère. » Ces gens cherchèrent et trouvèrent effectivement la couture de la cicatrice.

Adalbéron, abbé de Saint-Vincent, apprenant que l'évêque avait été massacré, voulut se rendre à l'endroit où ce crime s'était commis ; mais on lui dit nettement que s'il osait affronter cette tourbe en fureur, il succomberait promptement sous une mort semblable à celle du prélat. Ceux qui se trouvèrent au milieu de tous ces désordres affirment que le jour où ils commencèrent ne fit qu'un avec le jour suivant, n'en fut séparé par aucune nuit, et que nulle apparence d'obscurité n'indiqua le coucher du soleil. Lorsque je leur objectais que ceci tenait à la clarté des flammes, ils assuraient par serment, ce qui du reste était vrai, que dès le premier jour on avait arrêté et complétement étouffé l'incendie. Cependant, ce qui est certain, c'est que le feu exerça de tels ravages dans le monastère des vierges du Seigneur, que plusieurs corps de saintes furent entièrement consumés.

CHAPITRE XI.

Comme il n'était presque personne qui passât près du cadavre de l'évêque gisant sur la terre sans lui jeter quelque ordure, ou l'accabler d'injures et de malédictions, et que nul ne songeait à lui donner la sépulture, maître Anselme, qui le jour où l'insurrection avait éclaté s'était tenu secrètement caché, alla le lendemain supplier les auteurs de ces tragiques événemens de permettre qu'au moins on inhumât Gaudri, ne fût-ce que parce qu'il avait porté le titre et les insignes d'évêque. Ils n'y consentirent qu'avec peine. Le corps de ce prélat, traité avec tout le mépris qu'on aurait eu pour les restes d'un vil chien, était demeuré, depuis l'entrée de la nuit du cinquième jour de la semaine jusqu'à la troisième heure du lendemain, étendu dans la poussière et tout nu; Anselme ordonna de le relever, de le couvrir d'un drap et de le porter à Saint-Vincent. Il serait impossible de dire de combien de menaces et d'injures furent poursuivis ceux qui prirent soin des funérailles de ce pontife, et de quels discours outrageans on combla le mort lui-même. Quand son corps fut arrivé à l'église, on ne fit aucune des prières et des cérémonies prescrites pour l'enterrement, je ne dis pas d'un évêque, mais du dernier des chrétiens. Son cadavre jeté dans une fosse qui n'était creusée qu'à demi, fut tellement comprimé sous une planche beaucoup trop courte, que peu s'en fallut que la poitrine et le ventre ne crevassent; ceux qui l'enterraient n'étaient pas, comme je l'ai dit, bien intentionnés pour sa mémoire, et les spectateurs les excitaient encore très-certainement à traiter ses misérables restes aussi indignement que faire se pouvait. Le jour même où on le mit au tombeau, les moines de Saint-Vincent ne célébrèrent pour lui aucun office dans leur église. Mais, que dis-je ce jour-là? il en fut ainsi pendant beaucoup de jours que ces religieux passèrent à trembler sur le sort de ceux qui venaient chercher un refuge dans leur couvent, et à craindre la mort pour eux-mêmes.

Bientôt après on vit, ce qui est si douloureux à raconter, la femme et les filles du châtelain Guinimar, quoique d'une très-noble race, réduites à emporter à elles seules son cadavre dans une charrette que traînaient les unes et poussaient les autres. Plus tard on retrouva dans quelque coin la partie inférieure du corps de Raynier, dont les flammes avaient dévoré la partie supérieure jusqu'aux cuisses; ces tristes restes furent placés sur une planche entre deux roues, et emportés de cette misérable façon par un certain paysan de ses domaines et une jeune fille noble de ses parentes. Sur ces deux-là le jugement de Dieu, comme dit le livre des Rois[1], s'est trouvé favorable, afin que leur mort fût un objet de pitié pour tous les hommes doués de bons sentimens; jamais, en effet, ils ne se montrèrent méchans en quelque occasion que ce fût, et ils rejetèrent toute union avec les meurtriers de Gérard; aussi manifesta-t-on à leur enterrement beaucoup

[1] Rois, liv. III, chap. xiv, v. 13.

plus de compassion qu'à celui de leur évêque. Il en fut tout autrement du vice-seigneur Adon; on ne parvint que long-temps après ces jours de révolte et d'incendie à découvrir quelques misérables débris de son cadavre, et on les conserva enveloppés dans un très-petit morceau de drap, jusqu'au moment où Raoul, archevêque de Rheims, vint à Laon pour purifier l'Église. Ce prélat s'étant alors rendu au monastère de Saint-Vincent, commença par célébrer une messe solennelle pour la mémoire de l'évêque et de ceux de son parti qui avaient succombé, quoiqu'il se fût écoulé bien du temps depuis leur mort. Ce même jour où l'on enterra plusieurs des victimes de la rebellion, la vieille mère de Raoul le maître d'hôtel apporta son corps ainsi que celui de son fils, tué encore tout enfant; le cadavre du fils fut placé sur la poitrine de celui du père, et on leur donna, sans grande cérémonie, la sépulture à tous les deux.

Au surplus, le sage et vénérable archevêque, après avoir, à son arrivée, fait placer plus décemment les restes de quelques uns des morts, et célébré l'office divin en mémoire de tous, et au milieu des larmes et de l'extrême chagrin de leurs parens et de leurs alliés, suspendit le saint sacrifice de la messe pour prononcer un discours sur ces exécrables institutions de communes, où l'on voit, contre toute justice et tout droit, les serfs se soustraire violemment à la légitime autorité de leurs seigneurs. « Serviteurs, dit-il, « soyez, a écrit l'apôtre [1], soumis à vos maîtres avec « toute sorte de respect, et pour que les serviteurs

[1] Épître de saint Pierre, chap. II, v. 18.

« n'argumentent pas de la dureté et de l'avarice de
« leurs maîtres, qu'ils écoutent encore ces autres
« paroles de l'apôtre : Soyez soumis non seulement
« à ceux qui sont bons et doux, mais même à ceux
« qui sont rudes et fâcheux¹. Aussi les canons au-
« thentiques frappent-ils d'anathême ceux qui, sous
« prétexte de religion, engagent les serviteurs à dé-
« sobéir à leurs maîtres, ou même à s'enfuir en quel-
« que lieu que ce soit, et, à plus forte raison, à leur
« résister par la force ; aussi est-ce encore sur ce fon-
« dement qu'on ne doit admettre, ni dans la clérica-
« ture, ni dans les ordres sacrés, ni dans aucune con-
« grégation de moines, que des gens libres de toute
« servitude ; et si par hasard on y reçoit quelques
« serfs, on ne peut les retenir en aucune manière con-
« tre la volonté de leurs maîtres, lorsque ceux-ci les
« réclament. » Ces argumens, ce prélat les fit valoir
fréquemment dans des discussions, soit devant le
conseil du roi, soit dans diverses assemblées publiques. Nous avons rapporté ces choses en anticipant
sur le temps ; maintenant il faut rétrograder et revenir
à la suite de notre narration.

¹ Epitre de saint Pierre, chap. II, v. 18.

CHAPITRE XII.

Cependant les citoyens ayant réfléchi sur le nombre et l'énormité des crimes qu'on avait commis, séchaient de frayeur et redoutaient le jugement du roi; il en arriva que ces hommes, qui auraient dû chercher un remède à leurs maux, ajoutèrent une plaie nouvelle à leur plaie ancienne, et arrêtèrent d'appeler à leur secours, pour les défendre contre les effets du ressentiment du roi, Thomas de Couci, c'est-à-dire le fils du sire de Couci, auquel appartenait le château de Marne. Ce Thomas, dès sa première jeunesse, s'enrichit en pillant les pauvres et les pélerins qui allaient à Jérusalem ou en revenaient, forma plusieurs mariages incestueux, et parvint à une grande puissance pour la ruine d'une foule innombrable de malheureux. La férocité de cet homme est tellement inouïe dans notre siècle que certaines gens, de ceux même qui sont réputés cruels, paraissent plus avares du sang de vils troupeaux que ne l'est Thomas du sang des hommes. Il ne se contente pas en effet de tuer avec le glaive et de consommer tout d'un coup son crime, comme on le fait d'ordinaire, mais il torture ses victimes par des supplices révoltans. Voulait-il, par exemple, forcer des captifs, de quelque rang qu'ils fussent, à se racheter, il les suspendait en l'air, quelquefois même de sa propre main, par les parties de la génération, qui souvent cédaient au poids du corps, étaient arrachées, et laissaient promptement un libre passage à la sortie des intestins; d'autres il les pendait par les pouces ou même par les parties que la pudeur défend de nommer, et leur chargeait les épaules d'une grosse pierre pour ajouter à leur propre pesanteur; lui-même ensuite se promenait au dessous de ces malheureux, et quand il ne réussissait pas à extorquer d'eux ce qu'il n'avait pu en obtenir tout d'abord, il les frappait avec rage de coups de bâton jusqu'à ce qu'ils promissent ce qu'il voulait ou qu'ils expirassent dans d'affreuses souffrances.

Nul ne saurait dire combien de gens sont morts dans ses cachots et dans ses fers, par la faim, la pourriture et les tourmens. Un fait certain c'est qu'il y a deux ans, comme il allait sur la montagne de Soissons porter secours à quelqu'un contre les paysans, trois de ceux-ci se cachèrent dans une caverne; lui, arrivant à l'entrée du souterrain avec sa lance, enfonça cette arme dans la bouche de l'un de ces trois hommes et la fit entrer si profondément que le fer força les intestins de ce malheureux et lui sortit par le fondement. Mais que dirai-je de plus? Ses forfaits sont infinis. Les deux autres paysans restés dans cette caverne y périrent par ses coups. Un de ses captifs ne pouvait parler à cause d'une blessure; Thomas lui demande pourquoi il ne se hâte pas de s'en aller; l'autre répond qu'il ne le peut: « Attends, dit Thomas, je vais « te faire marcher lestement. » Alors sautant à bas de son cheval, il coupa avec son épée les deux pieds à ce pauvre homme qui en mourut sur l'heure. A quoi bon au surplus raconter de telles horreurs? l'occasion d'en rapporter bien d'autres ne me manquera pas; je reviens donc à mon sujet.

Cet homme soutint et favorisa long-temps les meurtriers de Gérard, quoiqu'ils fussent sous le coup d'une excommunication. « Jamais il ne s'attacha à un homme « qui ne fût un détestable scélérat; » et c'est à lui bien mieux encore qu'à Catilina que conviennent ces paroles de Salluste, car il était gratuitement méchant et cruel. Tel était donc l'homme que les bourgeois, pour comble de maux, supplièrent de venir se mettre à leur tête, dont ils mendièrent les secours pour les protéger contre le roi, et qu'ils accueillirent avec joie quand il entra dans la ville. Quant à lui, lorsqu'il eut entendu leur demande, il consulta les siens pour savoir ce qu'il devait faire; tous lui répondirent unanimement que ses forces n'étaient pas assez nombreuses pour défendre une telle cité contre le roi. Cette décision, Thomas lui-même craignit de l'annoncer à ces bourgeois insensés tant qu'il fut dans leurs murs. Il les engagea donc à sortir et à se réunir dans un champ et leur promit que là il leur ferait connaître son plan. Quand ils furent à près d'un mille de distance de la ville il leur dit : « Laon est la tête « du royaume; il m'est impossible d'empêcher le « roi de s'en rendre maître. Si vous redoutez les « armes de ce prince, suivez-moi dans ma terre, « vous trouverez en moi un patron et un ami. » Ces paroles les consternèrent à l'excès : bientôt cependant les gens du peuple troublés par le souvenir du crime qu'ils avaient commis, et croyant déjà voir le roi menacer leur tête, s'enfuirent en grand nombre à la suite de Thomas. Teudegaud lui-même, cet assassin de l'évêque, cet homme qui, l'épée nue, allait naguère frappant les lambris et les voûtes de l'église de Saint-

Vincent, et sondant les cellules des moines pour trouver quelque fugitif à égorger, et qui, portant à son doigt l'anneau épiscopal, se donnait pour le chef de la cité, n'osa regagner la ville avec ses complices, et, abandonné de presque tout le monde, se rendit auprès de Thomas. Celui-ci cependant remit en liberté plusieurs captifs, entre autres, Guillaume fils de Haduin, complétement étranger au meurtre de Gérard.

Cependant la renommée, avec une célérité comparable à celle de Pégase, répand bientôt parmi les serfs et les habitans des campagnes voisines de Laon le bruit que cette ville est entièrement vide d'habitans; c'en est assez pour les soulever; tous les paysans se précipitent dans cette cité solitaire, trouvent les maisons sans défenseurs et s'en emparent; car les citoyens opulens ne se montraient que couverts de méchans habits de pauvres, de peur d'irriter contre eux les grands et d'attirer leurs regards.

Vers ce même temps, l'incestueuse et illégitime épouse de cet Enguerrand dont nous avons parlé, affectait de le dédaigner, sous prétexte de continence, mais dans le fait parce qu'il était devenu vieux et pesant de corps. Elle ne pouvait cependant renoncer à sa longue habitude d'avoir toujours quelque galant, et s'était amourachée d'un jeune homme bien tourné. Comme Enguerrand empêchait cette femme de s'entretenir avec l'objet de sa passion autant qu'elle l'aurait voulu, elle tourna si bien par de feintes caresses la tête de cet époux, qu'il appela ce jeune homme près de lui, l'établit dans sa maison, le fiança même à sa fille encore toute jeune, qui se trouvait ainsi servir de manteau à de criminelles amours; il en fit même le défenseur de ses terres contre Thomas, dont on le prétendait le père, mais auquel il avait voué une haine implacable, et qu'il se proposait même de déshériter. Ce jeune homme cependant, lorsqu'il était encore à Couci, et commençait à se montrer en toutes choses l'ennemi futur de Thomas, était loin d'avoir un état qui lui permît tant de présomption; mais telle fut la bonne fortune qui lui arriva.

Gui, c'était le nom de ce jeune homme, et Enguerrand, apprenant donc que Thomas avait quitté Laon et emmené tout le peuple à sa suite, se rendirent dans cette ville, et en trouvèrent les maisons vides d'habitans, mais pleines de richesses; l'abondance de celles-ci était telle que, si les chefs du pillage eussent su les ménager avec quelque prudence et ne pas se les laisser enlever, avec une sotte prodigalité, par des parasites et des fripons, en vain on se fût ensuite efforcé d'exterminer le jeune Gui, et lui n'eût jamais, dans le cours de sa vie, souffert de l'indigence. Qui pourrait dire en effet, ou se faire croire s'il tentait de dire que d'argent, de vêtemens et de provisions de tout genre on découvrit dans cette cité! Les paysans, les gens des faubourgs, ceux même de Montaigu, de Pierrepont, de la Fère, y avaient devancé ceux de Couci; ce que trouvèrent et emportèrent ces premiers venus serait étonnant à raconter; et cependant les nôtres, quoique les derniers et les plus tard arrivés, se vantaient que toutes choses leur étaient restées entières et pour ainsi dire intactes. Mais les goinfres et les saltimbanques sont-ils capables de réflexion et de tempérance? Le vin et le froment n'avaient pas plus de prix à leurs yeux qu'une chose que le hasard fait

5.

trouver par terre ; de telles gens ne songeaient pas à réunir des moyens de transport, et dilapidaient les greniers avec la dernière licence. Bientôt des querelles s'élevèrent entre eux sur le partage de leurs rapines, et tout ce que les petites gens avaient pris passa au pouvoir des puissans ; si deux hommes en rencontraient un troisième tout seul, ils le dépouillaient ; enfin, l'état de la ville était vraiment misérable. Les bourgeois qui l'avaient quittée avec Thomas avaient auparavant détruit et brûlé les maisons des clercs et des grands qu'ils haïssaient ; maintenant les grands, échappés au massacre, enlevaient des maisons des fugitifs toutes les subsistances, tous les meubles, et jusques aux gonds et aux verroux.

Aucun moine même ne pouvait entrer dans la ville ni en sortir avec sûreté, sans courir le risque de se voir prendre son cheval ou d'être dépouillé de ses vêtemens, et laissé complétement nu. Coupables et innocens s'étaient réfugiés en foule au monastère de Saint-Vincent, apportant avec eux beaucoup d'argent. Aussi, combien de fois, Seigneur mon Dieu, ceux qui en voulaient à la personne de ces fugitifs, encore plus qu'à leurs biens, ne menacèrent-ils pas les religieux de leurs épées? C'est ce que fit Guillaume, fils de Haduin. Dans ce moment, il trouva un homme, son compère, à qui il avait promis récemment sûreté pour sa vie et ses membres, et qui s'était livré à lui de bonne foi. Mais, oubliant comment le Seigneur avait daigné le délivrer lui-même du danger, il permit aux serviteurs des grands Guinimar et Raynier, massacrés dans l'insurrection, de s'emparer de ce malheureux et de le faire périr. Le fils du susdit châtulain fit, en effet, attacher l'infortuné par les pieds à la queue d'un cheval : au bout de quelques pas, sa cervelle jaillit de toutes parts, et on le porta aux fourches patibulaires. Il s'appelait Robert, avait le surnom de *Mangeur*, et était riche, mais honnête homme. Quant à l'intendant du vice-seigneur, celui dont nous avons parlé plus haut, qu'on nommait, si je ne me trompe, Everard, et qui, serviteur dénaturé, trahit son maître le jour même où il venait de manger avec lui, il fut attaché à un gibet élevé. D'autres encore périrent par des supplices de même genre. Il serait au surplus impossible de raconter en détail ce que de tous côtés on se plut à exercer de cruautés sur les auteurs comme sur les victimes de ces troubles. Ce qu'il est bon de savoir, c'est que Thomas vint à Laon le lendemain du jour de la mort du seigneur évêque, c'est-à-dire le sixième jour de la semaine après Pâques, qu'il en sortit le samedi, et que le dimanche même Dieu punit sévèrement l'horrible crime qui s'était commis.

Les choses que je viens de dire se passèrent, en effet, le sixième jour de la semaine d'après Pâques, le 29 avril, l'an 1112 depuis l'incarnation de Notre-Seigneur. Quant à l'évêque Gaudri, il était certes d'une légèreté sans bornes ; et s'il lui venait à l'esprit quelque idée inconvenante et mondaine, sa langue n'hésitait nullement à la mettre au jour. Voici par exemple ce que j'ai vu : ma cousine, celle dont j'ai déjà parlé, venait de se marier à Laon, et se conduisait avec toute la pudeur possible. J'ai entendu ce prélat la traiter de puante et de paysanne, parce qu'elle fuyait la vue et l'entretien des étrangers, et ne recherchait en aucune manière, comme le faisaient toutes les autres, à se trouver avec lui. Voici encore un autre fait : j'avais écrit un certain ouvrage sur l'expédition à Jérusalem, il desirait le voir, je le lui fis porter. Mais dès qu'il vit le nom de mon seigneur Lysiard, évêque de Soissons, inscrit en tête de la préface, il prit ce livre en une telle antipathie, qu'il ne daigna jamais en lire une seule ligne, et cependant il prisait mes autres ouvrages [1] beaucoup au dessus de leur valeur réelle. Si, au surplus, cet homme paraissait habile dans l'art de se procurer des richesses, il les dépensait toutes et rapidement en choses inutiles. Aussi tous les désordres que j'ai racontés parvinrent de son temps à une précoce maturité.

Il est juste cependant de reconnaître qu'ils s'accrurent non seulement par les vices de cet évêque, mais encore par l'extrême iniquité de beaucoup d'autres, et même de tout le peuple de la ville de Laon; dans tout le reste de la France, en effet, il ne se commit aucun crime comparable à ceux qui souillèrent cette cité. Peu de temps, par exemple, avant que les forfaits dont j'ai parlé eussent lieu, un certain prêtre fut, pendant qu'il était assis près de son foyer, frappé par derrière et tué dans sa propre maison par un valet avec lequel il vivait dans une trop grande intimité. Celui-ci, prenant ensuite le cadavre, le cacha dans la chambre la plus reculée qu'il ferma par dehors. Comme depuis quelques jours on ne voyait plus paraître ce prêtre, on demanda au valet où donc avait été

---

[1] Le texte porte, *cum cœtera opuscula mea et se ultra omnem valentiam meam appreciaretur*. Et *se* est probablement une faute pour *et si*, même. Sans cela il n'y aurait pas de sens.

son maître; lui mentit alors, et répondit qu'il était allé je ne sais où, trouver je ne sais qui, et pour je ne sais quelles affaires. L'excès extraordinaire de l'infection ne lui permettant pas de conserver long-temps ce corps dans l'intérieur de la maison, le valet rassembla les restes de son maître, mit son cadavre dans la cheminée, la face sur les cendres, jeta dessus un de ces ustensiles appelés séchoirs, et qu'on suspend dans les foyers, afin de faire croire que la chute de cette machine avait écrasé ce prêtre, et s'enfuit avec tout ce qu'il put emporter.

Peu de temps avant les calendes de chaque mois, les doyens jugeaient les affaires des clercs de leur diocèse. Un certain prêtre bourguignon, bavard et léger, porta sur un sujet de peu d'importance une accusation contre un autre prêtre, son voisin; le doyen condamna ce dernier, pour la faute dont il s'agissait, à payer une amende qui n'excédait pas six pièces de monnaie. Ce prêtre, qui s'était vu contraint de donner ainsi son argent, plus sensible à cette petite perte qu'il n'aurait dû l'être, se mit en embuscade pour surprendre le bourguignon quand il rentrerait la nuit dans sa demeure. Au moment donc où celui-ci montait avec une lanterne les degrés de sa maison, l'autre lui déchargea par derrière, sur le sommet de la tête, un coup de massue, dont le pauvre malheureux mourut sans avoir eu même le temps de faire son testament.

Un autre homme, prêtre lui-même, fit percer d'une flèche, par un de ses gens, un autre prêtre dans le temps où celui-ci célébrait la messe, et était à l'autel. Ce dernier ne mourut pas de sa blessure; mais l'instigateur et l'artisan de ce crime, qui certes s'était rendu coupable d'un projet de meurtre, d'un homicide et d'un sacrilége inouï chez des Chrétiens, ne fut pas même mis en accusation. On raconte, au surplus, beaucoup d'autres forfaits commis dans le même temps et le même lieu.

Il apparut, au reste, des visions qui présageaient tous les maux que nous avons rapportés. Un certain homme crut voir un globe lunaire tomber sur Laon : ce qui signifiait qu'un malheur subit allait fondre sur cette cité. Un de mes religieux aperçut en songe trois poutres énormes placées le soir contre les genoux du crucifix dans l'église de la bienheureuse Vierge Marie, et le lieu où Gérard fut assassiné lui parut couvert de sang. Le crucifix désigne ici Gaudri, le personnage le plus éminent de l'église de Laon; les trois poutres près de tomber sur lui sont évidemment les mauvais moyens dont il se servit pour arriver à l'évêché, le crime qu'il commit contre Gérard, et celui enfin dont il se rendit coupable envers le peuple : trois choses qui furent pour lui de grandes pierres d'achoppement et amenèrent sa mort. En outre, et comme je l'ai appris des moines de Saint-Vincent, pendant les heures de la nuit, et de diverses parties de la ville, on entendit de certains bruits causés, à ce qu'on pensait, par les malins esprits; et l'on vit dans l'air des apparences d'incendie. Enfin quelques jours avant que les désordres éclatassent, il naquit à Laon un enfant double de la chute des reins en haut, c'est-à-dire, ayant deux têtes et deux corps avec leurs bras, jusqu'aux reins. Double dans sa partie supérieure, il était simple dans sa partie inférieure, reçut le baptême, et vécut trois jours. En un mot, beaucoup de prodiges apparurent dans des visions ou arrivèrent, et l'on ne doutait nullement qu'ils n'annonçassent à l'avance les horribles malheurs qui suivirent.

CHAPITRE XIII.

Après que ces troubles furent un peu calmés, l'église commença peu à peu à se relever de ses ruines par les soins du clergé. Comme le mur de la basilique, contre lequel Gérard avait été tué, paraissait plus affaibli que les autres par la violence de l'incendie, on construisit à grands frais des arceaux entre la muraille intérieure que le feu avait calcinée plus profondément, et le mur extérieur du bâtiment. Mais, une certaine nuit, un orage violent éclata, et la foudre frappa la basilique d'un coup si furieux, que les arceaux appliqués à la muraille intérieure se fendirent, que cette muraille perdit en grande partie son aplomb, et qu'il fallut nécessairement l'abattre jusque dans ses fondemens. O merveilleux jugemens du Seigneur! Que pensera, grand Dieu, ta juste sévérité de ces hommes qui ont osé porter leurs mains sur un mortel prosterné devant tes autels et qui te priait, si tu n'as pu permettre que la muraille même, contre laquelle ce crime s'était commis, quoique privée de tout sentiment, fût exempte de châtiment! Et certes ce n'est pas une injustice de ta part, Seigneur, de supporter impatiemment une si grande injustice,

Oui, si quelqu'un qui m'aurait offensé se prosternait à mes genoux pour solliciter son pardon, et que son ennemi l'égorgeât à mes pieds, toute l'animosité que je ressentirais contre ce malheureux, à cause de l'affront qu'il m'aurait fait, s'éteindrait à l'heure même. Ce que nous ferions aux autres hommes, tu dois à bien plus forte raison le faire, ô mon Dieu, toi la source de toute clémence. Si tu as couronné dans le ciel les enfans massacrés par Hérode, quoiqu'ils ne connussent pas ton saint nom, et seulement parce que tu avais été le prétexte de leur perte, est-il permis de penser que tu puisses souffrir que Gérard, quoique pécheur et sans mérite à tes yeux, ait été assassiné au mépris de ton nom ? Non, bonté infinie, une telle chose n'est pas en toi.

Cependant on commença, suivant la coutume, quelle qu'en soit l'origine, à porter de tous côtés les châsses et les reliques des saints pour obtenir de l'argent des fidèles. Il arriva de là que le compatissant arbitre de toutes choses, qui dans sa miséricorde console d'un côté ceux qu'il punit de l'autre, voulut que beaucoup de miracles se manifestassent partout où paraissaient ces précieux restes. Il y avait entre autres un magnifique reliquaire que l'on portait dans une châsse d'un grand renom; il contenait des morceaux de la tunique de la Vierge, mère de Dieu, de l'éponge dont on humecta la bouche de notre Sauveur, et de la vraie croix. Je ne sais pas bien s'il n'y avait pas aussi quelques cheveux de notre divine reine : ce reliquaire est d'or et enrichi de pierreries; dans l'intérieur sont des vers écrits en lettres d'or, et qui célèbrent les mystérieuses richesses qu'il renferme. Les hommes qui le portaient arrivèrent, à une seconde course, dans le pays de Tours, et atteignirent la ville appelée Busançay, qui appartenait à un certain homme renommé par son brigandage : entre autres choses que nos clercs dirent au peuple, ils lui parlèrent des calamités qu'avait éprouvées notre église; ils ne furent pas long-temps à deviner que le seigneur et les habitans de ce lieu portaient des cœurs peu disposés à se rendre à leurs prières, et se préparaient au contraire à les piller quand ils quitteraient le château. Alors celui des clercs, auquel était confié le soin de prêcher le peuple, se plaçant sur un lieu élevé, dit aux assistans, quoique sans avoir lui-même grande confiance dans les promesses qu'il leur faisait : « S'il est parmi vous quelque infirme, qu'il « s'approche de ces saintes reliques, qu'il boive de « l'eau qu'elles auront touchée, et il sera certaine- « ment guéri. »

Le seigneur et les gens de son château, pleins de joie, se persuadent qu'ils prendront nos clercs par leurs propres paroles et les convaincront d'être des fourbes ; ils leur présentent donc un sourd et muet âgé de vingt ans ; nul ne pourrait dire dans quelles angoisses et quel péril se trouvèrent alors nos clercs. Ils prièrent cependant avec de profonds soupirs notre commune souveraine et son fils unique Jésus Notre-Seigneur, et firent boire à cet infirme de l'eau sanctifiée par les reliques : ensuite un prêtre, quoique tout tremblant, lui fit je ne sais quelle question, et aussitôt le sourd muet ne répondit pas, il est vrai, nettement à ce qu'on lui demandait, mais répéta les mots prononcés par le prêtre. Cet homme, qui jamais n'avait entendu, pouvait-il, en effet, savoir exprimer autre chose que ce qu'on venait de lui dire? Mais à quoi bon insister davantage sur ces détails? Dans ce pauvre bourg les cœurs devinrent bientôt d'eux-mêmes plus généreux; le seigneur donna le seul cheval qu'il possédât, et la libéralité des autres excéda leurs facultés. Ainsi donc ces hommes, qui voulaient d'abord maltraiter nos clercs, se joignirent si véritablement à eux pour louer avec larmes la bonté secourable de Dieu, qu'ils consacrèrent à perpétuité au service de nos reliques le jeune homme guéri miraculeusement. Je l'ai vu moi-même dans notre église de Nogent; il était hébété, ne comprenait et ne parlait qu'avec difficulté, allait de tous côtés, portant ainsi la preuve vivante du prodige opéré sur lui, et mourut peu de temps après, en remplissant cette tâche fidèlement.

Dans la cité d'Angers vivait une femme qui s'était mariée à peine au sortir de l'enfance. L'anneau de mariage qu'elle mit alors à son doigt, elle l'y fixa, pour ainsi dire, irrévocablement, et l'y garda depuis son jeune âge, la nuit et le jour. Avec les années, cette femme, à peine adolescente quand elle se maria, prit de l'embonpoint; la chair forma bientôt des bourrelets de droite et de gauche autour de l'anneau, et finit par recouvrir tellement le métal qu'on perdit toute espérance de jamais pouvoir le retirer du doigt. Quand les saintes reliques arrivèrent dans cette ville, cette femme se présenta comme toutes les autres, après le sermon, pour faire son offrande; au moment où elle tendait la main vers ces reliques pour donner l'argent qu'elle avait apporté, l'anneau se brisa et tomba de sa main aux pieds de ces précieux restes. A la vue de ce prodige, le peuple et surtout les femmes admirèrent que la bienheureuse Vierge, mère de Dieu, eût daigné accorder à cette infortunée une grâce si grande, et qu'elle n'osait pas même solliciter. Aussi, ne pourrait-on dire tout ce que les hommes du peuple donnèrent de pièces d'argent à nos clercs, et tout ce que les femmes leur apportèrent de colliers et d'anneaux. Les gens de Tours se félicitaient que la maîtresse commune des chrétiens eût répandu sur leur terre le parfum de toutes ses vertus; mais Angers se vantait que la mère de Dieu l'avait, pour ainsi dire, pris par la main.

Dans un autre bourg, dont je ne puis dire bien précisément le nom, mais du même diocèse, était une femme vertueuse, retenue chez elle par un mal ancien, et qui ne laissait aucun espoir de guérison. A son instante prière nos clercs portèrent chez elle les saintes reliques; cette infortunée les reçut avec une vénération qui partait du fond du cœur, but de l'eau dans laquelle on avait plongé ces sacrés restes, et guérit sur-le-champ, grâces au secours de la bienheureuse Marie. Après qu'elle eut honoré, comme elle le devait, les saintes reliques par le don de riches présens, et au moment où le clerc qui portait cette charge sacrée mettait le pied hors du seuil de la maison, voilà qu'un jeune garçon monté sur un cheval, attelé à une charrette, s'arrête précisément au milieu de la ruelle par où devait s'en aller ce clerc. « Arrête-toi, lui crie celui-ci, jusqu'à ce que les « saintes reliques soient passées. » Lorsque le clerc qui les portait eut franchi la ruelle, l'autre se mit à presser son cheval, mais sans pouvoir en aucune manière venir à bout de reprendre sa route. Le porteur des reliques le voyant dans cet embarras, lui dit : « Va maintenant, au nom du Seigneur. » A ces mots le cheval et la charrette marchèrent. Voilà comment Marie prouva son excellence, et montra quel respect elle exige de nous.

Dans une troisième tournée, nos clercs arrivèrent au château de Nesle. Raoul, qui en était seigneur, avait dans sa maison un jeune sourd-muet que l'on assurait posséder la science de la divination, mais qui ne pouvait, sans aucun doute, l'avoir reçue que des démons. Cette faculté, disait-on, le rendait particulièrement cher à son seigneur. Aussi, quand les saintes reliques furent apportées dans ce château, le peuple ne leur rendit que peu d'honneurs, et ne leur fit que de minces présens. Mais le jeune sourd-muet, à qui l'on avait fait connaître par des signes la guérison de l'autre sourd-muet dont on a parlé plus haut, et qui pouvait d'ailleurs en juger par lui-même, puisque ce dernier était présent, donna sa chaussure au premier pauvre venu, et suivit nu-pieds, et le cœur rempli de componction, les saintes reliques jusqu'au monastère de Lihons. Un jour, pendant que cet homme était couché sous la châsse, l'heure de dîner arriva. Plusieurs des clercs allèrent donc manger, et il n'en resta qu'un très-petit nombre à la garde des saintes reliques. Ceux-ci, ayant fait quelques pas hors de l'église pour se promener, retrouvent à leur retour cet homme étendu par terre, dans d'horribles tourmens, et rendant par la bouche et par les oreilles un sang qui répandait une odeur fétide. A cette vue ces clercs courent à ceux de leurs compagnons qui étaient allés dîner, et les pressent de venir sur le lieu où se passait un tel prodige. Au moment où cet homme revient de ses convulsions, un des clercs essaie, en se servant de je ne sais quels mots, de lui demander s'il ne pourrait parler[1]; et sur-le-champ cet infortuné répète les paroles qu'il vient d'entendre. Tous élèvent alors jusqu'au plus haut des cieux la gloire infinie de Dieu; qui pourrait raconter en effet les transports de leur joie? Enfin nos clercs se virent vivement pressés de retourner au château de Nesle, et tous les en prièrent, afin d'ajouter aux dons beaucoup trop faibles que dans le premier moment on avait offerts aux saintes reliques. On s'en acquitta avec une grande libéralité. Ainsi s'illustra dans ce lieu la reine des cieux, dont le fils est Dieu, et elle accomplit dans cet homme l'ouvrage de la nature que celle-ci avait jusqu'alors différé de terminer.

CHAPITRE XIV.

Nos clercs voulurent ensuite aller visiter les régions d'outre-mer. Lors donc qu'ils furent arrivés à l'Océan, ils s'embarquèrent sur un vaisseau qui portait en même temps quelques riches mar-

---

[1] Le texte porte *Epasmo igitur rediens a clericos an loqui valeat........ interrogando tentatur*. Il y a une *s* déplacée, et il faut lire : *E spasmo rediens a clerico*.

chands, et eurent d'abord une navigation aussi heureuse que le permettaient une mer et des vents favorables. Tout à coup ils virent des bâtimens chargés de pirates, dont la cruauté inspirait une grande terreur, accourir sur eux de la rive opposée. Ceux-ci, frappant de leurs rames, fendaient avec leurs proues les flots amoncelés devant eux; déjà ils n'étaient plus éloignés des nôtres que de la distance d'un stade, et causaient de vives alarmes aux clercs chargés des saintes reliques. Alors un de nos prêtres se tenant debout au milieu du vaisseau, élève le reliquaire qui renfermait les précieux restes de la reine des cieux, et défend, au nom du Fils et de la Mère, aux pirates d'approcher davantage. Sur-le-champ leurs bâtimens virent d'eux-mêmes de bord, présentent la poupe et retournent en arrière avec non moins de rapidité qu'ils s'efforçaient auparavant d'en mettre à venir. Les marchands, délivrés du péril qui les menaçait, célébrèrent la gloire et les louanges de la bienveillante Marie, et lui offrirent de riches présens pour lui témoigner leur reconnaissance.

Les nôtres ayant abordé heureusement chez les Anglais, arrivèrent dans la cité de Winchester et les reliques y opérèrent plusieurs miracles éclatans. Elles n'en firent pas à Essex de moins étonnans; aussi attirèrent-ils à nos clercs de nombreux présens. Passons sous silence les guérisons ordinaires de malades, et ne nous arrêtons qu'aux prodiges vraiment inouis. Je n'écris pas une ode pyrrhique pour célébrer ces miracles; que nos clercs les racontent en détail s'ils veulent; quant à moi, je recueille, non pas tous les faits un à un, mais seulement quelques-uns de ceux qui méritent le plus d'être publiés. Nos clercs avaient été reçus presque partout avec le respect convenable; ils arrivent enfin à un certain bourg où ils ne sont admis ni par le prêtre dans son église ni par les paysans dans des maisons habitables; à la fin ils trouvent dans ce lieu deux édifices sans habitans, s'établissent avec tout leur bagage dans l'un, et placent dans l'autre, le mieux possible, les saintes reliques. Le méchant peuple de ce bourg persévérant dans son endurcissement contre les choses divines, nos clercs quittent cet endroit le lendemain matin; à peine sont-ils dans la campagne que d'effroyables éclats de tonnerre se font entendre, et que la foudre, fendant la nue, tombe sur ce bourg, et réduit en cendres tout ce qu'il contenait d'habitations; mais, ô admirable justice de Dieu! les deux maisons où s'étaient arrêtés nos clercs demeurèrent intactes, quoique situées au milieu de celles que consumait la flamme, et le Seigneur donna ainsi une preuve évidente que ces malheureux n'éprouvaient toutes les horreurs de cet incendie qu'en punition de leur irrévérence pour la mère de Dieu. Cependant le méchant prêtre, dont la barbarie s'était accrue parmi les barbares qu'il aurait dû corriger par ses instructions, rassembla tous les meubles échappés au feu du ciel, et, plein de joie de lui avoir arraché cette proie, il les transporta sur les bords soit d'un fleuve, soit de la mer, je ne sais pas bien lequel, pour les emporter ailleurs; mais tous furent consumés par la foudre dans le lieu même où il les avait entassés, et d'où il voulait les porter en un autre endroit. C'est ainsi que cette gent sauvage,

Le texte porte *fulmen*, mais évidemment il faut *flumen*.

et dont l'esprit était fermé à l'intelligence des mystères de Dieu, fut rudement instruite par ses propres malheurs.

Nos clercs arrivèrent ensuite dans une autre ville, où la renommée et l'évidence des miracles opérés par les saintes reliques produisirent de nombreuses et riches offrandes. Là, un certain anglais, qui s'était arrêté en face de l'église, dit à l'un de ses compagnons : « Allons boire. — Je n'ai pas d'argent, répondit l'au« tre. — J'en porterai, reprit celui-là. — Et où en « trouveras-tu, répliqua celui-ci ? — J'ai observé, dit le « premier, ces clercs qui, à force de mensonges et « de prestiges, tirent de si grosses sommes des imbé« ciles ; je tâcherai, d'une manière ou d'autre, de le « leur enlever pour faire bonne chère. » Il dit, entre dans l'église, s'approche du lieu où étaient placées les saintes reliques, fait semblant de vouloir les baiser par respect, applique ses lèvres sur les pièces d'argent, produit des offrandes, et en emplit sa bouche toute grande ouverte ; il se retire ensuite, et dit à son compère : « Viens et buvons, j'ai déjà plus d'argent « qu'il n'en faut pour payer ce que nous boirons. — « Et comment, demanda l'autre, t'en trouves-tu à « présent, toi qui tout à l'heure ne possédais pas un « denier ? — J'ai eu l'audace, reprend le premier, « d'enlever avec ma bouche quelques-unes des piè« ces qu'on donne dans l'église à ces imposteurs. — « Tu as agi méchamment, répliqua le second, de dé« rober ainsi le bien des saints. — Tais-toi, s'écrie « le voleur, et viens à la taverne voisine. » Mais à quoi bon s'appesantir davantage sur ces détails ? Tous deux boivent jusqu'au coucher du soleil ; à la nuit tombanté, celui qui avait volé l'argent sur les saints autels monte sur sa jument, et dit qu'il retourne chez lui. Déjà il avait atteint un bois qui touchait à sa demeure; là se trouvait une corde attachée à un arbre, il y reste suspendu, et souffre ainsi une mort honteuse; juste punition de sa bouche sacrilége. Qu'il nous suffise, au reste, d'avoir recueilli ces faits parmi le grand nombre des prodiges que la Vierge, reine du ciel, opéra chez les Anglais.

Lorsqu'après avoir été faire partout leur quête, nos clercs furent de retour à Laon, l'un d'eux, homme d'un caractère estimable, à qui était confié le soin de transporter les matériaux nécessaires pour la réparation du toit de l'église, me raconta que, comme il gravissait une montagne avec son char, un de ses bœufs tomba de lassitude; lui se donnait une grande peine, ne trouvant pas un autre bœuf à mettre à la place de celui qui était épuisé de fatigue; tout à coup il en arriva un en courant, qui, par une sorte de combinaison réfléchie, se présenta pour prêter son secours à l'ouvrage commencé; après qu'il eut, d'un pas agile, conduit avec les autres bœufs le char jusqu'à l'église, le pauvre clerc se tourmentait de savoir à qui il devait rendre cet animal qu'il ne connaissait pas; mais celui-ci fut à peine détaché que, sans attendre ni conducteur ni menaces, il s'en retourna promptement à l'endroit d'où il était venu.

Ce même clerc, de qui je tiens ce fait, m'a également raconté ce qui suit. Le jour même où l'évêque Gaudri, après avoir tout disposé pour le meurtre de Gérard, se mit en route pour Rome, lui clerc, alors diacre, se tenait derrière le prêtre qui célébrait la messe. Voilà que, par un jour parfaitement serein, et sans qu'il y eût le moindre souffle de vent, l'aigle dorée, placée au dessus de la voûte où reposaient les tombeaux des Saints, se détache et tombe comme si on l'eût jetée violemment. On tira de cet événement la conjecture que l'évêque, comme le principal personnage de la ville, devait mourir bientôt. Quant à nous, nous pensâmes que ce prodige signifiait que la gloire de notre cité, la ville royale par excellence entre toutes celles de la France, était tombée ; nous croyons même qu'elle doit tomber encore plus bas. Et en effet, dès qu'une fois les troubles, que nous avons rapportés, eurent éclaté dans la ville de Laon, le roi, dont la cupidité les avait suscités, ne revit plus même une seule fois cette cité ; quant au préposé royal, complice de l'injustice qui allait s'accomplir, peu d'heures avant que l'on ne vît se manifester la sédition qui allait mettre le désordre dans la ville, il quitta Laon, après avoir fait partir devant sa concubine et ses enfans, et il n'avait pas fait trois ou quatre milles qu'il vit toute cette belle cité consumée par les flammes.

CHAPITRE XV.

L'évêque Gaudri ayant donc fini comme nous l'avons dit, on commença à entretenir le roi de la nécessité d'élire un autre prélat. On recommanda au monarque pour le siége de Laon, sans qu'aucune élection eût précédé, un certain doyen d'Orléans; Etienne, référendaire du roi, et qui ne pouvait être évêque lui-même, convoitait le doyenné; cet Etienne obtint donc l'évêché pour le doyen, et eut en retour le doyenné. Le nouvel évêque s'étant présenté pour être consacré, on chercha dans l'Evangile quel pronostic pouvait le regarder, mais on trouva la page du livre entièrement blanche; c'était comme si Dieu eût dit : « Je n'ai rien à « prédire de cet homme, car ce qu'il fera se réduira « presque à rien ; » en effet il mourut au bout de quelques mois, après avoir cependant reconstruit quelques uns des bâtimens de l'évêché. A sa mort on élut légitimement, mais bien malgré lui, l'évêque que nous avons aujourd'hui. Je dis qu'il fut élu légitimement, parce qu'il ne voulut entrer dans rien qui sentît la vénalité, ni se rendre coupable de la moindre simonie. Cependant l'Evangile ne fit entendre pour lui qu'un cruel pronostic, les mêmes paroles sur lesquelles on était tombé pour Gaudri. « Le glaive trans- « percera ton ame. » Quels peuvent être les malheurs qui le menacent? C'est ce que Dieu verra.

Avant de passer à d'autres événemens, il est bon de dire que Teudegaud, celui qui trahit et assassina l'évêque Gaudri, fut, deux ans après ce meurtre, pris par les soldats d'Enguerrand, et traîné aux fourches patibulaires. On se saisit de lui dans le temps du carême, au moment où il venait de manger et de boire jusqu'à être forcé de vomir, et où, ce qui est horrible à répéter, il disait hautement devant quelques personnes, en tendant son ventre et le caressant de la main, qu'il était plein de la gloire de Dieu. Quand il se vit saisi et jeté dans une prison, il ne fit sa paix ni avec Dieu ni avec les hommes, ne dit pas un mot à qui que ce fût, lors même qu'on le conduisit au supplice, et mourut, comme il avait vécu, dans une complète indifférence pour Dieu. Mais revenons aux choses que nous avons omises.

Ce Thomas, dont il a été parlé plus haut, prit donc la défense de la méchante commune, de tous les scélérats de la ville et de ceux qui avaient massacré d'abord Gérard, ensuite l'évêque son seigneur et son parent. En punition de sa malice qui allait croissant au-delà de ce qu'on peut dire, Thomas fut fréquemment, et de tous côtés, frappé d'excommunication, non seulement par les archevêques et évêques de toute la France réunis en conciles, en synodes et en conseils royaux, mais encore chaque dimanche dans chacun des siéges épiscopaux et dans toutes leurs paroisses. Sa marâtre, cette comtesse, femme illégitime d'Enguerrand, prévenue contre lui, qui portait un cœur plus féroce que celui d'une ourse, et regardait ce Thomas comme un ennemi qui grandissait contre elle, poussa Enguerrand à abjurer à l'égard de ce fils tous les sentimens et le nom même de père. Enguerrand donc, cédant aux conseils de cette femme, dépouilla

Thomas de tous ses droits, se déclara ouvertement son ennemi; et, pour me servir des paroles d'un auteur comique, fit ainsi d'un fou un furieux. De jour en jour, en effet, l'ame de Thomas contracta l'habitude d'une perversité toujours croissante, et il en vint peu à peu à un tel degré de barbarie insensée, qu'il croyait légitime et permis de traiter et de tuer les hommes comme les animaux; parce qu'une méchante femme l'avait fait déshériter injustement, il est vrai, il pensait que ses complices et lui pouvaient en toute justice se gorger de sang et de carnage. Chaque jour cette cruelle marâtre suscitait à Thomas, par de nouvelles intrigues, des ennemis qu'elle poussait à précipiter sa ruine, et lui de son côté ne se montrait jamais paresseux à désoler Enguerrand par le pillage, le meurtre et l'incendie. De notre temps on ne vit nulle part deux êtres s'entendre aussi bien pour nous montrer, par leur conduite, combien de malheurs peuvent sortir d'une seule cause. Si l'un, en effet, fut un brasier toujours ardent, on peut dire que l'autre était l'huile qui excitait ce feu.

Les mœurs de tous deux furent telles, au surplus, que, quoiqu'ils se livrassent sans choix aux plaisirs de Vénus, ils n'en étaient pas moins cruels, ou plutôt ils l'étaient davantage aussitôt qu'il s'en présentait quelque occasion. De même que l'une ne fut jamais retenue par ses devoirs envers son mari, jamais non plus l'autre ne s'en tint à ses épouses, et ne leur épargna les odieuses rivalités d'amours étrangères, ou de viles prostituées. Que dirai-je de plus? si chaque jour la marâtre irritait Enguerrand en forgeant sans cesse quelques nouvelles trames, le beau-fils satisfaisait sa rage, mais sans pouvoir l'assouvir, par le massacre d'hommes innocens, à tel point que dans un seul jour il fit arracher les yeux à dix malheureux qui en moururent presque sur-le-champ. Il arrivait de là que parfois Thomas et son père, fatigués de meurtres, faisaient des paix momentanées, mais bientôt la femme d'Enguerrand ravivait les anciennes haines, et ces deux hommes se précipitaient de nouveau dans de mutuels carnages.

Après que le pays de Laon eut été désolé par la méchanceté de ces deux partis ennemis, Dieu permit que le territoire d'Amiens devînt à son tour la proie de la même calamité. L'événement funeste qui causa la ruine de Laon ne fut pas en effet plutôt arrivé, que les gens d'Amiens, ayant gagné le roi par de l'argent, se formèrent en commune. L'évêque, sans y être cependant forcé par la violence, s'était vu dans la nécessité de favoriser cet établissement, surtout lorsqu'il connut la funeste fin de son collègue évêque de Laon, et tous les excès auxquels s'étaient abandonnés les mauvais citoyens. Mais Enguerrand, comte d'Amiens, voyant que la conjuration formée par les bourgeois détruisait les droits attachés de toute ancienneté à son comté, rassembla autant de forces qu'il put, et attaqua les rebelles à main armée. Il trouva un appui dans le gouverneur de la tour, qui se nommait Adam; aussi quand il se vit repoussé de la ville par les bourgeois, il se réfugia dans la tour. Ceux-ci ne cessèrent de l'y attaquer, et de lui livrer de continuels assauts; puis, appelant Thomas au secours des droits de leur commune, comme s'il eût été leur seigneur et plein de la plus tendre affection pour eux, ils cherchèrent, à ce que l'on croit, à soulever le fils contre le père. Ils savaient en effet que Thomas, né d'une mère qui s'était couverte d'ignominie, n'avait jamais obtenu la moindre part dans l'affection de l'auteur de ses jours. Enguerrand de son côté, réfléchissant que les aubergistes et les bouchers se raillaient de la pesanteur que lui donnait son grand âge, appela Thomas, s'unit à lui par un traité d'alliance, et même le réconcilia, sous la foi de sermens sans nombre, avec sa marâtre, qui pourtant ne s'oublia pas dans cette circonstance, et exigea de riches présens pour ce renouvellement de paix.

Thomas, qui avait épuisé les immenses trésors qu'il possédait, promit donc à Enguerrand de le secourir contre les bourgeois qu'appuyaient le vice-seigneur et l'évêque. Thomas et Adam qui commandaient dans la tour, commencèrent en conséquence à combattre fortement le vice-seigneur et les bourgeois; on accusait l'évêque et le clergé de s'être unis à la faction de ces derniers; aussi Thomas, pour première hostilité, ravagea les biens de l'église, établit son camp dans une de ses métairies, et de là détruisit toutes les autres par le pillage et l'incendie. Dans l'une d'elles, après avoir emmené une grande troupe de captifs et emporté beaucoup d'argent, il mit le feu à l'église et y brûla tout ce qui restait de gens du commun, de tout sexe et de tout âge, qui s'étaient réfugiés en foule dans ce lieu saint. Parmi les prisonniers, se trouvait un certain ermite venu à cette métairie pour acheter du pain; Thomas le faisait conduire enchaîné devant lui. Très-prochainement, c'est-à-dire, le lendemain, était la fête du bienheureux Martin; ce pauvre ermite implorait en pleurant la pitié de Thomas, disait quelle était sa profession, déclarait pour quelle cause il avait été à la métairie, et suppliait que du moins par respect pour saint Martin on lui fît miséricorde; mais le cruel Thomas tirant son épée du fourreau en perça la poitrine et les entrailles de l'ermite, en lui disant: « Reçois « cela pour l'honneur de saint Martin. » Il mit aussi dans les fers un pauvre lépreux; en apprenant cette nouvelle, tous les lépreux de la contrée se réunissent, assiègent la porte de ce tyran et le somment à grands cris de leur rendre leur camarade. Mais lui les menace s'ils ne se retirent de les faire brûler tout vifs; les malheureux s'enfuient alors, saisis de terreur, puis quand ils se voient en lieu sûr et se sont rassemblés de tous les coins du pays, ils appellent sur Thomas la vengeance de Dieu, et le maudissent en poussant tout d'une voix de grands cris vers le ciel. Le lépreux que Thomas avait pris n'en finit pas moins ses jours dans son triste cachot.

Dans cette même prison mourut aussi une femme grosse que ce barbare y avait fait jeter. Quelques-uns de ses captifs ne pouvaient marcher que lentement; il ordonna de percer à cinq ou six d'entre eux, si je ne me trompe, ce qu'on appelle la nuque du cou, de passer des cordes par ces ouvertures, de les attacher à une rude charrette et de les faire aller ainsi. Tous périrent peu après dans la prison. Pourquoi nous traîner sur ces tristes détails ? Dans cette expédition, il tua lui seul trente hommes avec son épée. Sa belle-mère, qui ne respirait que sa perte, voyant qu'il se précipitait en aveugle au milieu des plus grands périls, avertit sous main le vice-seigneur d'avoir l'œil ouvert sur les excursions de Thomas. Une certaine nuit donc que celui-ci partait pour je ne sais quelle expédition, le vice-seigneur lui tendit des embûches ; Thomas eut bientôt tous les membres transpercés de blessures, et reçut encore dans le jarret un coup de lance d'un fantassin ennemi. Se voyant donc cruellement blessé tant au genou que dans d'autres endroits, il abandonna bon gré mal gré son entreprise.

Cependant l'évêque, avant que son église souffrît de si funestes ravages, se préparait un certain jour de fête à célébrer la messe. Un prêtre, qui avait toutes les apparences d'un homme pieux, offrit avant lui le saint sacrifice, et, sans le savoir, ne se servit que d'eau ; après lui, la même chose arriva au prélat ; mais celui-ci s'étant aperçu, en prenant l'ablution, qu'il n'y avait que de l'eau dans le calice, s'écria : « Soyons tous certains « qu'un grand malheur menace cette église ; » présage que confirmaient les infortunes dont l'évêque de Laon avait été précédemment la victime. Celui d'Amiens voyant que sa présence n'était agréable ni au clergé ni au peuple, parce qu'il ne pouvait prêter à aucun parti un secours efficace, prit avec lui un de mes moines, et, sans consulter ni son clergé ni le peuple, donna une déclaration par laquelle, si je puis ainsi m'exprimer, il répudiait son église ; puis il renvoya son anneau et ses sandales à l'archevêque de Rheims, et annonça qu'il s'exilait de la ville et ne serait plus dans la suite évêque nulle part. Devenu ainsi ex-évêque, il se rendit à Cluny, et là, reprenant de son propre mouvement les fonctions épiscopales, il fit la consécration d'un autel. De là il se rendit à la Chartreuse, dont nous avons parlé au commencement de cet ouvrage. Dans ce lieu il s'établit en une cellule qui était hors du couvent, et garda six marcs d'argent sur ce qu'il avait apporté pour son voyage. Au bout de deux mois il fut rappelé, non par les gens de la ville, mais par l'archevêque de Rheims, et mit d'autant moins de délai à s'en retourner, que c'était pour s'en servir dans cette circonstance qu'il avait eu la prévoyance de conserver quelques marcs d'argent. Ce ne fut pas sans chagrin que le peuple et le clergé l'accueillirent à son retour ; cependant ils ne s'étaient pas empressés de profiter de son éloignement pour élire un autre évêque, quoiqu'on lui voulût mal d'avoir excité des troubles qu'il ne pouvait apaiser.

Thomas, pendant que cela se passait, s'était fait transporter chez lui et ne se remuait encore qu'avec peine à cause de la blessure qu'il avait reçue. Le fils d'Adam, beau jeune homme, appelé Adalelme, fiancé à sa fille, devait la prendre pour épouse ; c'en fut assez pour que [1] celle qui déjà avait fait tant de mal à Thomas, la honteuse concubine d'Enguerrand, se préparât à tourner ses armes contre Adam et la tour, dont il était commandant ; cependant cet Adam avait prêté hommage au roi, qu'il ne trahit jamais, et le roi l'avait admis dans sa confiance. Il n'est au pouvoir de personne, pas même des bourgeois, dont le parti était alors abattu, de dire combien d'entre eux furent massacrés avant le siége et plus encore après, par ceux qui défendaient cette tour. Les gens de la ville en effet n'agissaient pas, et seulement se laissaient faire.

[1] *C'en fut assez pour que*, n'est pas dans le texte, mais a paru nécessaire à l'intelligence de cette phrase. La suite justifie cette addition. On y voit que la fille de Thomas était renfermée dans la tour. C'en était assez pour que sa marâtre fît assiéger cette tour.

Aussi est-il généralement reconnu que, dans le principe, et avant qu'il fût arrivé aucun malheur, l'évêque Godefroi aurait pu facilement empêcher le trouble, s'il n'eût eu peur du vice-seigneur qui le traita toujours avec un souverain mépris. C'est en effet l'habitude de ce prélat de ne montrer d'égards et de bonté qu'à ceux qui parlent ou agissent contre lui; aussi, par un juste jugement de Dieu, tandis que sciemment il s'efforce de plaire à un traître dont il redoute les coups, il se voit déchiré par tous et plus cruellement encore par ce traître même.

Thomas, toujours blessé, ne put venir au secours de cette tour, où il avait renfermé sa fille et les plus vaillans de ses soldats. Mais il avait commis partout de si grands ravages que les archevêques et les chefs des églises portèrent leurs plaintes au roi, et déclarèrent qu'ils cesseraient de célébrer dans le royaume les saints offices, si ce prince ne sévissait contre ce barbare. Dans le temps en effet où cet homme, qui portait partout avec lui la désolation, secourait les bourgeois de Laon[1] contre Enguerrand, ce Gautier dont nous avons parlé plus haut et qui, avec son collègue l'archidiacre Gui, était le seul d'entre les meurtriers de Gérard qui eût échappé aux massacres de cette ville, se rendit à Amiens[2] vers le milieu du carême, pour s'entretenir avec la digne épouse d'Enguerrand, dont lui-même Gautier avait arrangé le mariage adultère;

---

[1] *De Laon* n'est pas dans le texte; mais la clarté réclame cette addition. C'est avec les bourgeois de Laon que Thomas était contre Enguerrand, comme on l'a vu plus haut; tandis qu'il était avec Enguerrand contre les bourgeois d'Amiens, comme on vient de le voir.

[2] Même observation pour Amiens, où on voit plus haut qu'Enguerrand était avec Thomas pendant les troubles de Laon.

Thomas, instruit de ce voyage, envoie en toute hâte un messager à un certain Robert, le plus scélérat des hommes et de ceux dont il aimait à faire ses intimes, et lui fait dire d'épier avec ses gens Gautier lorsqu'il reviendra d'Amiens, et de le tuer s'ils le peuvent. Robert, sans daigner choisir un lieu plus éloigné que la pointe même de la route de Laon, voit de loin venir l'archidiacre, et court avec les siens à sa rencontre par le chemin creux qui descend de la montagne; Gautier avait envoyé sa suite devant lui et gagnait doucement la ville assis sur sa mule; saisissant donc le moment où il était seul, ces malheureux le percent cruellement de leurs glaives, et après l'avoir tué prennent sa mule et retournent triomphans vers Thomas.

Le clergé ayant porté jusques aux oreilles du roi ses plaintes contre cet attentat et d'autres semblables commis au grand détriment des églises, ce prince rassembla une armée contre Thomas, et vint l'attaquer dans les forteresses qu'il avait construites au milieu même des domaines de l'abbaye de Saint-Jean. Les hommes d'armes, d'ailleurs en fort petit nombre, secondaient à peine le roi et ne le faisaient pas de cœur, mais l'infanterie armée à la légère formait un corps considérable. Thomas, quoiqu'encore impotent et étendu sur son lit, apprenant quelles gens s'avançaient contre lui, n'épargna pas les moqueries; sommé par le monarque de détruire les châteaux qu'il avait bâtis contre toute espèce de droit, il refusa dans les termes les plus outrageans, et rejeta même avec dédain les secours que lui offraient beaucoup de ses proches. Alors l'archevêque métropolitain et les évêques font élever une estrade, appellent à eux tout le peuple, lui ordonnent avec de grandes menaces de prendre part à cette expédition, donnent à tous l'absolution de leurs péchés, leur enjoignent de se précipiter, par esprit de pénitence, sur celui de ces châteaux qu'on appelle Créci, et leur disent que par là ils seront sûrs d'obtenir le salut de leur ame. Tous alors s'élancent avec une admirable audace. Les remparts étaient d'une force extraordinaire; aussi beaucoup de gens ne voyaient que du ridicule dans la tentative de toute cette multitude. Comme ceux du dedans se préparaient à faire une vigoureuse défense, le roi, qui déjà s'était emparé du premier retranchement extérieur, s'arrête devant la porte du château, et somme les assiégés de le lui livrer; ceux-ci répondent qu'ils n'en feront rien; le monarque alors étend la main et jure qu'il ne mangera pas avant de l'avoir pris. Ce jour-là cependant il cessa son attaque; le lendemain il la recommence et prend les armes; mais aucun des hommes d'armes ne veut revêtir les siennes; le roi les accuse de trahison ouverte, appelle à lui les fantassins, attaque le premier le rempart et s'efforce de se frayer un chemin dans l'intérieur; bientôt il y pénètre; on y trouve une grande abondance de vivres, tous les assiégés sont faits prisonniers et le fort est détruit de fond en comble.

Non loin de là était un autre bourg nommé Nogent, on en apporta les clefs au roi, et tous les habitans prirent la fuite. A Créci on attacha au gibet quelques-uns des captifs qu'on avait faits, pour effrayer ceux qui seraient tentés à l'avenir de se défendre; quelques autres furent tués dans le combat; quant aux assaillans je ne sache pas qu'il en périt un seul, à l'exception d'un chevalier Pour Thomas, qui se tenait en sûreté dans son château de Marne, il paya au roi et à ses gens une grosse somme d'argent pour son rachat, et indemnisa les églises des dommages qu'il leur avait causés; de cette manière d'une part il obtint la paix, de l'autre il rentra dans la communion des fidèles. Ainsi cet homme, qui n'avait son égal ni en orgueil ni en méchanceté, fut puni par les mains les plus ignobles, qu'il méprisait et contre lesquelles ses fureurs s'étaient souvent exercées. Nous ne devons point passer sous silence que quand le roi vint à Laon avec ses troupes, l'humidité de l'air rendait toute expédition militaire difficile; l'archevêque dit alors au peuple: « Prions le Seigneur de faire connaître, en nous « donnant un temps serein, s'il veut que notre projet « s'exécute. » A ces mots le ciel brilla tout à coup de l'éclat le plus pur.

L'évêque Godefroi étant donc revenu de la Chartreuse le dimanche des Rameaux, commença de faire des choses bien différentes de celles qu'il avait apprises dans ce saint monastère. Appelant le roi à Laon, il prêcha, le jour même de ce dimanche célèbre et vénérable, devant ce prince et tout le peuple, un sermon contre les gens de la tour, s'efforça d'irriter les esprits par cette harangue digne non d'un ministre de Dieu, mais de Catilina; et promit le royaume des cieux à ceux qui périraient en cherchant à prendre la tour. Le lendemain donc d'immenses machines chargées de soldats sont dressées contre le mur de cette tour qu'on appelle le gros château; ceux qui la dé-

---

¹ Le texte porte *hoste*, qui ne peut être que le vieux mot français *ost*; sans cela il n'y aurait aucun sens.

fendaient s'étaient abrités par des courtines, afin de ne pas s'exposer en restant trop à découvert, et l'évêque, de son côté, avait été nu-pieds au tombeau de saint Acheul, adresser au ciel, pour le succès de l'entreprise, des prières qui ne devaient pas être exaucées. Cependant les gens de la tour laissèrent les assiégeans arriver aux murs, et approcher leurs machines. Dès que celles-ci furent appliquées à la muraille, un certain Aleran, très-habile en ces sortes de choses, éleva en face des remparts deux tours en bois qu'il avait construites, et y plaça environ quatre-vingts femmes pour lancer les pierres entassées d'avance dans ces tours. D'une part les soldats du dedans combattent de près ceux du dehors avec l'épée, de l'autre les femmes montrant un courage égal à celui des hommes, défendent leurs tours avec une valeur digne d'Achille; mais les ennemis parviennent à briser ces deux tours avec les pierres qu'ils font pleuvoir sur elles à l'aide d'une machine. Des deux côtés vole une grêle de traits; les quatre-vingts femmes furent toutes blessées, dit-on, et le roi lui-même reçut un coup de javelot dans la cuirasse qui couvrait sa poitrine. De tous ceux que percèrent les dards, nul, à l'exception d'un seul, n'en réchappa, selon ce que rapporte le clerc Rothard, neveu de l'évêque.

Les soldats, placés dans les machines, où ils étaient pour ainsi dire suspendus, se voyant accablés de traits et de pierres, prennent la fuite, et sont bientôt suivis par tous les autres. Dès que les gens de la tour voient les assaillans un peu éloignés, ils se précipitent sur les machines, et emportent les matériaux, tandis que ceux qui tout à l'heure les assiégeaient se contentent de les regarder faire de loin, et n'osent pas approcher de plus de trois milles environ. Le roi ayant donc reconnu que la tour était inexpugnable, se retira en ordonnant de la tenir bloquée, jusqu'à ce que la famine contraignît les assiégés à se rendre. Ce blocus dure encore aujourd'hui, et l'on ne saurait dire combien chaque jour il périt de bourgeois; car Adam, campé en dehors de la tour, désole par de continuelles hostilités les faubourgs, Enguerrand[1] et le vice-seigneur. Certes, si de tels maux ouvraient l'intelligence de ceux qui chaque jour en entendent le récit, ils apprendraient que, quoique Thomas ait succombé, toutes les causes ne sont pas pareilles, ni les jugemens de Dieu tellement semblables envers tous, qu'il soit permis à un évêque de provoquer impunément ses ouailles à s'entr'égorger.

CHAPITRE XVI.

Avant de passer aux faits qui concernent un pays voisin, et d'en rapporter quelques-uns qui regardent les gens de Soissons, il est bon de savoir que ceux de Laon ne cessent de se livrer, bien plus que les habitans d'aucune autre province de France, aux plus détestables excès. Ils avaient massacré des prêtres, un évêque et un archidiacre; en outre, et tout récem-

---

[1] En rapprochant ce passage de celui où il est dit plus haut que la comtesse avait fait marcher le vice-seigneur contre Thomas, on voit que, poussé par sa femme, Enguerrand avait changé de parti et s'était mis avec les bourgeois.

ment, la très-sage abbesse des religieuses de Saint-Jean, femme d'une naissance illustre, pleine de munificence pour l'église, originaire de Laon, et nommée Rainsinde, est tombée sous les coups d'un de ses serviteurs, et a supporté avec une admirable courage les maux qu'elle a eu à souffrir pour la foi de la sainte Eglise. Mais quoi! dirai-je de combien de sacriléges l'Eglise elle-même a été souillée? La Vierge reine du monde ne les a pas laissés impunis; il est donc de notre devoir de les rapporter. Ceux qu'on nomme enregistreurs, et qui sont ordinairement chargés de la garde des trésors de l'Eglise, commencèrent par enlever furtivement les vases servant au saint ministère, quoique le soin en appartînt essentiellement aux clercs, chefs de ces hommes qui tous étaient laïques. Voilà ce qui fut fait d'abord par certains individus. Ensuite un nommé Anselme, sorti de la plus basse classe de la ville, homme cruel et grossier, vola, après les fêtes de la Nativité du Seigneur et avant l'heure de matines, les croix, les calices et quelques objets en or. Quelque temps après il vendit à un certain marchand de Soissons un petit lingot provenant de l'or qu'il avait pris, lui avoua le vol sacrilége dont il s'était rendu coupable, et en reçut le serment de ne le point trahir. Cependant ce marchand entendit bientôt fulminer dans les paroisses du Soissonnais des excommunications contre les complices de ce tort fait à l'église. Craignant d'encourir cette peine, il se rendit à Laon, et découvrit la chose au clergé. A quoi bon prolonger ces détails? Le coupable sommé de comparaître nia, fournit des cautions, et requit le combat à coups de poing contre son accusateur. Celui-ci ne refusa

7.

pas ; c'était un jour de dimanche ; les clercs, qui avaient hâte de se rendre aux offices, ayant laissé ces gens en venir aux mains, celui qui avait dénoncé le voleur tomba vaincu. De ce fait il résulte évidemment de deux choses l'une, ou que celui qui, en faussant ses sermens, trahit le voleur, ne commit pas une action droite, ou, ce qui est plus vrai, qu'il fut victime d'une loi injuste. Et en effet il est certain que jamais aucun canon n'a sanctionné cette loi.

Anselme, rendu plus audacieux par sa victoire, s'abandonna bientôt à un troisième sacrilége. Brisant avec une rare adresse le coffre où l'on renfermait les trésors de l'église, il enleva des pierres précieuses et une plus grande quantité d'or que la première fois. Dès qu'on s'aperçut de ce vol, on recourut, pour connaître le coupable, au jugement par les eaux saintes ; jeté dans cette eau avec les autres gardiens des trésors, Anselme surnagea et fut convaincu ; autant en arriva à d'autres complices du premier vol ; les uns furent attachés au gibet, et l'on fit grâce à quelques autres. Quant à lui, dès qu'il se vit traîné comme ses camarades à la potence, il promit de tout avouer ; mais à peine eut-on sursis à l'exécution, qu'il nia son crime ; on le mena une seconde fois aux fourches patibulaires pour l'y attacher, et il jura de découvrir la chose ; on lui donna un nouveau répit, et il déclara alors qu'il ne dirait rien si on ne lui accordait une récompense. « Pendons-le, dirent les clercs. — Soit, ré- « pondit-il, mais vous, vous ne retrouverez rien de « ce que vous avez perdu. » Pendant que tout cela se passait, il accablait d'injures sans nombre le châtelain Nicolas fils de Guinemar, jeune homme distingué, chargé de faire exécuter le jugement. On alla consulter l'évêque et maître Anselme sur ce qu'il fallait faire : « Il vaut mieux, dirent-ils tous deux, donner « à cet homme quelque argent, que de perdre une si « grande quantité d'or. » On promit donc à ce scélérat cinq cents sols environ ; cet arrangement fait, il restitua beaucoup d'or qu'il avait caché dans une vigne à lui. Cet homme s'était en outre engagé à s'éloigner du pays, et l'évêque lui avait accordé trois jours pour partir. Il voulait s'échapper furtivement pendant cet espace de temps, et connaissait bien toutes les sorties de la ville ; mais du côté où était située sa maison, il crut voir des espèces de grands fleuves qui ne lui permettaient en aucune manière de passer. Ces courans placés devant ses pas le forçaient de sortir de la ville à la vue de tout le monde et sans rien emporter du fruit de son vol. Se voyant réduit là, il déclara dans les termes les plus furieux qu'il ne voulait pas s'en aller ; comme l'évêque exigeait fortement qu'il partît, cet homme, étant pour ainsi dire hors de lui-même, se mit à murmurer entre ses dents qu'il savait encore certaines choses qu'il avait différé de dire. L'évêque, instruit de cette circonstance par le vice-seigneur, trouva que, puisque ce fripon avait juré ne rien savoir de plus que ce qu'il avait avoué, c'était le cas de lui retirer les cinq cents sous qu'on avait promis de lui donner, et il le fit jeter en prison. Là les tortures le forcèrent enfin de confesser qu'il possédait encore toutes les pierres précieuses enlevées lors de l'effraction du trésor ; lui-même conduisit les clercs au lieu où elles étaient et les leur montra cachées dans un morceau de toile que recouvrait une grosse pierre. Outre toutes les richesses dont il s'était emparé, il avait encore dérobé de saintes reliques: tant qu'il les garda il ne put dormir; les saints ne cessaient de tourmenter sa malheureuse ame, et l'horreur de son sacrilége s'était saisie de tout son être. Ce misérable fut attaché à une haute potence et envoyé à ses pères, qui certes ne pouvaient être que les démons.

CHAPITRE XVII.

Venons-en maintenant aux choses que nous avons promises et parlons des gens de Soissons. Jean leur comte fut un homme habile dans la guerre et soigneux d'entretenir la paix, mais dont toutes les pensées n'avaient qu'un seul but, satisfaire ses passions. En effet, la méchanceté qu'il tenait de son père et de son aïeule, il la tourna toujours à la perte de sa véritable mère la sainte Église. Sa mère selon la chair [1], entre autres admirables preuves de sa puissance, fit crever les yeux, arracher du gosier et couper la langue à un malheureux diacre. Elle porta, certes, encore plus loin sa parricide audace; car, avec l'aide d'un certain Juif, elle fit périr par le poison son propre frère dont elle convoitait le comté. En punition de ce crime, le Juif mourut dans les flammes; et quant à elle, la veille du jour où commença le jeûne, elle soupa copieusement, fut, dans la nuit, frappée de paralysie, pendant

[1] *Selon la chair* n'est pas dans le texte, mais a paru nécessaire à ajouter pour la clarté, aux mots qui précèdent, sa mère l'Église.

son premier sommeil, perdit l'usage de la langue, devint percluse de tout le corps, et ce qui est bien pis encore, n'eut plus aucun goût pour les choses qui regardent le Seigneur, et vécut du reste comme un vrai pourceau. Par un équitable jugement de Dieu, en essayant de la guérir, on lui coupa presque entièrement la langue, et c'est dans ce triste état qu'elle resta depuis le commencement du carême jusqu'à l'octave de Pâques qu'elle mourut. Ce ne furent pas seulement des querelles, mais des haines mortelles qui existèrent entre elle, le Jean dont il s'agit et l'évêque Manassé ses deux fils; ces haines, ils les avaient conçues dès leur naissance, car tous ceux de cette famille sont constamment ennemis les uns des autres. Aussi les choses que je viens de rapporter plus haut m'ont-elles été racontées, dans le temps même où on la portait au tombeau, par le comte Jean qui m'ajouta : « Pourquoi suis-je généreux envers elle qui n'a voulu « faire aucun sacrifice au salut de son ame ? »

Ce comte donc, à qui l'on pouvait dire avec vérité : Tu as eu pour père un Amorrhéen, et pour mère une Hettéenne, non seulement fit revivre en lui les deux auteurs de ses jours, mais même commit des forfaits plus détestables encore que les leurs. Il montrait en effet un penchant si vif pour l'infidélité des Juifs et des hérétiques, que, chose que les fidèles n'auraient pas même eu l'idée de craindre de la part des Juifs, il parlait du Sauveur dans les termes les plus criminels. On peut voir dans l'ouvrage que j'ai écrit contre lui, à la prière du doyen Bernard, combien étaient offensans pour le ciel les discours de ce comte. Ces discours, que ne saurait répéter une bouche chrétienne, et qui révoltent d'horreur des oreilles pieuses, nous les supprimons ici. Ce qu'il y a de certain c'est que ces Juifs qu'il exaltait tant le regardaient comme un insensé de ce qu'il approuvait leur secte en paroles, et pratiquait de fait et extérieurement nos dogmes.

En effet, aux fêtes de la naissance et de la passion du Sauveur et à toutes celles de cette espèce, il se montrait si plein d'humilité, que nous n'aurions jamais pu le croire infidèle à sa foi. Mais, une certaine année[1], la veille de Pâques, cet homme vint dans l'église pour veiller pendant la nuit, et engagea un clerc, homme vraiment religieux, à l'entretenir sur les mystères de ce saint temps ; quand celui-ci en fut à lui raconter comment le Seigneur avait souffert et était ressuscité, le comte se mit à se moquer et s'écria : « Voici la fable, « voici le mensonge. — Mais, répliqua le clerc, si tu « prends ce que je te dis pour une fable et un men- « songe, pourquoi donc es-tu ici à veiller ? — C'est, ré- « pondit le comte, qu'ici je m'amuse à considérer les « belles femmes qui viennent y passer la nuit. » Au fait, bien qu'il eût une épouse jeune et belle, il la dédaignait et était tellement épris d'une vieille très-laide, que, quoiqu'il fît souvent préparer un lit pour elle et pour lui dans la maison d'un certain Juif, il ne pouvait jamais se contenir jusqu'au moment de se coucher, et s'abandonnait avec cette prostituée aux fureurs de sa honteuse lubricité, soit dans quelque sale recoin, soit dans quelque cave. Mais quoi ! ne sait-on pas qu'une nuit, et quand les lumières furent éteintes, il ordonna à l'un de ses parasites d'aller prendre sa

---

[1] *Une certaine année* n'est pas dans le texte, mais a paru indispensable pour le sens et la liaison des idées.

place dans le lit de sa femme, afin de rejeter sur elle le crime de son propre adultère ? Celle-ci, reconnaissant à la peau unie de ce parasite qu'il n'était pas le comte, dont d'infects boutons couvraient tout le corps, battit durement ce misérable à l'aide de tout ce qu'elle put trouver, et avec le secours de ses suivantes. Que dirai-je de plus ? Jamais il ne se fit scrupule d'abuser d'une sainte fille ou d'une religieuse ; jamais il ne respecta les attachemens des saints frères.

La Vierge mère de Dieu et reine du monde ne put supporter plus long-temps les blasphêmes de ce misérable ; aussi, comme il revenait d'une guerre entreprise par le roi et qu'il approchait de la ville de Soissons, habitée par une foule de ses pareils, vrai gibier du diable, il lui apparut un globe immense ; il arriva dans sa maison la tête perdue et les cheveux hérissés ; la nuit de ce même jour il repoussa sa femme de son lit et s'y mit avec cette vieille dont j'ai parlé ; mais ce fut avec l'affreuse mort qu'il coucha. Comme il commençait à souffrir d'horribles tourmens, il manda le susdit clerc avec lequel il avait conféré lors la nuit de Pâques et le consulta sur la nature de ses urines ; celui-ci lui répondit qu'il allait mourir, et le pressa de songer à son ame et de se repentir des débauches auxquelles il s'était abandonné ; mais le comte lui répliqua : « Tu veux, je le vois, que je donne
« mes biens aux parasites, c'est-à-dire aux prêtres ;
« ils n'en auront pas seulement une obole. Au reste,
« j'ai appris de beaucoup de gens qui te surpassent
« en savoir, que toutes les femmes doivent être com-
« munes, et que se livrer à leurs caresses est un péché

« sans aucune importance. » Après ces paroles, il ne fit et ne dit plus rien qui ne fût d'un fou enragé; comme en effet il voulait chasser son épouse de la chambre à coups de pied, il en donna un si grand coup à un homme d'armes qui se trouvait là qu'il faillit le renverser par terre.

Pour empêcher ce fou furieux d'attenter à ses jours et à ceux des siens, il fallut lui tenir les mains, jusqu'à ce qu'enfin, épuisé de fatigues, il rendit son esprit diabolique, ennemi de la très-sainte Vierge, mère du Sauveur et de Dieu son fils.

CHAPITRE XVIII.

Puisque nous avons fait mention des hérétiques qu'aimait ce méchant comte, il est bon de dire qu'à Bussi, près de la ville de Soissons, demeurait, avec Éverard son frère, un certain homme tout-à-fait ignorant, qu'on appelait Clément. C'était, disait-on, l'un des chefs de l'hérésie, et l'impur comte prétendait n'avoir jamais connu d'homme plus sage. Son hérésie, au surplus, était de celles qui ne soutiennent pas hautement leurs dogmes, mais insinuent continuellement, et pour ainsi dire à la dérobée, par des conversations à voix basse, leurs damnables principes. Voici, d'après ce qu'on rapporte, le sommaire de celle dont il s'agit.

Ils traitent de fable le crucifiement du fils de la Vierge.

Ils déclarent nul le baptême des petits enfans qui

n'ont encore aucune intelligence et sont présentés par des parrains.

Ce qu'ils nomment verbe de Dieu, ils l'expliquent par je ne sais quels discours longs et embrouillés.

Le mystère qui s'opère sur nos autels par la consécration est pour eux un tel objet d'horreur, qu'ils appellent bouche de l'enfer la bouche des prêtres.

Si parfois, et pour cacher leur hérésie, ils se mêlent aux fidèles et reçoivent comme eux notre pain sacré, ils le regardent comme une drogue qui les oblige à une diète absolue, et ne mangent rien de la journée.

Les cimetières ne sont pas plus sacrés pour eux que le reste de la terre.

Ils condamnent le mariage et l'usage de s'unir dans la vue d'avoir des enfans.

Ces hommes sont répandus dans tout l'univers latin; aussi voit-on partout des hommes habiter avec des femmes sans avoir, ceux-là le titre de mari, et celles-ci le nom d'épouse ; et cela encore de telle manière qu'un homme ne demeure pas attaché à une même femme, et que chacun n'en a pas une exclusivement pour lui. On sait même que parmi eux les hommes vivent avec les hommes, et les femmes avec les femmes, et qu'ils regardent comme criminelle l'union d'un homme avec une femme.

Tous les fruits qui naissent d'une pareille union ils les font disparaître.

C'est dans les caves ou dans des souterrains cachés qu'ils tiennent leurs assemblées ; là, les deux sexes sont confondus pêle-mêle ; là, pendant que les lumières sont encore allumées, une des femmes relève, dit-on, sa robe à la vue de tous les assistans, et se présente, dans cet état indécent, à celui qui est prosterné derrière elle; aussitôt on éteint les lumières, tous se mettent à crier *cahos, cahos,* et chacun s'unit à la première femme qui lui tombe sous la main.

S'il arrive de là qu'une femme devienne grosse, dès qu'une fois elle est accouchée, on se réunit de nouveau dans le même lieu.

Alors on allume un grand feu, tous s'asseoient autour, se passent l'enfant de main en main, le jettent dans le brâsier, et l'y laissent jusqu'à ce qu'il soit entièrement consumé; ensuite, et quand il est réduit en cendres, ils font de ces cendres une espèce de pain dont chacun mange un morceau en guise de communion. Une fois qu'on a pris cette nourriture criminelle, il est rare qu'on revienne jamais de cette hérésie.

Relisez le traité d'Augustin sur les hérésies, et vous trouverez qu'il n'en est aucune à laquelle ce que nous venons de dire convienne mieux qu'à celle des Manichéens, qui d'abord eut pour auteurs des hommes très-savans; mais finit par passer, toute corrompue, d'eux à des gens grossiers, qui, tout en se vantant de mener une vie conforme à celle des Apôtres, se bornent à lire les actes de ces saints personnages.

Le seigneur évêque de Soissons, Lysiard, homme très-illustre, manda devant lui les deux frères, dont j'ai parlé, pour les interroger. L'évêque les pressa de dire pourquoi ils avaient des assemblées autres que celles de l'Eglise, et d'où venait qu'ils étaient appelés hérétiques par leurs voisins; Clément répondit:
« N'avez-vous donc pas, seigneur, lu dans l'Évangile

« l'endroit où il est dit, *beati eritis* [1] ? » Cet homme, complétement illettré, pensait que le mot *eritis* (vous serez) signifiait *hérétiques*, et que ceux-ci étaient appelés, sans nul doute, les enfans et, pour ainsi dire, les héritiers de Dieu. Lorsqu'au surplus ils discutèrent leur croyance, ils s'expliquèrent dans les termes les plus chrétiens, sans toutefois nier leurs assemblées. Mais comme il est ordinaire à de telles gens de nier leur crime et de corrompre en secret les esprits des hommes de peu d'intelligence, on les condamna à subir le jugement par l'eau exorcisée. Pendant qu'on préparait toutes choses à cet effet, l'évêque me pria de tirer d'eux, d'une manière détournée, ce qu'ils pensaient ; je les interrogeai donc sur le baptême des enfans ; ils répondirent : « Celui qui croira et sera « baptisé sera sauvé [2]. » Comprenant quelle insigne malice était cachée sous ces paroles excellentes en elles-mêmes, je leur demandai leur opinion sur ceux qui reçoivent le baptême sous la garantie d'une autre personne. « Ne cherchez pas, au nom de Dieu, di« rent-ils alors, à sonder si profondément nos idées. » Du reste, ils ajoutaient sur chaque point en examen : « Nous croyons tout ce que vous dites. » Me souvenant en ce moment du vers que prenaient autrefois pour maxime les Priscillianistes :

Jura, perjura, secretum prodere noli [3] :

Je dis à l'évêque : « Puisque les témoins qui ont en« tendu ces gens professer leurs dogmes impies sont

[1] Vous serez heureux.
[2] Évangile selon saint Marc, chap. VI, v. 6.
[3] Jurez, parjurez-vous ; ne trahissez pas le secret.

« absens, soumettez-les au jugement de l'eau, pour le-
« quel tout est déjà prêt. » Il existait en effet une certaine matrone que Clément avait ensorcelée, pendant
toute une année ; de plus, il y avait un diacre qui avait
entendu de la propre bouche dudit Clément d'autres
discours pleins d'une méchante hérésie.

Le prélat célébra donc la messe, et les deux frères
reçurent de sa main la sainte communion, qu'il leur
donna en prononçant ces paroles : « Que le corps et
« le sang du Seigneur vous servent aujourd'hui d'é-
« preuve. » Cela fait, le très-pieux évêque et l'archidiacre Pierre, homme de la foi la plus pure, et qui
avait rejeté toutes les promesses que faisaient ces gens-
là pour obtenir de n'être point soumis au jugement, se
rendirent à l'endroit où l'eau était préparée. L'évêque,
répandant force larmes, entonna les litanies, puis fit
l'exorcisme. Ces deux frères jurèrent alors par serment
que jamais ils n'avaient cru ni enseigné rien de contraire à notre sainte foi. Cependant à peine Clément
fut-il jeté dans le bassin, qu'il surnagea comme l'aurait fait une branche légère. A cette vue toute l'église
retentit d'une foule de cris de joie ; cette affaire y avait
en effet attiré un si grand concours d'individus de l'un
et de l'autre sexe, qu'aucun des assistans ne se rap-
pelait y en avoir jamais vu un si nombreux. L'autre
confessa son erreur ; mais comme il refusait d'en faire
pénitence, on le jeta dans la prison avec son frère,
que le jugement avait convaincu. On arrêta également
deux autres hommes du bourg de Dormans, bien
connus pour être de ces hérétiques, et qui étaient
venus assister à l'épreuve des deux frères. Cependant
nous nous rendîmes au synode de Beauvais, afin de

consulter les évêques sur ce qu'il convenait de faire. Mais le peuple des fidèles, craignant que le clergé ne montrât trop de mollesse, courut, pendant notre absence, à la prison, enleva ces hérétiques, éleva un bûcher hors de la ville, et les y brûla. C'est ainsi que, pour empêcher que le chancre de cette hérésie ne se propageât, le peuple de Dieu déploya contre ces misérables un zèle bien légitime.

CHAPITRE XIX.

A Noyon est bâtie, en l'honneur du bienheureux Nicaise, une église paroissiale, dédiée par un ancien évêque nommé Alduin ; les reliques de ce saint, apportées par les gens de Rhéims, demeurèrent pendant quelque temps déposées, je ne dis pas dans cette église, mais dans la ville. Cinq ans environ avant que cela arrivât, comme la fête de ce martyr approchait, le prêtre ordonna de la célébrer avec toute la solennité convenable. Ce jour-là, une jeune fille pauvre, et qui demeurait seule avec sa mère, eut l'audace de faire un petit ouvrage de couture. Au moment de coudre avec ses doigts, elle arrangea le bout du fil avec sa langue en avançant les lèvres, comme les femmes ont l'habitude de le faire ; alors le nœud du fil, qui était fort gros, s'enfonça dans le bout de sa langue, comme aurait pu le faire quelque chose de très-pointu, et y entra si profondément que l'on ne put en aucune manière l'en arracher, et que si quelqu'un essayait de l'en ôter, l'infortunée souffrait des tourmens inouis.

La pauvre malheureuse se rendit donc avec sa mère, ainsi que le faisait tout le peuple, à l'église épiscopale pour implorer la miséricorde de la reine des martyrs; mais elle ne la priait pas par des paroles, car ce fil, qui lui perçait la langue et pendait de sa bouche, lui laissait à peine la faculté de parler. Que dirai-je de plus? les assistans, pleins de compassion et fondant en pleurs, retournèrent dans leurs demeures, après avoir vu cette jeune fille souffrir beaucoup et long-temps. Celle-ci resta cependant tout le jour et la nuit suivante à continuer de prier, sans autre compagnie que celle de sa mère. Le lendemain, après que ces deux femmes eurent, ainsi que me l'a raconté le prêtre Anselme, sacristain de cette église, fatigué la reine des cieux et de la terre de supplications poussées du fond du cœur, et récité les litanies dans un ordre aussi admirable que si elles eussent su bien lire, la mère les entonnant, et la fille bégayant tout bas les répons, cette dernière s'avance vers l'autel de la Vierge, mère de Dieu, l'embrasse en pleurant, et tout à coup, pendant qu'elle couvre cet autel de ses baisers, le fil se détache de sa langue. Le peuple et le clergé accourent en foule sur le théâtre d'un événement si miraculeux, et élèvent jusqu'aux cieux les louanges de la Vierge, mère de Dieu, qui certes, dans cette occasion, se montra bien la reine des martyrs, puisqu'elle punit une faute commise envers un martyr comme si elle lui eût été personnelle, et apaisa ensuite sa colère quand la réparation fut complète. Le saint martyr Nicaise ne manifesta pas moins, dans cette circonstance, toute sa grandeur; car, en sévissant contre une fille humble et pauvre, il fit voir quelle peine il réserve aux riches superbes qui l'offensent. Dans cette même église où ce prodige s'est opéré et m'a été raconté, le susdit prêtre m'a montré ce fil d'une grosseur extraordinaire, et encore taché de sang. Quelque chose de semblable est arrivé de notre temps, le jour de l'Annonciation de la bienheureuse Marie, ainsi que le constate un écrit de Raimbaud, évêque de la cité de Noyon.

Dans l'église même de Nogent, à laquelle nous sommes attaché par la volonté de Dieu, un certain homme d'armes commit un vol en dérobant des bœufs qui appartenaient aux saints frères. Arrivé ensuite au château de Calais, il fit cuire un de ces bœufs pour le manger, comme il s'en flattait, avec ses complices; mais au premier morceau de cette viande qu'il porta à sa bouche, et à l'instant même où il commençait à la mâcher, les deux yeux lui sortirent de la tête et sa langue fut tirée hors de sa bouche. Alors, et à son grand détriment, ce qui restait de son vol fut, qu'il le voulût ou non, restitué à l'église.

Un autre homme d'armes s'efforçait d'enclaver dans sa pêche une portion de la rivière nommée l'Aigle, voisine de ses propriétés; la pêche de cet endroit était, de toute antiquité, dévolue aux saints frères de cette même église; le pêcheur de ces derniers se voyait toujours repoussé de cette partie de la rivière par cet homme d'armes, et l'église était à ce sujet tourmentée d'une foule d'assignations juridiques. La puissante reine du monde, pour punir cet homme d'armes, le frappa de paralysie dans quelques-uns de ses membres; comme il attribuait son mal au hasard et non à la vengeance divine, la pieuse vierge lui apparut pendant qu'il dormait, et lui appliqua sur la face quelques soufflets un peu rudes ; saisi d'effroi et rendu plus sage par les coups qu'il avait reçus, il vint à moi nu-pieds, demanda humblement pardon, me découvrit toute la colère que lui avait fait sentir la bienheureuse Marie, et restitua ce qu'il avait envahi. Ces faits me prouvèrent que personne ne se montrait ennemi de mon église sans souffrir un dommage évident, s'il voulait persévérer dans son crime.

A Compiègne, un certain préposé royal attaquait les droits de l'église de la bienheureuse Marie et des bienheureux Corneille et Cyprien. Les clercs s'assemblèrent au milieu de la place publique, et le conjurèrent, au nom de la puissante reine du ciel et de ces saints patrons, de cesser ses poursuites ; cet homme, loin de déférer en rien à ces noms sacrés, couvrit de confusion les visages de ceux qui le priaient en les accablant de honteux reproches ; mais, pendant qu'il parlait, il tomba du cheval sur lequel il était monté, et vit les vêtemens dont il était couvert salis par les excrémens que son ventre laissait s'échapper sous lui.

Puisque nous avons commencé à parler du respect qu'on doit porter aux saints, nous rapporterons ce qui arriva dans un municipe appelé Saint-Just, dépendant du territoire de ce même évêché de Beauvais. Une sédition y éclata, et, par une insolence qui n'a pas de nom, quelques hommes de la plus vile populace se battaient en furieux contre les bourgeois ; les clercs apportèrent, à l'endroit même du tumulte, afin d'apaiser le peuple, les reliques du saint enfant et martyr Just ; un certain homme, véritable drôle à la vérité, qui se trouvait plus près que les autres, se précipita au-devant des reliques, et, sans être arrêté par le respect, osa porter un coup de son épée sur la très-sainte châsse; mais il tomba par terre, plus vite qu'on ne peut le dire, et fut sur-le-champ, comme celui dont on a parlé plus haut, souillé des infects excrémens de son ventre.

Dans ce même diocèse de Beauvais, était un prêtre qui administrait l'église d'un certain bourg. Un paysan poursuivait ce prêtre de sa haine, et poussa la scélératesse au point de s'efforcer de le faire périr; n'osant pas exécuter ce crime publiquement, il résolut de recourir à un poison destructeur. Il prend donc un crapaud, le coupe en morceaux, et le jette dans un vase d'argile où le prêtre avait l'habitude de mettre le vin qui servait pour la messe. Les vases destinés à cet usage sont d'ordinaire faits de façon qu'ils ont le col étroit et allongé, mais le ventre fort large. Le prêtre, venant pour dire sa messe, célébra les mystères sacrés avec ce vin empoisonné. A peine a-t-il terminé le saint sacrifice qu'il se sent tomber dans une défaillance mortelle, prend toute nourriture en dégoût, rejette ce qu'il mange ou boit, et est réduit à une maigreur étrange. Après être demeuré long-temps étendu dans son lit, il s'efforce enfin de se lever, se rend à l'église, saisit le vase où il savait avoir puisé le principe de sa maladie, en brise le col avec un couteau, et répand sur le pavé tout ce qui restait de vin dans l'intérieur. Voyant d'un coup d'œil que la liqueur était pleine de petits crapauds, dont elle contenait déjà le germe le jour où elle avait servi pour la consécration [1], ce pauvre prêtre reconnaît quel mal

[1] Il y a ici une lacune dans le texte : on a tâché d'y suppléer par un sens raisonnable.

ronge ses entrailles et le dévoue à une mort certaine ; pendant qu'en proie au plus profond désespoir, il n'attend plus qu'une fin prochaine, il reçoit de quelqu'un le conseil que voici. « Si tu veux, lui dit
« ce quelqu'un, rejeter le poison mortel que tu as
« avalé, demande qu'on t'apporte de la poussière du
« tombeau ou de l'autel de Marcel, ancien évêque
« des Parisiens, et sois sûr de recouvrer une pleine
« santé, dès que tu auras pris de cette poussière dé-
« layée dans de l'eau. » Le malheureux prêtre s'empresse de faire ce qu'on lui recommande, avale cette poussière sacrée avec une pieuse confiance dans le saint, vomit bientôt des amas d'une humeur viciée par le poison et remplie d'une multitude de reptiles, perd tout sentiment de son mal, et obtient une entière guérison. Certes, il ne faut pas s'étonner si, par la faveur de Dieu, Marcel présent, pour ainsi dire, dans cette poussière, opéra un si grand prodige, lui qui, autrefois et sans l'intermédiaire de la moindre parcelle de son corps, a fait, dans un cas tout semblable, un miracle non moins admirable.

CHAPITRE XX.

Les choses que je vais raconter maintenant, et dont notre âge n'a jamais entendu parler, je les tiens d'un certain moine très-pieux et vraiment humble, appelé Geoffroi. Dans la Bourgogne était un seigneur auquel appartenaient le château de Semur et plusieurs autres encore ; pour qu'on démêle bien ce qui, dans l'histoire de sa vie, porte le cachet de la vérité, nous croyons devoir rapporter les propres paroles dont ce moine s'est servi.[1] Voici donc textuellement son récit. Un jeune homme habitant la partie haute des terres occupées par ses voisins, s'était uni à une certaine femme par les liens d'un amour non pas légitime et conjugal, mais illégitime, et qui, pour parler le langage de Solin, n'avait d'autre but que d'user d'elle comme d'une concubine. Etant un jour venu quelque peu à résipiscence, il forma le projet d'aller en Galice adresser ses prières à Saint-Jacques. Mais à l'ensemble de ses pieuses intentions se mêla cependant un reste de mauvais levain : il emporta en effet sur soi dans ce pélerinage la ceinture de cette femme, s'en servit scandaleusement en mémoire de sa maîtresse, et gâta ainsi, en se partageant entre elle et le saint, le mérite de l'offrande qu'il allait faire ; lors donc qu'il était en route le diable, trouvant favorable cette occasion de fondre sur cet homme, se présenta à lui sous la figure de Jacques, et lui dit : « Où vas-tu ? — Trouver « Saint-Jacques, répond l'autre. — Tu ne sais pas la « bonne route, reprend le démon ; c'est moi qui suis « Jacques que tu vas chercher ; mais tu portes sur toi « une chose tout-à-fait outrageante pour ma gloire. « Jusqu'ici tu t'es vautré dans la fange de la fornica- « tion, et tu veux que sur-le-champ on t'en croie re- « pentant; tu prétends même retirer quelque fruit de « tes premiers pas dans la voie de pénitence, et ce- « pendant, lorsque tu dis hautement que tu vas cher- « cher ma présence, tu es encore à cette heure ceint « de la ceinture de ta concubine. » — Le pauvre

---

[1] Il y a encore ici une lacune : on a cherché un sens admissible.

homme rougit à ce reproche, et, croyant avoir réellement l'apôtre devant lui, répond : « — Seigneur, je
« sais que par le passé ma conduite a été honteuse,
« et qu'elle l'est même encore aujourd'hui ; dis donc,
« je t'en conjure, à un pauvre pécheur, qui allait implorer ta clémence, ce qu'il doit faire. — Si tu veux,
« reprend le démon, amasser de bons fruits du repentir des turpitudes auxquelles tu t'es abandonné,
« retranche-toi, en preuve de ta fidélité envers Dieu
« et moi, ce membre par lequel tu as péché ; ensuite,
« coupe-toi aussi le col et arrache-toi cette vie dont
« tu as fait un si mauvais usage. » — Il dit, et, disparaissant aux yeux de ce malheureux, il le laisse dans un grand désordre d'esprit.

A peine celui-ci est arrivé le soir à une hôtellerie, qu'il se hâte d'obéir à l'ordre de celui qu'il croyait non pas le démon mais l'apôtre. Aussitôt donc que ses compagnons sont endormis, il se coupe d'abord le membre coupable, et se plonge ensuite un couteau dans la gorge. Ses compagnons entendant les cris d'un homme qui se débattait contre la mort, et le bruit que fait du sang qui s'échappe avec violence, se réveillent en sursaut, apportent de la lumière et viennent voir ce qui arrive à notre homme. Tous se désolent en considérant la fin tragique de leur compagnon ; ne sachant pas quels conseils lui avait donnés le démon et ignorant la cause de l'événement dont il était victime, ils ne crurent pas devoir refuser à sa mémoire de prendre soin de ses funérailles. Ce qui donc n'aurait, certes, pas dû se faire pour un homme qui avait fini par un tel genre de mort, ils le firent, mais comme on le voyait clairement, par pur égard pour un ca-

marade de voyage et ordonnèrent de dire des messes pour le repos de son ame. Elles furent célébrées avec toute la foi due à Dieu, et le Seigneur daigna, par l'intermédiaire de son apôtre, guérir la blessure que cet homme s'était faite à la gorge, et le rappeler à cette vie qu'il s'était ôtée. Celui-ci se levant donc, il se mit à parler à tous ses compagnons surpris, au-delà de tout ce qu'on peut dire, de le voir rendu au jour. Ceux-ci lui ayant alors demandé quel motif l'avait porté à se détruire lui-même, il leur raconta comment le diable lui était apparu sous la figure de l'apôtre. Questionné de plus sur le jugement que son ame avait subi après son suicide, il leur dit: « Je fus
« amené aux pieds du trône du Très-Haut, en pré-
« sence de la reine du monde, la Vierge Marie Mère
« de Dieu, et je trouvai là mon patron l'apôtre Saint-
« Jacques. On discuta devant le Seigneur ce qui devait
« arriver de moi ; le bienheureux apôtre se souvenant
« de mes pieuses intentions, quoiqu'elles partissent
« d'une ame pécheresse et encore plongée dans le
« vice, intercéda en ma faveur la bénite Vierge ; elle-
« même prononça ma sentence de sa bouche pleine
« de douceur, et déclara qu'il fallait pardonner à un
« malheureux mortel, que la malice du diable, caché
« sous la figure d'un saint, avait surpris et fait tomber
« ainsi. Voilà comme il m'arriva de revenir en ce
« monde, par l'ordre de Dieu, pour y faire pénitence
« et y publier ces merveilles. » Le vieillard, qui m'a raconté ces détails, m'a dit les tenir de cet homme ressuscité que lui-même avait vu ; il ajoutait même qu'il lui restait à la gorge une large et visible cicatrice, qui portait en tous lieux témoignage de ce miracle,

et que du membre qu'il s'était coupé raz, il lui restait à peine une petite ouverture, si je puis m'exprimer ainsi, pour le passage des urines [1].

Voici un autre prodige non moins célèbre, et dont je ne sache pas que le récit ait été jusqu'à présent consigné par écrit. Un certain homme s'étant converti, et voulant changer l'habit laïc, si je ne me trompe, contre celui d'une sainte congrégation religieuse, vint dans un monastère, y fit profession, et s'y lia par des vœux. Voyant que dans cette maison l'observance de la règle était moins rigide qu'il ne l'aurait voulu, il obtint de l'abbé la permission de se retirer en une autre plus sévère, et y vécut dans la plus exemplaire dévotion. Quelque temps après il mourut de maladie. A peine fut-il sorti du nombre des vivans, qu'il devint l'objet d'une vive altercation entre les puissances éternelles des partis opposés; les esprits de lumière insistaient fortement sur les preuves de sa pieuse conduite; de leur côté les anges des ténèbres faisaient de fortes objections, et reprochaient au mort d'avoir enfreint les vœux faits dans son premier couvent. La cause fut donc portée devant le tribunal de Pierre, le portier céleste; mais celui-ci crut devoir référer sur-le-champ à Dieu même d'une contestation si grande. Le Seigneur, quand la chose lui eut été rapportée, dit: « Allez vers Richard le justicier et exécutez la sentence qu'il portera. » Or, ce Richard était un homme très-puissant par l'immense étendue de ses posses-

---

[1] Le texte porte dans cette phrase, *pertulusum*; il faut ce me semble *pertusum*, *un reste du canal de l'urètre, où est un trou.*

sions, mais encore plus puissant par son attachement à la justice et à l'équité.

Les contendans viennent donc vers Richard, et lui exposent l'affaire ; lui rend aussitôt son arrêt en ces termes : « Nul doute que l'accusé ne fût tenu d'être fi-
« dèle à ses premiers vœux ; on doit donc reconnaître
« clairement qu'il s'est précipité dans le parjure ; ce-
« pendant la cause que soutiennent les démons nous
« paraît mauvaise, puisqu'on leur oppose beaucoup
« de bonnes actions de l'homme dont il s'agit. Le ju-
« gement que me dicte Dieu, est donc que ce mort re-
« vienne au monde pour réparer sa première faute. »
Ce religieux sort en conséquence des antres de la mort, remonte sur la terre, appelle son premier abbé, lui explique le prodige qu'il a devant les yeux, se confesse publiquement coupable de désertion et de parjure, et rentre dans son ancien monastère. Que cet exemple apprenne, à quiconque a fait vœu de demeurer constamment dans un lieu quelconque sous la loi de Dieu, à tenir ce qu'il a promis à Dieu et aux saints ; qu'il sache bien qu'il ne doit jamais changer de couvent, à moins qu'il ne se voie poussé à mal faire par ceux même qui lui commandent [1].

Il n'est pas sans utilité de dire parfois quelques mots des vices et des vertus des mourans. Je rapporterai donc ce qui regarde un certain homme de Laon, qui s'abandonna constamment à toutes sortes d'usure, et dont la fin prouve qu'il mourut comme il avait vécu. Dans ses derniers momens, il exigeait d'une pauvre femme, qui déjà avait acquitté le prin-

---

[1] Le texte porte ici *non præsunt*, ceux qui ne lui commandent pas ; le *non* paraît de trop.

cipal d'une dette, l'intérêt usuraire convenu ; cette malheureuse le supplie, par la mort même prête à fondre sur lui, de lui faire remise de cet intérêt ; il refuse obstinément ; la femme alors, quoique dans la plus grande gêne, apporte le montant de l'usure fixée entre eux, à l'exception d'un seul denier, demandant qu'il lui soit fait grâce au moins de ce seul denier; mais le moribond jure qu'il n'en sera absolument rien. Pour couper court, cette infortunée trouve à grand'peine à se procurer ce denier, et le donne à cet usurier au moment où se livrait en lui le dernier combat de la chair et de l'esprit. Le mourant s'en saisit, le met dans sa bouche, l'avale comme si c'était le saint viatique, rend l'ame, et va trouver le diable avec cette belle sauve-garde contre les peines éternelles. Aussi resta-t-il sans sépulture, et justement exilé de la sainte terre réservée aux fidèles.

J'ajouterai à ce récit ce qui arriva, chez les gens d'Arras, à un homme du même caractère ; depuis long-temps il emplissait sa bourse par de honteux profits; enfin, après avoir accumulé des monceaux de toutes espèces de monnaie, il arrive à son heure dernière. Voilà que tout à coup le diable faisant marcher devant lui un bœuf noir, se présente au moribond sous la figure d'un homme, s'approche de son lit et lui dit : « Mon Seigneur t'envoie ce bœuf. — Je
« remercie bien mon Seigneur de ce présent, répond
« le malade ; va, ajoute-t-il en parlant à sa femme,
« prépare quelque chose à manger pour l'homme qui
« amène ce bœuf, puis mets l'animal dans l'étable et
« aies-en grand soin. » Il dit, et expire. Cependant on cherche l'homme qui devait manger, et l'on apporte

du fourrage pour le bœuf; mais on ne trouve plus ni homme ni bœuf. Tous sont frappés d'étonnement et d'horreur à la vue de ce prodige; tous s'accordent à penser qu'un tel message et de tels dons ne présagent rien de bon. Quand le convoi fut prêt et le corps placé dans le cercueil, les clercs vinrent processionnellement jusqu'à la maison du défunt pour lui rendre les devoirs ordinaires envers les morts. Mais les démons célébrant de leur côté les funérailles de cet homme leur serviteur, excitèrent dans les airs, à l'arrivée du clergé, une telle tempête qu'un orage, éclatant tout à coup au milieu du temps le plus serein, renversa presque de fond en comble le portique de cette maison, qu'on appelle Imberge, et enleva la bière placée dans le milieu du vestibule. En voilà bien assez, au surplus, sur ces sangsues des pauvres.

Personne, au reste, ne doit s'étonner que les malins esprits aient dans ce temps un si grand pouvoir de se jouer des hommes ou de leur nuire; car ce que font aujourd'hui les hommes, ils le font à la manière des bêtes, et non point par le saint nom de Dieu. Aussi avons-nous appris un prodige que voici, et qui arriva, il n'y a pas beaucoup d'années, dans le pays du Vexin. Quelques grands d'un certain endroit chassaient en quelque lieu de cette contrée. Ayant fait sortir de son terrier un blaireau peu agile à fuir, ils le firent entrer dans un sac, pensant l'y avoir poussé, tandis qu'au fait ils n'y avaient enfermé qu'un démon. La nuit venue, ils tirèrent avec beaucoup d'efforts ce prétendu blaireau du sac, le trouvèrent plus lourd que ne l'est d'ordinaire un pareil animal, et se mirent à l'emporter. Tout à coup une voix partant de la montagne voisine éclate au milieu de la forêt, et fait entendre ces mots : « Ecoutez, écoutez. » Aussitôt une foule d'autres voix crient derrière eux : « Qu'est-ce donc? » Alors la première voix répond : « Ces gens-ci portent un caducée. » Certes le hasard voulut que ce qu'ils portaient fût à juste titre appelé de ce nom, car ce fut la cause de la chute de ce grand nombre de chasseurs. A peine ce mot s'est fait entendre que des troupes infinies de diables, comme prêts à tout renverser, se précipitent de toutes parts et en si grand nombre que la forêt en paraît entièrement obstruée. Ces hommes jettent non pas le blaireau mais le démon qu'ils portaient, et prennent la fuite en gens qui ont complétement perdu l'esprit ; mais à peine furent-ils arrivés chez eux, qu'ils moururent incontinent.

Dans le même pays, un certain paysan qui avait les jambes et les pieds nus, revenant un samedi soir de son travail, s'assit sur le bord d'une rivière pour se laver les extrémités inférieures. Du fond de l'eau dans laquelle il les avait plongés, sort tout à coup un démon qui lui attache les pieds. Le paysan se sentant ainsi lié, appelle ses voisins à son aide ; ces hommes, espèce ignorante, le portent dans sa maison, et recourent à toutes sortes de moyens pour briser les entraves qui lui serrent les pieds. Pendant deux jours ils luttent en vain contre ces liens, n'avancent à rien, et voient tous leurs efforts déjoués. C'est en effet par des remèdes spirituels qu'il faut guérir les maux qui viennent des méchans esprits. Enfin, après qu'ils se sont long-temps fatigués autour de leur camarade, un étranger arrive au milieu d'eux, se précipite à leur

vue sur le malheureux patient, et le délivre sur-le-
champ de ses fers. Cela fait, il se retire promptement, et nul ne put lui demander qui il était. Partout
on s'accorde encore à citer mille exemples de démons
qui se font aimer des femmes, et s'introduisent même
dans leur lit. Si la décence nous le permettait, nous
raconterions beaucoup de ces amours de démons,
dont quelques-uns sont vraiment atroces dans le
choix des tourmens qu'ils font souffrir à ces pauvres
femmes, tandis que d'autres se contentent de satisfaire leur lubricité. Mais revenons, il en est temps,
à des choses moins affligeantes.

CHAPITRE XXI.

Les Anglais ont eu pour un de leurs rois le bienheureux martyr Edmond, non moins fertile en miracles
aujourd'hui qu'il ne l'était autrefois. Je ne dirai rien
de son corps, si bien préservé jusqu'ici des atteintes
de la corruption, non par des onguens humains, mais
par des baumes vraiment célestes, qu'on y admire
des cheveux et des ongles qui poussent comme le fe-
raient ceux d'un vivant. Mais ce qu'il est bon de rappeler, c'est que ce corps, dont l'état est si miraculeux, ne souffre pas que personne se permette de
l'examiner. Un certain abbé, du lieu où est cette relique, et qui vivait de notre temps, voulut s'assurer
par lui-même si la tête de ce saint, quoique coupée
lors de son martyre, était, comme on le disait, réunie
à son corps. Ayant donc jeûné pendant quelques jours

avec son chapelain, il découvrit le corps, et vit, comme nous venons de le rapporter, qu'aucune de ses chairs n'était décomposée et qu'il avait en tous points l'apparence d'un homme endormi ; mais, pour son malheur, il joignit le toucher à la vue ; son chapelain et lui se mirent à tirer le corps l'un par la tête, l'autre par les pieds, pour détacher le chef du tronc ; ils reconnurent bien que ce saint corps ne faisait qu'un tout solide ; mais leurs mains, à l'un et à l'autre, demeurèrent frappées d'une éternelle paralysie.

Je rapporterai encore un autre miracle de ce saint. Les moines du lieu où reposait son corps avaient élevé dès sa naissance un chevreau dans leur couvent. Cet animal, vagabond comme ceux de son espèce, errait çà et là dans tout l'édifice, et même dans l'église. En tombant il se cassa une jambe ; ne se soutenant plus que sur trois pattes, il allait boitant et parcourait doucement, et comme il pouvait, tous les recoins du monastère ; étant par hasard entré dans l'église, il s'efforça d'arriver jusqu'au tombeau du saint martyr, et se coucha dessous par un caprice purement animal ; mais à peine y fut-il que sa jambe se trouva complétement guérie. Que ferait donc ce bienfaisant martyr pour l'espèce humaine si elle sollicitait avec foi son secours, lui qui montra envers une bête la bonté qui lui est naturelle, ou plutôt, si je puis m'exprimer ainsi, une bienveillance vraiment royale ?

Saint Witon ne s'est pas moins signalé jusqu'ici par ses miracles dans la ville qui porte son nom [1]. Il n'y a pas encore en effet bien long-temps qu'un moine

---

[1] Winton, aujourd'hui Winchester.

avait les deux mains si horriblement ulcérées, qu'elles étaient plus malades que celles d'un lépreux, et qu'il ne pouvait s'en servir pour aucun usage. Il s'abstint, pour cette raison, de paraître aux matines célébrées la nuit qui précédait la fête de ce saint; celui-ci offensé lui apparut, et lui demanda pourquoi il avait manqué au chant des psaumes, pour lequel s'était réuni tout le couvent; le moine répondit que son absence n'avait d'autre cause que la douleur et l'affreuse suppuration de ses mains. « Donne ici tes mains, reprit le « saint; » l'autre les présenta; le saint en resserra les chairs, en fit tomber la croûte galeuse qui les recouvrait totalement, et y substitua une peau plus unie que celle d'un enfant.

La ville dont je suis natif possédait un bras du bienheureux martyr Arnoul; quand il y fut apporté, les habitans doutèrent s'il appartenait réellement à ce saint; pour éprouver ce qui en était, on le jeta dans les flammes; mais lui-même s'en arracha en sautant rapidement hors du feu. Dans la suite, un de mes cousins, des premiers de l'endroit, se sentit atteint d'une trèsgrave maladie. On lui apporta le bras du bienheureux martyr; à peine l'a-t-on touché avec ce bras dans une partie souffrante, que la douleur se déplace et passe dans un autre endroit; à mesure qu'elle fuit ainsi et cherche à éviter la marche du bras sacré, on la poursuit pas à pas en la touchant de la relique; à la fin, après avoir parcouru quelque temps les membres et le visage, elle se retire, comme en un dernier asile, dans le col et les épaules; toute la violence du mal se répand sur ces deux points; la peau se soulevant un peu, comme fait celle d'un rat, forme une sorte de poche ¹ où le mal se concentre, et reste enfermé sans occasionner la moindre souffrance. En reconnaissance de sa guérison, mon parent, tant qu'il vécut, donna chaque année un repas très-somptueux à tous les clercs présens à la fête du saint, et jusqu'aujourd'hui ses descendans n'ont pas cessé de faire la même chose.

Dans Guise, château du pays de Laon, est, dit-on, ce même bras du bienheureux Arnoul. Des filous, qui avaient volé le trésor de l'église, voulurent aussi emporter ce bras sacré; déjà ils le tenaient, mais il s'échappa de leurs mains, et ne permit pas qu'ils le transportassent en quelque autre lieu que ce fût. Ces voleurs s'étant laissé prendre avec tout le reste de ce qu'ils avaient pillé, confessèrent ce fait miraculeux au moment même où on les conduisait aux fourches patibulaires. Dans l'or qui décore ce saint bras est une place où le travail d'aucun ouvrier n'a pu réussir à fixer aucune pierre précieuse; dès qu'on en insérait une, elle se détachait sur-le-champ; la changeait-on ainsi que l'ouvrier, celui-ci et son ouvrage ne réussissaient pas mieux.

Quant au martyr Léger, je sais par moi-même combien il est célèbre par ses miracles, et prompt à donner des secours. Lorsqu'en effet j'étais encore tout petit garçon, mais pas assez pour ne pas me souvenir très-bien des faits dont il s'agit, et que je vivais sous la conduite de ma mère, je souffris pendant les fêtes de Pâques d'une fièvre violente et quotidienne. Au dessous du bourg où nous demeurions était une église sous l'invocation des saints Léger et Machut,

---

¹ *Forme une sorte de poche*, n'est pas dans le texte, mais a paru indispensable pour la clarté du miracle.

ma mère, par un humble sentiment de foi, y entretenait continuellement d'huile une lampe. Comme j'étais dégoûté de toute espèce de nourriture, ma mère fit appeler deux clercs, son chapelain et mon maître, me mit sous leur garde, et ordonna de me porter dans cette église, qui, conformément à un usage ancien, mais abusif, était dans sa dépendance. Les clercs, en y arrivant, firent dresser pour la nuit, devant l'autel, un lit pour eux et un pour moi. Voilà tout à coup qu'au milieu de la nuit, le sol de cette église paraît retentir de coups de marteau; de temps en temps les serrures des tombeaux des Saints¹ semblent être arrachées avec grand bruit; et d'autres fois on croit entendre sur ces tombeaux le craquement de baguettes qui se rompent. Les clercs, tremblans de tout ce tapage, commençaient à craindre que l'effroi qu'il pouvait me causer ne me rendît beaucoup plus malade. Que dirai-je de plus? J'entendis ces clercs parler bas entre eux, du lit où ils étaient, et, grâces à la lampe qui brûlait toujours, j'eus médiocrement peur. Après avoir passé la nuit au milieu de ces prodiges, je revins vers ma mère aussi bien portant que si je n'eusse jamais éprouvé la moindre incommodité; moi qui, la veille, repoussais avec horreur les mets les plus recherchés, je me jetai avec avidité sur la nourriture la plus commune, et ne me montrai pas moins empressé de reprendre ma balle.

Le roi des Anglais, Guillaume l'ancien, avait bâti de ses deniers, dans l'église du célèbre Denis, une tour qui devait s'élever à une bien plus grande hauteur,

---

¹ *Des Saints*, n'est pas dans le texte, mais on l'a ajouté, parce qu'il a paru qu'il ne pouvait être question que de ces tombeaux.

si on l'avait achevée et qu'elle eût subsisté. Cet ouvrage, n'ayant pas été exécuté avec le soin convenable par ceux qui en étaient chargés, paraissait de jour en jour menacer ruine. Ives, alors abbé du couvent de ce saint, et les moines craignaient fort que la chute de ce nouveau bâtiment ne causât quelque dommage à l'ancienne basilique, qui contenait un autel du bienheureux Edmond, et ceux de je ne sais quels autres saints. L'abbé, pendant que cette inquiétude le tourmentait, eut la vision que voici. Il lui apparut une femme d'une tournure très-décente, qui, se tenant au milieu de l'église du bienheureux Denis, faisait, à la manière des prêtres, l'exorcisme de l'eau. Pendant que l'abbé admirait avec quelle dignité cette femme s'acquittait de fonctions qui devaient lui être peu ordinaires, il vit qu'après avoir béni l'eau elle en aspergeait tout çà et là, et qu'ensuite elle faisait autour d'elle le signe de la croix sur les endroits où elle venait de jeter cette eau bénite. Tout à coup la tour dont il s'agit s'écroula, mais en tombant elle n'endommagea aucune partie de la basilique, qui, comme l'indiquait la vision de l'abbé, fut garantie par la bénédiction de cette femme, bénie entre toutes les femmes, et du ventre de laquelle le fruit est béni de toute éternité. Au surplus cette tour, dans sa chute, ensevelit un passant sous ses ruines. Dès qu'on apprit qu'un homme gisait écrasé sous un amas de pierres, on s'empressa par humanité d'ôter de dessus lui cet immense monceau de décombres. Après avoir entièrement enlevé ces montagnes de ciment et de pierres, on arriva enfin jusqu'à ce malheureux; et, chose admirable à dire, on le trouva sain et sauf, et aussi gai que s'il eût été renfermé tranquillement dans une maison. Quatre pierres de taille placées vis-à-vis l'une de l'autre, et qui se tenaient attachées entre elles, avaient formé à cet infortuné une sorte de petite chambre; et, pendant le long espace de je ne sais combien de jours qu'il demeura là, comme rejeté du nombre des vivans, il ne souffrit ni de la faim ni de la crainte, ni même de la détestable odeur de la chaux.

Terminons ce livre en invoquant la très-excellente Marie, reine des cieux et de la terre, et le bienheureux Denis, patron de toute la France.

FIN DE LA VIE DE GUIBERT DE NOGENT.

VIE

DE

SAINT-BERNARD,

ABBÉ DE CLAIRVAUX.

NOTICE

SUR LA

VIE DE SAINT-BERNARD.

La grandeur politique des hommes ne se mesure pas toujours à l'importance des fonctions qu'ils ont occupées, ni même au nombre et à l'éclat des faits dont leur nom réveille le souvenir. Saint-Bernard ne fut jamais qu'abbé de Clairvaux; on ne le vit point placé, comme Suger, à la tête des affaires du royaume, ni chef avoué de l'église nationale, comme au IXe siècle l'archevêque Hincmar. Quand on cherche quels événemens considérables lui doivent être attribués, la croisade de Louis-le-Jeune et de l'empereur Conrad, est presque le seul qui s'offre à la pensée; beaucoup d'hommes, au XIIe siècle, semblent avoir fait plus de choses et plus réellement influé sur le sort de leurs contemporains. Regarde-t-on même à ses écrits? un seul, son traité *de la Considération*, peut mériter encore le nom d'ouvrage; des sermons, des lettres, quelques opuscules de circonstançant d'ailleurs tout ce qui reste de lui. Cependant nul homme n'a tenu, de son vivant, une aussi grande place dans les affaires du monde et dans l'esprit des hommes; nul n'a fait aussi constamment prévaloir son opinion et sa volonté; nul n'a gouverné avec tant d'empire ceux qui gouvernaient les nations.

C'est que le pouvoir, et un pouvoir immense, peut appartenir à celui qui n'en possède ni les symboles ni les moyens extérieurs. L'ascendant moral, l'ascendant du caractère et du génie, est à lui seul un pouvoir, et quelquefois le plus absolu de tous. Ce fut celui de Saint-Bernard, et il l'exerça avec un égal succès sur ses inférieurs, ses supérieurs, ses égaux, sur les peuples, les papes, les rois. Qu'avait-il besoin du sceau royal, de la mitre ou même de la tiare, celui dont toutes les paroles étaient, pour ses contemporains, des oracles, toutes les actions des modèles, qui savait presque infailliblement se faire croire et obéir? Jeune encore, ses parens, à l'exception de sa mère, combattent sa vocation pour la vie monastique; il la suit contre leur gré; et bientôt après son oncle, puis ses cinq frères, puis son père, puis enfin sa sœur, entraînés par ses exhortations, entrent dans le cloître comme lui. Un schisme s'é-

lève dans l'Église; tandis qu'Anaclet règne à Rome, Innocent II se réfugie en France; le roi d'Angleterre, Henri Ier, hésite à le reconnaître; Bernard se rend en Normandie et l'y décide en quelques entretiens. L'empereur Lothaire, qui s'est rangé aussi du parti d'Innocent, veut en profiter pour reconquérir le droit d'investiture : « A cette de-
« mande les Romains pâlirent, plus effrayés du
« danger qu'ils rencontraient à Liége que de ceux
« qu'ils avaient fuis en quittant Rome¹; » mais Lothaire cède aux instances de Bernard ce que ses prédécesseurs avaient défendu contre les foudres du Vatican, au péril de leur couronne. Le pape retourne en Italie où une foule de villes, de monastères, de princes, refusent encore de le reconnaître; Bernard passe les Alpes et entreprend de lui tout conquérir : la cité de Milan se rend la première, puis les moines du Mont-Cassin, puis le cardinal de Pise, jusque-là le plus ferme défenseur d'Anaclet qui en meurt de chagrin; puis enfin le nouvel antipape lui-même, Victor, qui vient déposer entre ses mains toutes ses prétentions. Bernard le conduit aux pieds du pape, et le schisme, qui durait depuis huit ans, est éteint. L'abbé de Clairvaux revient en France;

¹ *Vie de Saint-Bernard*, liv. II, par Arnauld.

des évêchés, des archevêchés, les plus grands honneurs de l'Église lui sont offerts, il les refuse et son empire s'en accroît. Les opinions d'Abailard se répandent, fortes du génie de leur auteur, et aussi de cet invincible et légitime besoin d'examen et de liberté que l'esprit humain ne saurait abdiquer. Bernard les blâme rudement, car ce sont des innovations, et quoiqu'il dédaigne d'exercer le pouvoir, il ne peut souffrir qu'on l'ébranle. Abailard sollicite la décision d'un concile ; Bernard s'y rend après quelque hésitation, redoutant peut-être la lutte avec un tel rival ; à son aspect, à ses premières paroles, sous le poids de son despotique ascendant, Abailard se trouble, renonce à se défendre, et se laisse condamner sans débat. Un autre théâtre s'ouvre à l'éloquence de Bernard ; il prêche la croisade au milieu des champs, à d'immenses multitudes, d'abord en France, puis en Allemagne ; et entraînés par son accent, ses gestes, ses regards, des milliers d'hommes, qui ne comprennent pas sa langue, obéissent à sa voix. Des dissensions éclatent à Trèves entre la noblesse et la bourgeoisie, il s'y rend à la prière de l'archevêque et parvient à les apaiser. L'Europe se couvre de monastères de son ordre, trente-cinq en France, onze en Espagne, dix en Angleterre et en Irlande, six en Flandre, quatre en Italie, deux en Allemagne, deux en Suède, un en Hongrie, un en Danemarck. Soit qu'il faille calmer ou exciter les passions populaires, réprimer les petits ou tancer les grands, c'est lui qu'on appelle, c'est en lui qu'on a foi. Partout et toujours avec les mêmes armes, l'autorité de son nom et de sa parole, sans pouvoir direct, sans mission officielle, il obtient les mêmes succès.

On peut abuser d'un tel empire comme de tout autre, et Bernard en abusa plus d'une fois; plus d'une fois il fut dur, hautain, despote, et la supériorité de son génie n'éleva point sa raison au dessus des erreurs communes de son temps. Ce n'en est pas moins la plus rare et la plus belle gloire de dominer ainsi les hommes sans moyens de les contraindre. A la sincérité seule il est donné de produire de tels effets. L'hypocrisie, quel que soit le talent de celui qui l'emploie, ne peut se passer d'un pouvoir direct, coërcitif, matériel; réduite à elle-même, elle atteindrait bientôt le terme de sa science et de ses succès. Saint-Bernard était sincère : à la vérité, au bien seul il voulait et croyait dévouer sa vie. Sa sincérité et son désintéressement étaient même d'une nature plus élevée et plus pure qu'il n'est souvent arrivé à des hommes assez semblables à lui par leur caractère et leur destinée. Plus d'un évêque, plus d'un chef de moines ont mené, comme lui, une vie austère, n'ont tenu, comme lui, aucun compte des honneurs et des plaisirs mondains; mais leur ambition, moins égoïste et plus noble que beaucoup d'autres, n'en a pas été moins temporelle; un intérêt, sinon personnel, du moins terrestre, a dominé dans leurs pensées; c'est pour la puissance de leur corps, de leur Ordre, de l'Église en général, qu'ils ont travaillé, enduré, combattu; et ils en sont venus à se soucier assez peu de la vérité de leurs doctrines et de la bonté morale de leurs moyens. Tels ont été plusieurs des plus illustres papes, et par dessus tous Hildebrand. Saint-Bernard n'oublia point ainsi la religion pour l'Église et la loi de Dieu pour le pouvoir du clergé; son esprit était honnête comme sa vie, il ne croyait point que la sainteté du but donnât le privilége de la fraude et de l'iniquité. Doué d'une raison simple, droite, ferme, plus enclin à prescrire des règles qu'à débattre des questions, il adopta sans hésiter les opinions légales de l'Église et les défendit contre tout novateur; mais si sa conviction eût été différente, il eût pu devenir sectaire; et c'est peut-être, parmi les grands hommes de sa robe qui se sont beaucoup mêlés des affaires du monde, sa plus éminente distinction qu'il était moins gouverné par sa situation que par sa conscience, et que le respect de la vérité ne fut point étouffé dans sa pensée par le besoin du succès.

Saint-Bernard vivait encore que déjà ses contemporains écrivaient sa vie. Le premier livre de celle que nous publions est l'ouvrage de Guillaume, abbé de Saint-Thierri de Rheims, que liait à l'abbé de Clairvaux la plus étroite amitié, et qui le précéda au tombeau. Guillaume commença à l'écrire vers l'an 1140, après s'être démis de sa charge pour aller vivre en simple moine dans l'abbaye de Signi. Arnauld ou Ernauld, abbé de Bonneval, près de Chartres, continua, après la mort de Saint-Bernard, ce que Guillaume n'avait pu achever; le second livre lui appartient, mais il n'alla pas plus loin. Enfin Geoffroi, moine de Clairvaux, et qui avait été secrétaire de Saint-Bernard, compléta la narration en y ajoutant trois livres; nous avons de la sorte une longue histoire de l'abbé de Clairvaux, rédigée par des hommes qui avaient vécu auprès de lui ou dans son intimité. Cette histoire n'en est pas moins surchargée de fables, et les innombrables miracles qu'on y attribue à Saint-Bernard sont un exemple remarquable, parmi tant d'autres, du degré de crédulité sincère où peuvent tomber les hommes sur les faits même qui se passent de leur temps et sous leurs yeux. Il est fort naturel que des cliens, qui croient à leur patron le don des miracles, recueillent avec grand soin toutes ses actions de ce genre, comme les plus importantes de sa vie et les plus glorieuses pour sa mémoire; mais aujourd'hui il est permis de regretter que cette portion seule du récit soit prolixe, et que d'autres faits qui excitent à meilleur droit notre curiosité, la querelle de Saint-Bernard avec Abailard, par exemple, ses voyages en Italie, en Allemagne, ses relations avec tous les hommes puissans de son siècle, etc., ne soient quelquefois racontés que très-brièvement. C'est pourtant dans les cinq livres de Guillaume, d'Arnauld et de Geoffroi que sont consignés à peu près tous les détails qui nous restent sur l'abbé de Clairvaux; et, malgré ce que leur narration laisse à desirer, comme elle est naïve et sincère, elle ne manque point d'intérêt.

On trouve, à la suite de ces cinq livres, dans l'édition des *Œuvres complètes de Saint-Bernard*, donnée par Mabillon [1], plusieurs autres ouvrages

---

[1] Imprimée pour la première fois en 1667, à Paris; réimprimée à Paris en 1690 et 1719, et à Vérone en 1726, 2 vol. in-fol.

du XIIe siècle consacrés à son histoire, un Journal de ses miracles, une *Vie*, par Alain, évêque d'Auxerre, une troisième par Jean l'Ermite, une quatrième sans nom d'auteur, mais qui paraît être, comme les livres 3e, 4e et 5e de celle que nous publions, l'ouvrage du moine Geoffroi, etc., etc. Aucun de ces écrits ne nous a paru mériter d'être traduit. Nous n'avons rien à dire non plus des innombrables travaux des savans modernes de tous les pays sur le même sujet; ils ont été fort bien résumés dans l'*Histoire littéraire de Saint-Bernard et de Pierre le vénérable*, par Dom Clémencet[1]. Le lecteur peut également consulter l'article *Saint-Bernard* dans l'*Histoire littéraire de la France*[2].

E. G.

[1] Paris 1773, in-4°.
[2] Tome XIII, pag. 129-235.

PRÉFACE

DE GUILLAUME, ABBÉ DE SAINT-THIERRI.

O Seigneur Dieu, sur le point d'écrire, pour l'honneur de ton nom, la vie de ton serviteur, que tu as donné à notre Église afin qu'elle refleurît, de notre temps, dans l'antique vertu de la grâce apostolique, j'invoque ici ton amour, dont le secours m'a déjà autrefois soutenu. En effet, quel est l'homme qui, animé quelque peu du souffle de cet amour, et voyant briller dans le monde un témoignage si illustre, si fidèle et si extraordinaire de ta gloire et de ton honneur, ne s'appliquerait pas, autant qu'il pourrait, à empêcher qu'un flambeau allumé par toi ne demeure caché à aucun des tiens? Qui ne s'efforcerait pas, autant qu'il pourrait, dans un style humain, que cependant le pouvoir de tes œuvres rend quelquefois meilleur, de manifester un si glorieux flambeau, de l'élever et de le faire briller aux yeux de tous ceux qui sont dans ta maison? En quoi, voulant autrefois remplir de quelque manière que ce fût ma part de cet emploi, j'ai été jusqu'à présent retenu, soit par la crainte, soit par le respect; tantôt jugeant que la dignité du sujet était au dessus de mes forces, et devait être réservée à des ouvriers plus dignes ; tantôt dans l'idée que je survivrais à ton glorieux élu, croyant qu'il vaudrait mieux le faire après sa mort, lorsque les louanges ne pourraient plus le chagriner, et qu'alors on aurait moins à craindre les attaques des hommes et leurs paroles de contradiction. Mais, plein de vigueur et de santé, il devient d'autant plus fort et robuste qu'il était plus infirme de corps, ne cessant de faire des choses dignes de mémoire, et accumulant sur de grands faits de plus grands faits encore, qui ordonnent d'eux-mêmes à l'historien de rompre le silence. Déjà je m'affaiblis, les infirmités de la mort pressent mon corps, et tous mes membres commencent à recevoir des avertissemens d'une mort prochaine ; je sens approcher le temps de ma dissolution, et je crains beaucoup de me repentir trop tard d'avoir si long-temps différé ce que je voudrais de toutes manières avoir accompli, avant de rendre le dernier soupir.

J'y suis excité et exhorté par la pieuse bienveillance de quelques frères, qui vivent continuellement avec l'homme de Dieu, connaissent tout ce qui le concerne, et peuvent m'apprendre des faits recherchés avec le plus grand soin, et dont plusieurs, se passant en leur présence, ont été par eux vus et entendus. Dans le grand nombre d'actions illustres dont ils me font part, et que Dieu a opérées en leur présence par son serviteur, leur religion connue et les préceptes de leur maître m'empêchent de les soupçonner d'aucune fausseté ; et à leur témoignage se joint encore l'autorité de personnes dignes de foi, d'évêques, de clercs et de moines, auxquels il n'est permis à aucun fidèle de refuser sa confiance. Cependant ce que je dis est superflu ; car tout le monde connaît ses actions, et toute l'Église des Saints raconte ses vertus. C'est pourquoi, voyant que ce merveilleux sujet des louanges de Dieu était offert à tous, que personne ne l'entreprenait, et que ceux qui pouvaient faire le mieux et le plus dignement gardaient le silence, j'ai entrepris d'en faire ce que je pourrai, non dans une vaine présomption, mais dans un amour confiant. Me mesurant moi-même en moi, et me comparant à moi-même, je n'ai pas entrepris de rapporter la vie entière de l'homme de Dieu, mais seulement une partie, quelque manifestation du Christ qui vit et parle en lui, quelque œuvre de sa vie extérieure avec les hommes, ce qu'on a vu de lui, ceux à qui fut accordée cette grâce, et ce que de notre côté nous avons vu et entendu, et que nos mains ont touché. Car on doit prononcer en grande partie de lui la même chose que de celui qui dit : « Je vis, ou plutôt ce n'est plus moi qui vis ; mais « c'est Jésus-Christ qui vit en moi¹ ; » et ailleurs : « Est-ce que vous voulez éprouver la puissance « de Jésus-Christ, qui parle par ma bouche²? »

¹ Épître de saint Paul aux Galat., chap. II, v. 20.
² IIᵉ. Épître de saint Paul aux Corinthiens, chap. XIII, v. 3.

Je ne me suis pas proposé de raconter cette vie invisible dont le Christ vit et parle en lui, mais quelques-unes des manifestations extérieures de cette même vie, de cette pureté, de cette sainteté intérieure, et de cette conscience qui brillent au dehors aux yeux des hommes, par le moyen des œuvres extérieures de l'homme, choses que tout le monde peut aisément savoir, et qu'ainsi il est permis à chacun d'écrire. Je n'ai pas non plus entrepris de rédiger ces choses avec soin, mais plutôt de les recueillir et rassembler, et je ne veux pas les mettre au jour de son vivant, puisqu'il ignore que je les écris. Je me fie au Seigneur qu'il s'élevera, après nous et après sa mort, des personnes qui accompliront mieux et plus dignement ce que nous nous sommes efforcé de faire, qui pourront comparer les choses extérieures aux choses intérieures, raconter sa mort précieuse aux yeux du Seigneur, semblable à sa vie, et glorifier sa vie par sa mort et sa mort par sa vie. Avec l'aide de Dieu entrons donc en matière.

VIE

DE

SAINT-BERNARD.

LIVRE PREMIER,

PAR GUILLAUME, ABBÉ DE SAINT-THIERRI.

CHAPITRE PREMIER.

Des parens de Saint-Bernard. — De leur insigne piété dans l'éducation de leurs enfans. — Du caractère et des belles mœurs de Bernard encore enfant.

Bernard naquit en Bourgogne à Fontaines, château de son père, de parens illustres dans les gloires du siècle, mais plus dignes et plus nobles encore selon la piété de la religion chrétienne. Son père, Tescelin, fut un homme d'une antique et légitime chevalerie, respectant Dieu, et observant scrupuleusement la justice. Faisant la guerre évangélique selon les institutions du précurseur du Seigneur, il ne pillait ni ne trompait personne, et se contentait de ses revenus, qu'il avait en abondance, pour employer à toute sorte de bien. Il servait de ses conseils et de ses armes ses seigneurs temporels, de manière à ne point négliger de rendre à son Seigneur Dieu ce qu'il lui devait. Sa mère, Aleth, d'un château nommé Montbar, observant dans son rang la règle apostolique, soumise à son mari, gouvernait sous lui sa maison selon la crainte de Dieu, s'appliquait aux œuvres de miséricorde et élevait ses enfans dans toute discipline. Elle engendra sept enfans, six garçons et une fille, et ce ne fut pas tant pour son mari que pour Dieu; car les garçons devaient être moines et la fille religieuse. Comme on l'a dit, ne les engendrant pas pour le monde, mais pour Dieu, aussitôt qu'elle les avait enfantés, elle les offrait au Seigneur de ses propres mains. C'est pourquoi cette noble femme, refusant de confier leur nourriture au sein d'une étrangère, fit en quelque sorte passer en eux avec son lait l'essence des vertus maternelles. Lorsqu'ils furent devenus grands, tant qu'ils furent sous sa main, elle les éleva plutôt pour un désert que pour la cour, ne souffrant pas qu'ils s'habituassent aux mets délicats, mais leur donnant une nourriture grossière et commune. C'est ainsi que, par l'inspiration du Seigneur, elle les disposa et les forma comme s'ils allaient aussitôt passer dans la solitude.

Comme elle portait dans son sein Bernard, le troisième de ses fils, elle vit en songe le présage de l'avenir; c'est-à-dire qu'elle avait dans son sein un petit chien blanc, roussâtre sur le dos et qui aboyait. Violemment effrayée de ce songe, elle consulta un certain homme religieux qui, comprenant sur-le-champ l'esprit de la prophétie par lequel David dit au Seigneur sur les saints prédicateurs : « Votre pied sera

« teint dans le sang de vos ennemis et la langue de vos
« chiens en sera aussi abreuvée [1], » répondit à cette
femme tremblante et tourmentée : « Ne crains rien,
« c'est une bonne chose ; tu seras la mère d'un excel-
« lent chien qui doit être le gardien de la maison du
« Seigneur, et qui pour elle poussera de grands aboie-
« mens contre les ennemis de la foi : car il sera un
« excellent prédicateur ; et, comme un bon chien,
« par la vertu salutaire de sa langue, il guérira de
« grand nombre de maladies l'ame de bien des gens. »
A cette réponse qu'elle reçut comme de Dieu, la
pieuse et fidèle femme fut transportée de joie, et,
déjà toute pénétrée d'amour pour ce fils qui n'était
pas encore né, elle projeta de le livrer à l'instruction
des lettres sacrées, dans le sens de la vision et de l'in-
terprétation par laquelle on lui avait promis sur cet
enfant des choses si sublimes qui arrivèrent effectivement. Aussitôt qu'elle en fut heureusement accouchée, elle ne l'offrit pas seulement à Dieu, comme
elle avait coutume de le faire, mais, comme on le
lit de sainte Anne, mère de Samuel, elle le fit recevoir dans son tabernacle, où elle le destina à servir
perpétuellement, et l'offrit elle-même dans cette église
de Dieu comme un présent agréable.

C'est pourquoi le plus tôt qu'elle put, elle confia
son instruction, dans l'église de Châtillon (qui, dans
la suite et par l'œuvre de Bernard, d'une société sé-
culière, s'éleva au rang d'un chapitre de chanoines
réguliers), à des maîtres bien lettrés, et fit tout ce
qu'elle put pour qu'il y fît des progrès. Le jeune enfant, plein de grâces, et doué d'un génie naturel,

---

[1] Psaume 67, v. 25.

accomplit promptement à ce sujet le desir de sa mère: car il avançait dans l'étude des lettres avec une promptitude au-dessus de son âge et de celle des autres enfans du même âge ; mais dans les choses séculières il commençait déjà, et comme naturellement, à se mortifier dans la vue de sa future perfection, car il s'y montrait d'une très-grande simplicité, aimant à vivre avec lui-même, fuyant le public, paraissant extraordinairement pensif, obéissant et soumis à ses parens, bon et reconnaissant pour tous, simple et paisible à la maison, sortant rarement, pudique au-delà de ce qu'on peut croire, n'aimant nulle part à beaucoup parler, dévot envers Dieu, afin de conserver pure son enfance, appliqué à l'étude des lettres, au moyen desquelles il devait apprendre et connaître Dieu dans les Ecritures : et on peut remarquer, d'après ce que nous allons rapporter, quels progrès il fit en peu de temps et quel fin discernement il acquit.

CHAPITRE II.

De la vertu de Bernard enfant, qui repousse les soins d'une femme sorcière. — De la vision qu'il eut du Sauveur et de la mort de sa mère.

ENCORE enfant, comme il était tourmenté d'un violent mal de tête, il se mit au lit. On lui amena une femme pour apaiser sa douleur par des charmes. La voyant approcher avec ses instrumens d'enchantement, par lesquels elle avait coutume de tromper les gens du vulgaire, il se récria avec une grande indignation, l'éloigna et la chassa de lui. La divine miséricorde n'abandonna pas le louable zèle du saint enfant; mais il sentit tout à coup sa vertu, et d'un même mouvement d'esprit se levant aussitôt, il se vit délivré de toute douleur. Cet événement n'ayant pas peu augmenté sa foi, le Seigneur lui fit aussi la grâce de lui apparaître, comme autrefois au jeune Samuel dans Silo, et de lui manifester sa gloire. La nuit solennelle du dimanche de Noël était arrivée, et on se préparait, selon la coutume, aux veilles solennelles. Comme l'heure de célébrer l'office nocturne tardait un peu à venir, il arriva que Bernard qui était assis, et attendait avec les autres, pencha un peu sa tête et s'endormit. Aussitôt la sainte nativité de l'enfant Jésus se révéla à cet enfant, fortifiant sa jeune foi, et lui mettant pour la première fois sous les yeux les mystères de la divine contemplation. L'époux lui apparut comme sortant pour la première fois de son lit. Il vit le Verbe enfant comme naissant de nouveau du sein de la Vierge sa mère, d'une forme plus belle que les fils des hommes, et ravissant en lui l'ame du saint enfant déjà sorti de l'enfance.

Il eut l'esprit persuadé, et il l'avoue encore à présent, que cette heure était celle de la nativité du Seigneur. Il est facile à ceux qui ont fréquenté son auditoire de remarquer de quelle grâce le Seigneur le remplit à cette heure, puisque, jusqu'à présent, il a montré pour tout ce qui concerne ce sacrement une intelligence plus profonde et une éloquence plus abondante. C'est pourquoi, dans la suite, il a fait paraître, parmi les commencemens de ses œuvres et de ses traités, un ouvrage remarquable à la louange de la mère et du fils et de la sainte Nativité, ayant pris pour texte ce passage de l'Evangile où on lit : « L'ange « Gabriel fut envoyé de Dieu en une ville de Galilée[1]. »

Il ne faut pas passer sous silence que dans les années de son enfance, s'il pouvait avoir quelque argent, il faisait secrètement des aumônes aux pauvres; et, habituellement modeste, il faisait des œuvres de piété conformes à son âge et même au-dessus de son âge. Peu de temps s'étant écoulé, comme le jeune Bernard, croissant en âge et en grâce auprès de Dieu et des hommes, passait de l'enfance à l'adolescence, sa mère, après avoir élevé fidèlement ses enfans, et lorsqu'ils furent entrés dans les voies du siècle, comme si elle eût accompli tout ce qu'elle avait à faire, s'en alla heureusement vers le Seigneur. On doit se garder d'omettre ici qu'après avoir vécu pendant long-temps avec son mari selon la justice et l'honneur de ce monde, quelques années avant sa mort, elle se consacra à l'éducation de ses fils autant qu'elle put, et qu'il put être permis à une femme en pouvoir de mari, et n'ayant pas même la possession de son propre corps : car, dans sa maison, dans l'état conjugal et au milieu du siècle, on la vit pendant long-temps s'efforcer d'imiter la vie solitaire ou monastique, retranchant de sa nourriture, se couvrant d'humbles vêtemens, renonçant aux délices et aux pompes de ce siècle, se dérobant, autant que possible, aux actions et aux soins du monde, se livrant aux jeûnes, aux veilles, aux oraisons, et rachetant par des aumônes et diverses œuvres de miséricorde ce qui manquait à sa profession religieuse; en quoi s'avançant de

---

[1] Évangile selon saint Luc, chap. 1.

jour en jour, elle arriva au terme de sa vie pour aller trouver la perfection dans le sein de celui vers lequel elle s'éleva en quittant ce siècle. Elle s'endormit au milieu des psaumes que chantaient les clercs qui s'étaient assemblés, et en chantant elle-même également, jusqu'à ce qu'enfin, comme on ne pouvait plus entendre sa voix, ses lèvres paraissaient encore se mouvoir et sa langue agitée confesser le Seigneur. Enfin, au milieu des litanies, comme on disait : « Par ta pas-« sion et ta croix délivre-là, ô Seigneur! » élevant la main, elle fit le signe de la croix et rendit l'ame ; en sorte qu'elle ne put rabaisser la main qu'elle avait levée.

CHAPITRE III.

Du soin de Bernard à garder sa chasteté. — De son projet d'une vie religieuse, et comment il attira au même dessein ses frères et ses autres compagnons.

Depuis ce temps commençant à vivre selon son goût et son droit, Bernard, distingué par une tournure élégante et un visage gracieux, orné des mœurs les plus douces, doué d'un génie ardent et d'une éloquence séduisante, était vanté comme un jeune homme d'une grande espérance. Le monde dans lequel il entrait, pour ainsi dire, commença à lui offrir plusieurs routes. Dans toutes lui apparaissaient les prospérités de cette vie, et partout souriaient de grandes espérances. L'excellent esprit du jeune homme avait à résister à des mœurs différentes des siennes, et aux amitiés orageuses de ses compagnons qui s'efforçaient de le rendre semblable à eux. S'il y fût demeuré attaché, il lui eût fallu tourner en amertume ce qui avait pris possession dans cette vie de la plus tendre partie de son cœur, l'amour de la chasteté. Le sinueux serpent, qui le haïssait par dessus tout, étalait devant lui les piéges et les tentations, et en diverses rencontres dressait des embûches sous ses pas : un jour ayant tenu quelque temps les yeux fixés sur une femme qu'il regardait avec trop d'ardeur, il revint aussitôt à lui, et rougissant de lui en lui-même, il exerça contre sa propre personne la vengeance la plus sévère; car, se jetant jusqu'au cou dans les eaux glacées d'un étang voisin, il y resta jusqu'à ce que n'ayant presque plus de sang, par la vertu de la grâce coopérante, il fut entièrement refroidi de la chaleur de la concupiscence charnelle, et se revêtit de cet amour de la chasteté dont s'était revêtu celui qui disait : « J'ai fait un accord avec mes « yeux pour ne penser pas seulement à une vierge [1]. »

Vers le même temps, par l'excitation du démon, une jeune fille, pendant qu'il dormait, fut mise toute nue dans son lit. L'ayant sentie, il lui céda tranquillement et sans rien dire le côté du lit qu'il occupait, et, se tournant de l'autre côté, s'endormit; mais cette misérable, restant et attendant, se mit ensuite à le caresser et à l'exciter. Enfin, comme il demeurait immobile, quoique la plus impudente des femmes, elle rougit; et, saisie d'un saint effroi et d'une grande admiration, elle se leva pour s'enfuir et le laissa. Il arriva aussi que Bernard, avec quelques-uns de ses

---

[1] Job, chap. xxxi, v. 1.

compagnons, reçut l'hospitalité chez une certaine matrone. Cette femme, considérant le beau jeune homme, fut prise au piége de ses yeux et brûla pour lui de concupiscence. Lui ayant fait préparer un lit séparément, comme au plus honorable de tous, elle se leva la nuit et vint impudemment le trouver. Bernard l'ayant sentie et ne manquant pas de présence d'esprit, se mit à crier : « Au voleur ! au voleur ! » A ce cri la femme s'enfuit, toute la maison est sur pied, on allume une lanterne, et on cherche le voleur, bien inutilement. Chacun retourne à son lit, le silence et l'obscurité règnent comme auparavant; tout le monde repose, la misérable veille seule. Elle se lève de nouveau et gagne le lit de Bernard ; mais il s'écrie encore : « Au voleur, au voleur ! » On cherche une seconde fois le voleur qui se cache de nouveau et qui n'est pas dénoncé par celui qui seul le connaissait. Cette femme perverse, repoussée ainsi jusqu'à la troisième fois, vaincue ou par la crainte ou par le désespoir, renonce enfin à son dessein. Le jour suivant, pendant la route, les compagnons de Bernard le blâmant, lui demandèrent quels voleurs il avait tant de fois rêvés cette nuit. Il leur dit : « Ef-
« fectivement il y avait un voleur, et l'hôtesse s'ef-
« forçait de m'enlever un incomparable trésor, ce
« qui est pour moi le bien le plus précieux dans
« cette vie, la chasteté. »

Cependant, pensant et réfléchissant à cet adage vulgaire, qu'il est dangereux d'habiter long-temps avec le serpent, il commença à méditer sa fuite ; car il voyait qu'au dehors le monde et son prince lui offraient de grands biens, il est vrai, des espérances encore plus grandes, mais toutes illusoires, les vanités des vanités, et rien que des vanités. Il entendait continuellement au dedans de lui la vérité elle-même qui lui criait et lui disait : « Venez à moi vous tous qui « êtes fatigués et qui êtes chargés et je vous soula- « gerai. Prenez mon joug sur vous.... et vous trou- « verez le repos de vos ames [1]. » Réfléchissant qu'il valait mieux quitter le monde, il commença à s'informer où son ame pourrait trouver, sous le joug du Christ, le repos le plus pur et le plus certain. L'établissement récent de l'ordre de Cîteaux s'offrit à sa pensée. La moisson était abondante, mais elle manquait d'ouvriers ; car presque personne n'avait recherché le bonheur d'y prendre l'habit de religion à cause de l'excessive austérité et pauvreté de la vie qu'on y menait, et qui cependant n'effraya nullement un esprit cherchant vraiment Dieu. Sans aucune hésitation ni crainte, il y tourna son intention, pensant qu'il s'y pouvait cacher et échapper, dans le secret de la présence de Dieu, aux importunités des hommes, mais voulant surtout y chercher un refuge contre la vaine gloire de la noblesse mondaine, des dons de l'esprit et peut-être du nom de saint.

Dès que ses frères, qui l'aimaient selon la chair, virent qu'il songeait à prendre l'habit, ils commencèrent à agir de toutes les manières pour tourner son esprit à l'étude des lettres et l'attacher plus étroitement au siècle par l'amour de la science mondaine. Sans doute, comme il a coutume de l'avouer, ses pas furent un peu retardés par leurs conseils; mais la mémoire de sa sainte mère pressait son esprit

---

[1] Évangile selon saint Matthieu, chap. 11, v. 28 et 29.

avec importunité; en sorte qu'il lui semblait qu'elle lui apparaissait souvent, lui adressant des plaintes et des reproches, et lui disant qu'elle ne l'avait pas élevé pour des frivolités de cette sorte, et qu'elle l'avait instruit dans une autre espérance. Enfin, un jour qu'il se rendait au siége d'un château, appelé Grancey, vers ses frères qui s'y tenaient avec le duc de Bourgogne, il commença d'être plus violemment tourmenté par ces sortes de pensées. Ayant trouvé au milieu du chemin une église, il y alla, et étant entré pria avec une grande pluie de larmes, levant les mains au ciel et répandant son cœur comme de l'eau en présence du Seigneur; ce jour-là s'affermit la résolution de son cœur.

Son oreille ne fut pas sourde à la voix de celui qui dit : « Que celui qui entend dise : venez[1]. » Depuis cette heure, de même que le feu qui brûle les forêts et la flamme qui embrase les montagnes, saisissant tout et dévorant d'abord les choses les plus voisines, s'avancent ensuite jusqu'aux plus reculées; de même le feu que Dieu avait envoyé dans le cœur de son serviteur, voulant qu'il l'embrasât, attaqua d'abord ses frères, dont le plus petit seul, et incapable encore de prendre l'habit, fut laissé pour consolation à son vieux père; ensuite ses parens, ses compagnons et ses amis, de qui on n'avait point espéré une telle résolution; le premier de tous, Gaudri son oncle se rendit, comme on dit, de son pied, à l'avis de son neveu et se détermina à prendre l'habit. C'était un homme honorable et puissant dans le siècle, distingué dans la chevalerie du monde, et seigneur d'un château appelé Touillon au territoire d'Autun.

[1] Apocalypse, chap. XXII, v. 17.

Aussitôt, se rendant vers Bernard, Barthélemi, le plus jeune des autres frères, et qui n'était pas encore chevalier, céda sur-le-champ et sans difficulté à ses salutaires exhortations. André, plus jeune que Bernard, et nouvellement fait chevalier dans ce temps, goûtait plus difficilement la parole de son frère, jusqu'à ce qu'il s'écria tout à coup : « Je vois ma mère. » En effet, elle lui apparut visiblement, souriant avec un visage serein, et se réjouissant de la résolution de ses fils. C'est pourquoi il consentit aussitôt, et de soldat du siècle il devint champion du Christ. André ne fut pas le seul à qui apparut sa mère, se réjouissant d'avoir de tels fils. Bernard avoua qu'il l'avait vue également. Gui, l'aîné des frères, était déjà lié par le mariage : c'était un homme puissant, établi dans le monde plus solidement que les autres. Il hésita d'abord un peu; mais pesant et examinant continuellement la chose en lui-même, il consentit à prendre l'habit, si cependant sa femme ne s'y opposait pas. Cela paraissait presque impossible de la part de cette noble jeune femme, qui nourrissait alors ses petites filles. Mais Bernard, concevant de la miséricorde du Seigneur un espoir plus certain, lui assura aussitôt que sa femme y consentirait, ou qu'elle mourrait. Enfin, comme on ne pouvait l'y déterminer d'aucune manière, son magnanime mari, déjà soutenu par la vertu de cette foi par laquelle il brilla éminemment dans la suite, et conduit par l'inspiration de Dieu, conçut le courageux projet de rejeter tout ce qu'il possédait dans le monde, et de commencer à mener une vie rustique et à travailler de ses propres mains pour se nourrir lui et sa femme, qu'il ne pouvait quitter malgré elle. Sur ces entrefaites, arriva Bernard, qui courait de tous côtés, rassemblant les uns et les autres. Ladite femme de Gui fut aussitôt frappée d'une grave maladie, et reconnaissant combien il lui serait difficile de regimber contre l'aiguillon, elle fit venir Bernard, et fut la première à solliciter elle-même son mari de prendre l'habit. Enfin, selon la coutume de l'Eglise, séparée de son mari, par un semblable vœu de chasteté elle passa dans une congrégation de nonnes, où elle a servi religieusement Dieu jusqu'à présent.

Le second en âge après Gui était Gérard, chevalier vaillant à la guerre, d'une grande sagesse, d'une rare bonté et chéri de tout le monde. Les autres, comme on l'a dit, ayant consenti dès la première parole et le premier jour, selon l'usage des sages du siècle, Gérard regardait cette action comme de la légèreté, et repoussait, d'un esprit obstiné, le conseil salutaire et les exhortations de son frère. Alors Bernard, embrasé déjà par la foi et merveilleusement emporté par le zèle de l'affection fraternelle : « Je sais, dit-il, je « sais que les douleurs seules donneront l'intelligence « à ton oreille ; » et posant le doigt sur son côté : « Il viendra un jour, et ce jour n'est pas loin, qu'une « lance, appliquée dans ce côté, ouvrira le chemin « de ton cœur à la résolution de ton salut, que tu « méprises ; alors tu craindras, mais tu ne mourras « point. » Ainsi fut dit, ainsi fut fait. Peu de jours après, entouré par ses ennemis, Gérard fut pris et blessé, selon la parole de son frère. A son côté était fixée la lance dans le même endroit où Bernard avait appliqué le doigt. On l'entraîna, et, craignant la mort comme déjà présente, il s'écriait : « Je suis moine, je suis « moine de Cîteaux. » Il n'en fut pas moins pris et renfermé. Bernard fut appelé par un prompt message, mais il ne vint point. « Je savais bien, dit-il, et je lui « avais prédit qu'il était difficile de regimber contre « l'aiguillon ; cependant cette blessure n'est pas pour « sa mort, mais pour sa vie. » Ainsi fut fait. Gérard guérit bientôt de sa blessure au-delà de son espérance, et ne changea point sa résolution ni le vœu qu'il avait prononcé. Lorsque libre déjà de l'amour du siècle, il était encore retenu par les liens de ses ennemis, et que cet emprisonnement seul retardait le dessein qu'il avait de prendre l'habit, la miséricorde de Dieu le secourut promptement en cela. Bernard vint pour travailler à sa délivrance, mais il ne put réussir. Comme on ne lui permettait pas de lui parler, s'approchant du cachot, il s'écria : « Sache, mon frère Gérard, « que nous irons bientôt, et entrerons dans le mo- « nastère. Puisqu'il ne t'est pas possible de sortir, « sois moine ici, sachant que ta volonté, que tu ne « peux accomplir, sera réputée pour le fait. »

Comme Gérard était de plus en plus tourmenté, peu de jours s'étant écoulés, il entendit en songe une voix qui lui disait : « Tu seras délivré aujourd'hui. » On était au saint temps sacré du carême. Vers le soir de ce jour, réfléchissant à ce qu'il avait entendu, il toucha ses chaînes, et voilà que le fer se brisa en partie dans sa main, en sorte qu'il était déjà moins retenu et qu'il pouvait presque marcher. Mais que faire ? l'issue était gardée, et devant les portes était une grande multitude de pauvres. Il se leva cependant, non pas tant dans l'espoir de s'échapper, que fatigué

d'être couché, et par la curiosité d'en faire l'épreuve. Il s'approcha de la porte du cachot où il était enchaîné et renfermé; aussitôt qu'il toucha le verrou, toute la serrure tomba entre ses mains, et la porte fut ouverte. Étant sorti à petits pas comme un homme enchaîné, il se dirigea vers l'église où on célébrait encore les offices du soir. Les mendians, qui se tenaient à la porte de la prison, témoins de ce fait, et épouvantés de cet effet de la volonté de Dieu, s'enfuirent sans pousser aucun cri. Comme Gérard approchait déjà de l'église, il sortit quelqu'un de la maison où il avait été enfermé; c'était le frère même de celui qui le gardait; voyant qu'il s'avançait vers l'église, cet homme lui dit : « Tu es venu tard, Gérard. » Gérard fut saisi de frayeur; mais celui-ci ajouta : « Hâte-toi, il reste encore quelque chose à enten-
« dre; » car les yeux de cet homme étaient voilés, et il ne savait pas du tout ce qui arrivait. Enfin lorsqu'il eut fait monter dans l'église, en lui donnant la main, Gérard encore enchaîné, aussitôt que celui-ci entra dans l'église, l'autre connut alors, pour la première fois, ce qu'il avait fait, et, malgré ses efforts, ne put le retenir. Gérard, ainsi délivré de la captivité de l'amour de ce monde et de celle des fils du siècle, accomplit fidèlement le vœu qu'il avait prononcé. En ceci, le Seigneur fit principalement connaître de quel parfait et saint commerce avec lui commençait à jouir son serviteur, puisque, transporté en esprit dans celui qui a fait les choses futures, il avait pu voir comme déjà fait ce qui devait arriver. En effet, lorsqu'il appliqua son doigt sur le côté de son frère à l'endroit où devait être la blessure, il y voyait ac-

tuellement la lance, ainsi qu'il l'a depuis avoué, lorsqu'il fut interrogé par des gens à qui il ne le pouvait cacher.

Les autres, comme nous l'avons dit, s'étant, dès le premier jour, réunis dans le même esprit à Bernard, comme ils entraient le matin dans l'église, on lisait ce chapitre apostolique : « Car j'ai une ferme con-
« fiance que celui-ci qui a commencé le bien en
« vous ne cessera de le perfectionner jusqu'au jour de
« Jésus-Christ [1] ; » paroles que le dévot jeune homme accueillit comme venues du ciel. Le père spirituel de nos frères régénérés dans le Christ, rempli de joie et comprenant que la main de Dieu opérait avec lui, commença à s'appliquer à la prédication et à rassembler tous ceux qu'il pouvait. Il commença à revêtir un nouvel homme et à entretenir de choses sérieuses et de conversion ceux avec lesquels il avait coutume de s'occuper des sciences mondaines ou des choses même du siècle, démontrant la courte durée des joies du monde, les misères de la vie, la promptitude de la mort, et une vie éternelle après la mort, soit pour les bons, soit pour les méchans. Enfin tous ceux qui y avaient été prédestinés ayant résisté d'abord, la grâce de Dieu opérant en eux par la parole de la vertu et les oraisons et les instances de son serviteur, saisis ensuite de componction, ils crurent et consentirent l'un après l'autre. Parmi ceux-ci se joignit aussi à Bernard le seigneur Hugues de Mâcon, célèbre dans le monde par la noblesse et l'honnêteté de ses mœurs, par ses domaines et ses richesses. Aujourd'hui, par le mérite de sa religion et de sa sain-

[1] Épître de saint Paul aux Philip., chap. 1, v. 6.

teté, enlevé du monastère de Pontigny qu'il a fondé, il préside à l'église d'Autun avec les honneurs de l'épiscopat. Dès qu'il apprit que son très-cher compagnon et ami avait pris l'habit, il pleurait comme perdu celui qu'il apprenait être mort au monde. Mais aussitôt que l'un et l'autre eurent le moyen de s'entretenir mutuellement, après des larmes différentes, et des gémissemens poussés par des chagrins non semblables, ils commencèrent à amasser paroles sur paroles et choses sur choses. Comme parmi ces entretiens familiers de l'amitié, l'esprit de vérité avait pénétré dans le cœur de Hugues, leur conversation prit bientôt un autre tour. S'étant donc donné les mains comme gage d'association dans une nouvelle vie, leur cœur et leur ame furent liés dans le Christ bien plus dignement et plus sincèrement qu'ils ne l'avaient été auparavant dans le monde.

Quelques jours après, on annonça à Bernard que Hugues, détourné par d'autres amis, abandonnait sa résolution. Ayant donc pris l'occasion d'une grande assemblée d'évêques qui se tenait dans ce pays, il se hâta d'aller rappeler son ami près de périr et de l'enfanter une seconde fois au Seigneur. Les amis de Hugues, qui l'avaient détourné de son dessein, ayant vu Bernard, se tinrent sur leurs gardes, entourèrent leur proie, ôtèrent à Bernard tout moyen de lui parler et lui interdirent tout accès auprès de lui. Ne pouvant lui parler il criait pour lui vers le Seigneur. Comme il priait avec larmes, bientôt éclata une subite et violente averse : ils s'étaient arrêtés dans une plaine, car l'air était serein et ne faisait nullement présumer une telle pluie. A cette soudaine averse ils se dispersèrent et gagnèrent un village voisin. Mais Bernard s'emparant de Hugues, lui dit : « Tu rece-« vras avec moi les gouttes de cette pluie. » Etant demeurés seuls, ils ne furent pas seuls, car le Seigneur fut avec eux et leur rendit aussitôt la sérénité de l'air et de l'esprit. Là, l'alliance se renouvela, et s'affermit en Hugues la résolution qu'il ne put désormais violer.

Le pécheur voyait ces choses et il se mettait en courroux, il grinçait des dents et se desséchait; mais le juste, confiant en le Seigneur, triomphait glorieusement du siècle. Déjà, dans les prédications publiques et particulières de Bernard, les mères cachaient leurs fils, les femmes retenaient leurs maris, les amis détournaient leurs amis; car l'esprit saint donnait tant de force à sa voix qu'à peine aucune affection pouvait-elle les retenir. Le nombre de ceux qui avaient consenti à prendre l'habit s'étant accru, comme on le lit des premiers fils de l'Eglise : « Toute « la multitude de ceux qui croyaient n'avaient qu'un « cœur et qu'une ame [1], » ils habitaient tous ensemble et aucun des autres n'osait se joindre à eux. Ils avaient à Châtillon une maison qui leur appartenait en propre et en commun, où ils se réunissaient, habitaient ensemble, et conversaient : à peine osait-on y entrer si l'on n'était de leur congrégation. Si quelqu'un y entrait, voyant et entendant ce qu'on y disait et faisait, comme l'apôtre le dit des chrétiens de Corinthe, il était convaincu et décidé en quelque sorte par les prophéties de tous, et adorant le Seigneur, et reconnaissant que Dieu était véritablement en eux,

[1] Actes des Apôtres, chap. v, v. 32.

ou il se joignait à leur communauté, ou en se retirant il pleurait sur lui-même et les reconnaissait bienheureux. On n'avait jamais vu, dans ce temps et dans ce pays, des hommes qui avaient pris l'habit demeurer encore dans le monde. Après leur première résolution, ils restèrent, pendant six mois, vêtus de l'habit séculier afin de rassembler plus de monde : cependant quelques-uns d'entre eux mettaient ordre à leurs affaires. Comme le commun d'entre eux commençait à craindre que le tentateur n'enlevât quelqu'un de leur nombre, il plut à Dieu de leur révéler à ce sujet ce qui devait arriver : l'un d'eux eut une vision la nuit, et il vit que tous s'étaient comme retirés dans une seule maison, et que chacun prenait part à une nourriture d'une propreté et d'un goût admirables. Comme tous les autres prenaient très-bien et avec une grande joie cette nourriture salutaire, il remarqua que, dans tout ce nombre, deux s'étaient abstenus d'y participer : car l'un n'en prenait pas et l'autre paraissait en prendre, mais, la prenant sans précaution, il la laissait échapper. L'événement fut pour tous deux conforme à ceci : l'un avant d'en venir à l'effet retourna en arrière et rentra dans le siècle, l'autre commença la bonne œuvre avec ses compagnons, mais ne l'acheva pas. Je l'ai vu plus tard dans le monde errant et fuyant la face du Seigneur comme Caïn ; et, autant que j'ai pu le remarquer, c'était un homme sans élévation, misérablement timide et d'une excessive pusillanimité. Enfin, forcé par les infirmités du corps et par l'indigence, il retourna à Clairvaux ; et, quoique bien né, il était repoussé par tous ses parens et amis. Là, renonçant à ses propriétés, mais non entièrement à sa propre volonté, il mourut dans le monastère non comme frère et dans l'intérieur de la maison, mais au dehors, implorant la miséricorde comme un pauvre et un mendiant.

Le jour de prononcer ses vœux et d'accomplir son desir étant arrivé, Bernard sortit de la maison paternelle avec ses frères dont il était le père spirituel, les ayant enfantés par sa parole à la vie du Christ. Gui, l'aîné d'entre eux, voyant sur la place, avec d'autres enfans comme lui, Nivard son plus petit frère, lui dit : « Eh bien, frère Nivard, toute la terre que nous « possédions te revient à toi seul. » A cela le jeune homme, ému autrement qu'il n'appartient à un enfant, répliqua : « A vous le ciel et à moi la terre donc? Ce « partage n'est pas égal. » Après ces paroles, ils s'en allèrent, et il resta à la maison avec son père; mais peu de temps après il suivit ses frères, et ni son père ni ses proches ou ses amis ne purent le retenir. De cette maison, consacrée à Dieu, il ne resta que le vieux père avec sa fille. Nous en parlerons en leur lieu.

Dans ce temps, le nouveau et faible troupeau de Cîteaux, vivant sous le vénérable abbé Etienne, commençait à s'ennuyer excessivement de son petit nombre, tout espoir leur étant ôté d'avoir des successeurs pour leur transmettre l'héritage de cette sainte pauvreté, car tout le monde révérait en eux la sainteté de leur vie, mais en fuyait l'austérité. Mais il fut tout à coup réjoui et visité du Seigneur d'une manière si heureuse et inespérée, qu'il parut qu'en ce jour la maison eût entendu ces paroles du Saint-Esprit. « Ré- « jouissez-vous, stérile, qui n'enfantiez point ; chantez

« des cantiques de louange et poussez des cris de
« joie, vous qui n'aviez point d'enfant, parce que
« celle qui était abandonnée a maintenant plus d'en-
« fans que celle qui avait un mari¹. » L'année précédente en effet, un des premiers frères de Cîteaux, à ses
derniers momens, avait eu l'apparition d'une innombrable multitude d'hommes qui, près de la basilique,
lavaient leurs vêtemens à une source; et il était dit
dans cette vision que cette source s'appelait Ennon.
L'ayant rapporté à l'abbé, aussitôt le grand homme
comprit que c'était une consolation divine, et, rempli
à cette promesse d'une joie qu'augmenta beaucoup
dans la suite sa réalisation, il rendit grâce à Dieu par
Jésus-Christ, qui vit, règne avec lui et le Saint-Esprit
dans les siècles des siècles. Amen.

CHAPITRE IV.

De l'entrée de Bernard dans l'Ordre, et de la ferveur de son noviciat; combien il était sobre et dormait peu; combien il recherchait le travail extérieur, et de ses admirables progrès dans la Sainte-Écriture.

L'an de l'incarnation du Seigneur 1113, quinze ans après la fondation du monastère de Cîteaux, le serviteur de Dieu, Bernard, âgé d'environ vingt-trois ans, entra dans cette maison sous l'abbé Etienne, avec ses compagnons au nombre de plus de trente, et soumit sa tête au doux joug du Christ. Depuis ce jour, Dieu

¹ Isaïe, chap. LIV, v. 1.

donna sa bénédiction, et cette vigne du Seigneur porta son fruit, étendant ses rameaux jusqu'à la mer et au-delà ; car, de cesdits compagnons de Bernard, quelques-uns avaient été mariés, et leurs femmes avaient aussi fait vœu, avec leurs maris, de se soumettre aux saints réglemens de la vie religieuse. Par ses soins, un couvent de nonnes, appelé Juilly, fut fondé dans le diocèse de Langres, et, Dieu aidant, parvint à une grande splendeur. Jusqu'à ce jour, il a été grandement célébré par sa réputation de religion, et riche de personnes et de possessions ; il s'est de plus étendu au loin, et n'a pas cessé de se fortifier de plus en plus.

Tels furent les saints commencemens de la vie monastique de cet homme de Dieu. Il est impossible, à quiconque n'a pas vécu comme lui de l'esprit de Dieu, de raconter les illustres faits de cette religieuse carrière, et ses mœurs angéliques, durant son passage sur la terre. Celui-là seul qui donne et qui reçoit peut connaître combien, du moment qu'il prit l'habit, le Seigneur l'a entouré des bénédictions de sa douceur, de quelle faveur de prédilection il l'a comblé, et comment il l'a enivré d'abondance en la prospérité de sa maison. Il entra dans cette maison qui était pauvre d'esprit, et alors encore cachée et presque nulle, dans l'intention d'y périr dans le cœur et la mémoire des hommes, et l'espoir d'y être ignoré et obscur comme un vase perdu : mais Dieu en disposa autrement, et se le prépara comme un vase d'élection, non seulement pour affermir et étendre l'Ordre monastique, mais aussi pour porter son nom devant les rois et les nations, et jusqu'à l'extrémité de la terre. Ne se croyant pas l'objet d'une telle faveur, ou pensant plutôt à la garde de son cœur et à la constance de son dessein, il avait souvent dans l'esprit et même dans la bouche : « Bernard, Ber- « nard, à quoi en es-tu venu? » et, comme on lit au sujet du Seigneur : « Jésus commença à faire et à en- « seigner[1], » depuis le premier jour de son entrée dans la cellule des novices, il commença à faire en lui ce qu'il voulait apprendre aux autres.

Ensuite, ayant été ordonné abbé de Clairvaux, comme les novices arrivaient et se hâtaient d'entrer, nous étions accoutumés à l'entendre prêcher et dire : « Si vous vous hâtez d'arriver aux choses intérieures, « laissez dehors les corps que vous apportez du « monde : que les esprits entrent seuls ; la chair ne « sert à personne. » Comme les novices s'effrayaient de ces paroles nouvelles pour eux, ayant égard à leur jeunesse, il leur exposait avec plus de douceur, et avait coutume de prêcher qu'il fallait laisser dehors la concupiscence charnelle. Lorsqu'il était lui-même novice, ne s'épargnant en aucune manière, il s'attachait de tous ses moyens à mortifier non seulement les concupiscences de la chair, produites par les sens, mais aussi les sens qui les produisent. Comme un sens intérieur commençait à lui faire sentir plus souvent et avec plus de charme la douceur de l'amour spirituel, et qu'il avait en lui le souffle d'en haut, il craignait pour ce sens intérieur les attaques des sens du corps, et ne leur accordait qu'autant qu'il fallait pour vivre extérieurement dans la société des hommes. L'attention continuelle qu'il y mit en fit une habitude,

---

[1] Actes des Apôtres, chap. 1, v. 1.

et cette habitude tourna pour ainsi dire en nature. Absorbé tout entier dans l'esprit, dirigeant toutes ses espérances vers Dieu, et l'esprit entièrement occupé par des résolutions ou des méditations spirituelles, voyant, il ne voyait pas, entendant, il n'entendait pas ; ce qu'il goûtait n'avait pour lui aucune saveur, et à peine aucun sens de son corps lui apportait-il quelque sensation. Il avait déjà passé une année entière dans la cellule des novices, et lorsqu'il en sortit, il ignorait encore si la maison avait cette espèce de toit que nous appelons une voûte ; il avait habituellement fréquenté la maison des religieux, entrant et sortant souvent, et croyait qu'elle n'avait qu'une fenêtre de front, tandis qu'elle en avait trois. Ayant aussi mortifié le sens de la curiosité, il n'en recevait plus aucune impression, ou si, par hasard, il lui arrivait quelquefois de voir, ayant, comme nous l'avons dit, l'attention occupée ailleurs, il ne remarquait rien ; car sans l'attention les sens sont nuls.

La nature en lui s'accordait avec la grâce. Pour la contemplation des choses spirituelles et divines, il était doué, avec la grâce spirituelle, d'une certaine force de génie naturelle et d'une bonne ame. Ses sens qui n'étaient ni curieusement lascifs ni orgueilleusement rebelles, mais disposés à jouir des occupations intellectuelles, dans les choses de Dieu, se soumettaient et s'asservissaient d'eux-mêmes à l'esprit. Son corps ne contracta jamais aucune souillure volontaire ; cependant il ne le négligeait point, mais le soignait, comme il était convenable, pour en faire un instrument capable d'obéir à l'esprit pour le service de Dieu. De plus par le don de la grâce qui lui avait été accordé pour venir au secours de la nature et l'aider à faire bon usage de la discipline spirituelle, à peine la chair desirait-elle en lui quelque chose de contraire à l'esprit, c'est-à-dire qui pût le blesser ; son ame supérieure à ses forces, supérieure à l'énergie de la chair et du sang, aspirait à des choses tellement ennemies de la chair que sa débile nature animale, succombant sous le faix, n'a pas jusqu'à ce jour essayé de se relever. Que dirai-je du sommeil qui, dans les autres hommes, a coutume d'être le repos des travaux et des sens ou la récréation des esprits? Jusqu'à ce jour il a veillé au-delà des forces humaines. Il a coutume de se plaindre qu'il ne perd jamais plus de temps que quand il dort, et il trouve assez juste la comparaison du sommeil et de la mort : en sorte que, de même qu'aux yeux des hommes ceux qui dorment paraissent morts ; de même, aux yeux de Dieu, ceux qui sont morts paraissent dormir. C'est pourquoi, lorsqu'il voit quelque religieux ronfler trop fort en dormant ou couché d'une manière peu convenable, à peine le peut-il supporter avec patience ; il l'accuse de dormir selon la chair et selon le monde. En lui, un léger sommeil accompagne une légère nourriture ; ni sur l'un ni sur l'autre point, il n'accorde à son corps la satiété, n'était qu'il le regarde comme rassasié pour peu qu'il ait pris de l'un ou de l'autre. Quant aux veilles, c'est pour lui une manière de veiller extraordinaire que de ne pas passer toute la nuit sans sommeil.

Jusqu'à présent à peine fut-ce jamais le plaisir de satisfaire son appétit qui l'engagea à manger, mais la crainte de la défaillance ; car, sur le point de manger, avant de se mettre à table, il est rassasié par la seule pensée des alimens. Ainsi il se met à table comme à un supplice. Du moment qu'il eut pris l'habit ou qu'il sortit de la cellule des novices, son tempérament (et il avait toujours été d'une complexion tendre et délicate) s'est épuisé par des veilles et des jeûnes nombreux, par le froid, le travail et les exercices les plus durs et les plus continuels; et son estomac se corrompant, il a coutume de rejeter aussitôt tout crus par la bouche les alimens qu'il y introduit. Que si quelque chose digérée, par une action naturelle, passe jusqu'aux parties basses, ces parties affligées aussi d'incommodes infirmités ne le rendent qu'avec de violentes souffrances. S'il en reste quelque chose, c'est la nourriture qu'en reçoit son corps; elle ne sert pas tant à soutenir sa vie qu'à différer sa mort. Après son repas, il a coutume d'observer combien il a mangé : il ne saurait impunément excéder un peu sa ration accoutumée, et l'usage de la modération est chez lui tellement tourné en nature que, si quelquefois il veut se passer de quelque chose de plus qu'à l'ordinaire dans sa réfection corporelle, c'est à peine s'il le peut. C'est ainsi qu'il fut, depuis le commencement, novice parmi les novices, moine parmi les moines, fort d'esprit et faible de corps, ne se permettant rien pour le repos et la réfection du corps ni aucune rémission des travaux et ouvrages communs. Car il croyait que les autres étaient saints et parfaits, et que, pour lui novice et commençant, il avait besoin non pas des indulgences et relâchemens permis aux émérites et aux parfaits, mais de la ferveur d'un novice, et de toutes les sévérités de la règle et rigueurs de la discipline.

C'est pourquoi, très-fervent émule de la vie commune, lorsque les frères faisaient quelque ouvrage manuel auquel il n'était pas habitué ou auquel son inhabileté l'empêchait de prendre part, il le rachetait en creusant ou en fendant du bois et le portant sur ses propres épaules, ou par des travaux quelconques. Dès que les forces lui manquaient, il recourait aux plus vils ouvrages et compensait le travail par l'humilité. Et ce qui est étonnant, celui qui avait reçu à ce point le don de la contemplation des choses spirituelles et divines, non seulement voulait bien s'occuper à ces ouvrages, mais même s'en réjouissait extrêmement. Soit faiblesse, soit agitation, les plus parfaits ont souvent besoin, en mortifiant ainsi leurs sens dans les distractions de ces travaux corporels, de relâcher un peu, sinon d'intention, du moins d'attention et de pensée, l'union intérieure de leur esprit avec l'esprit saint; mais lui qui avait reçu la grâce particulière d'une plus grande force d'esprit, en même temps qu'il travaillait extérieurement, il était intérieurement tout entier à Dieu, par l'une des occupations satisfaisant sa conscience, et par l'autre sa dévotion. Quand il travaillait, il priait et méditait intérieurement sans interrompre son ouvrage extérieur, et travaillait extérieurement sans faire tort à la douceur intérieure de ces méditations; car jusqu'ici tout ce qu'il a lu des Saintes-Écritures et ce qu'il y sent spirituellement, lui est venu en méditant et en priant dans les champs et dans les forêts; et il a coutume de dire entre ses amis, par une plaisanterie gracieuse, qu'il n'a jamais eu en cela d'autres maîtres que les chênes et les hêtres.

Dans le temps de la moisson les frères étaient occupés, avec ferveur et joie du Saint-Esprit, à couper les blés; comme il était en quelque sorte hors d'état de faire ce travail, et qu'il n'y entendait rien, on lui dit de s'asseoir et de se reposer; extrêmement affligé, il eut recours à la prière, et demanda à Dieu, avec de grandes larmes, qu'il lui accordât la grâce de moissonner. La simplicité de la foi ne trompa pas le desir du saint religieux ; car, aussitôt qu'il l'eut demandé, il l'obtint. Il se vante agréablement depuis ce jour d'être plus habile que les autres dans ce travail ; et il est d'autant plus livré à la dévotion pendant cet ouvrage, qu'il se souvient qu'il a reçu du don seul de Dieu la faculté de le faire. Reposé par les travaux ou les ouvrages de cette sorte, il priait, lisait ou méditait continuellement. S'il s'offrait une occasion d'être seul pour prier, il la saisissait ; autrement, soit qu'il fût avec lui-même, soit qu'il fût avec la foule, se faisant lui-même une solitude dans son cœur, il était seul partout. Il lisait volontiers, et toujours avec foi et réflexion les Saintes-Ecritures, disant qu'elles ne lui paraissaient jamais aussi claires que dans le texte même, et il affirmait reconnaître ce qu'elles avaient de vérité et de vertu divine beaucoup plus clairement dans la source même que dans les commentaires qu'on en faisait ensuite dériver. Cependant, lisant humblement ces saints et orthodoxes commentateurs, il ne prétendait pas égaler son intelligence à la leur ; mais il la soumettait pour la former, et, s'attachant fidèlement à leurs traces, il buvait souvent à la source où ils avaient puisé. C'est ainsi que, plein de l'esprit qui a divinement inspiré toute la Sainte-Ecriture, il s'en est servi jusqu'à présent, comme dit l'apôtre, avec tant de confiance et d'utilité, pour instruire, convaincre et entraîner. Et lorsqu'il prêche la parole de Dieu, il rend si clair et si agréable ce qu'il tire de l'Ecriture pour l'insérer dans ses discours, et il a sur cet objet une si grande puissance d'émouvoir, que tous les hommes, tant les habiles dans les choses du monde que ceux qui possèdent la science spirituelle, s'émerveillent des éloquentes paroles qui s'échappent de sa bouche.

CHAPITRE V.

Du commencement de Clairvaux. — De la misérable façon de vivre des premiers moines, et de l'accroissement divin de la maison.

Lorsqu'il plut à celui qui avait retiré Bernard du siècle de manifester en lui sa gloire par une plus ample faveur, et de réunir ensemble, par son moyen, beaucoup de fils de Dieu dispersés, il mit dans le cœur de l'abbé Etienne le dessein d'envoyer ses frères fonder la maison de Clairvaux. L'abbé Etienne établit Bernard maître et abbé de ceux qu'il envoya, au grand étonnement de ceux-ci qui, étant des hommes mûrs et distingués dans la religion comme dans le siècle, craignaient de l'avoir pour chef, à cause de son excessive jeunesse, de la débilité de son corps, et du peu d'habitude qu'il avait des travaux extérieurs. Clairvaux, situé dans le territoire de Langres, non loin de la rivière d'Aube, était une ancienne caverne de voleurs, appelée autrefois la vallée de l'Absinthe, soit à cause de l'absinthe qui s'y trouve en abondance, soit à cause de l'amertume de douleur qu'éprouvaient ceux qui y tombaient entre les mains des voleurs. Les pieux frères s'établirent donc dans ce lieu d'horreur et de vaste solitude, pour faire d'une caverne de voleurs un temple de Dieu et une maison de prières. Là, pendant quelque temps, ils servirent Dieu avec simplicité et pauvreté d'esprit, endurant la faim, la soif, le froid, la nudité et un grand nombre de veilles. Le plus souvent ils se faisaient des fricassées de feuilles de hêtre. Leur pain, comme celui du prophète, était composé d'orge, de millet et de vesse; en sorte qu'un homme pieux, à qui on l'avait servi dans la maison, l'emporta secrètement en pleurant abondamment, pour montrer à tous, comme un miracle, de quelle manière vivaient des hommes, et de tels hommes.

Mais ces choses touchaient peu l'homme de Dieu. Sa plus grande sollicitude était le salut d'un grand nombre d'hommes, pensée qui, on le sait, depuis le premier jour qu'il prit l'habit jusqu'à présent, a occupé si exclusivement ce cœur sacré, qu'il paraissait nous porter à tous une affection maternelle. Il se passait dans son cœur un violent combat entre un saint desir et une sainte humilité. Tantôt, se méprisant lui-même, il s'avouait indigne de produire quelque fruit; tantôt, s'oubliant, il brûlait de l'ardeur la plus vive, en sorte qu'il paraissait ne pouvoir recevoir aucune consolation que du salut d'un grand nombre. La charité enfantait la confiance, mais l'humilité la châtiait. Il arriva qu'il se leva une fois pour vigiles plus tard que de coutume. Les Vigiles étant achevées, comme il restait jusqu'à Laudes un intervalle de nuit un peu long, il sortit, et, parcourant les lieux voisins, il priait Dieu d'accueillir son obéissance et celle de ses frères; et absorbé dans ce desir de fécondité spirituelle dont nous avons parlé, tout à coup, tandis qu'il était debout et en oraison, ses yeux s'étant légèrement fermés, il vit venir de toutes parts des monts voisins et descendre dans le bas de la vallée une si grande multitude d'hommes de condition et de vêtemens différens, que cette vallée ne pouvait les contenir, signe évident des choses qui se sont manifestées depuis. L'homme de Dieu donc, grandement consolé par cette vision, exhorta aussi ses frères, les avertissant de ne jamais désespérer de la miséricorde de Dieu.

CHAPITRE VI.

De la grande confiance de Bernard en Dieu, au milieu des angoisses. — De son amour de la perfection et de la conversion de sa sœur.

Avant l'hiver qui approchait, Gérard son frère, économe de la maison, se plaignit à lui avec dureté que la maison et les frères manquaient de bien des choses nécessaires qu'il n'avait pas de quoi acheter, et que dans cette urgente nécessité il ne recevait aucune parole de consolation. Bernard n'avait sous la main rien à leur donner. L'homme de Dieu demanda combien pourrait suffire pour les besoins présens. Gérard lui répondit : onze livres. Alors le congédiant, Bernard eut recours à la prière. Gérard, revenant peu de temps après, lui annonça qu'il y avait dehors une certaine femme de Châtillon qui voulait lui parler. Etant sorti, cette femme se jeta à ses pieds et lui présenta une offrande de douze livres, implorant l'assistance de ses prières pour son mari dangereusement malade. Après un court entretien il la congédia en lui disant : « Va, tu trouveras ton mari guéri. » Celle-ci, retournant dans sa maison, trouva son mari guéri ainsi qu'elle l'avait entendu. L'abbé, consolant la pusillanimité de son intendant, lui donna pour l'avenir plus de courage à soutenir la volonté du Seigneur. Il est certain qu'il lui arriva non pas une seule fois, mais plusieurs, lorsqu'une semblable nécessité le pressait, de recevoir soudain un secours du Seigneur au moment où il ne l'espérait pas. C'est pourquoi les hommes sages voyant que la main de Dieu était avec lui, prenaient garde de chagriner, par le souci des choses extérieures, la délicatesse de son ame récemment sortie des délices du paradis, réglant entr'eux ces choses comme ils pouvaient et ne le consultant que sur leur conscience intérieure et les affaires de leur ame.

En quoi il leur arriva une chose presque semblable à ce que nous lisons qu'éprouvaient autrefois les fils d'Israël en présence de Moïse. Après s'être long-temps entretenu avec le Seigneur sur le mont Sinaï, comme il sortait de nuages ténébreux et descendait vers le peuple, par l'effet de sa conversation avec le Seigneur, sa face parut armée de rayons et si terrible que le peuple fuyait devant lui. De même le saint homme sorti de la présence du Seigneur, dont il avait joui pendant quelque temps en silence et dans la hauteur d'une sublime contemplation au sein de la solitude de Cîteaux, comme apportant du ciel parmi les hommes ce miracle d'une pureté plus qu'humaine qu'il avait acquise auprès de Dieu, faisait presque fuir devant lui de frayeur tous les hommes qu'il venait gouverner et avec lesquels il devait vivre. Car, s'il arrivait qu'il leur fît un sermon sur les choses spirituelles et l'édification des hommes, il parlait aux hommes la langue des anges, et à peine en était-il compris, surtout en ce qui regarde les mœurs des hommes; il leur proposait d'abondance de cœur des choses si sublimes, exigeait d'eux une telle perfection que ses paroles paraissaient dures, tant ils comprenaient peu ce qu'il disait. Lorsqu'il entendait séparément leur confession et l'aveu qu'ils faisaient eux-mêmes sur les diverses illusions ordinaires aux pensées des hommes, que ne peut éviter entièrement aucun homme de bien, c'est alors surtout qu'il ne pouvait s'établir d'accord entre sa lumière et leurs ténèbres, parce qu'il trouvait des hommes en ceux qu'il regardait comme des anges sur ce point; car goûtant en grande partie la pureté angélique, et d'après la connaissance de la grâce singulière qu'il avait autrefois reçue de Dieu, il croyait avec simplicité qu'un religieux ne pouvait tomber dans les fragilités de la condition humaine et dans les tentations et les souillures de ces pensées; et s'il y tombait, il pensait qu'il n'était pas vraiment religieux.

Mais les hommes vraiment religieux et pieusement sages vénéraient, dans ses prédications et au tribunal de la confession même, ce qu'ils ne comprenaient pas ; quoique stupéfaits d'entendre des choses si nouvelles et qui paraissaient n'apporter aux faibles que des causes de désespoir, cependant, selon la sentence du saint homme Job, ils pensaient qu'il n'était pas permis de contredire les paroles du saint, et ne s'excusaient point sur leur faiblesse, mais s'en accusaient au contraire en présence de l'homme de Dieu, pensant que nul ne se peut justifier devant Dieu. C'est pourquoi il arriva que la pieuse humilité des disciples en vint à dominer le maître. Car, comme ceux qui étaient blâmés s'humiliaient à la volonté de celui qui les blâmait, le maître spirituel commença à se méfier de son zèle contre des frères si humbles et soumis, au point qu'il accusait déjà son ignorance, et déplorait la nécessité qui ne lui permettait pas de se taire quand il ne savait pas parler. Il s'affligeait de ce qu'il blessait, en parlant, la conscience de ses auditeurs, non pas tant par des choses trop hautes pour les hommes que par des choses peu faites pour eux, et parce qu'il exigeait de la simplicité de ses frères une perfection si scrupuleuse en des points où lui-même ne se trouvait pas encore parfait. Il pensait qu'ils formaient, dans le silence de leurs méditations, des pensées meilleures et plus propres pour leur salut que celles qu'ils entendaient de lui ; qu'ils opéraient plus dévotement et plus efficacement leur salut qu'ils ne le recevaient de son exemple, et qu'ils devaient être scandalisés plutôt qu'édifiés par sa prédication. Comme il en était violemment troublé et affligé, et que son esprit était assailli par des pensées diverses, après beaucoup de réflexions indécises et de tourmens de cœur, il résolut de se séparer de toutes les choses extérieures et de se recueillir en lui-même, et là se renfermant dans la solitude et dans l'intime retraite de son cœur, d'attendre que le Seigneur par sa miséricorde lui manifestât sa volonté à ce sujet. La miséricorde de Dieu ne tarda pas à lui envoyer secours en temps opportun. Car, peu de jours s'étant écoulés, il eut dans la nuit une vision dans laquelle il aperçut un enfant d'une apparence en quelque sorte divine, qui se tenait près de lui, et qui lui recommandait avec une grande autorité de prononcer avec confiance tout ce qui lui viendrait à la bouche; car ce ne serait pas lui qui parlerait, mais l'Esprit saint qui parlerait en lui. Depuis ce temps, l'Esprit saint parla plus clairement en lui, et par sa bouche il lui fournit des paroles plus éloquentes et des pensées plus abondantes sur l'Ecriture, et lui donna auprès de ses auditeurs plus de crédit et de pouvoir, et une plus saine intelligence du pauvre et de l'indigent, et du pécheur repentant qui demande l'absolution.

Lorsqu'il eut appris un peu à vivre parmi les hommes, et à faire et supporter les choses de la vie, il commença, parmi ses frères et avec eux, à jouir des fruits de l'état qu'il avait embrassé. Son père, qui était demeuré seul à la maison, venant vers ses fils, s'établit auprès d'eux : après y avoir vécu quelque temps, il mourut dans une heureuse vieillesse. Leur sœur, mariée dans le monde et livrée au siècle, se trouvant en danger au milieu des richesses du monde, Dieu lui inspira le dessein d'aller visiter ses frères. Comme elle était venue pour voir son vénérable frère, avec une suite et un cortége superbe, celui-ci la détestant intérieurement comme le filet dont le diable se sert pour prendre les ames, ne consentit nullement à sortir pour la voir. Ce qu'entendant, confuse et saisie d'une véhémente douleur de ce que aucun de ses frères ne daignait venir à sa rencontre, comme son frère André, qu'elle avait trouvé à la porte du monastère, l'accusait, à cause de la pompe de ses vêtemens, d'être un fumier habillé, elle fondit en larmes, disant : « Quoique je sois « pécheresse, le Christ est mort pour les pécheurs. « C'est parce que je suis pécheresse que je demande « le conseil et l'entretien des bons. Que si mon frère « méprise ma chair, le serviteur de Dieu ne méprise « pas mon ame. Qu'il vienne, qu'il commande, je « suis prête à faire ce qu'il ordonnera. » Son frère, à cette promesse, sortit vers elle avec ses frères. Comme il ne pouvait la séparer de son mari, du premier mot il lui défendit toute la gloire du monde dans la recherche des habits et dans toutes les pompes et curiosités du siècle, lui prescrivit le genre de vie dans lequel sa mère avait long-temps vécu avec son mari, et la congédia ainsi. Obéissant à ces ordres avec la plus grande soumission, elle retourna chez elle, changée tout à coup par la toute-puissance de la main du Très-Haut. Tout le monde s'étonnait qu'une jeune femme, noble, délicate, par un changement soudain dans ses habits et dans sa nourriture, menât, au milieu du monde, une vie d'ermite, se livrât aux veilles, aux jeûnes, à de continuelles oraisons, et se séparât entièrement de tout le siècle. Elle vécut ainsi dix ans avec son mari, qui cependant, la seconde année, rendant honneur à Dieu, n'osa plus profaner le temple du Saint-Esprit. Vaincu enfin par le pouvoir de sa persévérance, et la renvoyant libre, il lui accorda, selon le rite de l'Eglise, la faculté de servir Dieu avec qui elle s'était mariée. Munie de la permission qu'elle desirait, elle se rendit au monastère de Juilly, et consacra à Dieu le reste de sa vie avec les nonnes qui y servaient le Seigneur. Là, Dieu lui accorda une telle grâce de sainteté, qu'elle prouva qu'elle était sœur des hommes de Dieu, par l'esprit comme par la chair.

CHAPITRE VII.

De l'ordination de Bernard comme abbé. — Du soin de sa santé, et de l'excellente discipline religieuse déjà en vigueur à Clairvaux.

COMME Bernard, envoyé nouvellement à Clairvaux, devait recevoir l'ordination du ministère auquel il s'était associé, et que le siége de Langres, que regardait cette ordination, vaquait alors, les frères cherchèrent où ils le mèneraient pour être ordonné ; et aussitôt s'offrit à eux l'excellente réputation du vénérable évêque de Châlons, le très-célèbre maître Guillaume de Champeaux, et il fut résolu de l'envoyer vers lui. Bernard se rendit à Châlons, emmenant avec lui un certain Helbold, moine de Cîteaux. Le jeune homme, d'un corps faible et moribond, et d'un extérieur chétif, entra dans la maison dudit évêque, suivi d'un moine plus âgé que lui, et remarquable par sa taille, sa force et sa beauté. A leur vue, les uns se mirent à rire, d'autres à railler, et d'autres, interprétant la chose selon son vrai sens, à révérer Bernard. Comme on demandait qui des deux était l'abbé, les yeux de l'évêque s'ouvrirent les premiers, et il reconnut le serviteur de Dieu, et le reçut comme tel. Comme, dans leur premier entretien particulier, la retenue de ses paroles montrait de plus en plus, mieux que n'aurait pu le faire aucun discours, la sagesse du jeune homme, l'homme sage comprit que l'arrivée de cet hôte était une visite divine. Les soins pieux de l'hospitalité ne lui manquèrent pas, jusqu'à ce que l'entretien en étant venu entre eux jusqu'à la familiarité et liberté de la confiance, Bernard se recommanda auprès de l'évêque plus encore par la sympathie qui naquit entre eux que par ses paroles. Enfin, depuis ce jour et cette heure, ils ne firent qu'un cœur et une ame dans le Seigneur, au point que, dans la suite, souvent l'un eut l'autre pour hôte, que Clairvaux était la propre maison de l'évêque, et que les gens de Clairvaux jouissaient non seulement de la maison de l'évêque, mais encore par lui de toute la ville de Châlons. Bien plus, par lui encore, la province de Rheims et toute la Gaule furent dévotement excitées à révérer l'homme de Dieu. Tous apprirent de cet éminent évêque à accueillir et révérer Bernard comme l'ange de Dieu, car un homme, jouissant d'une si grande autorité, et qui affectionnait un moine inconnu et si humble, paraissait alors avoir pressenti en lui la grâce.

Peu de temps s'étant écoulé, comme la maladie de l'abbé s'était aggravée au point qu'on n'attendait plus que sa mort, ou pour lui une vie plus cruelle que la mort, l'évêque vint le voir. L'ayant vu, l'évêque dit qu'il avait l'espoir de lui conserver non seulement la vie mais encore la santé, s'il consentait à son dessein et souffrait que, conformément à la nature de sa maladie, on prît quelque soin de son corps; mais Bernard ne pouvait être fléchi facilement sur la rigueur habituelle de sa vie. L'évêque se rendit vers le chapitre de Cîteaux; et là, en présence de quelques abbés qui s'étaient assemblés, s'étant, avec une humilité pontificale et une charité sacerdotale, prosterné de tout son corps à terre, il demanda et obtint que Bernard fût remis en son obéissance, pour un an seulement. Que pouvait-on en effet refuser à une si grande humilité de la part d'un homme d'une telle autorité? Etant donc retourné à Clairvaux, il fit faire à Bernard une petite maison hors du cloître et des murs du monastère, ordonnant de n'observer en rien à son égard, pour le boire ou le manger, ou autre chose de cette sorte, la règle de l'ordre; de ne lui causer aucun souci sur le soin de la maison, et de le laisser vivre selon la manière établie par lui.

Dans ce même temps, je commençai à fréquenter Clairvaux et Bernard lui-même. L'étant allé voir avec un autre abbé, je le trouvai dans sa cabane, tel qu'on voit des lépreux dans les carrefours publics. Je le trouvai, d'après l'ordre de l'évêque et des abbés, comme on l'a dit, dégagé de toute inquiétude sur les soins intérieurs et extérieurs de la maison, tout entier à Dieu et à lui-même, et comme ravi dans les délices du Paradis. Etant entré dans cette chambre royale, comme je considérais l'habitation et l'habitant, cette maison, j'en atteste le Seigneur, m'inspira un aussi grand respect que si je me fusse approché de l'autel de Dieu. Je sentis autour de cet homme une si grande suavité et un si grand desir d'habiter avec lui dans cette pauvreté et simplicité, que si ce jour-là on m'eût donné le choix, je n'eusse rien tant souhaité que de rester toujours là avec lui pour le servir. Nous ayant tour à tour reçus avec joie, comme nous lui demandions ce qu'il faisait et comment il vivait, nous souriant à sa manière gracieuse : « Bien, dit-il ; moi, à qui jusqu'à présent obéissaient « des hommes raisonnables, par le juste jugement de « Dieu, j'ai été soumis à la domination d'une certaine « bête sans raison. » Il parlait d'un homme grossier et vain, absolument ignorant, qui se vantait de le guérir de la maladie dont il était attaqué, et entre les mains duquel il avait été remis pour lui obéir, par l'évêque, les abbés et ses frères. Là, ayant mangé avec lui, quand nous pensions qu'un homme si malade et l'objet de tant de soins devait être traité de la manière convenable, la vue des mets qu'on lui servait par l'ordre des médecins et auxquels eût à peine touché un homme en bonne santé pressé par les angoisses de la faim, nous inspira du dégoût, et la règle du silence eut peine à nous empêcher d'assaillir de colère et d'injures ce médecin, comme un sacrilége et un homicide. Celui qui en était l'objet prenait tout indifféremment et trouvait tout bon ; ses sens étaient pervertis et son goût presque éteint, et à peine discernait-il quelque chose. En effet, on sait que pendant plusieurs jours il mangea pour du beurre du sang cru qu'on lui servit par erreur, il but de l'huile pour de l'eau, et il lui arrivait beaucoup de choses semblables. Il disait qu'il ne trouvait de goût qu'à l'eau, parce que quand il la buvait, elle lui rafraîchissait la gorge et le gosier.

Voilà donc l'état dans lequel je le trouvai; c'est ainsi qu'habitait l'homme de Dieu dans sa solitude. Mais il n'était pas seul : avec lui étaient Dieu et la garde et la consolation des saints anges, comme le démontrèrent des signes manifestes. Une certaine nuit que son ame s'était en quelque sorte fondue au dedans de lui-même dans l'attention plus qu'ordinaire qu'il donnait à son oraison, légèrement endormi, il entendit comme les voix d'une nombreuse multitude passant près de lui. S'étant éveillé, et entendant plus distinctement ces mêmes voix, il sortit de la cellule où il était couché, et suivit ces voix qui s'éloignaient. Non loin de là était un lieu couvert d'épines et d'arbrisseaux, mais en ce moment bien différent de ce qu'il avait coutume d'être. Il s'y trouvait des chœurs disposés de distance en distance, et l'homme saint écoutait avec transport. Il ne connut le mystère de cette vision que lorsque, quelques années après, l'édifice du monastère ayant été reconstruit autre part, il vit que son oratoire était placé dans le même lieu où il avait entendu ces voix. Je demeurai quelques jours avec lui, moi indigne, m'étonnant partout où je tournais les yeux, comme si je voyais de nouveaux cieux, une nouvelle terre, les antiques sentiers de nos pères les premiers moines d'Égypte, et dans ces sentiers les traces récentes des hommes de notre temps.

Alors régnait à Clairvaux l'âge d'or. On voyait des hommes de vertu, autrefois riches et honorés dans le monde, et maintenant se glorifiant de la pauvreté du Christ, qui construisaient l'église de Dieu au prix de leur sang, de leur sueur et de leur fatigue, endurant la faim et la soif, le froid, la nudité, les persécutions, les outrages et beaucoup d'angoisses, et préparant ainsi à Clairvaux l'aisance et la paix dont jouit maintenant cette maison. Ne croyant pas tant vivre pour eux-mêmes que pour le Christ et les frères qui viendraient servir Dieu en ce lieu, ils regardaient comme rien ce qui leur manquait, pourvu qu'ils laissassent après eux de quoi suffire à leurs frères, de quoi subvenir aux nécessités d'une pauvreté volontaire embrassée pour l'amour du Christ. Lorsqu'on arrivait à Clairvaux par la descente de la montagne, Dieu se faisait reconnaître au premier aspect de sa maison, tandis que la muette vallée annonçait, par la simplicité et l'humilité des édifices, la simplicité et l'humilité des pauvres du Christ qui les habitaient. Enfin dans cette vallée remplie d'hommes, où il n'était permis à personne d'être oisif, et où tout le monde travaillait et s'occupait aux ouvrages commandés, ceux qui venaient trouvaient, au milieu du jour, le silence de la nuit, interrompu seulement par le bruit des travaux, ou dans les heures consacrées par les frères aux louanges du Seigneur. Enfin la rigueur et le renom de ce silence inspiraient, aux séculiers qui venaient les voir, un si grand respect qu'ils craignaient de s'entretenir, je ne dirai pas de choses mauvaises ou oiseuses, mais d'aucun objet étranger à ce qu'ils voyaient. La solitude de ce lieu, où se cachaient des serviteurs de Dieu au milieu d'épaisses forêts et des défilés des monts voisins, présentait en quelque sorte l'image de la caverne de saint Benoît notre père, dans laquelle il fut un jour découvert par des bergers; en sorte qu'ils paraissaient imiter son habitation comme sa vie; car tous y vivaient solitaires au milieu de la foule. Une charité dirigée par la règle faisait de cette vallée remplie d'hommes une solitude pour chacun de ceux qui l'habitaient : car de même qu'un homme dénué de règle, fût-il seul, trouve en lui-même l'agitation de la foule, ici l'unité d'esprit, et la loi régulière du silence imposé à cette multitude, protégeaient pour chacun la solitude où il se renfermait dans son cœur.

La nourriture des habitans était conforme à la simplicité de leurs maisons et habitations. Le pain paraissait pétri de terre plutôt que de farine, et à peine les durs travaux des frères parvenaient-ils à faire produire du grain à la terre stérile de ce lieu désert : les autres mets aussi avaient à peine quelque goût, excepté celui que leur donnaient la faim ou l'amour de Dieu. La ferveur enlevait le goût aux novices, puisque, regardant comme un poison toute nourriture agréable, ils refusaient les dons de Dieu à cause de la grâce qu'ils sentaient en eux. Comme en tout ce qui concernait les complaisances pour la chair, avec l'aide de la grâce de Dieu, le soin de leur père spirituel les avait rendus capables de faire, non seulement constamment et sans murmurer, mais même avec un grand plaisir, beaucoup de choses qui auparavant paraissaient impossibles à un homme gouverné selon la chair, ce plaisir avait enfanté en eux un autre murmure, d'autant plus dangereux qu'ils le croyaient plus éloigné de la chair et plus proche de l'esprit : car s'étant persuadés et conservant fidèlement dans leur mémoire avide ce précepte, qu'ils croyaient approuvé de leur conscience, que tout plaisir de la chair est ennemi de l'ame, ils pensaient devoir fuir toute nourriture qui paraissait agréable à la chair. Et comme si, par une autre route, ils fussent retournés à leur première voie, la ferveur de leur zèle leur faisait manger avec un égal plaisir les choses amères et les choses douces, et il leur semblait vivre plus délicieusement dans la solitude qu'ils ne l'avaient fait auparavant dans le monde.

Les continuels reproches de leur père spirituel sur ce point leur paraissaient suspects comme accordant plus à la chair qu'à l'esprit. Ils portèrent un jour la chose au jugement de l'évêque de Châlons dont nous avons déjà parlé, et qui les était venu voir par hasard. Sur quoi cet homme puissant en paroles leur entama un sermon par lequel il leur fit voir que tout homme qui, pour l'amour de Dieu, refuse les dons de Dieu, est ennemi de la grâce, et déclare résister au Saint-Esprit. Il amena ainsi l'histoire du prophète Élysée et des autres enfans des prophètes qui, menant avec lui une vie solitaire dans des lieux déserts, trouvèrent à l'heure du repas une mortelle amertume mêlée au ragoût des herbes qu'ils avaient fait cuire dans leur marmite : par la vertu de Dieu, un peu de farine qu'y jeta le prophète adoucit cette amertume. « Cette
« marmite du prophète, dit-il, est la vôtre qui ne
« contient rien en elle que de l'amertume. La farine
« qui convertit l'amertume en douceur est la grâce
« de Dieu qui opère en vous. Prenez donc sans in-
« quiétude et avec actions de grâces ce qui, naturelle-
« ment peu propre à l'usage humain, a été rendu pro-
« pre à votre usage par la grâce de Dieu. Servez-vous-

« en et mangez-le. Si vous demeurez en cela déso-
« béissans et incrédules, vous résisterez à l'Esprit-
« Saint, et vous vous montrerez ingrats envers sa
« grâce. »

CHAPITRE VIII.

De la grande sévérité de sa vie, et de son application sans relâche, parmi les continuelles incommodités d'une santé détruite.

TELLE fut donc dans ce temps, sous la direction de l'abbé Bernard, l'école des sciences spirituelles, dans cette illustre et chère vallée. Là on vit la ferveur d'une discipline régulière excitée et ordonnée par Bernard, qui bâtissait à Dieu un tabernacle sur la terre, selon le modèle qui lui avait été montré sur la montagne lorsqu'il habitait avec Dieu dans un nuage au milieu de la solitude de Cîteaux; et plût à Dieu qu'après ses premières instructions dans l'art de la parole, lorsqu'il eut un peu appris et s'habitua, homme lui-même, à vivre avec les hommes et à comprendre le pauvre en compatissant aux infirmités humaines, plût à Dieu qu'il se fût montré, envers lui-même, tel qu'il se montrait envers les autres, aussi bon, aussi sage et aussi soigneux! Mais dès qu'il fut délivré du lien de cette obéissance à laquelle il avait été soumis pendant un an, et que de nouveau il put agir selon sa volonté, de même qu'un arc bandé, lorsqu'il se détend, reprend sa forme naturelle, ou comme un torrent long-temps contenu s'échappe et roule enfin, de même il revint à ses premières habitudes, comme s'infligeant à lui-même le châtiment d'un trop long repos et de l'interruption de son travail. On voyait cet homme faible et languissant faire des efforts et entreprendre tout ce qu'il voulait sans considérer ce qu'il pouvait. Soigneux pour tous, négligent pour lui-même, très-soumis à tout le monde en toute autre chose, mais pour ce qui le concernait obéissant à peine quelquefois à l'affection ou à l'autorité, regardant toujours comme rien tout ce qu'il avait fait jusqu'alors, il voulait infliger à son corps de plus grandes rigueurs, et étendre ses études spirituelles, en épuisant de jeûnes et de veilles son corps déjà affaibli par diverses infirmités.

Il se tenait en prières le jour et la nuit jusqu'à ce que ses genoux affaiblis par le jeûne et ses pieds enflés par le travail ne pussent plus soutenir son corps. Pendant long-temps et tant qu'on l'ignora, il porta un cilice sur sa chair; mais, dès qu'il vit qu'on le savait, il le rejeta et fit comme les autres. Sa nourriture se composait de lait avec du pain et de l'eau de décoction de légumes, ou de la bouillie telle qu'on a coutume d'en faire pour les enfans. Ou sa faiblesse ne supportait pas d'autres mets, ou il les refusait par tempérance. S'il prenait quelquefois du vin, c'était rarement et en très-petite quantité, et il affirmait que l'eau convenait mieux à sa santé et lui plaisait davantage. Ainsi, épuisé et languissant, à peine souffrait-il quelquefois qu'on le dispensât du commun travail des frères pendant le jour et la nuit, ou des occupations et des travaux de son ministère. Des médecins le voyaient et admiraient sa façon de vivre, disant qu'il imposait à la nature des efforts pareils à ceux d'un agneau qu'on attellerait à une charrue pour le forcer de labourer. Son estomac détruit lui occasionnait de fréquens vomissemens de mets crus et qu'il n'avait pu digérer, ce qui commençait à le rendre incommode aux autres et surtout dans le chœur des chantres ; il n'abandonna cependant pas entièrement les assemblées des frères ; mais ayant, près du lieu de sa place, fait faire et creuser un trou dans la terre, il y satisfit aussi long-temps qu'il put cette douloureuse nécessité. Mais, dès que le mal empirant ne le lui permit plus, il fut enfin forcé d'abandonner les réunions des frères et d'habiter séparément, si ce n'est qu'il lui fallait quelquefois, soit pour parler ou pour porter des consolations, ou pour la rigueur de la discipline monastique, assister à l'assemblée des frères.

Ce fut par cette triste nécessité que les saints frères se virent privés de la société de leur père ; en quoi nous nous affligeons et pleurons le triste effet de son infirmité ; mais nous vénérons l'affection d'un saint desir et d'une spirituelle ferveur. Cependant l'effet de son infirmité ne doit nullement faire répandre des larmes ou inspirer de la douleur ; car qui sait si la sagesse de Dieu n'a pas voulu, par la faiblesse de cet homme, vaincre toutes ces grandes forces du monde ? Quand est-il arrivé que sa maladie ait nui aux choses que lui ordonnaient d'accomplir les grâces dont il a été doué ? Qui, dans notre temps, quoique dans la vigueur de son corps et de sa santé, a jamais fait autant pour l'honneur de Dieu et l'utilité de la sainte Eglise que cet homme languissant et moribond ? Combien d'hommes ensuite il a, par sa parole et son exemple, retirés du siècle, non seulement pour les faire entrer en religion, mais pour les conduire à la perfection? Combien, par tout le monde chrétien, a-t-il établi de maisons et de villes de refuge pour que ceux qui, ayant péché mortellement, avaient encouru une mort éternelle rentrassent en eux-mêmes, se convertissent au Seigneur, et se réfugiassent dans ces lieux pour y être sauvés? Quels schismes de l'Église n'a-t-il pas apaisés? Quelles hérésies n'a-t-il pas confondues? Quelle paix n'a-t-il pas rétablie entre des églises et peuples différens? Voilà ce qu'il a fait pour tous en général. Et qui pourrait narrer de combien de manières, sur combien de personnes, en combien de lieux et de temps se sont répandus ses innombrables bienfaits?

Si on blâme en lui un excès de sainte ferveur, certainement cet excès saisira de respect les ames pieuses, et ceux qui sont conduits par l'esprit de Dieu craindront de blâmer excessivement cet excès dans son serviteur. Il est facilement excusé auprès des hommes; car personne n'oserait condamner celui que Dieu justifie en opérant avec lui et par lui tant de choses sublimes. Heureux celui à qui on ne reproche qu'une faute dont les autres ont coutume de tirer gloire! Si ce bon jeune homme s'est méfié de sa jeunesse, heureux l'homme qui est toujours dans la crainte [1]; s'il a eu le désir d'augmenter par un travail spirituel la si grande plénitude de vertus qu'il tenait de la grâce de Dieu, c'est qu'il n'était pas permis à sa vie, proposée à l'imitation de tous, de demeurer stérile en exemples de continence. Si en ce point le ser-

[1] Prov., chap. xxviii, v. 14.

viteur de Dieu a montré de l'excès, il laisse certainement aux ames pieuses un exemple non d'excès mais de ferveur. Mais pourquoi nous efforcer de l'excuser sur ce point, sur lequel lui, qui se méfie de toutes ses œuvres, ne craint pas aujourd'hui même de s'accuser, se traitant de sacrilége, pour avoir enlevé son corps au service de Dieu et de ses frères, en le rendant, par une ferveur indiscrète, faible et presque inutile? Mais il s'est rétabli de sa maladie et en est devenu plus fort et plus vigoureux : car la vertu de Dieu, ayant brillé avec plus d'éclat dans sa maladie, lui a jusqu'à ce jour acquis de la part des hommes plus de vénération, et par la vénération l'autorité, et par l'autorité l'obéissance.

Déjà par la grâce divine il était plus propre à l'œuvre de la prédication, à laquelle, comme on l'a dit plus haut, il avait été autrefois destiné, dès le ventre de sa mère, par une révélation divine; et il n'y fut pas destiné seulement alors, mais s'y prépara depuis par sa propre volonté et par ses propres soins durant tout le temps de sa vie de novice, de simple moine et d'abbé : ignorant ce qu'il serait fait de lui, il s'était rendu propre en ce point, non seulement à l'ordre monastique, mais à tout ordre ecclésiastique. D'abord il consacra les prémices de sa jeunesse à réveiller dans l'ordre monastique la ferveur de l'ancienne règle, et s'y appliqua de tout son zèle par son exemple et sa parole dans l'assemblée des frères, dans l'intérieur du monastère. Ensuite lorsque sa santé le força à un autre genre de vie, et que la nécessité d'une maladie et les soins qu'elle exigeait l'éloignèrent plus qu'à l'ordinaire de la fréquentation de l'assemblée commune, ce fut la première occasion qui l'exposa, pour ainsi dire, aux hommes du siècle dont une grande multitude affluait déjà vers lui, et, les faisant jouir de sa présence plus librement et plus souvent, il leur prêchait la parole de vie. Comme sa soumission l'entraînait quelquefois loin du monastère pour la cause commune de l'Eglise, et que partout où il vint et où il dut parler, il ne pouvait se taire sur Dieu et cesser de s'occuper des choses du Seigneur, il parut manifeste aux hommes que l'Église de Dieu ne devait pas craindre de se servir, ainsi qu'il convenait, de ce membre si utile qu'elle avait eu le bonheur de trouver dans son propre corps. Quoique depuis la fleur de sa jeunesse il eût toujours été comblé des fruits de l'Esprit, cependant, depuis ce temps, comme le dit l'apôtre, l'Esprit se manifesta à lui plus abondamment pour les besoins usuels, et sa parole devenue plus féconde en sagesse et en science obtint avec le don de prophétie le pouvoir d'opérer la guérison de différentes maladies. Quelques-unes de ses guérisons m'ont été transmises par un récit sincère; je les soumets ici fidèlement aux lecteurs comme je les ai entendu raconter par des gens dignes de foi.

CHAPITRE IX.

Des miracles qu'il a faits, et comment ses proches le préservaient admirablement du danger de l'orgueil.

Voici le premier prodige que le Christ a fait briller aux yeux du monde par les mains de son serviteur. Comme il avait déjà passé quelques années à Clairvaux, il arriva qu'un homme noble et proche de Bernard selon la chair, Joubert, de La Ferté, château situé près du monastère, tomba dangereusement malade. Saisi aussitôt par la maladie, il perdit tout-à-fait et en même temps l'entendement et la parole. C'est pourquoi son fils, Joubert le jeune, ainsi que tous ses amis étaient d'autant plus affligés que cet homme puissant, et possédant de grandes dignités, allait mourir sans confession et sans viatique. Un messager courut vers l'abbé qui n'était pas alors au monastère. L'abbé trouva Joubert gissant en cet état depuis trois jours. Ayant pitié de cet homme, et ému par les larmes de son fils et des autres, il eut confiance en la miséricorde de Dieu et proféra ces belles paroles, leur disant : « Vous savez que cet homme en plusieurs oc-
« casions a affligé les Églises, opprimé les pauvres
« et offensé Dieu. Si vous m'en croyez, qu'on restitue
« aux églises ce qui leur a été enlevé, et les redevances
« usurpées au préjudice des pauvres, il parlera en-
« core, il confessera ses fautes et recevra dévotement
« les divins sacremens. » Tout le monde est dans l'ad-

miration ; le fils et toute la maison sont transportés de joie : on promet fermement et on accomplit tout ce que recommande l'homme de Dieu. Son frère Gérard et son oncle Gaudri, extrêmement effrayés et troublés, le firent venir secrètement pour lui parler de cette promesse, et le blâmèrent avec dureté et aigreur. Il leur répondit avec simplicité et en peu de mots, disant : « Dieu peut faire facilement ce que « vous pouvez croire difficile. » C'est pourquoi, après une secrète oraison, il commença l'oblation du sacrifice immortel. Pendant cette oblation arriva un messager qui annonça que Joubert, parlant déjà librement, priait instamment l'homme de Dieu de venir promptement vers lui. Celui-ci étant venu après avoir offert un sacrifice, Joubert, avec larmes et gémissemens, confessa ses péchés et reçut les divins sacremens. Il vécut deux ou trois jours après cet événement, ayant complétement l'usage de la parole, et résolut d'accomplir sans se rétracter ce que lui avait expressément ordonné le saint abbé. Il disposa donc de sa maison et distribua des aumônes. Enfin il rendit l'ame en chrétien et dans une heureuse espérance de la miséricorde de Dieu.

Un jour que le saint père revenait des champs, il vit venir à sa rencontre une femme portant dans ses bras un petit enfant qu'elle lui avait amené de loin, et qui, depuis sa naissance, avait la main sèche et le bras tordu. Ému par les larmes et les prières de cette mère, il lui ordonna de mettre son enfant à terre ; et, après une oraison, il fit aussitôt le signe de la croix sur l'enfant, sur son bras et sur sa main, et dit à la mère d'appeler son fils ; elle le fit, et il accourut, embrassa sa mère des deux bras, et, depuis cette heure, il fut guéri.

Les frères et les fils spirituels de ce saint homme s'étonnaient de ce qu'ils apprenaient et voyaient des prodiges par lui opérés; ils n'en faisaient cependant point vanité suivant la coutume de ceux qui vivent selon la chair; sa jeunesse et le peu de temps écoulé depuis qu'il avait embrassé l'état religieux leur inspiraient au contraire une pieuse inquiétude. Elle était plus forte chez Gaudri son oncle, et Gui, l'aîné de ses frères, en sorte qu'il paraissait les avoir reçus du Ciel comme des aiguillons à sa chair, de peur qu'il ne s'enorgueillît de la grandeur des grâces qui lui avaient été accordées. Ils ne l'épargnaient pas et tourmentaient par de dures paroles sa tendre retenue, calomniant même ses bonnes actions, niant tous ses miracles, et affligeant souvent par des injures et des outrages l'homme le plus doux et le moins contrariant, au point de lui arracher des larmes. Le vénérable Godefroi, évêque de Langres, parent du saint homme, qui avait pris l'habit avec lui, et depuis fut en tout son compagnon inséparable, a coutume de raconter que ledit Gui son frère fut présent au premier miracle qu'il vit opérer par ses mains. Ils passaient par Château-Landon, dans le territoire de Sens. Un certain jeune homme qui avait le pied malade d'une fistule, pria avec de grandes supplications le saint père de le toucher et le bénir. Bernard fit sur lui le signe de la croix, et aussitôt il fut guéri; et ayant peu de jours après repassé par la même ville, ils le trouvèrent en bonne santé et délivré de son mal. Cependant ce miracle ne put empêcher ledit frère du saint homme de le réprimander et de l'accuser de présomption, pour avoir voulu toucher cet homme, tant son amour pour lui inspirait à son frère de sollicitude.

CHAPITRE X.

Du bienfait de la santé rendu à plusieurs autres.

Vers le même temps, il arriva que son oncle Gaudri qui, par un semblable attachement, accablait sa douceur, comme nous l'avons dit, de dures réprimandes, fut attaqué d'une fièvre très-dangereuse. Enfin, la maladie ayant empiré, surmonté par la force de la douleur, il pria l'abbé, par une humble supplication, d'avoir pitié de lui et de le secourir, comme il avait coutume de le faire pour les autres ; Bernard, d'un esprit plus doux que le miel, lui rappela d'abord en peu de mots et avec amitié ses fréquens reproches à ce sujet, et lui montra quelque crainte qu'il ne dît cela pour le tenter. Cependant Gaudri ayant renouvelé sa prière, Bernard étendit enfin sa main sur lui et ordonna à la fièvre de le quitter. Aussitôt, à son ordre, la fièvre quitta Gaudri qui éprouva sur lui-même ce qu'il blâmait pour les autres. Le même Gaudri aussi, après avoir vécu quelques années à Clairvaux dans la ferveur d'esprit et l'émulation de ce qui est bien, cessa de voir le jour. Une heure environ avant sa mort, il fut un moment troublé, et éprouva dans tout son corps un tremblement et une agitation terribles ; mais il revint à sa première sérénité, et expira avec un visage parfaitement calme. Le Seigneur ne voulut point priver de la connaissance de cette chose l'esprit inquiet de l'abbé. Quelques jours après, Gaudri lui apparut pendant la nuit. A la demande de Bernard, il lui répondit que tout était heureux pour lui et qu'il se réjouissait d'avoir été placé dans une grande félicité. Bernard lui demanda aussi ce qu'avait voulu dire ce tremblement si cruel et si soudain qu'il avait éprouvé à sa mort. Il lui dit qu'à cette heure deux méchans esprits s'étaient comme disposés à le précipiter dans un puits d'une effroyable profondeur, ce qui l'avait fait trembler de terreur ; mais que saint Pierre, étant accouru, l'avait arraché d'entre leurs mains, et qu'il n'avait plus alors senti aucun mal.

Il serait trop long de raconter ce que la grâce divine avait coutume de lui révéler, dès le commencement même, sur le bonheur ou les peines de ceux qui avaient quitté ce monde. Je rapporterai seulement un fait qu'il raconte quelquefois lui-même lorsque les frères l'en sollicitent. Un certain frère, dont les intentions étaient bonnes, mais qui se conduisait avec trop de dureté envers les autres frères, et se montrait moins compatissant qu'il n'aurait dû, mourut dans le monastère. Peu de jours après il apparut à l'homme de Dieu, le visage plein de tristesse et avec tout l'extérieur de la souffrance, et lui apprit que tout n'allait pas selon son désir. Interrogé sur ce qu'il avait, il se plaignit qu'il était livré à quatre lézards. A ces mots il fut comme poussé et chassé précipitamment hors de la face de l'homme de Dieu, qui, gémissant douloureusement, lui cria en le voyant s'éloigner : « Je t'ordonne, au

« nom du Seigneur, de me faire connaître de nouveau
« et bientôt de quelle manière tu seras traité? » S'étant
mis à prier pour lui, et ayant fait le sacrifice de la salutaire hostie, il avertit aussi plusieurs frères, dont il connaissait la très-grande sainteté, de lui prêter le même secours; et il ne cessa pas ses prières jusqu'à ce que, peu de jours après, et par une autre révélation il reçut la consolation d'apprendre la délivrance de ce frère, ainsi qu'il l'avait ordonné.

Le très-vénérable Humbert, qui fut dans la suite le fondateur et le premier père du monastère d'Igny, fut attaqué si violemment à Clairvaux du mal d'épilepsie, que, se laissant tomber sept fois dans un jour, il eut enfin le cerveau dérangé, et pouvait à peine être retenu attaché dans son lit par les mains des frères. Le vénérable abbé étant venu, et ayant trouvé dans un tel état cet homme qu'il vénérait, à cause de sa sainteté, avec une affection particulière, il fut rempli de zèle, et dit : « Que faisons-nous? Allons, prions. » Dès qu'il fut entré dans son oratoire, et qu'il eut fléchi les genoux, Humbert s'endormit entre les mains de ceux qui le tenaient. Le dimanche suivant, ce frère, ayant reçu le sacrement de sa main, recouvra une parfaite santé ; dans la suite il ne ressentit jamais de semblables maux.

Vers ce temps, la famine éclata dans le royaume de Gaule et les pays voisins; mais la bénédiction du Seigneur combla les greniers de ses serviteurs. Jusqu'à cette année les provisions qu'ils devaient à leur travail ne leur avaient jamais suffi. A cette époque, après que la moisson fut faite, on calcula tout avec exactitude, et on estima qu'elle pourrait à peine aller jusqu'à Pâques. Comme ils voulaient acheter du blé, ils ne trouvèrent point assez d'argent, parce qu'on le vendait beaucoup plus cher qu'à l'ordinaire. Il arriva de cette disette que, vers le temps du carême, afflua vers eux une grande multitude de pauvres, à qui ils firent l'aumône de ce qu'ils avaient. Par la bénédiction du Seigneur, leurs modiques provisions nourrirent joyeusement jusqu'à la moisson les frères et les pauvres qui venaient vers eux. Une épouse adultère tourmentait par des maléfices un homme pauvre qui demeurait près du monastère. Comme elle l'en avait menacé dans sa colère et sa fureur, elle avait fait, par de malins enchantemens, que ce malheureux, consumé dans ses chairs, ne pouvait ni mourir ni vivre. Souvent il perdait l'usage de la voix, et son corps n'éprouvait plus aucune sensation, et de nouveau il était cruellement ramené, non à la vie, mais à une plus longue mort. On conduisit enfin cet homme dans le monastère à l'homme de Dieu, et on lui expliqua cette lamentable tragédie. Violemment indigné que la malice de l'antique ennemi eût pris à ce point possession d'un chrétien, il ordonna à deux des frères de porter l'homme devant le saint autel : là, ayant mis sur sa tête le vase qui renfermait l'Eucharistie, par la vertu de ce sacrement, il ordonna que le démon ne pût faire souffrir le chrétien. Il fut fait selon son ordre, et la foi parfaite, après tant de tourmens, rendit ce malheureux à une parfaite santé.

CHAPITRE XI.

Du miracle de la lettre écrite à la pluie sans être mouillée, et de plusieurs autres faits surprenans.

Le frère Robert, moine de ce saint homme et son parent selon la chair, trompé dans sa jeunesse par les conseils de quelques personnes, s'était rendu à Cluny. Le vénérable père, après avoir dissimulé pendant quelque temps, résolut de rappeler ce frère par une lettre. Il dictait, et le révérend Guillaume, ensuite premier abbé du monastère de Rienvaux, écrivait la lettre sur un parchemin. Ils étaient tous deux assis à l'air, car ils étaient sortis des enclos du monastère, afin d'écrire plus secrètement. Tout à coup éclata une averse, et celui qui écrivait (comme nous l'avons appris de sa propre bouche) voulut serrer la feuille. Le saint père lui dit : « C'est l'ouvrage de Dieu ; écris, ne crains rien. » Et Guillaume écrivit la lettre au milieu de la pluie, sans qu'elle fût mouillée lorsqu'il pleuvait de toutes parts ; la vertu de la charité couvrit cette feuille exposée à la pluie, et celle qui dictait la lettre contribua aussi à la préserver. Cette lettre, à cause de cet éclatant miracle, fut justement rangée au premier rang, par les frères, dans le recueil des épîtres de Bernard.

On solennisait une des grandes fêtes. Un certain frère, à qui il avait, pour une faute secrète, interdit la communion de l'autel sacré, craignant d'être remarqué et ne pouvant supporter sa honte, eut la présomption extrême de s'approcher de lui avec les autres. Bernard l'ayant regardé, comme la cause de cette punition était secrète, ne voulut point le repousser, mais dans le fond de son cœur il pria Dieu d'ordonner ce qu'il jugerait le mieux contre une telle audace. C'est pourquoi cet homme ayant pris l'eucharistie ne put la faire passer dans l'intérieur de son corps, et, après de longs et grands efforts, n'en pouvant venir à bout, tourmenté et tremblant, il la conserva renfermée dans sa bouche. La sixième heure de la prière étant enfin accomplie, il entraîna à l'écart le saint père, et, s'étant jeté à ses pieds, lui révéla avec grande abondance de larmes ce qu'il souffrait, et ouvrit la bouche pour lui montrer l'hostie. Bernard, le reprenant après sa confession, lui donna l'absolution, et alors ce frère reçut sans difficulté le sacrement du Seigneur.

Nous savons que dans les moindres choses il opéra de grands prodiges. Il était allé un jour à Foigny, une des principales abbayes par lui fondées, et qui était située dans le territoire de Laon. Comme on y préparait la dédicace d'un nouvel oratoire, une multitude incroyable de mouches s'en étaient emparées, et leur bruit et leur bourdonnement désagréables incommodaient excessivement ceux qui entraient. Comme il ne se présentait aucun remède, le saint dit : « Je les excommunie. » Et le matin on les trouva toutes mortes et couvrant tout le pavé, en sorte qu'on les enleva avec des pelles et on nettoya enfin la basilique. Ce fait devint si connu et si célèbre que, parmi les voisins qui assistèrent en grande foule à la dédicace, la malédiction des mouches de Foigny était passée en proverbe.

Dans un monastère appelé Charlieu, l'homme saint rendit à la santé, par un baiser, un enfant qui pleurait et se lamentait continuellement. Comme il pleurait sans discontinuer depuis un grand nombre de jours, et qu'il ne recevait aucun soulagement, ressentant les effets d'une maladie inconnue des médecins, il dépérissait et se desséchait misérablement. Le saint père lui ayant parlé en particulier, l'engagea à confesser ses péchés. Celui-ci les lui ayant confessés recouvra tout à coup un visage serein, et pria le saint père de lui donner un baiser. Après avoir reçu ce baiser de paix de la bouche du saint, il se sentit sur-le-champ entièrement tranquille, et la source de ses larmes s'étant tarie, il revint à la maison joyeux et en santé.

Un jour que l'abbé sortait derrière les autres frères pour se rendre au travail, un père lui présenta son enfant boiteux, le suppliant de daigner étendre sa main sur lui. L'homme de Dieu s'excusa, disant qu'il ne possédait pas de tels mérites qu'on en pût attendre de tels bienfaits, que c'était à la vertu apostolique et non à la sienne de redresser les boiteux. Vaincu cependant par les instances du père, il fit le signe de la croix sur l'enfant et le renvoya. Depuis cette heure l'enfant fut guéri, et dans l'espace de peu de jours son père vint de nouveau l'offrir plein de santé à l'homme de Dieu, avec de grandes actions de grâces.

Un jour une troupe de nobles chevaliers se détourna vers Clairvaux pour voir ce lieu et son saint abbé. Le temps sacré du carême approchait, et presque tous ces hommes adonnés à la vie militaire s'en allaient cherchant ces exécrables fêtes qu'on appelle vulgairement tournois. Bernard commença par leur demander de ne pas se servir d'armes pendant le peu de jours qui restaient pour arriver au carême. Comme ils refusaient avec opiniâtreté d'acquiescer à sa prière, « J'ai cette confiance au Seigneur, dit-il, « qu'il m'accordera la suspension d'armes que vous me « refusez. » Ayant fait venir un frère, il lui ordonna de servir de la bière, qu'il bénit en disant qu'ils boiraient la potion des ames. Ils burent donc tous ; cependant quelques uns le firent malgré eux à cause de leur amour pour le monde, et craignant l'effet de la vertu divine qu'ils éprouvèrent ensuite. Effectivement, dès qu'ils eurent passé les portes du monastère, ils commencèrent à s'enflammer par de mutuelles exhortations, parce que leur cœur brûlait au dedans d'eux-mêmes. Dieu les ayant donc inspirés, et son Verbe se communiquant rapidement de l'un à l'autre, ils revinrent à l'heure même, et, détournés de leurs premières voies, ils se consacrèrent à la milice spirituelle. Quelques-uns d'entre eux servent encore Dieu, et les autres règnent déjà avec lui, dégagés des liens de la chair.

Comment s'étonnerait-on que les gens âgés honorent par une dévote obéissance cet homme dont la divine vertu excite à la dévotion l'enfance elle-même, dépourvue de raison et ignorant encore ce que c'est que la dévotion ? Beaucoup de personnes ont connu le jeune Gautier de Montmirail, dont l'oncle, le frère Gautier, embrassa la milice sacrée dans Clairvaux, parmi les chevaliers dont nous avons parlé ci-dessus. La mère de ce jeune Gautier, alors tout petit, et qui n'avait pas encore accompli son troisième mois, l'offrit à l'homme de Dieu pour qu'il le bénît, se réjouissant et se félicitant de la faveur qu'elle avait obtenue d'avoir pour hôte dans sa maison un si saint homme. Comme l'homme de Dieu, ainsi qu'il avait coutume de le faire en tous lieux, parlait, à ceux qui étaient placés autour de lui, du salut et de l'édification des ames, la mère dudit enfant, le tenant dans son sein, était assise aux pieds de Bernard. Il arriva qu'en parlant Bernard étendait quelquefois la main, et le petit enfant s'efforçait de la saisir. On remarqua enfin ses efforts, après qu'il les eut répétés souvent, et tous s'étonnant, on lui donna le moyen de prendre la main qu'il souhaitait : alors, avec un respect admirable, mettant dessus une de ses mains et la tenant de l'autre, il la porta à sa bouche et la baisa. Il ne le fit pas seulement une fois, mais tant qu'on lui permit de tenir cette main bienheureuse.

CHAPITRE XII.

De l'altercation de Bernard avec le diable. — La sainte Vierge lui rend la santé. — Il guérit l'abbé Guillaume.

Un jour l'homme de Dieu était malade, et il coulait continuellement de sa bouche comme un ruisseau de pituite, d'où il arriva que les forces manquant à son corps épuisé, il se trouva presque venu à la dernière extrémité. Ses fils spirituels et ses amis s'assemblèrent donc comme pour les funérailles d'un tel père, et moi-même j'y fus, car il daignait me compter au nombre de ses amis. Comme il paraissait

près de rendre son dernier soupir, il lui sembla qu'au départ son ame était présentée devant le tribunal du Seigneur. Il y trouva, pour partie adverse, Satan, qui l'attaquait par de méchantes accusations. Dès qu'il eut tout fini, et que ce fut à l'homme de Dieu à parler pour sa part, sans aucun trouble ni frayeur, il dit : « Je l'avoue, je ne suis pas digne par mes pro-
« pres mérites d'obtenir le royaume des cieux. Mais
« mon Seigneur l'a obtenu à deux titres, en même
« temps par l'héritage de son père, et le mérite de sa
« passion : content de l'un il me donne l'autre, et, dé-
« cidé à faire légitimement valoir ce bien, je ne me
« laisserai pas vaincre. » L'ennemi ayant été confondu par ces paroles, l'assemblée fut levée, et l'homme de Dieu revint à lui. Comme, d'après cela, il croyait sa dissolution imminente, il eut une autre vision bien différente.

Il se voyait placé sur un certain rivage, attendant un navire qui passât. Un navire s'étant approché du rivage, il se hâtait pour y entrer; mais le navire se retirant, son pied ne frappa que l'eau ; ayant fait cela jusqu'à trois fois, le vaisseau le laissa enfin, et, s'en allant, ne revint point. Il comprit aussitôt que le temps de sa mort n'était pas encore arrivé. Cependant ses douleurs ne cessaient d'augmenter, et lui étaient d'autant plus insupportables qu'il n'était plus consolé par l'espoir d'une mort prochaine. Il arriva un jour que, dès le soir, comme les autres frères s'étaient rendus selon leur coutume à la lecture de la collation, l'abbé resta seul avec deux frères qui le gardaient dans le logis où il était couché. Comme il s'affligeait violemment et que ses souffrances augmentaient au-delà de ses forces, il appela un des deux frères, et lui ordonna d'aller promptement prier. Celui-ci s'excusa, et dit : « Je ne suis point « en état de faire une telle oraison; » mais il le força d'autorité à lui obéir. Le frère alla et pria aux autels, qui sont au nombre de trois dans cette basilique, le premier consacré à la sainte mère de Dieu, les deux autres établis en l'honneur du bienheureux martyr Laurent et du bienheureux abbé Benoît. A la même heure, la sainte Vierge vint trouver l'homme de Dieu, accompagnée de ses serviteurs saint Laurent et saint Benoît. Il les vit dans cette sérénité et cette suavité qui leur convenait, et on les apercevait si clairement qu'à l'entrée même de la cellule on distinguait chacun d'eux. Ils étendirent sur lui les mains, et soulageant par un miséricordieux toucher les endroits où se faisait ressentir la douleur, ils en chassèrent aussitôt tout le mal. Le ruisseau de pituite fut tari, et toutes ses souffrances cessèrent.

Un jour que j'étais malade dans notre maison, et que la maladie traînant en longueur m'avait excessivement fatigué et altéré, Bernard, l'ayant appris, envoya vers moi son frère Gérard, d'heureuse mémoire, en me mandant par lui de venir à Clairvaux, et promettant que j'y trouverais aussitôt la guérison ou la mort. Acceptant, comme la volonté du Ciel, la faculté qui m'était offerte de mourir auprès de lui ou de vivre quelque temps avec lui (j'ignore lequel des deux je préférais alors), je partis aussitôt, quoiqu'avec des maux et des souffrances excessives. Là, il m'en arriva selon la promesse qui m'avait été faite, et, je l'avoue, selon mon desir; car mon corps accablé de violentes et dangereuses infirmités recouvra la santé : mais les forces ne lui revinrent que peu à peu. Dieu miséricordieux, quel bien m'ont fait cette maladie, ces jours de repos et de vacances, dans le lieu que je desirais ! Pendant tout le temps que je fus malade auprès de lui, la maladie dans laquelle il était alors lui-même portait remède à mes véritables maux. Tous deux infirmes, nous traitions pendant toute la journée de la médecine spirituelle de l'ame et de l'efficacité des vertus contre les maladies des vices. Il discourut avec moi du Cantique des cantiques, d'une manière aussi haute que le lui permettait le temps de ma maladie, me dévoilant, selon mon desir et ma demande, le secret des choses qu'il avait écrites. Chaque jour, pour ne pas oublier ce que j'entendais à ce sujet, je l'écrivais, à l'aide de ma mémoire, autant que Dieu m'en donnait le pouvoir. En cela, comme il m'expliquait avec bonté et sans réserve et me communiquait les jugemens de son intelligence et les sentimens de son expérience, s'efforçant de m'instruire sur beaucoup de choses que j'ignorais et que l'expérience seule apprend, quoique je ne pusse encore comprendre ce qu'il m'expliquait, cependant il m'avançait plus que je ne pouvais m'avancer par moi-même dans l'intelligence des choses que je ne comprenais pas encore. Mais ce que nous avons dit à ce sujet est suffisant.

Le dimanche de la Septuagésime approchait. Le soir du samedi même qui précédait ce dimanche, comme je me sentais déjà si bien portant que je pouvais me lever de mon lit, et sortir et entrer seul, je commençai à me préparer à retourner vers nos frères.

Bernard l'ayant appris m'en empêcha absolument, et me défendit d'espérer ou de tâcher de partir avant le dimanche de la Quinquagésime. J'y consentis facilement; car je n'avais aucun projet qui pût m'en empêcher, et ma maladie paraissait l'exiger. Après ce dimanche de la Septuagésime, voulant m'abstenir de la viande, dont il m'avait ordonné et forcé jusqu'à ce jour de me nourrir, il m'interdit aussi cette abstinence.

Je ne voulus écouter là-dessus ni ses avertissemens, ni ses prières, ni ses ordres. Nous séparant ainsi, chacun de notre côté, le soir de ce samedi, il se rendit immédiatement à complies, et moi vers mon lit. Et voilà que ma maladie se ranima avec fureur, comme si elle eût repris ses premières forces, m'assaillit et me saisit avec tant de violence et de cruauté, me tourmenta et me dévora pendant cette nuit avec une rage tellement au dessus de mes forces et de mon courage, que, désespérant de la vie, je croyais à peine pouvoir la surmonter jusqu'au jour, pour parler encore une fois à l'homme de Dieu. Après avoir passé toute la nuit dans ces souffrances, dès le grand matin, je fis appeler Bernard. Il vint; mais il ne m'offrit pas ce visage compatissant qu'il avait d'ordinaire, et son air montrait du mécontentement. Souriant cependant : « Que mangerez-vous aujourd'hui ? » dit-il. Sans qu'il eût parlé, je regardais déjà ma désobéissance de la veille comme la cause certaine de mes souffrances; je lui répondis : « Ce que vous « m'ordonnerez. — Soyez tranquille, dit-il, vous ne « mourrez pas encore; » et il s'en alla. Que dirai-je ? aussitôt je ne ressentis plus aucune douleur, si ce n'est que, fatigué des souffrances de la nuit, je pus à peine me lever du lit pendant tout ce jour. Quelle douleur, quelle cruelle douleur j'avais éprouvée! je ne me rappelle pas en avoir jamais ressenti de pareille. Le lendemain cependant je fus guéri, et je recouvrai mes forces; peu de jours après je m'en retournai chez moi, avec la bénédiction et les bonnes grâces de mon excellent hôte.

CHAPITRE XIII.

De la renommée de sa sainteté répandue en tous lieux, et de l'admirable propagation de l'ordre de Clairvaux. — Du don de prophétie qui lui a été accordé.

Comme Bernard, chéri de Dieu et des hommes, florissait par tant de vertus et de miracles, dans Clairvaux et dans les villes et les contrées voisines, où des soins domestiques nécessitaient sa présence, il commença, soit pour les besoins communs de l'église, soit par amour pour ses frères, ou par obéissance à ses supérieurs, à voyager dans des pays lointains, à concilier par la paix les querelles de ses frères, des églises et des princes du siècle; à terminer paisiblement, par le secours de Dieu, des affaires dont ne pouvaient venir à bout l'intelligence et la sagesse humaines, et par la vertu de la foi plutôt que par l'esprit de ce monde, rendant possibles beaucoup de choses de cette sorte qui paraissaient impossibles auparavant, et transportant, pour ainsi dire, les montagnes; enfin à apparaître de plus en plus aux yeux de tous comme un homme admirable et vénérable. Le pouvoir de la prédication commençait surtout à briller en lui à un si haut point, qu'il fléchissait et amenait à prendre l'habit les auditeurs du cœur le plus dur, et ne revenait presque jamais seul à la maison. Ensuite, ayant fait d'heureux progrès par l'usage de la parole et l'exemple de sa vie, les filets de la parole de Dieu commencèrent, dans la main de son pêcheur, à attirer une si abondante multitude de poissons doués de raison, que sa barque (sa maison) paraissait devoir être remplie par chacune de ces captures. C'est pourquoi il arriva que bientôt, par un miracle au dessus de tous ceux qui s'étaient opérés en cette vie par le moyen d'un seul homme languissant, à demi-mort, et ne conservant que le pouvoir de la parole, cette vallée, obscure jusque-là, devint Clairvaux de fait comme de nom, et comme du haut d'une montagne, répandit sur les bas lieux de la terre l'éclat d'une lumière divine. Depuis ce temps, auprès de cette vallée, auparavant la vallée de l'absinthe et de l'amertume, les montagnes commencèrent à distiller du miel : vide et stérile de tout bien auparavant, elle commença à abonder en moissons spirituelles, et, par la rosée du ciel et la bénédiction de Dieu, tous ses déserts devinrent féconds, et ses habitans multipliés commencèrent à célébrer leur bonheur en ce qu'on voyait s'accomplir sur leur vallée ce qu'a dit autrefois le Prophète sur la cité de Jérusalem : « Les enfans qui nous « viendront après notre stérilité, nous diront encore : « Le lieu où je suis est trop étroit, donnez-moi une « place pour y pouvoir demeurer[1]. »

---

[1] Isaïe, chap. XLIX, v. 20.

Des lieux étroits de cette vallée les maisons du monastère furent transportées, non sans quelques divines révélations, dans un endroit plus uni et plus étendu; et, embellies et agrandies, elles sont encore trop étroites pour la multitude de ceux qui les habitent. Déjà plusieurs maisons de cet ordre, filles de celle-ci, ont peuplé les déserts en-deçà et au-delà des montagnes et de la mer; et chaque jour on voit encore affluer de nouveaux prosélytes cherchant des lieux où se placer. Partout on demande et on envoie des frères, et les rois des nations et les évêques des églises s'estiment heureux que leurs villes et leurs pays aient été dignes d'obtenir des frères de la maison et de la règle de l'homme de Dieu. Que dis-je? cet ordre fut porté aux lieux où, pour ainsi dire, il ne se voit plus d'hommes, jusque chez les nations barbares en qui la férocité naturelle efface en quelque sorte la nature humaine. Par cette religion les bêtes sauvages des forêts devinrent des hommes, s'accoutumèrent à vivre avec les hommes, et apprirent à chanter le nouveau cantique du Seigneur. C'est pourquoi le pêcheur de Dieu ne cessait par commandement de tendre ses filets, et ceux qui s'en allaient de ce lieu étant remplacés par d'autres, cette sainte congrégation n'éprouvait jamais de diminution. Dans cette merveilleuse capture sont entrés et entrent encore tous les jours les habitans de Châlons, de Rheims, de Paris, de Mayence, de Leyde et d'autres nombreuses villes de Flandre, d'Allemagne, d'Italie, d'Aquitaine et des autres pays quelconques, que l'homme de Dieu fut obligé autrefois et est encore obligé de visiter. Par l'effet de la grâce du Saint-Esprit, partout où il va, il n'en revient jamais les mains vides, et cette abondance l'accompagne en tous lieux.

Il n'abandonne pas ceux qu'il envoie loin de lui ; mais partout où ils sont, dans sa sollicitude paternelle, il est toujours avec eux : et de même que les fleuves retournent aux lieux d'où ils viennent, de même la joie ou la tristesse de ses fils reviennent chaque jour vers lui. Souvent, sans aucune révélation de chair ou de sang, Dieu faisait connaître à sa sollicitude paternelle dans quel état se trouvaient ceux qui étaient éloignés de lui ; s'il fallait pourvoir à leurs besoins, s'il y avait quelque chose à réformer en eux, leurs tentations, leurs fautes, leur départ, leurs maladies, leur mort, et les tribulations qu'ils pouvaient souffrir de la part des hommes du siècle. Pour les besoins certains des frères absens, il ordonnait la prière aux frères qui étaient avec lui. On sait que quelquefois des frères, qui moururent dans d'autres pays, vinrent le trouver par une vision pour lui demander sa bénédiction et son congé : effet de l'obéissance de ceux qui étaient envoyés et de l'affection de celui qui envoyait. Je m'étais un jour rendu vers lui, et, pendant que je lui parlais, je vis et entendis ce que je ne dois pas taire. Il y avait un moine de Foigny qui devait aussitôt retourner vers les siens. Ayant reçu réponse au sujet de ce qui l'avait amené, il prenait congé de Bernard ; mais le prophète de Dieu l'ayant rappelé, et rempli de l'esprit et de la vertu d'Élie, le chargea, en ma présence, d'avertir un frère de ladite maison de Foigny, qu'il lui nomma, de se corriger d'une certaine faute secrète ; qu'autrement il s'attendît à être bientôt frappé du jugement de Dieu. Celui-ci, stupéfait, lui demanda qui lui avait rapporté cela. « N'importe de qui je l'ai su : va, et rapporte-« lui ce que je te dis, de peur que, si tu le lui caches, « tu ne sois aussi enveloppé dans le même châtiment « du péché. » L'autre fut saisi d'étonnement : mais, dans mon admiration, j'ai à raconter des choses bien plus étonnantes sur une affaire tout-à-fait semblable.

Gui, l'aîné de ses frères, dont tous ceux qui l'ont pu connaître savent la gravité et la véracité, étant un jour avec moi, comme nous parlions de ces choses, et que je lui faisais des questions, ayant coutume avec ses amis de s'entretenir agréablement : « Tout ce que vous entendez, dit-il, ce sont des fa-« bles. » Selon son habitude et son zèle ordinaire rabaissant les vertus de son frère, et ne voulant point cependant me chagriner : « Ce que j'ignore, dit-il, je « ne vous le dis point ; je sais seulement une chose « que j'ai éprouvée ; c'est que dans ses oraisons il a « beaucoup de révélations. » Ensuite il me raconta comment les abeilles spirituelles de ces ruches nouvelles, riches de miel, avaient commencé à étendre autour d'elles leurs essaims, et à faire sortir de leurs nids de nouvelles maisons de cet ordre. A la demande et sous la direction du seigneur évêque Guillaume, ils avaient construit dans l'évêché de Châlons une maison appelée Trois-Fontaines. On y envoya pour abbé maître Roger, homme noble selon le siècle, mais plus noble encore par sa sainteté, avec des moines d'un même caractère. Le père spirituel ne délaissa pas les fils qu'il y envoya : mais sa sollicitude paternelle et sa pieuse affection le transportaient au milieu d'eux.

Un jour que Gui, de qui je tiens ce récit, était seul avec l'abbé, et qu'ils parlaient tous deux des frères, tout à coup soupirant plus fort, comme son cœur lui disait sur ce sujet quelque chose de plus qu'à l'ordinaire : « Va, dit Bernard à son frère, prie pour eux, « et rapporte-moi ce que Dieu t'aura manifesté à leur « égard. » Il avait alors une maladie très-dangereuse qui le retenait au lit. Mais Gui, violemment effrayé, dit : « Loin de moi ; je ne sais pas prier de cette ma-« nière ; je n'ai pas mérité d'obtenir cette faveur. » Mais comme Bernard persistait dans son idée, son frère alla et pria. Priant aussi bien qu'il put, il épancha son ame pour chacun d'eux, et, durant ces oraisons, il se sentit rempli d'une telle douceur intérieure, d'une telle confiance qu'il obtiendrait ce qu'il demandait, et de tant de consolations spirituelles, que son esprit fut réjoui dans une foi certaine d'obtenir ce qu'il demandait pour tous, excepté deux pour lesquels, en priant, il avait senti son oraison chancelante, sa dévotion hésiter et sa confiance défaillir. L'ayant rapporté à celui qui l'envoyait, Bernard prononça aussitôt sur ces deux frères une prédiction dont l'événement prouva la vérité.

Ce fut l'abbé Roger et quelques autres avec lui que l'homme de Dieu amena un jour de la ville de Châlons. Il leur était arrivé, ou il était arrivé parmi eux un fait pareil à ce que je viens de rapporter. Comme par la faveur de l'évêque il fréquentait Châlons, un jour qu'il revenait de cette ville, il emmena avec lui une multitude de nobles, de lettrés, de clercs et de laïques. Comme ils demeuraient encore dans la maison des hôtes jusqu'à ce qu'il eût arrosé par ses célestes

paroles les nouvelles plantations, arriva le moine portier qui annonça qu'Étienne de Vitry, leur maître, venait vers eux pour renoncer au siècle et demeurer avec eux. Quel autre ne se fût réjoui de l'arrivée d'un tel homme, surtout quand cette vallée n'était pas encore très-abondante en froment de cette sorte? Mais Bernard, l'Esprit-Saint lui révélant les embûches que tend la perversité spirituelle, après avoir gardé pendant quelque temps un silence interrompu par des gémissemens, laissa échapper ces paroles qui furent entendues de tous : « C'est le malin esprit qui le con-
« duit ici. Il vient seul, il s'en retournera seul. » Tous ceux qui auparavant, à la nouvelle de l'arrivée d'Étienne, ne pouvaient se contenir de joie, demeurèrent alors stupéfaits. Cependant pour ne pas scandaliser ces fils timides, il reçut Étienne, lui donna de zélés avertissemens sur la persévérance et les autres vertus, et sachant et prévoyant bien qu'il ne ferait rien de tout ce qu'il promettait, il l'introduisit pour faire son noviciat dans la cellule des novices, avec ceux qui cherchaient vraiment Dieu et qui devaient persévérer. Mais rien de tout ce qu'il avait prédit ne tomba à terre. Comme Étienne demeurait encore dans la cellule des novices, il vit, ainsi qu'il l'avoua lui-même, un serviteur maure qui le tirait de l'oratoire. Après y avoir passé environ neuf mois, il abandonna enfin le monastère; et, ainsi qu'il avait été prédit sur lui, de même qu'il était venu seul, de même il se retira seul. La ruse de l'ennemi n'eut aucun succès, et les novices furent plutôt raffermis par la ruine de celui qu'il avait préparé pour leur perte.

Avant de quitter Châlons, nous dirons qu'un jour

que le saint père, en revenait, il eut à supporter, ainsi que ceux qui l'accompagnaient, un froid et un vent des plus violens. Comme un grand nombre de ceux qui l'accompagnaient alors allaient en avant, et ne l'attendaient pas, à cause de la rigueur du froid, il les suivait presque seul. Il arriva que le cheval d'un des deux hommes qui étaient avec lui, ayant été lâché sans précaution, s'échappa et courut à travers la plaine qui s'étendait au loin. Comme ils ne pouvaient l'attraper, et que l'intempérie de l'air ne leur permettait pas de faire de plus longs efforts : « Prions, dit Bernard. » Ayant fléchi le genou pour prier avec le frère qui était avec lui, à peine pouvaient-ils avoir achevé l'oraison dominicale que le cheval revint avec la plus grande docilité, demeura tranquille, et fut rendu à son cavalier.

CHAPITRE XIV.

De quelques autres bienfaits du Ciel obtenus par ses moyens. — Et comment il fuyait les honneurs et les dignités.

Pour passer de Châlons à la ville de Rheims, il arriva un jour que l'archevêque et le peuple de Rheims étant en dissidence, l'homme de Dieu vint vers eux pour les réconcilier. S'étant assis dans le palais de cette même ville avec Josselin, évêque de Soissons, et la maison étant remplie d'une foule nombreuse de peuple et de clergé, ils traitèrent de la paix. Voilà qu'en présence de tous, une malheureuse femme lui remit son fils qu'elle croyait possédé du démon, et implora sa miséricorde. Ce jour-là même, s'étant révolté contre sa mère, il l'avait presque tuée : devenu muet, aveugle et sourd, les yeux ouverts, il ne voyait pas, et tous ses sens étant dans l'engourdissement, il était sans aucune intelligence. Ému de compassion pour cette malheureuse mère, tourmenté surtout par la douleur que souffrait son fils, Bernard caressa de ses pieuses mains la tête et la figure du malheureux enfant, et commença à lui parler et à lui demander comment il avait osé porter les mains sur sa mère. Celui-ci, étant revenu à lui, reconnut aussitôt son péché ; et, promettant désormais de se corriger, fut rendu en pleine santé à sa mère. Dans un certain monastère, parmi les autres infirmes qui imploraient ses soins, il vint à lui une femme attaquée du mal caduc. Au moment même où elle était devant lui, une soudaine attaque de son mal la fit tomber. Mais l'homme de Dieu lui ayant pris la main la releva aussitôt, en sorte qu'elle fut guérie de son mal non seulement pour l'heure même, mais tout-à-fait et pour toujours.

La duchesse de Lorraine, femme noble, mais qui ne se conduisait pas noblement, ayant vu une fois en songe l'homme de Dieu qui de ses propres mains lui retirait du sein sept horribles serpens, fut, dans la suite, par ses conseils, convertie à la vie religieuse, et se glorifie encore aujourd'hui d'être celle de laquelle il a fait sortir sept démons. J'ai connu un certain clerc nommé Nicolas, livré au siècle d'une manière presque sans ressource, mais que Bernard délivra du siècle. Ayant pris dans Clairvaux l'habit et l'ordre de la vie monastique, en voyant ceux qui s'étaient réfugiés en ce lieu après leur naufrage dans le monde, racheter par des larmes continuelles la perte de leur naufrage, il voulait aussi pleurer, mais il ne le pouvait, à cause de la dureté de son cœur ; il supplia Bernard, avec une grande douleur de cœur, d'obtenir de Dieu, pour lui, la grâce des larmes. Bernard pria et obtint pour lui une si grande et une si continuelle componction de cœur avec la grâce des larmes, qu'il n'arriva presque plus jamais qu'on vît sa physionomie varier ou ses yeux sans larmes, même pendant qu'il mangeait, lorsqu'il était en route, ou quand il parlait de quelque chose que ce fût.

Nous avons appris et vu en Bernard tant et de si grandes vertus de cette sorte, tant de différens secours apportés par lui aux divers besoins des hommes, que si quelqu'un voulait tout raconter de vive voix ou par écrit, il ferait naître l'incrédulité chez les hommes dédaigneux et l'ennui chez les incrédules. Cependant l'ensemble de ces éclatans travaux montre évidemment combien, dans toutes ses œuvres, son œil fut pur d'intention. Ne méprisant pas avec jactance, mais fuyant, d'une manière raisonnable et religieuse, les souverains honneurs ecclésiastiques et les faveurs des princes du siècle qui le poursuivaient continuellement comme digne de les posséder, il fit voir clairement par là ce qu'il avait toujours cherché et ambitionné dans toutes ses œuvres. A Milan, à Rheims, par l'élection du clergé et aux acclamations du peuple, il fut nommé à l'archevêché ; à Châlons, à Langres, il fut élu évêque, et il en eût été de même dans beaucoup d'autres villes, si on eût eu quelque espoir d'obtenir son consentement. Il était bien digne qu'on le forçât, mais je ne sais par quel jugement de Dieu et par quel respect pour une singulière sainteté il avait déjà depuis long-temps obtenu qu'on ne le contraignît jamais à rien contre sa volonté. Cependant, fuyant les honneurs de ce monde, il ne put fuir l'autorité attachée à ces honneurs, car il était digne, au jugement de tous, d'être aimé et craint en Dieu : partout où il était présent, en quelque lieu que ce fût, on n'osait rien contre la justice ; on lui obéit partout où il dit ou fit quelque chose pour l'équité.

Appuyé par une telle autorité dans l'église de Dieu, lorsqu'il était pressé par la nécessité de l'obéissance ou de la charité, il ne redoutait aucune des incommodités de son travail. A la volonté et aux conseils de qui les plus hautes puissances séculières et ecclésiastiques montrèrent-elles tant de soumission et une si humble déférence? Les rois superbes, les princes et les tyrans, les chevaliers et les brigands le craignirent et le respectèrent à un si haut point, qu'on croirait voir accompli en lui ce qu'on lit dans l'Evangile que le Seigneur a dit à ses disciples : « Voici ; « je vous ai donné la puissance sur les serpens et sur « les scorpions, et sur toutes sortes d'ennemis, et rien « ne vous nuira. » Il avait encore une bien plus grande autorité parmi les hommes spirituels et dans l'examen des choses spirituelles, ainsi que l'a dit le prophète sur les saints animaux, lorsqu'une voix se faisait entendre au dessus du firmament qui dominait leur tête : « Ils se tenaient et soumettaient leurs ailes. » Aussi, à présent encore par toute la terre, les hommes spirituels, quand il parle et traite avec eux, cèdent à celui qui marche devant eux, et soumettent leurs pensées et leur intelligence à ses pensées et à son intelligence; et cela est attesté par les ouvrages qu'il écrivit lui-même ou que d'autres écrivirent comme ils les reçurent de sa bouche. Voilà comment d'illustres et sacrées vertus recommandent ce saint homme auprès de Dieu et des hommes, de quels témoignages de sainteté il est entouré, et quels dons du Saint-Esprit ont brillé en lui : et ce qui est plus grand et plus difficile que tout cela dans les choses humaines, on voit qu'il a possédé les faveurs sans exciter l'envie. Ce qui l'a préservé de l'envie, c'était d'être au dessus d'elle; car la méchanceté du cœur humain cesse souvent d'envier l'homme au rang duquel elle ne peut arriver.

Mais Bernard mortifie l'envie par l'exemple de l'humilité, ou il la change en un sentiment meilleur en excitant l'affection, ou, si elle est trop perverse et trop dure, il l'accable du poids de son autorité. Quel homme trouverait-on aujourd'hui d'une sagesse aussi efficace et affectueuse pour entretenir la charité quand elle existe, pour la faire naître quand elle n'existe pas, si bienfaisant envers tous ceux qu'il peut secourir, si bienveillant envers tout le monde, ayant tant d'affection pour ses amis et de patience pour ses ennemis, si toutefois celui qui n'a jamais voulu être ennemi de personne, a pu lui-même avoir aucun ennemi? Car, de même que l'amitié ne peut exister qu'entre deux personnes, entre deux amis, de même la haine ne peut exister qu'entre deux ennemis. Celui qui hait ou n'aime pas un homme qui le chérit n'est plus un ennemi, c'est un méchant. Mais bien que celui qui aime tous les hommes soit par sa vertu exempt de toute inimitié, il arrive quelquefois qu'il souffre de l'iniquité d'autrui qui s'attache à le haïr gratuitement. Cependant la charité qui le possède tout entier est patiente et douce, et elle surmonte la méchanceté par la sagesse, l'impatience par la patience, et l'orgueil par l'humilité.

Bouchard, abbé de Balerne, a fait ajouter cette note à l'ouvrage précédent, après la mort de l'auteur.

On sait que l'œuvre ci-dessus, touchant la vie du très-saint homme Bernard, abbé de Clairvaux, a été écrite jusques au temps du schisme, soulevé par Pierre Léon contre le pape Innocent, par le vénérable Guillaume, autrefois abbé de Saint-Thierri, mais maintenant religieux du monastère de Signy, où l'a conduit le desir de la solitude et du repos. C'est par l'amitié et la familiarité dont cet homme pieux a été long-temps uni avec l'homme de Dieu, qu'il a été principalement déterminé à écrire. Il avait à tel point trouvé faveur auprès de Bernard, qu'à peine quelqu'autre a-t-il joui davantage avec lui des intimes communications d'une affection mutuelle et de conférences spirituelles sur les saints mystères. Cette amitié de Bernard pour lui s'est montrée principalement en ceci que le saint lui a écrit plusieurs lettres, dans lesquelles ceux qui les lisent voient clairement ce qu'il sentait pour lui. Il lui a adressé aussi un livre apologétique et un autre de la grâce et du libre arbitre.

Cependant Guillaume fut conduit à écrire par une cause générale plus puissante que cette cause spéciale, savoir le bien de l'Eglise de Dieu, de peur que si ce vase plein d'un précieux trésor demeurait caché, le trésor lui-même ne le fût également. C'est de quoi se plaint à juste titre celui qui desire de se faire reconnaître, lorsqu'il dit : « Si la sagesse demeure cachée, et que le « trésor ne soit pas visible, quel fruit retirera-t-on « de l'un et de l'autre¹. » Il déploie les richesses du salut, trésor desirable, afin que ce qui n'est pas terre, mais très-précieuse perle, ne demeure pas caché avec la terre. Il arriva cependant contre son desir, qu'ainsi que dans sa préface il en avait témoigné la crainte, prévenu par la mort, il ne put achever ce qu'il avait fait dessein de mettre par écrit. Celui qui se donnera à la lecture de cet ouvrage y reconnaîtra facilement combien ce pieux enfant, le religieux Bernard, a été saisi parfaitement, dès l'origine, du desir de la religion, puisque, tandis qu'il était encore dans le ventre de sa mère, parurent des signes d'où l'on conçut un futur présage de la sainteté de sa vie et de sa doctrine. L'ouvrage ci-dessus expose aussi avec soin les actions de sa jeunesse, et ce qu'il fit ensuite jusqu'à la perfection de l'âge d'homme, autant du moins que, comme on l'a dit, la mort l'a permis à l'excellent auteur.

¹ Ecclés., chap. XXI, v. 32.

VIE DE SAINT-BERNARD;

LIVRE SECOND,

PAR ARNAULD, ABBÉ DE BONNEVAL.

PRÉFACE.

Il est quelques écrivains qui, rehaussant par leurs éloges les actions de certains hommes illustres, les ont célébrées avec toute la pompe de paroles à laquelle pouvaient atteindre les efforts d'un esprit sublime et les ressources d'une langue riche et flexible. Toutes les fois que l'auteur a su embrasser étroitement son sujet, s'identifier avec lui et s'élever à son niveau, toutes les fois que son génie et son éloquence ne sont pas demeurés au dessous de la matière qu'il se proposait de traiter, le succès a été heureux, et l'ouvrage, dignement et méthodiquement ordonné, est entré à pleines voiles dans un port tranquille et à l'abri de tout orage. Mais quand un beau sujet va, triste jouet du naufrage, se briser contre les écueils, par l'impéritie de celui qui le met en œuvre ; quand l'auteur voit son esprit, sans ressort et sans ouverture, succomber sous le poids de son entreprise, et se sent, malgré sa présomption, épuisé de fatigue, il prend alors trop tard le parti de corriger son travail. On ne peut, en effet, ni retirer ni rectifier des ouvrages déjà répandus dans beaucoup de mains, et on a meilleure grâce à effacer entièrement qu'à réformer ceux où le style et le sujet ne s'accordent pas. Pesant et retournant avec moi-même ces réflexions, je crains tout-à-fait que, moi qui m'indigne habituellement de l'imprudence de tant de gens qui, dépourvus de savoir et de faconde, se hâtent d'écrire, et, en se mouchant avec trop de force, font jaillir le sang de leur nez, je n'aille comme eux me donner en risée en tentant quelque chose au dessus de mes forces. Qui suis-je, en effet, pour prétendre écrire les actions de Bernard abbé de Clairvaux, ce très-saint homme qui, par sa science et son éminente piété, a été l'honneur de notre temps, qui a rempli toute l'Église de l'odeur si généralement répandue de sa vertu, et dont Dieu a bien voulu manifester la sainteté par des prodiges et des miracles? Combien les écoles de notre siècle n'ont-elles pas envoyé dans son monastère d'hommes lettrés, de rhéteurs, de philosophes pour s'instruire, par ses discours, de la théorie; et, par ses exemples, de la pratique d'une sainte vie? Quel genre d'érudition ne brille pas dans ce couvent, qui rassemble des essaims de gens faits pour donner des leçons aux autres, d'hommes distingués, célèbres par leur esprit exercé, et qui, uniquement appliqués aux saintes études, s'instruisent et s'enflamment mutuellement les uns les autres par les secours d'une bienveillance réciproque? On peut dire d'eux que tous, d'une voix unanime, chantent les saints cantiques sur les degrés du trône du Très-Haut, et que, montant comme Jacob au sommet de l'échelle sainte, ils voient Dieu dans toute sa gloire et brillant de tout l'éclat de sa radieuse couronne. Ces hommes, auxquels ne manque aucun des dons de la grâce, auraient donc dû se charger de la tâche que j'entreprends, et de leur savant ciseau tailler ce monument à la gloire de leur vénérable père. Le fruit de leur travail eût été une histoire délectable et vivante qu'ils auraient donnée à lire à ses disciples, et dans laquelle ceux-ci eussent trouvé une perpétuelle consolation à la perte de ce saint homme, dont les restes sont au milieu d'eux, et à la privation de ses instructions. Mais l'humilité de Clairvaux s'efforce habituellement d'atteindre aux choses les plus difficiles et les plus inconnues aux autres hommes. Les nobles enfans de ce monastère rougiraient de donner au public le plus léger indice de leur existence, et sont moins troublés du mépris et de l'abjection qu'ils ne le seraient d'une occasion quelconque d'illustration qui paraîtrait avoir quelque danger pour l'humilité dont ils font profession. C'est pour cela que, se tenant renfermés sous les verroux du silence, ils se plaisent davantage dans le sac, parure du désert, que dans le brodequin, chaussure du palais, et cherchent la gloire, non dans le talent d'écrire, mais dans la croix. Aussi, pour la vie de Saint-Bernard comme pour toutes les autres choses du même genre, c'est volontairement qu'ils imposent aux autres la tâche qu'ils devraient remplir eux-mêmes. Maintenant donc que la mort a enlevé le seigneur Guillaume, de vénérable mémoire, qui a retracé avec autant de fidélité que de piété les glorieux commencemens du saint homme dont il s'agit, on a sollicité mon incapacité de se charger de la suite de cet ouvrage, et mon amour pour l'Église, qui m'est si chère, m'a contraint de me résigner à apprêter ce mets pour les enfans des prophètes. Si par négligence j'y mêle quelques coloquintes, Elisée, je l'espère, les adoucira en les couvrant de fleur de farine[1], et mes sentimens d'obéissance feront excuser l'excès de mon imprudence.

[1] Allusion au miracle d'Elisée, qui adoucit les eaux de la mer en y jetant du sel.

VIE

DE

SAINT-BERNARD.

LIVRE SECOND,

PAR ARNAULD, ABBÉ DE BONNEVAL.

CHAPITRE PREMIER.

Du pontificat d'Innocent II, fortement et heureusement défendu par les soins de Saint-Bernard. — Du voyage de ce pape dans les Gaules, et de l'humiliation de l'Empereur.

Dans ce temps, le pape Honorius entra dans la voie de la mort[1], qui attend tout enfant de la chair. Sur-le-champ on s'occupa de l'élection de son successeur; les cardinaux s'étant partagés, et l'Eglise se trouvant ainsi divisée sur ce choix, les prêtres, diacres et évêques les plus nombreux, les plus distingués par leur sagesse, tous dignes d'éloges par leur vie, et hommes de toute vertu, nommèrent Innocent, que ses mœurs, sa réputation, son âge et sa science faisaient juger digne

[1] Le 14 février 1130.

du souverain sacerdoce. L'autre parti, appelant, non la raison, mais la violence, à l'appui de son infâme et audacieuse entreprise, élut séparément et précipitamment, par de frauduleuses machinations, Pierre de Léon, qui ambitionnait ce haut rang, et le consacra sous le nom d'Anaclet malgré la résistance de tous les autres. Cependant ceux qui tenaient pour le parti vraiment catholique placèrent sur la chaire de saint Pierre celui qu'ils avaient élu et solennellement consacré, et le conduisirent dans tous les lieux, où, suivant l'antique usage, les pontifes romains font leurs stations après l'élection. Innocent jouit donc ainsi, pendant un moment, des honneurs dus à la suprême dignité apostolique. Tandis que ses partisans, pour qui déjà il n'eût pas été sûr de rester dans leurs propres maisons, demeuraient sagement réunis autour du palais de Saint-Jean-de-Latran, les satellites de Pierre tombèrent violemment sur eux; trop faibles pour résister long-temps, ils trouvèrent pour quelque temps un refuge dans les châteaux de quelques-uns des nobles de Rome leurs confédérés. Mais ceux-ci ne persévérèrent pas long-temps dans leur fidélité. Bientôt en effet, ils cédèrent, soit à la violence, soit à la crainte, que leur inspirait une multitude pleine d'audace, ou se laissèrent corrompre par l'or. Pierre, tant par l'ascendant de sa naissance que par les liens de parenté de ses adhérens, avait pour lui une si grande foule de gens, que la cité presque entière, gagnée soit par l'argent, soit par des présens de tout genre, suivait son parti. Par ses exactions dans la levée des impôts, et les affaires qu'il s'était permises dans ses ambassades, Pierre avait en effet amassé prudemment d'innombrables richesses, et les avait conservées soigneusement pour en acheter des partisans dans cette circonstance qu'il attendait depuis long-temps. De plus, un trésor immense, provenant des biens de son père, tenu caché jusque-là, mais alors distribué dans le peuple, avait armé pour lui une populace vénale prête à le servir par toutes sortes de voies. Quand il eut épuisé ces ressources, il enleva des autels mêmes les dons prodigués par les rois pour l'ornement de l'Eglise ; mais comme les chrétiens de son parti, tout profanes qu'ils étaient, craignaient ou rougissaient de briser eux-mêmes les calices et de mettre en morceaux les crucifix d'or, il eut, dit-on, recours à des Juifs, qui fondirent audacieusement les vases sacrés et les saintes statues consacrées à Dieu. Ainsi donc tous, chacun à sa manière et du plus au moins, poussés vers le crime, vendirent publiquement à Pierre leurs suffrages, se lièrent à lui par d'unanimes sermens, n'hésitèrent pas à tremper leurs armes et leurs mains dans quelque sang que ce fût, attaquèrent chaque jour et poursuivirent par des injures et par le glaive le parti qui s'était déclaré pour Innocent.

Les serviteurs de Dieu tinrent donc conseil, et ne pouvant se défendre par la seule force humaine, ils préférèrent se retirer ; s'étant donc procuré secrètement des vaisseaux, ils échappèrent à la gueule du lion et à la griffe des bêtes féroces en passant du Tibre dans la mer de Toscane, et, poussés par les vents favorables qui enflaient leurs voiles, entrèrent heureusement dans le port de Pise. Dès que cette cité apprit l'arrivée de si grands personnages et connut la cause qui les forçait à quitter la capitale du monde chrétien,

elle se réjouit de voir la gloire du nom romain transportée sur elle, et de pouvoir se dire que, pendant que les Romains imprimaient sur eux-mêmes une note d'éternelle infamie, les Pisans s'acquéraient un renom perpétuel et une célébrité qui ne finirait point. Les consuls et les hommes revêtus de dignité accourent donc sur le rivage, se jettent aux pieds du seigneur pape, et lui rendent grâces d'avoir jugé qu'ils méritaient l'immense honneur qu'il daignât choisir leur ville pour l'illustrer par sa propre présence. « Notre
« cité, lui dirent-ils, est tienne, et nous sommes
« ton peuple; tu seras défrayé de tout à nos frais;
« bien plus, tout ce que la république possède de tré-
« sors, elle le met à ta disposition; tu ne trouveras
« aucune duplicité dans les Pisans; tu ne les verras
« pas tantôt s'unir à ta cause et tantôt s'en séparer,
« aujourd'hui te faire des sermens et demain les trahir.
« Ce peuple-ci n'est ardent ni à piller ni à égorger ses
« citoyens dans l'enceinte de ses propres murs. Notre
« nation ne se montre pas insolente au dedans et lâ-
« che au dehors. Il n'y a chez nous ni esclaves ni
« maîtres; tous nous sommes concitoyens et frères;
« nous ne cherchons à nous surpasser les uns les au-
« tres que dans les choses honnêtes, et nous ne nous
« provoquons pas entre nous par de séditieux com-
« plots. Dans l'intérieur nous sommes d'un caractère
« doux, mais souvent les étrangers ont éprouvé notre
« courage. Après avoir soumis les Carthaginois et
« subjugué les îles Baléares, vainqueurs sur terre et
« sur mer des pirates et méchans qui habitaient ces
« îles, nous avons emmené à Pise leurs princes cap-
« tifs et chargés de fers; et ce sont leurs dépouilles

« et les riches tentures de toute espèce prises sur eux
« qui ornent nos places et nos rues pour ton arrivée,
« et décorent notre cité pleine de joie. » Ce discours
terminé, le peuple courut au devant du saint pontife,
et la foule était tellement innombrable que les arrivans pouvaient à peine se frayer un passage. Cependant les cardinaux, qui marchaient lentement à pied,
donnaient par leur nombre un spectacle pompeux et
agréable aux matrones, aux vierges et aux petits enfans qui regardaient par les fenêtres. Le seigneur pape,
distribuant de tous côtés ses bénédictions, fut ainsi
glorieusement conduit avec tout son cortége à l'église des chanoines de la bienheureuse Marie, où on
le reçut avec les plus grands honneurs.

Avant de quitter Rome, le seigneur pape avait envoyé
dans les Gaules des députés chargés de faire connaître
à tous les ordres qui composaient l'église Gallicane
les troubles et le schisme opérés par Pierre, et de
les engager à s'armer pour punir la présomption de cet
homme, à condamner le parti schismatique et à souscrire leur acte d'union avec Innocent; mais comme
tous ces faits n'étaient pas encore pleinement connus
des évêques, aucun d'eux ne prit sur lui de donner
son adhésion à l'élection d'Innocent, avant de s'être
tous réunis en assemblée générale à Étampes, et d'avoir arrêté en commun quel pape ils admettraient et
quel ils rejeteraient. En effet, lorsqu'autrefois les
autres nations se montrèrent portées aux schismes,
la France ne s'est point souillée d'un tel esprit de
faction, n'a pas acquiescé aux erreurs des méchans et n'a jamais ni fabriqué ni placé une idole
monstrueuse dans la chaire vénérée de Pierre; ja-

mais dans les occasions de ce genre les Français ne se sont laissés effrayer par les édits des princes, ou n'ont préféré leurs avantages particuliers à l'intérêt général; jamais on ne les a vus revêtus des livrées d'un parti, se prononcer pour les personnes et non pour les choses, et, s'il l'a fallu, ils ont couru courageusement au-devant des persécutions sans redouter ni l'exil ni la perte de leurs biens. Un concile ayant donc été convoqué à Étampes [1], le saint abbé de Clairvaux, Bernard, y fut spécialement appelé par le roi même de France et par quelques-uns des principaux évêques. Comme il l'a depuis avoué, ce n'est qu'en tremblant et plein d'effroi qu'il s'y rendit, sachant trop bien tout ce que l'affaire qu'on allait y traiter avait de danger et de gravité. Dieu cependant daigna le consoler pendant sa route en lui montrant la nuit, dans une vision, l'église universelle réunie dans un parfait accord pour louer le Seigneur. De ce moment, Bernard espéra fermement que la paix se rétablirait dans l'Église. Dès que tout le monde fut arrivé à Étampes, qu'on se fut préparé par le jeûne et de ferventes prières adressées à Dieu, et que le roi, les évêques et les grands du royaume se furent assis pour traiter et discuter d'un commun accord l'objet en question, on pensa et on arrêta tout d'une voix qu'une affaire qui regardait Dieu serait remise au serviteur chéri de Dieu, et que sa bouche seule prononcerait sur cette grande cause. Le saint, quoique tremblant et effrayé, acquiesçant cependant à l'avis d'hommes pieux et fidèles, examina soigneusement la régularité des formes de l'élection,

[1] En 1130.

pesa les mérites des électeurs, scruta la vie et la renommée de celui qui avait été le premier élu, et ouvrit enfin une bouche que remplissait le Saint-Esprit. Entre tous, donc, lui seul prenant la parole, nomma Innocent comme celui que tous devaient reconnaître pour souverain pontife. Tous s'écrièrent en même temps qu'ils approuvaient. On chanta les hymnes accoutumés en pareille occasion à la louange du Seigneur; tous, en outre, promirent obéissance à Innocent et adhérèrent unanimement à son élection.

Cependant le seigneur pape, ayant réglé beaucoup de choses, en vertu de sa pleine puissance, à Pise, en Toscane, et dans d'autres pays, dit adieu aux Pisans et leur témoigna sa gratitude. Il fut ensuite porté par un vaisseau en Provence, traversa la Bourgogne et arriva à Orléans, où il fut reçu avec les plus grands honneurs et la plus vive joie par les évêques accourus à sa rencontre et par le très-pieux roi des Français Louis; de là Geoffroi, homme d'éminente vertu et évêque de Chartres, le conduisit dans cette dernière ville, où vint le trouver le glorieux monarque des Anglais, Henri, qu'accompagnait un immense cortége d'évêques et de grands de son royaume. Le vénérable abbé Bernard, qu'on avait envoyé vers ce prince, le détermina à se rendre et lui persuada, non sans peine, de reconnaître Innocent, quoique les évêques d'Angleterre l'eussent entièrement détourné de le faire. Comme, en effet, ce monarque s'en défendait et se montrait résolu de toutes manières, « Que « craignez-vous, lui dit le saint? Est-ce de vous pré- « cipiter dans un péché, si vous obéissez à Innocent? « Eh bien! songez seulement comment vous répon-

« drez à Dieu de tous vos autres péchés ; quant à
« celui-ci, laissez-le sur ma tête et qu'il retombe sur
« moi. » Ce puissant monarque, cédant à ces paroles,
quitta ses États, et alla jusqu'à Chartres au devant du
seigneur pape. Beaucoup de choses furent dites et
faites dans cette ville, et on y termina un grand nombre d'affaires ecclésiastiques et séculières.

Cependant les légats du seigneur pape étant revenus de la Germanie, lui rapportèrent l'adhésion
tant des évêques que du souverain de ce pays, avec
des lettres et la prière de tous de venir chez eux et
de combler leurs vœux en les faisant jouir de sa présence. Ils se laissèrent, en effet, persuader facilement de reconnaître celui que tant d'autres avaient
déjà reconnu ; mais il fut retenu par l'amour et le
pieux dévouement que lui témoigna l'église Gallicane,
où tous et chacun en particulier soupiraient après sa
visite apostolique. Ayant donc parcouru la France, le
pape convoqua à Rheims un concile [1], où, après avoir
réglé plusieurs choses pour le plus grand honneur de
Dieu, il couronna comme roi le jeune prince Louis,
du vivant de son père, et en remplacement de son
frère Philippe. Dans toutes ces occasions le seigneur
pape ne souffrait pas que notre abbé se séparât de lui,
mais le faisait asseoir et voter avec les cardinaux dans
toutes les choses qui se traitaient publiquement. Quand
ceux-ci avaient des affaires à discuter, dans le particulier, ils consultaient secrètement l'homme de Dieu ;
lui, de son côté, rapportait à cette sainte assemblée
toutes les plaintes qu'il entendait et sollicitait sa protection en faveur des opprimés. Ce concile étant dis-

---

[1] Le 19 octobre 1131.

sous, le seigneur pape se rendit à Liége auprès du roi des Romains; il en fut d'abord honorablement accueilli, mais des nuages obscurcirent trop promptement cette apparence. Ce roi, en effet, croyant que l'occasion lui était favorable, insista avec importunité sur la restitution du droit d'investiture des évêques, que l'Eglise de Rome avait reconquis sur son prédécesseur l'empereur Henri, avec les plus grandes fatigues et une foule de dangers. A cette demande les Romains s'effrayèrent, pâlirent et crurent avoir trouvé à Liége un péril plus grand que tous ceux qu'ils avaient fuis en quittant Rome; ils ne savaient quel parti prendre, jusqu'au moment où le saint abbé s'opposa, comme un mur, à cette prétention. Il résista en effet courageusement au roi, réfuta ses méchantes paroles avec une admirable liberté, et le réprima par son imposante autorité.

A son retour de Liége, le seigneur pape voulut voir par lui-même le monastère de Clairvaux; là les vrais pauvres de Jésus-Christ allèrent au-devant de lui, non couverts d'ornemens de pourpre ou de fin lin, et ayant dans leurs mains des livres d'Evangile tout brillans d'or, mais revêtus d'habits grossiers et portant une simple croix de bois; ce ne fut pas non plus avec le fracas de bruyantes trompettes et des clameurs de jubilation, mais avec des chants étouffés et les sentimens d'une tendre affection qu'ils le reçurent. Les évêques pleuraient d'attendrissement; le souverain pontife lui-même mêlait ses larmes aux leurs, et tous admiraient la gravité des moines de cette congrégation qui, dans ce jour d'une joie si solennelle, tenaient tous leurs regards fixés vers la terre, bien loin de les promener autour d'eux pour satisfaire une vaine curiosité, mais, les paupières baissées, ne voyaient personne, tandis qu'ils attiraient sur eux-mêmes tous les yeux. Dans leur couvent, les Romains n'aperçurent rien qui pût tenter leur cupidité ; là aucun ameublement n'attira leurs regards par sa richesse, et dans la chapelle ils ne virent autre chose que les murailles entièrement nues. On ne pouvait envier à ces moines que leurs mœurs saintes ; et, certes, ils n'avaient rien à perdre à ce qu'on voulût leur enlever une telle richesse, puisque la piété qu'on eût emporté de chez eux n'aurait en rien diminué la leur. Tous se réjouissaient uniquement dans le Seigneur, et ce ne fut point par des mets recherchés, mais par leurs vertus qu'ils célébrèrent la venue du pape. Leur pain n'était pas fait de fleur de froment, mais contenait la paille et le son mêlé avec la farine ; des herbes et non des turbots couvraient leur table ; des fèves composaient leur plus grand régal ; un poisson qu'on s'était procuré par extraordinaire fut servi seulement pour le seigneur pape ; et, quant à tous les autres, ils n'en eurent que la vue, mais n'en goûtèrent point.

Le démon, rongé par l'envie et ne pouvant supporter le spectacle de la gloire de ces serviteurs de Dieu, que relevait encore la présence d'un hôte si éminent, troubla d'une horrible frayeur quelques-uns des religieux, au moment même où, dans le chœur, tous, remplis d'une pieuse joie, chantaient des psaumes et avaient avec eux plusieurs cardinaux qui ne se rassasiaient pas du plaisir de les voir et de les entendre. L'un des frères, en effet, saisi plus que les autres de l'esprit malin, laissa tout à coup échapper quelques paroles blasphématoires, s'écriant : « C'est moi qui « suis le Christ, répétez-le. » Alors plusieurs des autres, tremblans et pleins de terreur, s'enfuirent aux pieds de leur bienheureux abbé ; mais lui, se tournant vers ses moines, leur dit : « Priez. » Par ce seul mot il ramena au silence et fit rentrer en eux-mêmes ceux qui paraissaient troublés, afin que le méchant démon, qui avait tenté de transformer un couvent renommé par sa piété en un théâtre, et de faire d'une école d'innocence un objet de dérision, ne pût point, comme il s'en flattait, porter atteinte à la réputation d'hommes religieux, mais fût contraint de se trahir lui-même et reconnût par son expérience l'impuissance de ses efforts. Tout ce désordre se calma en effet avec une telle célérité, que les personnes même les plus voisines du moine qui avait blasphémé n'eurent aucun soupçon de ce qui s'était passé, et que le malin ennemi, promptement gourmandé, non seulement ne put donner le moindre scandale à ceux pour lesquels il avait préparé ce coup, mais ne réussit pas même à ce qu'ils en eussent connaissance. Ce qui en arriva, c'est que les frères se fortifièrent contre toute tentation par une vigilance encore plus grande sur eux-mêmes. Aussi l'ordre de Clairvaux crût-il sans cesse de ce moment en mérite, en nombre et en richesse, et remplit-il toute l'étendue du pays du bruit de sa piété. De ce moment encore le don des miracles et des prodiges brilla plus que d'ordinaire dans le saint abbé.

CHAPITRE II.

Du synode tenu à Pise par Innocent. — De la réconciliation de ceux de Milan à l'Église, par les soins de Bernard, et des possédés guéris par lui dans cette ville.

Le seigneur pape ne put faire un long séjour dans les Gaules ; mais, ainsi qu'il en était convenu avec l'empereur Lothaire, il alla retrouver à Rome ce prince qui, avec le secours d'une puissante armée, le rétablit dans le palais de Latran [1]. Beaucoup des nobles romains se montrèrent fidèles à l'Eglise, et accueillirent honorablement Innocent. Cependant Pierre de Léon, ne mettant pas en Dieu son appui, mais se confiant en la méchanceté des complices qui l'entouraient, se retira dans les tours les plus hautes et les plus fortes ; de là il se joua du courage de Lothaire, interdit aux siens de se trouver à aucune discussion publique, se garda bien de compromettre sa propre sûreté ni de donner à ses ennemis aucune occasion d'en venir aux prises avec lui, mais empêcha la libre poursuite des projets du prince, par des machinations profondes et par des obstacles de tout genre. Il évita en effet obstinément toute conférence avec l'empereur, ne céda ni aux menaces ni aux caresses, et n'écouta sur sa position les conseils de qui que ce fût. L'empereur ayant donc laissé Innocent à Rome, tourna ses pas d'un autre côté. Mais, après son départ, Pierre, faisant de fréquentes irruptions dans

[1] En 1133.

tous les quartiers de la ville, ne respirait que le massacre des fidèles. Innocent reconnut donc qu'il ne lui serait d'aucun avantage de faire, dans ce temps-là, un plus long séjour à Rome, et pour que sa présence dans cette ville n'exaspérât pas de plus en plus la rage de cette bête féroce, il retourna à Pise ; là se réunirent les évêques de tout l'Occident et beaucoup d'autres hommes religieux, et il s'y tint un concile solennel et dont la gloire est fort célèbre [1]. Notre saint abbé prit part aux discussions, jugemens et décisions qui eurent lieu sur les affaires de toute espèce ; le respect qu'on lui témoignait était général, et des prêtres veillaient constamment à sa porte. Ce n'est pas que l'orgueil repoussât d'auprès de lui, mais la foule qui se présentait rendait difficile à tous l'accès jusqu'à sa personne ; à mesure donc que les uns sortaient, d'autres étaient introduits, et cet homme humble qui ne s'arrogeait rien de tous ces honneurs paraissait ainsi, non dans le tourment des affaires, mais dans la plénitude de la puissance. Il serait trop long de raconter en détail toutes les déterminations prises par ce concile ; mais la plus importante fut l'excommunication de Pierre de Léon, et l'exclusion de tous ses complices hors du sein de l'Eglise, et sans qu'ils pussent jamais y rentrer : sentence qui subsiste encore aujourd'hui dans toute sa force.

Le concile séparé, le seigneur pape envoya aux habitans de Milan pour les réconcilier avec l'Eglise [2] l'abbé de Clairvaux dont ils avaient souvent sollicité la venue, Gui évêque de Pise et Mathieu évêque d'Albano, comme légats à *latere* ; tous trois

---

[1] En 1134. — [2] En 1134.

étaient chargés de guérir cette ville égarée du schisme qu'y avait opéré Anselme, et de la ramener à l'unité de l'Eglise. Aux prélats susdits, et que le saint abbé avait acceptés pour collègues, d'après le choix du seigneur pape, il joignit, de l'avis et du sentiment de tous, le vénérable Geoffroi évêque de Chartres, dont il avait éprouvé en beaucoup d'occasions la franchise et la pureté. En effet, il parut sage aux cardinaux d'appuyer d'un tel auxiliaire une négociation d'une si haute importance. Quand donc ces envoyés eurent franchi les Apennins, et que les Milanais apprirent que l'abbé après lequel ils soupiraient approchait de leurs frontières, tout le peuple vint au devant de lui jusqu'à sept milles de la cité ; nobles et vilains, cavaliers et piétons, gens de moyen état et pauvres, tous quittent la ville, désertent leurs pénates, et, partagés en diverses troupes, à rangs serrés, accueillent l'homme de Dieu avec une incroyable vénération ; tous lui baisent les pieds, et, quoiqu'il souffrît à recevoir un tel hommage, il ne put réprimer par aucun avertissement, ni repousser par aucune défense, les élans du pieux zèle de cette multitude prosternée devant lui. Ces hommes arrachaient, autant qu'ils le pouvaient, les poils de l'étoffe dont il était vêtu, et emportaient des brins de la frange de ses habits, comme des remèdes assurés contre les maladies, persuadés que toutes les choses qu'il avait touchées étaient saintes, et qu'eux-mêmes, en les touchant et en s'en servant, seraient sanctifiés. Marchant donc les uns devant les autres derrière le saint abbé, ils poussaient en son honneur de joyeuses acclamations ; après l'avoir ainsi retenu long-temps au milieu des flots d'une foule innombrable, ils le remirent enfin aux soins d'une solennelle hospitalité. Lorsqu'on en vint ensuite à traiter publiquement de l'affaire pour laquelle cet homme de Dieu et des cardinaux s'étaient rendus à Milan, cette cité, oubliant pour ainsi dire sa puissance et déposant toute rudesse, se soumit si humblement au saint abbé, qu'on pourrait appliquer justement à l'obéissance qu'elle montra ce vers du poète :

Jussa sequi, tam velle mihi, quam posse necesse est[1].

Quand tous les différends furent apaisés, que Milan eut été réconcilié à l'Eglise, et que le peuple de cette ville vit renaître une concorde établie sur de solides bases, il survint au saint abbé d'autres occupations. Le diable, qui s'était emparé du corps de quelques malheureux, s'y livrait à tous les excès d'une fureur insensée. L'homme de Dieu le gourmanda fortement, et lui opposa l'étendard du Christ ; alors les démons, effrayés et tremblans devant l'éminente vertu qui combattait contre eux, s'enfuirent des demeures dont ils avaient pris possession. Ce fut là pour Bernard une nouvelle mission ; elle ne lui donnait plus seulement à terminer une affaire qui intéressait Rome, mais le chargeait de faire triompher la foi à la loi divine, et ses lettres de créance produites en public étaient écrites du sang du Christ et scellées du sceau de la croix, dont la figure, par sa seule autorité, soumet et courbe sous son joug les puissances de la terre et des enfers. De notre temps, ce serait chose inouïe que de voir, comme alors, tant de foi dans le peuple et tant

---

[1] Il n'est nécessaire de vouloir et de pouvoir suivre ses ordres.

de vertu dans un homme. Entre les Milanais et le saint abbé s'éleva, en effet, une pieuse dispute : lui attribuait à la sincérité de leur foi la gloire des miracles qu'il opérait ; mais eux l'assignaient à sa sainteté, fermement convaincus que tout ce qu'il demanderait à Dieu il l'obtiendrait. Ils lui amenèrent donc, sans hésiter le moins du monde, une femme bien connue de tous, que l'esprit immonde tourmentait depuis sept ans, et le supplièrent, avec de vives instances, de mettre en fuite, par le nom de Dieu, le démon qui s'était emparé d'elle, et de la rendre à son ancien état de santé. Cette foi du peuple inspirait à l'homme de Dieu une extrême et craintive pudeur ; d'une part, dans son humilité, digne de servir de leçon à tous, il tremblait de tenter des choses nouvelles pour lui, de l'autre, il avait honte de se refuser aux instantes supplications de la multitude et de résister obstinément à tant de charité ; il lui semblait qu'il offenserait le Seigneur, et que sa défiance de soi-même paraîtrait répandre le nuage du doute sur la toute-puissance de Dieu, si sa propre foi restait en arrière de celle du peuple. Il éprouvait donc en lui-même une violente agitation ; enfin, quoiqu'il affirmât que ce n'était pas pour les fidèles mais pour les infidèles qu'il fallait que des miracles s'opérassent, il se reposa sur le Saint-Esprit du succès de son audacieuse entreprise, et se mit en prières ; puis il conjura Satan au nom de l'esprit de force, le mit en fuite par le pouvoir que le Ciel fit descendre en lui, et rendit à cette femme la vie et le repos. Tous ceux qui se trouvaient présens, pleins d'allégresse et levant leurs mains vers les cieux, firent retentir l'air de leurs actions de grâces envers

Dieu, qui avait daigné 'les visiter du haut de son trône. On entend bientôt parler de ce miracle, la renommée s'en répand partout; de tous côtés on se rassemble dans les églises, les places où se rendait la justice et les carrefours ; partout on ne se parle que du serviteur de Dieu ; on dit publiquement que rien de ce qu'il demande au Seigneur ne lui est impossible ; on répète, on croit, on proclame hautement, on affirme que le Tout-Puissant a toujours les oreilles ouvertes pour ses prières. On ne peut se rassasier, en aucune manière, ni de le voir, ni de l'entendre. Les uns entrent en foule chez lui pour jouir de sa présence ; les autres attendent à sa porte jusqu'à ce qu'il sorte. Les occupations cessent, les ouvriers interrompent leurs travaux ; la cité tout entière se livre au seul bonheur de le voir. Tous se pressent sur ses pas, le suppliant de les bénir, et chacun regarde comme la chose la plus desirable de pouvoir toucher ses vêtemens.

Le troisième jour, le serviteur de Dieu se rendit à l'église de Saint-Ambroise pour y célébrer les divins mystères. Une innombrable multitude de peuple l'y attendait. Pendant la solennité de la messe, tandis que les clercs chantaient et que Bernard était assis près de l'autel, on lui présenta une jeune fille encore enfant, que le démon tourmentait avec une cruelle violence, et on le conjura de secourir cette pauvre malheureuse, et de la délivrer du diable qui exerçait en elle ses fureurs. Lui, entendant les supplications de tous les assistans, et voyant cette jeune personne qui grinçait des dents, poussait des hurlemens, et était un objet d'horreur pour tous ceux qui la regardaient, eut pitié de son âge, et s'affligea de la véhémence des maux qui l'accablaient. Prenant donc la patène du calice dont il allait se servir pour célébrer les saints mystères, il verse de l'eau sur ses doigts, prie en lui-même, et, se confiant en la puissance de Dieu, approche le liquide salutaire de la bouche de la jeune fille, et fait entrer dans son corps une seule goutte de cette eau qui doit la guérir. Sur-le-champ Satan, comme s'il se fût senti brûlé, ne peut supporter la toute puissante action de l'eau avalée par la jeune possédée, et pressé intérieurement par l'antidote de la croix, il se hâte de sortir et s'échappe tout tremblant au milieu du vomissement le plus infect. Dès qu'on vit la jeune fille ainsi délivrée, le démon confondu et réduit à fuir, toute l'église retentit des louanges dues au Seigneur, et, après ces acclamations d'allégresse, le peuple plein de joie demeura immobile à sa place jusqu'à ce que les divins mystères fussent terminés. Ensuite, et aux yeux de tous, les parens de la jeune fille la reconduisirent chez elle très-bien portante ; quant à l'homme de Dieu, ce ne fut qu'à grand'peine que le peuple consentit à le quitter et à le laisser retourner à la demeure qu'il occupait.

Vers ce temps, en effet, et par la volonté de Dieu, on voyait dans Milan, suivant les paroles d'Isaïe : « Les « satyres se jeter des cris les uns aux autres, les ono- « centaures et les démons se rencontrer [1] ; » et, dans leurs courses effrénées, exercer leur rage sur une foule de gens. Il n'y eut personne qui pût réprimer leur insolence, tant que la ville resta infectée du schisme suscité par Anselme fauteur de Pierre, et alors assis

---

[1] Isaïe, chap. XXXIV, v. 14.

dans la chaire épiscopale de Milan, et que les prêtres gémissant, les vierges souillées, les saints mystères maudits, et l'autel pollué provoquèrent la colère de Dieu contre le peuple; mais aussitôt qu'à l'arrivée de l'homme de Dieu, les machinations d'Anselme furent vaincues, et que l'église de cette cité eut été ramenée sous l'obéissance du saint-siège apostolique et aux lois d'Innocent, cette licence des démons fut arrêtée; chaque jour le diable cédait du terrain, et fuyait terrifié par les prières de l'homme du Seigneur. Si quelquefois, cependant, il s'efforçait de résister, succombant dans la lutte, il était écrasé avec plus de gloire pour son vainqueur.

CHAPITRE III.

De l'expulsion des démons de divers corps qu'ils occupaient, tantôt par la vertu de l'eucharistie, tantôt par celle du pain et de l'eau bénite, tantôt par le signe de la croix; ainsi que d'autres œuvres utiles et miraculeuses.

Parmi les gens opprimés par le démon était une femme d'un grand âge, citoyenne de Milan et matrone autrefois respectée. Le peuple la traîna jusque dans l'église de Saint-Ambroise, à la suite de l'homme de Dieu. Depuis plusieurs années le démon avait établi sa demeure dans la poitrine de cette femme, et la suffoquait si cruellement que, privée de la vue, de l'ouïe et de la parole, grinçant des dents, et laissant pendre sa langue hors de sa bouche comme la trompe d'un éléphant, elle semblait à tous non une femme, mais un véritable monstre. Sa face d'une horrible saleté, son aspect hideux, son haleine fétide, attestaient la présence impure du diable dont elle était possédée. A peine l'homme de Dieu eut-il vu cette malheureuse qu'il reconnut que Satan, inhérent et pour ainsi dire identifié à ses entrailles, ne sortirait pas facilement d'une demeure dont il était le maître depuis si long-temps. Se retournant donc vers le peuple dont la multitude était innombrable, il lui recommande de prier avec plus de recueillement que jamais, prescrit la même chose aux clercs et aux moines qui entouraient l'autel avec lui, et ordonne qu'on amène et qu'on retienne cette femme en sa présence. Cette malheureuse y résiste avec violence, se débat avec une force non pas naturelle, mais diabolique, maltraite plusieurs de ceux qui la traînent, et frappe l'abbé lui-même d'un coup de pied. Celui-ci, sans rien perdre de sa douceur ordinaire, méprise cet audacieux outrage du démon, et supplie le Seigneur, non avec l'indignation de la colère, mais avec les prières les plus humbles et les plus pacifiques, de daigner lui prêter son secours pour expulser Satan du corps de cette femme : puis il monte à l'autel pour immoler la sainte victime. Chaque fois qu'il fait le signe de la croix sur l'hostie sacrée, il se retourne vers cette pauvre femme, et, en vigoureux athlète, il porte avec ce même signe sublime de la croix de terribles coups au malin esprit. Ce méchant démon, chaque fois que le signe de la croix est dirigé contre lui, montre bien qu'il se sent frappé, se livre à de plus grands excès de rage, et par cela même qu'il regimbe davantage contre l'aiguillon, se trahit malgré lui et prouve combien il en souffre.

L'oraison dominicale achevée, le bienheureux attaque plus puissamment l'ennemi. Posant en effet sur la patène du calice le corps sacré de Notre-Seigneur, il le tient sur la tête de cette femme, et parle en ces termes : « Esprit inique, voici ton juge, le voici
« dans sa toute-puissance. Résiste maintenant si tu
« le peux. Voici celui qui, prêt à souffrir pour notre
« salut, a dit : *Le temps est venu auquel le prince*
« *de ce monde sera jeté dehors.* Ce corps est celui que
« le Sauveur a pris dans le sein de la Vierge, celui
« qui fut étendu sur l'arbre de la croix, celui qui a
« été mis dans le tombeau, celui qui est ressuscité
« d'entre les morts, celui qui est monté au ciel à la
« vue de ses disciples ; c'est par la terrible puissance
« de sa divine majesté que je t'ordonne, esprit ma-
« lin, de sortir du corps de sa servante, et de n'avoir
« pas la hardiesse d'y rentrer désormais. » Le démon, qui ne se déterminait que bien malgré lui à quitter cette femme, et n'était cependant pas assez fort pour y rester davantage, la tourmentait d'autant plus cruellement, et montrait une rage d'autant plus violente qu'on lui laissait moins de temps pour obéir. Quand donc le saint abbé, de retour à l'autel, eut terminé la fraction de la sainte hostie, et donné la paix au diacre pour la transmettre à tout le peuple, la paix et la santé furent sur-le-champ rendues complétement à cette infortunée. C'est ainsi que l'infâme Satan se vit contraint de montrer, non par ses aveux, mais par sa fuite, combien de force et de vertu renferment les divins mystères. Le diable, une fois chassé, cette

femme, sur qui le bourreau empesté de l'enfer avait épuisé si long-temps de si horribles raffinemens de torture [1], rendue maintenant à la tranquille jouissance de son esprit, revenue à l'usage de ses sens et de sa raison, et sentant sa langue reprendre dans sa bouche ses mouvemens accoutumés, confessa hautement sa guérison, rendit à Dieu de vives actions de grâces, et contemplant l'auteur de sa délivrance, se prosterna à ses pieds. Aussitôt une immense clameur s'élève dans toute l'église; les gens de tout âge poussent en l'honneur de Dieu des cris de joie; l'airain des cloches retentit; tous bénissent le Seigneur; la vénération pour Bernard excède toutes les bornes, et la ville emportée, s'il est permis de parler ainsi, par les flots de son amour, honore le serviteur de Dieu comme un être au dessus de l'homme.

Au récit de tout ce qui se passait à Milan, la réputation de l'homme du Seigneur courut bientôt par toute l'Italie, et il se répandit en tous lieux qu'il s'était élevé un grand prophète, puissant en paroles et en actions, qui, en invoquant le nom du Christ, guérissait les infirmes et délivrait les gens possédés des démons. La reconnaissance qu'on lui portait pour les cures des maladies était certes très-grande; mais l'expulsion des démons l'occupait plus fréquemment. D'une part, la foule des possédés qui venaient chercher des secours auprès de lui était plus nombreuse; de l'autre, c'était l'œuvre d'une vertu plus éminente, et qui nécessairement obscurcissait l'éclat des prodiges d'un moindre effet. La multitude de peuple, qui du matin au soir assiégeait sa porte, était tellement

---

[1] Littéralement, *avait fricassé dans la poële de si grands tourmens.*

immense, que, ne pouvant, à cause de la faiblesse de son corps, supporter de se sentir pressé par tous ces gens, il allait aux fenêtres de sa maison, se montrait à leurs yeux, et, levant les mains au ciel, leur donnait sa bénédiction. Ceux-ci apportaient avec eux du pain et de l'eau, les présentaient à la bénédiction de Bernard, et les remportaient sûrs d'y trouver des avantages semblables à ceux qu'on puise dans les sacremens. Des châteaux, des villes et des bourgs voisins on accourait en foule : citoyens ou étrangers n'avaient à Milan qu'une seule étude, celle de suivre les pas du saint, de solliciter quelque marque de sa bonté, d'entendre une de ses paroles, de voir un de ses prodiges, et tous puisaient une joie qui passe toute croyance dans ses instructions et ses miracles.

Parmi eux était un habitant des faubourgs, qui avait apporté un enfant démoniaque ; à peine le saint homme eut-il fait le signe de la croix sur la foule, que sur-le-champ, et à la vue de tous, cet enfant se précipita hors des bras de celui qui le portait, tomba par terre et parut suffoqué, comme mort ; privé de tout sentiment et immobile, il n'avait plus ni voix ni haleine, tant était faible le souffle que conservait encore sa poitrine. Les assistans firent donc place pour que le porteur de cet enfant à demi-mort pût s'avancer et être admis en la présence de l'homme de Dieu, et la multitude étonnée attendait ce qui arriverait de la funeste chute de ce petit malheureux. L'homme, étant donc parvenu jusqu'au serviteur de Dieu, posa l'enfant sans mouvement, et qui ne sentait déjà plus rien, aux pieds de l'abbé, et lui dit : « Seigneur père, « cet enfant que je viens d'étendre à tes pieds, est

« cruellement tourmenté du démon depuis déjà trois
« ans; chaque fois qu'il entre dans l'église, ou est as-
« pergé de sel et d'eau exorcisée, qu'on fait sur lui le
« signe de la croix, qu'il est contraint d'entendre l'E-
« vangile, ou d'assister aux divins mystères, le diable
« qui s'est emparé de lui se sent attaqué, et le petit
« malheureux en est plus rudement torturé. Pendant
« que tout à l'heure j'attendais avec les autres à ta
« porte, tu as fait le signe de la croix et étendu la
« main sur le peuple; le diable alors, rendu plus fu-
« rieux par ce signe sacramentel, s'est porté plus vio-
« lemment que jamais et de toute sa puissance à tour-
« menter cet enfant; et, comme tu le vois, s'em-
« parant de son corps entier, il a presque fermé chez
« lui tout passage au souffle vital : mais lorsque le
« bruit de la grâce que tu as reçue de Dieu se fut ré-
« pandu chez nous, cet enfant lui-même, espérant,
« d'après les autres cures que tu as opérées, trouver
« en toi son salut, m'a conjuré de te l'amener. Je
« t'en supplie donc par la miséricorde du Très-Haut,
« écoute tes pieuses et ordinaires affections, prends
« pitié de mes peines à moi qui, en gardant cet en-
« fant, me suis imposé une tâche coûteuse et pleine
« de dangers, criant au secours de sa misère qui est
« au comble, ainsi que tu peux t'en convaincre par
« tes propres yeux; et ne souffre pas que le démon
« porte à chaque instant plus loin sa rage sur ce petit
« infortuné. » Cet homme pleurait en disant ces mots;
et les larmes qui inondaient son visage émurent si
fort les assistans que tous joignirent leurs prières aux
siennes.

L'homme de Dieu leur ordonnant alors de se confier en la miséricorde du Seigneur, toucha doucement le cou de l'enfant du bâton dont il se servait pour s'appuyer. Mais Gérard, son frère, voulant éprouver la vérité des paroles du gardien du jeune possédé, fit en cachette le signe de la croix sur le dos de celui-ci. L'enfant, qui était demeuré long-temps sur le pavé étendu aux pieds de l'abbé sans mouvement ni sentiment, ne voyant et n'entendant rien, frémit à l'attouchement du bâton et au signe de la croix, se troubla et gémit. L'abbé commande alors qu'on le place sur son propre lit; mais lui, comme s'il se sentait offensé et insulté, se rejette sur le pavé, grince des dents et mord l'homme qui prend soin de lui; puis tirant les cheveux de ceux qui l'entouraient, il s'efforce autant qu'il le peut de s'arracher de leurs bras, et c'était à grand'peine qu'ils le retenaient : « Courage, s'écrie alors l'abbé, reportez-le « sur mon lit. » Il se met ensuite en prière, et les moines, prosternés contre terre, en font autant. Le diable pour lors, comme si la paille que contenait le lit eût été embrâsée, et qu'il s'en fût senti brûlé, atteste par ses cris la violence des tourmens qui le consument à l'approche de la force divine qui le presse. Le saint homme ordonne cependant de verser de l'eau bénite dans la bouche du patient; celui-ci refuse d'en avaler, et serre les lèvres et les dents. A l'aide d'un coin enfoncé de force, on parvient enfin, quoique difficilement, à lui faire desserrer les mâchoires, et, bon gré mal gré, l'eau sainte arrive à son palais, et tombe dans son gosier. Semblable à une pénétrante sanctification, elle descend promptement jusqu'au fond de ses entrailles, et s'y répand, pour ainsi dire, comme un antidote. Aussitôt l'esprit malin avec toute sa puissance s'élance hors de ce corps au milieu du plus sale vomissement; et le démon, mis en déroute après cet insigne affront, s'enfuit en toute hâte et avec l'impétuosité d'un torrent. Incontinent cet enfant qui semblait mort revient à la vie; tranquille et parfaitement guéri, il se lève du lit de l'abbé, embrasse l'auteur de sa cure, et s'écrie : « Grâces à « Dieu, je suis en parfaite santé. » Tous alors remercient unanimement le Seigneur, et ces gens qui pleuraient il n'y a qu'un moment sont maintenant dans la joie; au dehors, de vives clameurs se font entendre; le miracle opéré au dedans est solennellement proclamé sur le toit de la maison; la cité entière accourt pour jouir du spectacle d'un tel prodige; on bénit Dieu à l'envi; le peuple se réjouit et met toutes ses affections dans l'abbé qui a pu accomplir une si grande œuvre.

Ce même saint homme guérit une foule de gens attaqués de la fièvre, en leur imposant les mains et leur donnant à boire de l'eau bénite. En touchant à d'autres leurs mains desséchées et leurs membres privés de mouvement par la paralysie, il leur rendit la santé. Il obtint aussi, par sa puissante intercession auprès du Père de toute lumière, que des malheureux, reconnus aveugles d'après le témoignage de beaucoup d'habitans de cette même ville, recouvrassent la vue aussitôt qu'il eut fait sur eux le signe de la croix. Vers le même temps, Bernard venait d'entrer, pour traiter d'affaires, dans la demeure de l'évêque d'Albano, que le seigneur pape lui avait donné pour collègue dans cette mission de Milan ; tous deux conféraient

sur les choses qu'il leur était enjoint de terminer; tout à coup s'élance au milieu d'eux un jeune homme dont la main atrophiée était recourbée jusque sur le bras; il se prosterne aux pieds du saint abbé, et lui demande, avec d'humbles supplications, la santé. Bernard, occupé d'autres pensées, le bénit cependant, lui ordonne de s'en aller, et usant de paroles plus sévères qu'il ne le faisait d'ordinaire, lui défend de venir l'importuner davantage. L'infortuné se retirait sans avoir obtenu ce qu'il avait sollicité; le vénérable évêque lui commande de revenir en toute hâte sur ses pas, le prend par sa main difforme, et le présente à l'abbé : « Cet homme, lui dit-il, n'ayant
« nullement reçu de toi le bienfait qu'il réclamait,
« t'a cependant obéi quand tu lui as dit de se retirer;
« toi, ne ferme pas pour lui tes entrailles à la misé-
« ricorde; ou plutôt obéis à ton tour, et fidèle à ton
« vœu d'obéissance soumets-toi à mon ordre, fais
« ce qu'il desire, accorde-lui ce qu'il demande, et
« te confiant dans la puissance de celui au nom du-
« quel il sollicite la santé, prie qu'elle lui soit ren-
« due, et tu l'obtiendras; de cette manière, nous
« pourrons nous féliciter, nous de cette grâce du
« Seigneur, et cet homme de sa guérison qu'il sou-
« haite si vivement. »

Sur cet ordre de l'évêque, l'abbé prend la main du jeune homme, invoque Dieu et en est exaucé; à peine a-t-il fait le signe de la croix, les nerfs roidis de cette main s'étendent; les muscles qu'une longue et continuelle maladie avait desséchés, revenant à leur état naturel de vigueur, reprennent leur flexibilité ainsi que leur mouvement, et ce membre languissant est guéri en moins de temps qu'il n'en faut pour le dire. Le prélat demeura muet d'admiration à la vue de l'effet si soudain de la puissance de l'abbé, voua, de ce moment, à cet homme de Dieu la plus haute vénération, et lui-même attesta et raconta les miracles qu'il lui avait vu opérer. Il le pressa de souper avec lui le soir de ce même jour ; mais ce ne fut qu'avec une extrême difficulté qu'il l'y fit consentir, et il ne parvint à le persuader qu'en lui remontrant qu'une foule immense de peuple l'attendait dans tout le chemin, et qu'il ne pourrait sortir sans danger d'en être incommodé. Pendant le repas, l'évêque donna l'assiette, dans laquelle l'abbé avait mangé, à garder au plus affidé de ses serviteurs, et lui recommanda de la mettre à part et de la serrer avec le plus grand soin. Quelques jours après, ce prélat se sentit saisi de l'ardeur brûlante de la fièvre ; se ressouvenant alors de l'homme de Dieu, il fit appeler son fidèle serviteur : « Apporte-moi, sans tarder, lui dit-il, « l'assiette que je t'ai donnée tout récemment à gar-« der. » Le serviteur l'apporte, et la lui présente : « Verses-y de l'eau, poursuit l'évêque, et coupe de-« dans de petites bouchées de pain. » Quand cela fut fait, le prélat, se confiant au Seigneur et se recommandant aux prières de l'abbé, but et mangea, et se sentit sur-le-champ complétement guéri.

Cependant la foule qui accourait à Milan augmentait sans cesse, et les œuvres miraculeuses de Bernard attiraient les peuples de toutes parts ; on ne laissait à l'homme de Dieu aucun repos, tandis que lui le procurait aux autres, en s'écrasant de fatigue. Ceux qui s'en retournaient trouvaient sur leur route des gens qui arrivaient, et tous se succédaient ainsi venant mendier le bienfaisant secours de Bernard. Dans le nombre était un certain soldat, qui apportait dans ses bras à l'homme de Dieu une jeune fille, qui avait pris le jour tellement en horreur qu'elle avait toujours ses paupières fermées, et tenait de plus son bras devant ses yeux pour empêcher que le moindre atome de lumière n'y arrivât. Si quelquefois on lui ôtait de force les bras de devant la figure, et qu'alors le jour pénétrât jusqu'à ses yeux, elle criait et pleurait; la clarté lui semblait un vrai supplice, et il paraissait que la lumière lui enfonçât des dards dans la cervelle. Le serviteur de Dieu bénit cette jeune fille, fit sur elle un petit signe de croix, et la renvoya tranquille; pendant qu'on la reportait dans sa maison, elle ouvrit les yeux d'elle-même, et s'en retourna à pied sans qu'il fût nécessaire de la porter davantage. Dans le même temps, et à la vue d'une foule d'assistans, le saint abbé obtint du Père de toutes miséricordes la guérison d'une femme possédée du démon.

CHAPITRE IV.

De divers démoniaques guéris, et de l'admirable humilité de Bernard, qui au milieu de tant d'illustres miracles pensa toujours de soi-même avec une égale modestie.

BERNARD étant arrivé à Pavie, cette ville où l'avait précédé la réputation de ses vertus, manifesta la plus grande joie, et le reçut avec les sentimens de plaisir et l'éclat que méritait un homme couvert de tant de gloire. Le peuple, qui savait quels miracles le saint abbé avait faits à Milan, souhaitait fort lui voir opérer quelque prodige. Ce desir ne fut pas long-temps sans être satisfait : à la suite de Bernard arriva tout à coup un certain paysan qui l'avait suivi depuis Milan, amenant avec lui sa femme possédée du démon, et qui la déposa à ses pieds en attestant d'une voix entrecoupée de sanglots les cruels tourmens intérieurs que souffrait l'infortunée. A l'instant même, le diable se mit à injurier l'abbé par la bouche de cette malheureuse femme, et dit en raillant le serviteur de Dieu : « Non, non, celui-ci, en mangeant ses poireaux et « en dévorant ses choux, ne me chassera pas du « corps de cette chienne, dont je me suis emparé. » Il lança beaucoup d'autres propos aussi grossiers contre l'homme du Seigneur, le provoquant par ses blasphêmes, et espérant que, quand il s'entendrait accabler par ces indignes paroles, il supporterait impatiemment de tels opprobres, et verrait ensuite son impuissance confondue en présence du peuple. Mais l'homme de Dieu connaissant l'astuce de Satan, se moqua à son tour du moqueur ; n'attendant pas sa vengeance de lui-même, et en remettant le soin au Très-Haut, il ordonna de conduire la possédée à l'église de Saint-Cyr. Il voulait, en effet, laisser la gloire de cette cure à ce saint martyr et rapporter à sa vertu les prémices des miracles qu'il allait opérer. Mais Saint-Cyr renvoya ce triomphe à son hôte, et n'en prenant rien pour lui-même, quoique dans sa propre église, il voulut que ce miracle tout entier fût reporté à l'abbé. On reconduisit donc la femme à la demeure de Bernard. Satan continuant de parler par sa bouche, et disant : « Non, le petit Cyr ne me fera pas sortir ; « non, le petit Bernard ne me chassera point, » le serviteur de Dieu répondit à ces paroles : « Non, « ni Cyr ni Bernard ne te chasseront, mais ce sera « notre Seigneur Jésus-Christ ; » et se mettant aussitôt en oraison, il supplia Dieu d'accorder la guérison de cette femme. Alors l'esprit méchant, comme s'il se repentait de sa première scélératesse, dit : « Combien je sortirais volontiers du corps de cette « chienne ! combien je m'y trouve cruellement tour- « menté ! comme je serais aise d'en être dehors ! mais « je ne puis ! » Le saint lui ayant demandé pourquoi. « Parce que, répondit le démon, le grand Dieu ne « le veut pas encore ainsi.—Et quel est, reprit l'abbé, « ce grand Dieu?—C'est, dit Satan, Jésus de Naza- « reth. » A cela le saint répliqua : « Et d'où connais- « tu donc Jésus? l'as-tu jamais vu ?—Oui, je l'ai vu, « repartit le diable.—Et où l'as-tu vu?—Dans sa gloire. « —Comment as-tu donc jamais été dans sa gloire? « —Oui, certes, j'y ai été. — De quelle manière en « as-tu donc été chassé?—Nous sommes beaucoup « qui sommes tombés avec Lucifer. » Toutes ces choses le démon les disait par la bouche de la petite vieille, et d'une voix lugubre, mais que tout le monde entendait. Le saint abbé l'ayant alors interpellé de nouveau en ces termes : « Ne voudrais-tu donc point retourner « dans le sein de cette gloire et être rendu à tes an- « ciennes joies ? » Satan, changeant de voix et éclatant de rire d'une façon extraordinaire, répondit : « Non, il est trop tard. » Comme il ne dit plus un seul mot, l'homme de Dieu se mit à prier avec plus de recueillement ; alors le scélérat vaincu s'enfuit, et la femme, rendue à elle-même, remercia de tout son pouvoir le Seigneur.

Le mari s'en retourna suivi de sa femme, et se félicitant avec elle, pendant tout le chemin, de la voir si parfaitement rétablie. Ce fut ainsi qu'il arriva jusqu'à sa maison où l'attendaient ses amis. Ils se réjouirent tous quand ils eurent appris en détail comment la chose s'était passée; mais leur joie se changea tout à coup en tristesse. A peine, en effet, cette femme eut-elle touché le seuil de sa porte que le démon s'empare de nouveau de l'infortunée, et, plus cruel encore que de coutume, la déchire d'horribles tourmens. Le malheureux époux ne savait plus que faire, ni à quel parti s'arrêter; habiter avec une démoniaque lui paraissait bien triste, l'abandonner lui semblait impie : il se lève donc, et prenant derechef sa femme avec lui, retourne à Pavie. N'y ayant plus trouvé l'homme de Dieu, il le suit jusqu'à Crémone où il était allé, lui raconte ce qui vient d'arriver et le conjure les larmes aux yeux de faire que sa femme obtienne enfin grâce devant Dieu. La compassion de l'abbé ne repousse pas cette pieuse demande; il ordonne à cet homme d'aller à la principale église de la ville, de s'y mettre en prières devant les reliques des saints confesseurs, et d'attendre qu'il l'y rejoigne. Fidèle à sa promesse, Bernard, à l'entrée de la nuit, et quand tout le monde se prépare à dormir, se rend dans l'église, suivi d'un seul des siens, passe la nuit entière en oraison, obtient de Dieu la faveur qu'il sollicite; et, une fois certain que la guérison de cette femme est accordée à ses prières, il lui dit de retourner chez elle en pleine sécurité : mais comme cette infortunée craignait qu'ainsi qu'elle l'avait éprouvé déjà, le diable ne revînt encore se saisir d'elle, le saint lui enjoignit de suspendre à son col un petit papier sur lequel il avait écrit ces mots : « Au nom « de notre Seigneur Jésus-Christ, je te commande, « démon, de n'être plus assez hardi pour toucher à « cette femme. » Cet ordre en effet effraya tellement le malin esprit que cette pauvre créature étant retournée chez elle, jamais il n'osa, par la suite, s'en approcher.

Dans cette même cité de Pavie se trouvait un certain possédé qui faisait rire la multitude, tandis que les gens d'un esprit plus sérieux compatissaient à ses maux avec les sentimens d'une vive charité. Il poussait, en effet, des cris si étranges qu'on les aurait pris pour ceux d'un chien qui aboie, si on l'avait entendu sans le voir. L'homme de Dieu, à qui on le présenta, gémit lorsqu'il l'entendit hurler comme font les chiens qui, battus et accablés de mauvais traitemens, se mettent en colère et grondent contre ceux qui les frappent. Ce malheureux, haletant et ne cessant de crier, en présence de l'homme de Dieu, était plus tourmenté que de coutume. Le saint alors gourmande le diable, le chasse par la vertu du Christ, et ordonne à cet homme de parler comme tout le monde. Celui-ci, complétement guéri, entre dans l'église, assiste au saint sacrifice, se fortifie par le signe de la croix, entend la lecture des évangiles, confesse et prie le Seigneur, s'acquitte de tous ses autres devoirs envers Dieu et les remplit avec un esprit parfaitement sain.

Dans un second voyage que le saint abbé fit à Milan cette même année, on lui amena une femme possédée du démon et qui se trouvait absente de ladite ville quand l'homme de Dieu l'illustra pour la première fois par sa présence. L'esprit infernal qui s'était emparé d'elle parlait par sa bouche tantôt italien et tantôt espagnol ; il n'était pas bien sûr que ce ne fût qu'un seul diable parlant deux langues, ou qu'il y eût deux démons dont chacun se servait de son idiome particulier ; mais ce qui est sûr, c'est que ces deux langues étaient prononcées avec un accent si juste qu'on aurait pu dire : « Celui qui parle est le Ligurien ou bien c'est l'Espagnol. » Cette femme souffrait encore des douleurs aux genoux et des tremblemens dans les jarrets. Quand on l'eut conduite devant l'homme de Dieu, elle franchit d'un saut léger, et avec une agilité qu'on n'attendait pas d'elle, le banc sur lequel elle était assise. Ramenée, et interpellée de dire ce que signifiaient ce saut et cette fuite, et comment, si vieille et si infirme, elle avait tout à coup tant de force et de souplesse, elle répondit que la présence du démon donnait à ses mouvemens une telle vitesse qu'elle pouvait arrêter des chevaux lancés à la course et leur sauter sur le dos sans qu'on la soutînt le moins du monde. Le lendemain cette pauvre femme ayant été menée à l'église où elle assista aux offices divins que célébrait le saint, fut tourmentée plus long-temps et plus cruellement que jamais à la vue de tout le peuple. Touché de compassion, l'abbé, qui souvent déjà avait éprouvé la bonté de Dieu dans des cas semblables, commande au démon de sortir du corps de cette femme. Satan, que fait trembler l'ordre du serviteur de Dieu, s'évanouit dans l'air, et la vieille est guérie sur-le-champ, non seulement des tourmens que lui faisait éprouver le diable, mais encore de la contraction de ses nerfs. Ce prodige et beaucoup d'autres, l'homme de Dieu les fit pendant qu'il séjourna dans les pays qu'enferment les Alpes. Il en parcourut les contrées diverses, et soulagea tous ceux qui souffraient, rendant la vue aux aveugles, la force aux faibles, la santé à ceux que tourmentait la fièvre, mais surtout consacrant les efforts de son zèle à délivrer du démon les possédés et à changer en des temples agréables à Dieu les cœurs qu'avait souillés l'esprit malin.

On trouve sans contredit, réunies en lui, une foule de perfections dignes d'approbation et d'éloge. Ceux-ci, en effet, admirent sa science, ceux-là ses mœurs, et d'autres ses miracles. Quant à moi je lui rends certes tout l'honneur qui lui est dû; mais ce en quoi je le trouve plus grand que dans tout le reste, ce dont je le loue hautement et de tout mon pouvoir et avec le plus de plaisir, c'est que, tandis que, véritable vase d'élection, il proclamait courageusement le nom du Christ devant les peuples et les rois, que les princes du monde lui obéissaient, que les évêques de tout pays se montraient dociles à son moindre signe, que l'église de Rome elle-même, par une exception toute particulière, respectait ses conseils, et en lui accordant une sorte de délégation générale de ses pouvoirs, lui soumettait les nations et les royaumes; que même, ce qu'on regarde encore comme plus glorieux, ses miracles confirmaient ses actions et ses discours, jamais il ne sortit des bornes de la modestie; jamais, au milieu de tout ce qu'il faisait de plus admirable, il ne s'éleva au dessus de lui-même;

au contraire, pensant toujours de soi avec la plus grande humilité, il se regarda constamment, non comme l'auteur, mais comme le simple instrument des œuvres les plus augustes qu'il accomplissait, et se jugea, dans sa propre opinion, le plus petit des hommes, pendant que l'estime de tous le proclamait le plus grand. Toujours il rapportait à Dieu seul tout ce qu'il faisait; il y a plus, il pensait et disait qu'il n'était pas en lui de vouloir et de pouvoir quelque chose de bien à moins que le Seigneur ne le lui inspirât. Réellement la force du Très-Haut s'était manifestée en lui dans un temps favorable et dans un jour de salut; elle avait, pour la gloire de son Évangile, distingué son serviteur, dont elle regardait avec bonté l'humilité, et dont le Saint-Esprit ornait l'ame. Comme aucune duplicité ne souillait la sincérité de Bernard et que nulle ombre de fausseté n'interrompait le cours de ses bonnes actions, le même Esprit saint habita, sans jamais la quitter, la demeure qu'il s'était choisie en lui.

Pour que son mérite devînt toujours plus brillant et plus pur, chaque jour Bernard était éprouvé dans la fournaise; chaque jour aussi, pour que la moindre rouille ne s'attachât pas à lui, il était frappé sur l'enclume de mille coups de marteau, repris et flagellé non en punition de ses fautes, mais pour la glorification de sa vertu. Jamais, en effet, l'aiguillon de la maladie ne l'épargna; et, comme il savait combien les souffrances rendent la vertu plus parfaite, il les recevait comme une grâce conforme à ses mérites, et s'applaudissait de voir tous ses mouvemens, pour peu qu'ils eussent quelque chose d'extraordinaire, redressés par cette lime d'une douleur journalière. Sa chair était faible, mais son esprit était fort; et, moins il avait à se réjouir de la vigueur de son corps, plus il se délectait dans le Seigneur. Ne soupirant qu'après les seuls biens célestes, jamais il ne se sentait ému par la moindre ambition de ceux du siècle. Combien d'églises, privées de leurs pasteurs, le choisirent pour évêque! En France, celles de Langres et de Châlons l'élurent pour leur prélat; en Italie, la cité de Gênes et Milan, la métropole des Liguriens, souhaitèrent l'avoir pour pasteur et pour chef. Rheims, la plus noble des cités de France, et la capitale de la seconde Belgique, ambitionna de lui être soumise. Il se refusa constamment à toutes ces sollicitations; les honneurs qu'on lui offrait n'atteignirent pas son ame; il ne tourna même plus le pied vers la route des dignités; pour lui enfin, la mître et l'anneau eurent moins de charmes que le sarcloir et le rateau.

S'il ne se rendait pas aux prières de ceux qui le desiraient pour évêque, il ne les rejetait pas avec insolence et dureté, mais disait qu'il était envoyé pour le service des autres, et n'était pas son maître. Quand on référait de ces demandes à ses moines, ils répondaient : « Nous avons vendu tout ce que nous
« possédions et nous en avons acheté une pierre pré-
« cieuse ; nous ne pouvons aujourd'hui rentrer dans
« les patrimoines dont nous nous sommes dépouillés;
« que si maintenant et leur prix et la chose dont celui-
« ci représente la valeur sont perdus pour nous, nous
« serons donc privés tout à la fois de nos biens et de
« notre pierre précieuse. Certes notre attente aura été
« bien trompée si, après avoir répandu notre huile

« par terre, nous trouvons nos portes fermées et som-
« mes réduits à mendier comme des fous. » Ces religieux firent plus, ils se précautionnèrent et se fortifièrent de la décision et de l'autorité du très-saint seigneur Pape, contre le danger qu'on leur enlevât celui qui faisait toute leur joie, que le bonheur des autres leur devînt une tribulation et que leur détresse mît le comble à la richesse d'autrui. Par ces moyens et d'autres encore, ils renversèrent les espérances de ceux qui réclamaient pour eux-mêmes le serviteur de Dieu. Alors l'opinion se répandit partout que le saint abbé avait été établi dans l'Eglise par le Seigneur, comme le fut autrefois sur le peuple hébreu Moïse qui, quoiqu'il ne fût pas pontife, oignit et sacra cependant Aaron pontife, et aux réglemens de qui a obéi, dans tous les temps, toute la race des lévites.

CHAPITRE V.

Bernard revient d'Italie, et le monastère de Clairvaux est transféré dans un lieu plus vaste.

A peine Bernard avait repassé les Alpes[1] que les pâtres, les bouviers et tous les gens de campagne accoururent au devant de lui du haut de leurs rochers; tous s'écriaient de loin en demandant sa bénédiction; puis, grimpant à travers les gorges des montagnes, ils regagnaient les parcs de leurs troupeaux, et, pleins de joie, se redisaient les uns aux autres qu'ils avaient contemplé le saint du Seigneur,

En 1134.

et obtenu la faveur de voir sa main étendue sur eux et de recevoir sa bénédiction après laquelle ils soupiraient. Enfin, étant arrivé à Besançon, il fut reconduit en grande pompe jusqu'à Langres, vers les frontières du territoire de cette cité. Quelques-uns de ses frères de Clairvaux vinrent à sa rencontre, et se prosternèrent à ses genoux. Ils se levèrent ensuite pour l'embrasser ; puis, causant tour à tour avec lui, ils l'emmenèrent gaiement à Clairvaux. Tous les religieux, réunis en masse, accourent, reçoivent avec une admirable dévotion leur père chéri, et se livrent à une joie parfaitement grave et qui n'a rien de tumultueux. Leur visage plus serein ne peut, il est vrai, dissimuler leur hilarité ; mais leurs actions et leurs paroles, contenues dans un juste milieu, ne sortent pas des bornes convenables, et leur affection réprimait elle-même ses transports, de peur de se laisser entraîner à des choses qui eussent dénoté du relâchement et blessé la sévérité religieuse. Pendant la si longue absence de l'abbé, le diable ne put tisser aucune de ses toiles dans Clairvaux, ni faire mordre en rien sa rouille sur ces esprits sincères. En un mot, cette maison de Dieu, fondée sur la pierre angulaire de l'Eglise, ne fut ébranlée dans aucune de ses parties. Le serviteur de Dieu, absent de corps d'entre ses frères, mais toujours présent d'esprit au milieu d'eux, avait en effet si bien fortifié et consolidé son ouvrage par la constante ferveur de ses oraisons, qu'on ne vit pas seulement la moindre fente s'ouvrir dans de si vastes constructions. A son arrivée, nulles traces de querelles ne se laissèrent apercevoir, et aucunes vieilles haines n'éclatèrent en présence de ce juge ;

les jeunes n'accusèrent en rien les anciens de trop de rigueur ou de dureté; les anciens ne taxèrent nullement non plus les jeunes de tiédeur et de relâchement. Tous étaient dans un état florissant, et dans leur société régnaient la concorde et la véritable unité. Tous, dans cette maison du Seigneur, n'avaient qu'une même volonté, et Bernard les trouva tous dans la paix et les voies de la sainteté, montrant l'échelle de Jacob et n'aspirant qu'après la vue du Seigneur dont l'esprit délectable brillait déjà sur le front des principaux de ces religieux. Aussi le saint abbé qui n'avait pas oublié celui qui dit : « Je voyais Satan tomber « du ciel comme un éclair¹, » se montrait d'autant plus humble et plus soumis à Dieu qu'il le trouvait plus propice à ses desirs. Lui qui ne se glorifiait pas d'avoir soumis les démons, se réjouissait bien plutôt dans le Seigneur de ce qu'il voyait les noms de ses frères inscrits dans le ciel, et l'union intime de leurs cœurs les garantir des souillures du siècle.

Les plus vénérables de ses frères formaient son conseil. De ce nombre était Godefroi, prieur du monastère, et lié à Bernard par les liens de la chair et du sang. Homme sage et ferme, c'est lui qui, dans la suite, mérita par sa prudence et sa piété d'être fait évêque de l'église de Langres, et qui, tout en conservant l'extérieur de la sainteté, sans toutefois rabaisser en rien l'honneur de la dignité dont il est actuellement revêtu, continue encore aujourd'hui, avec une constance digne de louanges, à être tel qu'il est sorti de Clairvaux et entré dans l'épiscopat. Godefroi donc et plusieurs autres, pleins de prévoyance

¹ Évangile selon saint Luc, chap. 1, v. 18.

et de sollicitude pour les avantages de la communauté, forçaient quelquefois l'homme de Dieu, dont toutes les pensées étaient tournées vers le ciel, à redescendre aux choses terrestres, et lui indiquaient ce qu'exigeaient les besoins de la maison. Ils lui représentent donc que le lieu où ils étaient établis, incommode et resserré, était incapable de contenir une si grande multitude de religieux, et que chaque jour le nombre des nouveaux venus arrivant en foule l'augmentait ; que les recevoir dans ce qu'il y avait de cellules déjà construites était impossible ; et que la chapelle suffisait à peine pour les seuls moines. Ils ajoutent qu'ils ont remarqué au dessus de Clairvaux une plaine propre à un grand établissement, qui a l'avantage d'être baignée par un fleuve dans sa partie la plus basse, offre une étendue de terrain assez spacieuse pour tous les besoins du monastère, comme prés, fermes, arbrisseaux et vignes, et à laquelle il ne manque que d'être enfermée par une clôture de grands arbres auxquels on peut facilement suppléer par des murs de pierres fort abondantes dans le pays. Dans les premiers momens, l'homme de Dieu n'acquiesça point à leur projet. « Vous voyez, dit-il, que
« nous n'avons élevé nos maisons de pierres qu'à force
« de travaux et de frais, et qu'il nous a fallu les plus
« grandes dépenses pour amener des conduits d'eau
« dans chacune de nos cellules ; si nous détruisons
« toutes ces constructions, les hommes du siècle
« pourront méchamment penser de nous, et croire,
« ou que nous sommes légers et changeans, ou que
« d'excessives richesses, que cependant nous ne pos-
« sédons pas, nous ont rendus fous. Comme donc il

« vous est bien connu que nous n'avons point d'ar-
« gent en notre pouvoir, je vous dis, pour me servir
« des paroles de l'Evangile, qu'à celui qui veut éle-
« ver une tour, il est nécessaire de calculer la dépense
« de l'ouvrage qu'il prétend faire ; autrement quand
« il l'aura entrepris et manquera de moyens de le
« terminer, on dira de lui : *Cet homme fou avait*
« *commencé à bâtir, mais il n'a pu achever*[1]. »

A cela les frères répondirent : « Certes, si tous les
« édifices indispensables à un monastère une fois
« construits, Dieu cessait d'y envoyer de nouveaux
« habitans, ce jugement des hommes pourrait être
« bon ; si l'on ne renonçait pas à tous nouveaux ou-
« vrages, la critique serait fondée en raison. Mais
« maintenant, puisque le Seigneur multiplie chaque
« jour son troupeau, il faut, ou repousser ceux qui
« viennent en son nom, ou les pourvoir d'une de-
« meure dans laquelle on puisse les recevoir. Nul
« doute que celui qui appelle à lui de nouveaux hôtes
« ne leur apprête des hôtelleries. Loin de nous donc
« la pensée d'encourir le reproche d'avoir agi à sa
« honte par la crainte de ne pouvoir subvenir aux dé-
« penses nécessaires. » Le saint abbé, entendant ces
paroles, fut charmé de leur foi et de leur charité, et
se rendit enfin quelque temps après à leur avis ; mais
ce ne fut pas sans avoir adressé d'abord à Dieu beaucoup de prières, et avoir reçu de lui quelques visions
à ce sujet. Les frères se réjouirent dès qu'une fois sa
décision eut été rendue publique.

Le très-noble prince de sainte mémoire, Thibaut,
ayant appris ces choses, donna de grosses sommes au

---

[1] Évangile selon saint Luc, chap. III, v. 31.

couvent pour subvenir à ses dépenses, et promit encore de plus grands secours. Dès qu'ils furent aussi instruits de cette nouvelle, les évêques des diverses contrées, les hommes élevés en dignité, les marchands de toute la terre s'empressèrent d'apporter de copieuses offrandes pour servir à l'œuvre de Dieu, et cela avec un cœur gai, de leur propre mouvement, et sans y être contraints par des exacteurs. L'argent nécessaire arrivant abondamment de toutes parts, et les ouvriers accourant en toute hâte, les frères eux-mêmes s'employèrent de toutes manières aux travaux : ceux-ci coupaient des bois, ceux-là taillaient les pierres, les uns construisaient les murs, les autres divisaient par des chemins divers les eaux du fleuve, et les élevaient de manière que leur chute fît tourner les moulins. En même temps les foulons, les boulangers, les tanneurs, les forgerons, et les autres artisans montaient les machines propres à l'exercice de leurs métiers, afin que l'eau, conduite par des canaux souterrains dans toutes les parties de la maison, sortît et coulât bouillante partout où l'utilité s'en ferait sentir. Enfin on fit si bien que ces mêmes eaux, ainsi répandues sur tous les points, après avoir satisfait convenablement aux divers besoins dans toutes les cellules, et nettoyé la maison, retournassent dans leur lit principal, et rendissent ainsi au fleuve tout ce qui lui appartenait. Les murs, qui embrassaient entièrement le vaste espace de terrain appartenant au monastère, furent finis avec une promptitude inattendue. La maison ne s'éleva pas moins rapidement, et cette congrégation, qui venait à peine de naître, grandit et s'accrut en peu de temps.

CHAPITRE VI.

Du schisme d'Aquitaine terminé par les soins de Bernard, et d'une femme miraculeusement délivrée d'un démon incube.

Toute l'église de Bordeaux gémissait alors sous l'oppression des schismatiques, et il n'était personne dans l'Aquitaine qui pût résister au prince de cette contrée dont Dieu avait endurci le cœur. Fort de l'assentiment de Gérard, évêque d'Angoulême, qui avait jeté dans son cœur les semences de cette révolte contre l'Eglise, il était devenu le chef et le défenseur du schisme. Quant à ceux, quels qu'ils fussent, qui n'adhéraient pas à l'usurpation de Pierre de Léon, les uns étaient punis d'amendes, les autres encouraient des confiscations; plusieurs même, chassés de leurs demeures propres, se voyaient contraints à s'exiler. Semblable au serpent des premiers jours du monde, l'évêque Gérard, maître fourbe, soufflait sans cesse aux oreilles du comte de méchantes insinuations. Long-temps il avait été dans ce pays légat du siége apostolique : dépouillé maintenant de si hautes fonctions, il ne pouvait supporter de n'être plus que le pontife de sa seule église, lui qui s'était vu le chef et le régulateur de toute l'Aquitaine. En être réduit à retourner à son ancienne résidence faisait rougir un homme à la puissance duquel avaient été soumises les provinces de Tours, de Bordeaux, d'Auch, et aux ordres de qui obéissait auparavant tout le pays compris entre les monts des Ibères et la

Loire, et que renferme l'Océan. Ainsi donc habitué à piller ces contrées, et, sous prétexte de rendre la justice, à faire de tous les procès qui s'élevaient une source de profits illicites, il avait accumulé des trésors immenses dont il faisait son idole et le dieu de son apostasie. Mais voyant que le pouvoir de commettre de telles exactions cessait pour lui, et que sa maison, entourée naguère d'une foule de supplians, était maintenant solitaire et près de manquer d'argent, cet homme, dont l'astuce égalait celle du serpent, et qui souffrait impatiemment que les présens ne vinssent plus remplir ses mains, envoya en toute hâte vers Pierre de Léon. Il demanda que celui-ci lui rendît la place de légat, et promit à cette condition de lui jurer fidélité, de lui obéir, et en outre d'amener à reconnaître son pouvoir le prince du pays et tous ceux qu'il pourrait. Léon, cet homme de perdition, plein de joie à l'idée d'avoir trouvé un lieu sur lequel il lui fût permis de répandre sa malice, consentit bien vîte à ce traité, et se hâta d'envoyer vers l'évêque, pour stipuler avec lui ce contrat d'iniquité, Gilon, Toscan et cardinal-évêque, le seul du clergé romain qui, avec Pierre, évêque d'Ostie, se fût déclaré son adhérent.

Ensuite Gérard lui-même, qui se plaignait d'avoir été mutilé, mais tel qu'un taureau dont les cornes ont repoussé, commença dès lors à se montrer plus confiant et plus audacieux. En effet, ce qu'il n'avait pas fait auparavant, il ne parut plus en public que couvert de la mître, afin que les insignes des saintes fonctions épiscopales lui attirassent de la part des peuples un plus grand respect : il attaqua le

comte à force d'argent, s'empara de son ame par des
argumens empoisonnés, séduisit et corrompit facilement cet homme emporté par ses passions. Dès l'abord l'évêque Guillaume, homme probe, bon catholique, et ferme dans la société et la défense de l'Église universelle, fut chassé violemment de son siége,
la ville de Poitiers, et condamné par Gérard et
son complice, le cardinal, comme ayant refusé de reconnaître Pierre. Il existait d'ailleurs d'autres querelles particulières entre Guillaume et le comte : aussi
ce dernier, irrité depuis long-temps contre ce prélat,
profita volontiers de l'occasion qui se présentait pour
le renier et le persécuter. Il parut cependant utile,
tant à Gérard qu'au comte, pour fortifier leur faction,
que ceux de Poitiers élussent sans le moindre retard
un autre évêque. Ils trouvèrent donc un homme ambitieux, de noble naissance, mais d'une foi corrompue. Unissant alors tous leurs efforts à ceux de ses
parens et aux siens propres pour le succès de cette
affaire, ils parvinrent à le faire élire du consentement
de quelques clercs ; puis, lui imposant leurs mains
profanes, ils souillèrent plutôt qu'ils ne consacrèrent
sa tête exécrable. Ils établirent dans l'église de Limoges un monstre tout semblable à celui-là, un certain
intrus, Ramnulf, abbé de Dorat, qu'atteignit peu
après la vengeance divine. Renversé de son cheval,
il tomba en arrière dans un chemin parfaitement uni :
une seule pierre s'y trouvait ; et comme si elle eût été
laissée là pour punir son crime, elle s'enfonça dans sa
tête, et il expira, le crâne brisé.

En apprenant ces choses et d'autres de même nature, le vénérable Geoffroi, évêque de Chartres, à qui le pape Innocent avait confié les fonctions de légat en Aquitaine, fut saisi d'une violente douleur, et mettant de côté toute autre affaire, il se décida à porter secours, sans le moindre retard, à l'église de ce pays qu'il voyait en péril. Il pria donc et conjura l'abbé de Clairvaux d'accourir l'aider à guérir de si grands maux. L'homme de Dieu y consentit, lui manda qu'il irait très-prochainement conduire en Bretagne, dans un lieu voisin de Nantes, et disposé tout exprès par la comtesse Hermangarde, une colonie de ses moines, et promit qu'aussitôt qu'il aurait établi cette maison conformément à sa règle et à ses idées, il l'accompagnerait en Aquitaine. Tous deux voyagèrent donc de compagnie; et j'ajouterai, sans me perdre dans de plus longs détails, qu'ils arrivèrent ensemble à Nantes. Dans ce pays était une malheureuse femme que tourmentait un certain démon, plein d'effronterie : ce diable lascif lui avait apparu sous la forme d'un chevalier de la plus belle figure. Cachant au dedans de lui-même ses projets criminels, et employant extérieurement un langage caressant, il était parvenu par cette ruse à rendre l'ame de cette femme favorable à son amour pour elle. Quand une fois il eut obtenu son consentement à ses desseins, étendant les bras, il prit les pieds de l'infortunée dans une de ses mains, lui mit l'autre sur la tête, et se la fiança, pour ainsi dire, par ces signes d'alliance intime. Elle avait pour mari un brave chevalier qui ignorait complétement cet exécrable commerce. Cet impur adultère, toujours invisible, abusait donc d'elle dans le lit même où couchait son époux, et l'épuisait par un incroyable libertinage.

Pendant six ans cette femme perdue cacha son effroyable mal, et n'osa avouer la honte de ce crime horrible. La septième année cependant, dévorée en elle-même de confusion, elle se sentit terrifiée, tant par l'infamie d'une si longue turpitude, que par la crainte du Seigneur, dont, à tous momens, elle tremblait que le redoutable jugement ne vînt la saisir et la damner. Elle court donc aux pieds des prêtres, et confesse sa faute. Sans cesse elle parcourt les lieux sacrés, et implore l'appui des saints; mais aucune confession, aucune prière, aucune distribution d'aumônes ne lui procurent de soulagement. Chaque jour le démon exerce sur elle sa passion furieuse, comme auparavant, et plus cruellement encore. Enfin ce crime infâme devient public. Le mari l'apprend, et, dès qu'il le connaît, ne voit plus sans horreur son union avec cette femme. Cependant l'homme de Dieu arrive avec tous ceux qui le suivaient dans le lieu dont on a parlé. Dès que cette malheureuse femme en est instruite, elle court toute tremblante se jeter à ses pieds, lui découvre, au milieu d'un torrent de larmes, son horrible souffrance, les insultes invétérées du démon, auxquelles elle est en proie, et l'inutilité dont lui a été tout ce qu'elle a fait d'après l'ordre des prêtres; elle ajoute que son oppresseur lui a prédit la venue du saint homme et défendu, sous les plus grandes menaces, de se présenter devant lui, disant que cette démarche ne lui servirait de rien, parce que l'abbé, une fois parti, lui, qui avait été son amant, deviendrait pour elle le plus cruel persécuteur. Le serviteur de Dieu, entendant ces mots, la console par des paroles pleines de douceur, lui pro-

met le secours du Ciel, et, comme la nuit approchait alors, lui ordonne de revenir vers lui le lendemain, et de mettre sa confiance dans le Seigneur. Elle vient donc de nouveau, le matin du jour suivant, et s'empresse de rapporter à l'homme de Dieu les blasphêmes et les menaces qu'elle avait entendus cette nuit même de son incube. « N'ayez, lui dit Bernard, aucune in-
« quiétude de ses menaces; mais prenez mon bâton,
« que voici, et mettez-le dans votre lit; qu'ensuite
« le démon entreprenne quelque chose contre vous,
« s'il le peut. » Cette femme fait ce qui lui est ordonné, se couche dans son lit, après s'être fortifiée par le signe de la croix, et place le bâton auprès d'elle. L'incube arrive bientôt; mais n'ose ni tenter son œuvre accoutumée, ni même approcher du lit, et menace cependant avec fureur l'infortunée de venir recommencer son supplice, dès que l'homme de Dieu sera parti. Le dimanche approchant, le saint abbé veut que tout le peuple soit appelé à l'église, par une proclamation de l'évêque. Ce jour donc, une multitude innombrable s'étant réunie dans l'église, Bernard, suivi des deux évêques Geoffroi de Chartres et Briction de Nantes, monte au jubé, dit qu'il va parler, et recommande que tous les assistans tiennent dans leurs mains des cierges allumés : lui, les évêques et les clercs en ayant fait autant, il expose publiquement les attentats inouis et audacieux du démon dont il s'agit; puis, aidé des prières de tous les fidèles présens, il anathématise cet esprit fornicateur qui, contre sa propre nature, brûlé des feux de l'amour, s'était rendu coupable de si infâmes souillures, et lui défend, par l'autorité du Christ, d'ap-

procher dans la suite soit de cette femme, soit de toute autre. Tous les cierges sacrés ayant alors été éteints, toute la puissance de ce diable s'éteignit de même ; la malheureuse possédée communia, après s'être confessée, et jamais depuis son ennemi n'osa lui apparaître, mais il s'enfuit chassé loin d'elle sans retour.

Ce grand œuvre achevé, le légat et l'abbé se rendirent ensemble en Aquitaine. Cependant Gérard s'était emparé de l'archevêché de Bordeaux, du consentement du comte, et cumulait ainsi la possession de cette église et de celle d'Angoulême. Mais l'argent qu'il avait prodigué à ceux qui, par complaisance, suivaient ses opinions, commençait à s'écouler; la vérité se faisait jour de plus en plus; déjà les grands retiraient de lui leur appui, et tous craignaient de se montrer les soutiens de sa perfidie. Quant à lui, il ne séjournait plus que dans les endroits où il se croyait davantage en sûreté, et ne se présentait qu'avec peine aux assemblées publiques. Pour expliquer ceci, revenons en peu de mots sur ce qui s'était passé précédemment. Dès que les machinations tramées par ce Gérard contre l'Eglise de Dieu commencèrent à s'ébruiter, le pape Innocent, encore alors dans les Gaules, envoya notre saint abbé de Clairvaux et le vénérable Josselin, évêque de Soissons, en Aquitaine. Tous deux allèrent jusqu'à Poitiers, afin de s'aboucher tant avec Gérard lui-même qu'avec le susdit prince de la contrée. Mais le premier, ayant fasciné l'esprit de ce prince, se mit à vomir d'impudens outrages contre l'Eglise catholique, dont il se séparait, et à détourner le peuple de l'obéissance promise auparavant à Innocent, déclara son Anaclet élu à plus juste titre, et appela acéphales et soutiens de l'erreur tous ceux qui ne se soumettaient pas à cet antipape. Il arriva de là que les clercs de cette contrée, s'animant et s'armant pour cette opinion insensée, suscitèrent publiquement, et à dater de ce jour, de vives persécutions aux vrais catholiques. Avant cependant que ces clercs se déclarassent ainsi eux-mêmes hors de l'unité des fidèles, le saint abbé avait offert dans leur église le saint sacrifice à Dieu. Après son départ, le doyen de cette église osa bien, dans son impiété, briser l'autel sur lequel Bernard avait célébré les sacrés mystères; mais il ne le fit pas impunément. Frappé en effet, peu de temps après, par la main de Dieu, au moment de rendre l'esprit, il vit la maison où il mourait remplie de démons, cria que le diable l'étranglait, et pria ceux qui entouraient son lit de lui donner un couteau pour qu'il se le plongeât dans la gorge, en arrachât le démon, et pût continuer de vivre. Mais pendant qu'il proférait ces paroles, Satan, à qui cet homme était déjà livré, l'étouffa, et plongea son ame empestée dans les enfers. L'archiprêtre qui annonça la tenue du synode de l'église de Poitiers, en faveur de l'intrus Pierre, fut aussi enlevé par le diable, en présence de ceux même qu'il invitait à cette assemblée. La main divine avait également exercé une vengeance manifeste sur beaucoup d'autres de ceux qui s'étaient montrés les plus ardens pour ce schisme. Ces événemens, et d'autres du même genre, avaient donc commencé à confondre devant les hommes ce Gérard, qui, craignant qu'on ne lui opposât des faits impossibles à nier, évitait les réunions publiques.

On informa cependant le comte, par l'intermédiaire d'hommes considérables, qui osaient l'approcher avec plus de sécurité, que l'abbé de Clairvaux, l'évêque de Chartres, d'autres évêques et de pieux personnages requéraient de lui une conférence, et qu'ils apporteraient tous leurs soins à traiter avec lui de la paix de l'Eglise, et des moyens de guérir le mal qui la tourmentait. On vint à bout de lui persuader qu'il ne devait pas se refuser à un colloque avec des hommes de cette importance, et qu'après avoir discuté avec eux, il pourrait se faire que ce qu'il croyait difficile devînt facile, et que ce qu'il regardait comme impossible fût, par un événement subit, rendu très-possible. On se réunit donc de part et d'autre à Parthenay. Avant toutes choses, on s'occupa de la division qui désolait l'Eglise, et du schisme obstiné qui, comme une vapeur malfaisante, s'était fixé en deçà des Alpes sur la seule Aquitaine. A ce sujet, les serviteurs de Dieu firent connaître au comte, en mille manières et par une foule de raisons, que l'Eglise de Dieu est une, que tout ce qui est hors d'elle est hors de l'Arche sainte, et doit nécessairement périr détruit par le jugement du Seigneur. On lui cita l'exemple de *Dathan* et d'*Abiron*, que la terre engloutit tout vivans, en punition de leur schisme; on lui prouva de plus que jamais la vengeance de Dieu n'avait manqué de poursuivre un si grand crime. Ayant entendu toutes ces choses, le comte se rendit aux sages conseils des siens, et répondit qu'il pourrait bien consentir à rentrer dans l'obéissance d'Innocent ; mais que, quant à rétablir les évêques qu'il avait chassés de leur siége, nulle raison ne l'y déterminerait ; que ces prélats l'avaient trop offensé pour qu'il cessât d'être implacable, et qu'il avait juré de ne faire jamais aucune paix avec eux. La discussion se continua long-temps ainsi entre ceux qui cherchaient à ménager un accommodement ; mais, tandis que des deux côtés on s'attaque tour à tour par une multitude de paroles, l'homme de Dieu, saisissant des armes plus efficaces, s'approche du saint autel, pour y offrir le saint sacrifice et y adresser au Ciel ses prières suppliantes ; tous ceux auxquels il était permis d'assister aux divins mystères entrèrent alors dans l'église, et le comte se tint hors des portes.

Quand la consécration fut achevée et que la paix donnée au diacre eut été transmise par lui au peuple, le serviteur de Dieu, se montrant plus qu'un homme, place le corps de Notre-Seigneur sur la patène, l'emporte avec lui, et le visage en feu, les yeux enflammés, sort des portes non plus en suppliant, mais dans une attitude menaçante, et interpelle le prince par ces terribles paroles : « Nous t'avons prié, et tu
« nous as refusés avec mépris. Déjà, dans une autre
« conférence que nous avons eue avec toi, la foule
« réunie des serviteurs de Dieu t'a supplié et tu l'as
« dédaignée. Voici maintenant que le fils de la Vierge,
« le chef et le maître de l'Eglise que tu persécutes,
« vient à toi ; devant toi est ton juge, le juge du ciel,
« de la terre et des enfers en présence de qui tout ge-
« nou fléchit ; devant toi est ton juge dans les mains
« de qui tombera ton ame, oseras-tu bien le mépriser
« lui-même ? oseras-tu bien le dédaigner lui-même,

« comme tu as fait ses serviteurs ? » Tous les assistans fondaient en larmes, et, plongés dans la prière, attendaient la fin de cette triste affaire ; tous les esprits suspendus semblaient pressentir que quelque chose de divin allait éclater d'en-haut. Le comte, voyant l'abbé s'avancer animé par l'esprit de force et portant le très-saint corps de Notre-Seigneur dans ses mains, devient roide de frayeur, sent trembler ses membres brisés par la crainte et se roule par terre comme s'il eût perdu l'esprit. Relevé par ses chevaliers, il retombe la face contre terre ; ne pouvant ni prononcer une seule parole, ni prêter la moindre attention à quoi que ce fût, inondant sa barbe de sa salive et ne respirant qu'au travers de profonds gémissemens, il semble frappé d'épilepsie. Alors l'homme de Dieu s'approche plus près de lui, et, poussant du pied ce cadavre, lui ordonne de se lever, de se tenir debout sur les pieds et d'entendre la sentence de son Dieu ; puis il dit : « L'évêque de Poitiers que tu as chassé de son
« siége est ici présent ; va, réconcilie-toi avec lui,
« donne-lui le saint baiser de paix, unis-toi à lui par
« une sainte alliance, et replace-le toi-même sur son
« siége. Satisfaisant ensuite à Dieu, rends gloire à
« son saint nom au lieu de l'outrager, et, dans toute
« l'étendue de ta principauté, ramène les dissidens
« et les fauteurs de la discorde à l'unité de la cha-
« rité. Soumets-toi au pape Innocent, suis l'exem-
« ple de toute l'Eglise, et, comme elle, obéis à un
« si grand pontife, le véritable élu du Seigneur. »
Le comte entendant ces paroles, et vaincu par l'autorité du Saint-Esprit, ainsi que par la présence du Saint-Sacrement, n'ose ni ne peut répondre. Sur-

le-champ, il court au-devant de l'évêque de Poitiers, l'admet au baiser de paix, et, de la même main avec laquelle il l'avait rejeté de son siége, il l'y replace au milieu des acclamations de joie de toute la cité. Le saint abbé, prenant ensuite avec le comte un langage plus amical et plus doux, l'avertit paternellement de ne plus se porter désormais à des excès si impies et si téméraires, de ne plus irriter la patience de Dieu par des crimes si énormes, et de ne violer avec qui que ce soit la réconciliation qu'il venait de jurer.

Au milieu de cette paix ainsi rendue à toute l'Eglise d'Aquitaine, le seul Gérard persévérait dans le mal; mais, peu de temps après, arriva le jour de la colère divine, et ce schismatique périt misérablement dans sa maison. En effet, comme l'Ecriture dit : « Il « y a un péché qui va à la mort, et ce n'est pas pour « cela que je vous dis que vous priiez¹, » Gérard mourut subitement et dans l'impénitence finale, sans confession ni viatique, et rendit son ame, lorsqu'elle quitta son corps, à celui dont il avait été le ministre jusqu'à la fin de sa vie. Ses neveux, qu'il avait élevés aux plus grands honneurs dans l'Eglise d'Aquitaine, ayant trouvé dans son lit son corps sans vie et énormément enflé, l'inhumèrent dans une certaine basilique; mais, dans la suite, Geoffroi, évêque de Chartres et légat du saint-siége apostolique, le fit enlever de ce lieu et jeter ailleurs. Les neveux de Gérard furent par la suite expulsés de l'Eglise d'Aquitaine. Ainsi donc, telle qu'une mauvaise plante, toute la race de cet homme, arrachée jusque dans ses

¹ Évangile selon saint Jean, chap. I, v. 16.

racines; et forcée de s'exiler dans des contrées étrangères, alla porter partout ses plaintes contre le jugement qui la condamnait. Dès que de si grands maux furent étouffés, et que le schisme de Gérard eut été réduit en poudre, l'homme de Dieu retourna avec une grande joie dans son couvent de Clairvaux. Tous ses frères accoururent se prosterner à ses pieds et rendirent grâces au Seigneur qui, ajoutant à de bons commencemens des succès encore plus heureux, avait glorifié en tous lieux et exalté l'humilité de son serviteur.

L'homme de Dieu, ayant enfin trouvé pour quelque temps un peu de repos, s'occupa de choses tout-à-fait autres, et, se retirant dans une petite cellule recouverte de feuillages de pois, se disposait à se livrer solitairement à de divines méditations. Tout à coup, dans cette humble retraite où il s'est établi comme à la crèche du Seigneur, se présentent à son esprit les cantiques d'amour et toutes les pompes des noces spirituelles. Il s'étonne de voir que cet époux du cantique des cantiques, qui, par ses formes, est le plus beau des enfans des hommes, et que les anges eux-mêmes desirent voir, aime une épouse noircie et décolorée par le soleil, et la célèbre par de telles louanges qu'il l'appelle toute belle et dise qu'il n'existe en elle aucune imperfection; il admire comment cette même épouse languit d'amour; il recherche avec soin quelle est cette charité dont les baisers sont plus doux que le vin, et dont la jouissance est si précieuse que l'ame soupire après eux avec une ardeur si impatiente ; il se demande encore comment, tandis que l'époux élève l'épouse jusqu'aux cieux par des éloges infinis, il ne lui accorde pas cependant la pleine jouissance de lui-même en toutes choses, et ne s'abandonne pas aux desirs de l'épouse jusqu'à une entière satiété ; mais comment il se fait quelquefois chercher sans qu'on le trouve, et comment, lorsqu'après de longues poursuites on l'a découvert, il faut qu'on le retienne de peur qu'il ne s'échappe. Long-temps il tient son ame attachée à la méditation de toutes ces choses dont il a fait depuis une exposition détaillée. Combien il s'est avancé par là dans la voie du salut, lui qui chaque jour se nourrissait de ces délicieuses pensées, combien aussi il nous a été utile, à nous à qui il a conservé dans ses écrits les précieux résultats de ses pieuses réflexions, c'est ce qui est manifeste pour tous ceux qui lisent son ouvrage sur ce sujet.

CHAPITRE VII.

De l'affaire du schisme de Rome, et des succès obtenus à cet égard auprès de Roger, roi de Sicile.

CEPENDANT des lettres apostoliques appellent l'homme de Dieu, et les cardinaux le supplient de venir au secours de l'Eglise souffrante. Voilà donc ses études interrompues, et ce qu'il faisait auparavant avec continuité il ne pourra plus le reprendre que par momens et à la dérobée. Il ne se donnait en effet aucun repos, et, en vrai serviteur de Dieu, il était toujours priant, méditant, lisant ou prêchant. Voyant

donc qu'il présente en vain des excuses, et qu'il faut obéir aux ordres qu'il reçoit, il convoque ses religieux de tous les lieux où ils sont établis, et, après avoir long-temps et profondément soupiré, il leur parle en ces termes : « Vous voyez, mes frères, quelles
« tribulations souffre l'Eglise. Le parti de Pierre est,
« il est vrai, brisé par la puissance de Dieu tant dans
« l'Italie que dans l'Aquitaine; déjà cette faction n'y
« enfante plus de nouveaux partisans, mais y avorte;
« dans ces contrées, les défenseurs du schisme ont
« disparu. A Rome même, une grande partie des
« nobles penche pour Innocent, et beaucoup de fidèles
« lui sont favorables. Cependant les uns et les au-
« tres, redoutant les violences d'une multitude prête
« à tout faire, n'osent avouer publiquement l'acquies-
« cement qu'ils ont promis à l'élection d'Innocent.
« Pierre a pour complices des hommes perdus que ses
« largesses ont corrompus, et, maître de leurs châteaux
« forts, il donne en spectacle au monde non pas la
« foi de Simon-Pierre, mais les faux prodiges de Si-
« mon le magicien. Tout l'Occident est soumis et ces
« gens sont seuls à lutter encore. Cette Jéricho tom-
« bera au bruit de vos prières et de vos chants de
« triomphe; et quand vous tiendrez, comme Moïse,
« vos mains élevées vers le Seigneur, cet Amalech
« vaincu prendra la fuite. Pendant que Josué com-
« battait, le jour qui commençait à tomber ne suffi-
« sant pas à l'accomplissement de sa victoire, il or-
« donna plutôt qu'il ne demanda au soleil de s'ar-
« rêter, et sa foi lui mérita tout à la fois d'être obéi
« du soleil et de battre l'ennemi renversé dans la
« poussière. Maintenant donc que nous allons com-

« battre, prêtez-nous votre assistance et implorez
« pour nous avec des cœurs supplians le secours d'en
« haut. Continuez à faire tout ce que vous faites, res-
« tez dans le chemin où vous êtes, et, quoique vous
« n'ayez rien à vous reprocher, cependant ne vous es-
« timez pas justes d'après votre propre jugement; car
« Dieu seul justifie ceux qu'il juge, et l'homme le
« plus parfait ignore le résultat du sévère examen du
« juge divin. Ne vous inquiétez pas non plus beau-
« coup d'être jugés sous un jour tout humain; ne vous
« reposez ni sur vos propres jugemens ni sur ceux
« d'autrui; mais soyez toujours tellement sous la
« crainte de Dieu que vous ne vous éleviez pas vous-
« mêmes en vous permettant de juger qui que ce soit,
« et que vous ne tombiez pas dans de vraies niaise-
« ries, en vous tourmentant du jugement des autres.
« Enfin, tout en suivant chacun de vos devoirs, re-
« gardez-vous comme des serviteurs inutiles. Quant
« à nous, il nous faut aller où nous appelle notre sou-
« mission. Plein de confiance dans la clémence du
« Seigneur pour qui seul nous consentons à nous char-
« ger du travail qui nous est imposé, nous remettons
« en ses mains et nous lui recommandons la douce
« fraternité dont on jouit dans cette maison et la
« garde de vos personnes. »

En achevant ces mots, il bénit ses moines qui tous fondent en larmes, et se sépare d'eux. Accueilli partout avec un grand respect, il arrive enfin à Rome. Le seigneur pape et ses frères les cardinaux, pleins de joie de son arrivée, s'empressent de se concerter avec lui. D'après l'état des choses, et le progrès qu'avait fait la cause d'Innocent, le saint abbé croit de-

voir prendre, pour attaquer le schisme, une autre
voie que celle qui avait été suivie précédemment¹.
Ce n'est ni dans les chars ni dans les coursiers qu'il
met son espérance ; il n'hésite pas à entrer en conférence avec certaines gens, et s'enquiert des facultés
des fauteurs du schisme et de l'esprit qui les anime,
pour s'assurer si c'est séduits par l'erreur, ou entraînés par leur propre malice, qu'ils ont embrassé cette
cause si criminelle et qu'ils y persévèrent. Il apprend
bientôt, par des rapports secrets, que chaque clerc,
attaché à la personne de Pierre, tourmenté de sa propre position, ne se dissimule pas qu'il a péché, mais
n'ose revenir sur ses pas, de peur d'être noté d'infamie et tenu pour vil par les autres clercs, et aime
mieux rester dans le parti où il est engagé, en se couvrant ainsi d'une apparence d'honneur, que d'être
expulsé de son siége et exposé publiquement à la
mendicité. Les discours ordinaires des parens de
Pierre étaient, en effet, que personne ne pourrait
croire en eux s'ils démembraient ainsi leur propre
race, et abandonnaient celui qu'ils reconnaissaient
pour le chef de leur famille et leur seigneur. Quant
aux autres, ils excusaient leur perfidie envers l'Eglise
par leur serment de fidélité envers Pierre. Ainsi donc
aucun de ces gens-là ne soutenait le parti de Pierre
avec la conviction d'une conscience nette. Le saint
abbé leur déclare donc « que toutes liaisons formées
« par l'impiété sont sacriléges ; que toutes conspira-
« tions profanes, condamnées par les lois et les ca-
« nons, ne sauraient puiser aucune force dans les

¹ Allusion à la démarche de l'empereur, qui était venu antérieurement
remettre Innocent sur le trône pontifical, par la force des armes.

« sermens, et que les paroles sacramentelles de la
« vérité ne peuvent ni ne doivent servir d'appui au
« mensonge; que ceux-là sont insensés qui croient
« légitime une chose illicite, en la mettant, pour
« ainsi dire, sous la protection du serment; tandis
« qu'on voit des traités, qui sortent des règles ordi-
« naires, quoique sanctionnés par quelque ombre de
« religion, se dissiper nécessairement comme une
« vaine fumée, et rompus par l'autorité divine. » En
entendant ces discours et d'autres semblables de
l'homme de Dieu, tous ces gens se retirent d'avec
Pierre; chaque jour les forces de son parti se désunis-
sent, les liens qui les attachaient se rompent, et le
chagrin dessèche bientôt l'ame de Pierre lui-même,
qui ne pouvait douter le moins du monde qu'à chaque moment sa cause perdait, tandis que celle d'Innocent gagnait visiblement. L'argent lui manquait;
la grandeur de sa cour diminuait journellement; le
service même de sa maison ne se faisait que difficilement; les convives qui fréquentaient sa table devenaient plus rares; au lieu de mets délicieux on n'y
servait plus que la nourriture grossière du peuple. Les
habits vieux et passés de ses courtisans, ses valets
maigres, efflanqués et accablés de dettes, en un mot,
la physionomie pâle de sa cour, indiquaient une dissolution très-prochaine.

Cependant Roger, roi de Sicile, le seul des princes
qui refusât encore d'obéir au pape Innocent, fit
alors inviter ce pontife d'envoyer vers lui Aimeri
son chancelier et l'abbé de Clairvaux. En même
temps il n'en demanda pas moins à Pierre de lui dé-
puter Pierre de Pise comme son légat *à latere*. Il

disait qu'il voulait enfin connaître la cause de cette division obstinée qui durait depuis si long-temps; et, une fois la vérité mise dans tout son jour, ou revenir de son erreur, ou ratifier son premier jugement. Son message toutefois n'était que perfidie : il avait, en effet, entendu dire que Pierre de Pise était fort éloquent, et n'avait aucun rival dans la science des lois et des canons. Il pensait donc que si l'on donnait à ce prélat l'occasion de développer sa faconde dans un consistoire public, les déclamations de sa rhétorique étoufferaient la simplicité de langage de l'abbé, qui se verrait ainsi réduit au silence par la force des paroles et le poids des raisonnemens. Pour couper court, je dirai que les champions des deux partis se rendirent à Salerne : mais la vengeance divine avait combattu pour la bonne cause, et prévenu l'accomplissement de cette machination si criminelle. En effet, ce même roi Roger, ayant rassemblé une armée innombrable pour faire la guerre au duc Ramnulf, avait rangé sur le champ de bataille ses légions armées : mais voyant tout à coup le duc s'avancer audacieusement à sa rencontre, il s'enfuit effrayé, laissa son armée débandée, exposée à être prise et massacrée, perdit un grand nombre de ses soldats qui furent tués ou devinrent la proie des vainqueurs, et, à son grand chagrin, enrichit le duc par un immense butin, et rehaussa beaucoup sa gloire. Toutes ces choses, au surplus, arrivèrent conformément aux paroles de l'homme de Dieu. En effet, le saint abbé qui, de tous les hommes convoqués, était arrivé le premier au rendez-vous, et avait trouvé le roi déjà renfermé dans son camp, empêcha pendant plusieurs jours que les armées, quoiqu'en présence, en vinssent aux mains, disant à ce prince : « Si vous tentez le combat, vous vous en re-« tournerez vaincu et couvert de confusion. » Cependant comme l'armée de ce monarque s'accrut bientôt considérablement, et qu'il ignorait que la multitude des soldats ne devait pas décider du succès de cette bataille, il dédaigna d'écouter davantage l'homme de Dieu qui l'exhortait à la paix.

Bernard alors, animant par ses puissantes paroles le duc Ramnulf et l'armée des fidèles catholiques, leur promit la victoire et le triomphe, ainsi qu'il avait prophétisé au roi la fuite et la défaite. Comme ensuite il s'était retiré dans une petite ferme voisine où il se livrait à l'oraison, tout à coup on entendit s'élever les cris des fuyards et de ceux qui les poursuivaient. Par cette même ferme passèrent en effet et l'armée royale qui fuyait, et Ramnulf qui la pressait vivement. Un des moines qui accompagnaient l'abbé, étant donc sorti, alla au-devant d'un des soldats, et lui demanda ce qui était arrivé. Cet homme, qui certes connaissait les saintes Écritures, lui répondit: « J'ai vu « l'impie extrêmement élevé, et qui égalait en hauteur « les cèdres du Liban, et j'ai passé, et dans le mo-« ment il n'était plus[1]. » Un instant après le duc lui-même, qui suivait, sauta, tout armé, à bas de son coursier dès qu'il aperçut le moine, se jeta à ses pieds et lui dit : « Je rends grâces à Dieu et à son « serviteur : car ce n'est pas à nos forces, mais à sa « foi, que nous devons d'avoir remporté cette vic-« toire. » Remontant de suite à cheval, il se remit à la poursuite de l'ennemi.

[1] Psaume 36, v. 35, 36.

Cependant cette plaie dont le ciel frappa Roger ne corrigea pas l'ame superbe de ce roi, et cette tempête, qu'amassa sur lui l'orgueil de son esprit dépravé, ne l'abaissa point. Tous ceux des siens qui avaient échappé aux ennemis étant venus le rejoindre après sa fuite, il feint la joie, se montre dans toute la pompe des ornemens royaux, et, entouré d'un nombreux cortége de guerriers, il ordonne qu'on fasse approcher les envoyés des deux partis qui divisaient l'Eglise. Ayant préalablement endoctriné Pierre de Pise, et enflammé son ardeur au moyen d'une foule de magnifiques promesses, il lui ordonne de développer les motifs de la cause qu'il soutient. Ce Pierre s'efforce donc d'abord de prouver la canonicité de l'élection de son maître, et fortifie ses paroles par la citation d'un grand nombre de lois et de canons. Mais l'homme de Dieu, persuadé que le royaume du Seigneur est, non dans la beauté du discours, mais dans la vertu, lui répondit : « Je sais, Pierre, que tu
« es un homme savant et lettré : plût à Dieu que tu
« eusses embrassé un parti plus sage, et que tu em-
« ployasses tes talens à des choses plus honorables!
« Plût à Dieu qu'une cause plus juste et plus heu-
« reuse t'eût pour avocat ! alors tu ne mettrais en
« avant que des argumens raisonnables, et, sans
« doute, nulle éloquence ne pourrait lutter contre
« toi. Quant à nous, hommes grossiers, beaucoup
« plus accoutumés à manier la charrue qu'à nous
« trouver à des conférences d'affaires, certes, nous
« garderions le silence qui nous convient si l'intérêt
« de la foi ne nous forçait de parler. Mais aujour-
« d'hui c'est la charité qui nous contraint d'ouvrir la

« bouche : car la tunique de Notre-Seigneur Dieu
« n'a pas permis, au temps de la Passion, que les
« payens ni les Juifs osassent se la partager; et main-
« tenant Pierre de Léon la déchire et la met en lam-
« beaux. Il n'y a qu'une foi, un Seigneur, un bap-
« tême ; nous n'avons jamais vu ni deux maîtres ni
« une foi double ni deux baptêmes. Si je commence
« par remonter aux temps antiques, lors du déluge,
« je n'aperçois qu'une seule arche. Huit ames humai-
« nes seulement trouvèrent leur salut dans cette arche,
« pendant que les autres hommes périssaient; et tout
« autant qu'il y en eut que les eaux rencontrèrent hors
« de l'arche, elles les engloutirent. Cette arche est le
« type de l'Eglise : il n'est personne qui en doute. Une
« autre arche vient d'être fabriquée tout récemment ;
« et comme elles sont deux maintenant, il faut de
« toute nécessité qu'il y en ait une fausse, et qu'elle
« soit plongée dans la profondeur de l'abîme. Si l'ar-
« che que conduit Pierre de Léon vient de Dieu,
« celle dont Innocent tient le gouvernail doit imman-
« quablement être engloutie. Ainsi donc l'Eglise or-
« thodoxe d'Orient périra ; celle d'Occident périra;
« la France périra ; la Germanie périra; les Ibères,
« les Angles et tous les royaumes barbares seront
« précipités dans les gouffres de la mer. Les ordres
« des Camaldules, des Chartreux, de Cluny, de
« Grammont, de Cîteaux, des Prémontrés, et une
« foule innombrable d'autres couvens de serviteurs
« et de servantes du Seigneur tomberont indubitable-
« ment dans l'abîme, emportés par une seule et même
« tempête. L'onde dévorante recevra donc les évê-
« ques, les abbés et tous les autres princes de l'Eglise,

« qui seront jetés dans son sein, et porteront atta-
« chées à leur cou les meules qui font tourner les
« ânes. Ce Roger, ici présent, qui, seul de tous les
« puissans de ce monde, est entré dans l'arche de
« Pierre de Léon, sera donc le seul sauvé, pendant
« que tous les autres périront? A Dieu ne plaise que
« tout ce qu'il y a ici de vraiment religieux sur la
« terre périsse, et que l'ambition de Pierre de Léon,
« dont chacun sait quelle a toujours été la vie, ob-
« tienne seul le royaume des cieux ! »

A ces paroles tous ceux qui étaient présens ne purent se contenir plus long-temps, et exprimèrent
leur abomination pour la vie et la cause de Pierre
de Léon. Le saint abbé, prenant alors la main de
Pierre de Pise, le fit lever : lui-même se leva également, et lui dit : « Si tu veux m'en croire, nous en-
« trerons dans l'arche la plus sûre. » Puis, comme il
en avait déjà formé le dessein, il le pressa de conseils
salutaires ; et, secondé par la coopération de la grâce
de Dieu, il persuada promptement à ce prélat de se réconcilier, aussitôt qu'il serait de retour à Rome, avec
le pape Innocent. L'assemblée dissoute, le roi ne
voulut pas encore se ranger sous l'obéissance d'Innocent. Dans sa cupidité il avait envahi une portion
considérable du patrimoine de Saint-Pierre située
dans les provinces du Mont-Cassin et de Bénévent, et
se flattait que par de semblables délais il extorquerait
des Romains quelques priviléges sur ces terres, et
pourrait ensuite par ce moyen les rendre propres et
héréditaires dans sa famille. C'est ainsi qu'Hérode mé-
prisa le Sauveur quand il le vit, et que celui après
lequel il soupirait, quand il était absent, il le dédaigna

présent. C'est ainsi encore que notre Dieu tout-puissant répand sur les hommes la clarté qu'il a reçue de son père, prive de toute gloire ceux qui le méprisent, et élève au plus haut des cieux ceux qui s'humilient. On en vit la preuve par la guérison d'un certain homme noble, et très-connu dans la ville de Salerne. Les médecins, dont l'art et les études florissent particulièrement dans cette cité, ne savaient plus que lui faire. Comme cet homme désespérait d'obtenir d'eux aucun soulagement, un être lui apparut en songe pendant la nuit, lui annonça qu'il était arrivé à Salerne un saint homme qui guérissait efficacement tous les maux, et lui ordonna de le chercher et de boire l'eau du bassin dans lequel celui-ci aurait lavé ses mains. Le malade fait donc chercher Bernard, le trouve, demande l'eau dont il s'était servi pour ses mains, la boit et guérit. Le bruit de ce miracle se répandit bientôt par toute la ville, et parvint aux oreilles du roi et de tous ses grands. Ce prince étant seul à persévérer dans sa malice, notre abbé retourna à Rome, emportant avec lui l'amour des peuples de tout le pays, et réconcilia à l'Eglise et réunit au pape Innocent le susdit Pierre de Pise, ainsi que certains autres.

Le temps était venu où la malice de l'Amorrhéen étant montée à son comble, l'ange exterminateur brandissait déjà son glaive, et trouvant les maisons dont le seuil était encore arrosé du sang de l'agneau, passait outre. Arrivé à la demeure de Pierre de Léon, il n'y vit pas le signe du salut, et frappa ce malheureux. Celui-ci cependant ne mourut pas sur-le-champ; trois jours lui furent accordés pour faire pénitence; mais, abusant de la patience du Seigneur, il persista dans son péché, et finit en désespéré. On emporta son corps avec la pompe la plus mesquine, et l'on ensevelit son cadavre dans une fosse obscure et cachée, inconnue jusqu'ici des catholiques fidèles. Cependant les hommes de sa faction se choisirent un autre pape en sa place [1]; ce ne fut pas, au reste, tant par opiniâtreté dans le schisme que dans l'espoir d'obtenir, par un délai de quelque temps, des conditions plus avantageuses de réconciliation avec le pape Innocent. Mais ce rapprochement le Christ l'effectua sur-le-champ par les mains de son serviteur. Ce ridicule pontife, héritier de Pierre de Léon, se rend, en effet, lui-même, pendant la nuit, chez l'homme de Dieu, qui le conduit, dépouillé de tous les insignes usurpés de la papauté, aux pieds du seigneur Innocent. Aussitôt la ville se félicite et se livre à la joie; et l'Eglise est rendue à Innocent, que tout le peuple romain s'empresse de vénérer comme son pasteur et son maître. Tous témoignent leur respectueuse admiration pour l'abbé de Clairvaux, et l'appellent hautement l'auteur de la paix et le père de la patrie. Quand il sort, les nobles l'accompagnent, le peuple le célèbre par ses acclamations, les matrones le suivent, et tous lui marquent, avec un zèle empressé, la plus haute déférence. Mais combien de temps a-t-il pu jouir de sa gloire? Combien de temps a-t-il pu goûter le repos qu'il avait acheté par de si longues fatigues? Hélas! il ne lui fut pas donné d'avoir même un jour de répit pour chacune de ses années de tribulations! Quand

---

[1] Le cardinal Grégoire, qui prit le nom de Victor; son élection eut lieu le 15 mars 1138.

tous les troubles de l'Eglise furent finis et apaisés, à peine put-on retenir cinq jours à Rome celui qui, pendant sept ans et plus, s'était consumé en efforts pour mettre un terme au schisme. A son départ, Rome tout entière l'accompagna; le clergé le reconduisit; le peuple se pressa sur ses pas; toute la noblesse lui fit cortége. On ne pouvait voir, sans une douleur générale, s'éloigner celui qui s'était concilié un amour universel. Tous le suivaient les larmes aux yeux, lui demandaient sa bénédiction, et se recommandaient avec la plus grande dévotion à ses prières.

La paix étant solidement rétablie dans l'Eglise, l'homme de Dieu revint donc en France avec la permission d'Innocent. Il rapportait dans son couvent une grande joie, et fut reçu de ses frères avec les témoignages de la plus pieuse affection. Cependant le pape Innocent réglait toutes choses à Rome avec une puissance non contestée; et de toutes parts arrivaient des fidèles empressés de le voir. Ils venaient les uns pour traiter des affaires avec lui, les autres uniquement pour le féliciter. Les églises célébraient son triomphe par des processions solennelles, et les peuples, ayant déposé les armes, accouraient pour entendre la parole de Dieu. Après avoir souffert une foule de privations de tout genre, la cité vit promptement refleurir son opulence; une tranquillité stable rappela et ramena bientôt tous les biens que les temps de discorde avaient éloignés. Les champs, dont la guerre avait fait des solitudes, furent labourés de nouveau, et les déserts s'engraissèrent par la culture; chacun se reposa doucement à l'ombre de sa vigne et de son figuier; les patrouilles ne troublèrent plus le silence des nuits; les portes des maisons restèrent ouvertes sans danger, et toute crainte fut bannie des cœurs. Avec le temps Innocent répara les maux de l'Eglise, fit revenir les exilés, rendit aux églises leurs anciens serfs, et aux bannis leurs métairies dévastées; de plus, enfin, il répandit des largesses proportionnées aux besoins. Ce pontife rebâtit aussi, en l'honneur du saint martyr Anastase, un ancien monastère, dont il ne restait plus que l'église, et auquel manquaient les habitans. Le seigneur pape ayant donc reconstruit le couvent, réparé l'église, et assigné des fermes, des champs et des vignes pour la subsistance et l'entretien des moines, demanda et obtint qu'on lui envoyât de Clairvaux un abbé et une colonie de religieux de cet ordre. Bernard, autrefois vice-prieur de l'église de Pise, fut, en conséquence, chargé de mener en ce lieu des frères qui, sous sa conduite, devaient y servir le Seigneur suivant la règle du bienheureux Benoît. Cette colonie prospéra promptement; des hommes du pays s'empressèrent de s'y associer; le nombre des serviteurs de Dieu se multiplia dans ce monastère, et des domaines proportionnés aux besoins de l'établissement produisirent rapidement d'abondans revenus.

CHAPITRE VIII.

Des évêques que diverses églises tirent de Clairvaux. — De l'insigne piété du comte Thibaut et de sa cruelle tribulation.

Le saint abbé reprit le cours de ses études, et revint à ce divin chant nuptial [1] qui lui était si cher. Cependant l'odeur de sa piété s'étant répandue des diverses régions qu'il avait parcourues dans tout le monde chrétien, ses religieux furent invités à venir fonder partout des monastères ; on vit aussi des couvens déjà créés et bien établis se soumettre à son pouvoir et embrasser les règles de sa sévère discipline ; enfin encore des cités de différens pays obtinrent pour évêques des sujets sortis de son ordre. Il faut mettre au premier rang Rome, à qui Clairvaux donna un souverain pontife, ornement du Saint-Siège ; Préneste tira de ce même ordre Étienne, homme de toute modestie, et Ostie y prit le grand Hugues. Dans le sacré collége romain entrèrent Henri et Bernard, qui furent ordonnés, l'un cardinal prêtre et l'autre cardinal diacre ; près de la ville de Rome, Népa refleurit sous Hubert ; à Pise, dans la Toscane, brilla Baudouin, gloire de ce pays où il était né, et l'une des plus éclatantes lumières de l'Église ; tous sortaient de Clairvaux. Cet ordre donna en deçà des Alpes, Amédée à Lausanne, Garin à Sion, Godefroi à Langres, Alain à Auxerre, Bernard à Nantes, Henri à Beauvais, Giraud à Tournai, un autre Henri à Évreux, à l'Hi-

[1] Le Cantique des Cantiques.

bernie deux évêques, vrais chrétiens de fait comme de nom; et à Coire, cité allemande, Algot, homme respectable par sa science, son âge et sa bonté. Ces lumières sorties de Clairvaux illustrèrent lesdites villes par leur présence et par leur éclat, rehaussèrent la gloire des fonctions pastorales, devinrent par leur doctrine et leur vie l'exemple des autres évêques, et se conservèrent toujours humbles dans leur élevation.

Après la mort du pape Innocent, et celle de ses deux successeurs Célestin et Luce, très-promptement enlevés de ce monde, Bernard, celui qu'on choisit pour abbé du monastère de Saint-Anastase, comme nous l'avons dit plus haut, fut nommé pape de Rome, et prit le nom d'Eugène. Une sédition s'étant élevée parmi le peuple, ce pontife secoua la poussière de ses pieds contre les contendans et vint en France. Pendant qu'à Rome ceux-ci se rongeaient, se dévoraient et se détruisaient mutuellement, il attendit en repos que, fatigués de leurs combats, et épuisés par leurs pertes réciproques, ils desirassent et sollicitassent sa présence. Dans l'intervalle il tint un concile à Rheims, visita humblement Clairvaux, et montra la gloire du pontificat romain cachée sous la livrée de la pauvreté. Tout le monde admira qu'il conservât tant d'humilité dans une telle élevation, et qu'au faîte du pouvoir il ne perdît rien de sa vertueuse ardeur vers un saint but; comme s'il eût voulu prouver que l'humilité jointe à la grandeur brille au dehors d'autant plus qu'on est revêtu de plus hautes fonctions, et ne périt jamais au dedans quand on est véritablement vertueux. Il portait sur la peau une tunique de laine ; le jour il allait vêtu du capuchon des moines et couchait avec pendant la nuit. Si, par dessous, il gardait l'habit religieux, extérieurement il se montrait souverain pontife par ses manières et ses vêtemens; réunissant et faisant voir ainsi, chose vraiment difficile, le caractère et les habitudes de deux personnages différens dans un seul et même homme. On mettait devant lui des carreaux enrichis de broderies; son lit, recouvert de draperies magnifiques, était enveloppé de rideaux de pourpre; mais soulevait-on ces couvertures, on trouvait sous ces fines étoffes de laine, de la paille battue et du chaume qui les rembourraient. L'homme ne voit que le corps, mais Dieu scrute le cœur, et ce pontife veillait à faire ce qui était bien aux yeux de Dieu comme à ceux des hommes. Il parla aux moines ses frères, non sans répandre des larmes, et mêler à ses discours des soupirs arrachés du fond de son ame; il leur donna ses avis, leur prodigua ses consolations, et se montra à eux, non comme un maître et un supérieur, mais comme un frère et un égal. Ne pouvant s'arrêter long-temps dans leur monastère, il prit congé d'eux avec affection, partit suivi d'une immense multitude, se remit en route pour l'Italie et rentra dans Rome.

C'est à ce même pape que le saint homme Bernard adressa un ouvrage d'une admirable subtilité, dans lequel se livrant aux recherches les plus fines, examinant tant les choses qui nous entourent que celles qui sont au dessous de l'homme, et s'élevant même jusqu'à celles qui sont au dessus, il développe si admirablement la nature divine qu'il semble que ravi au troisième au ciel, il ait entendu certaines paroles, qu'il n'est pas permis à un mortel de répéter, et ait vu le souverain roi dans toute sa gloire. Les choses qui environnent l'homme, ou sont au dessous de lui, comme les mœurs de la société, l'égalité qui appartient à notre nature, la distance que les places mettent entre les hommes, les égards dus au mérite et la distribution des honneurs, Bernard les expose chacune à part avec une sagacité admirable, et donne à chacun les connaissances nécessaires à sa propre condition. Quant à ce qui est au dessus de l'humanité, il envisage les choses célestes, non comme les voient les anges, qui jamais ne quittent les côtés de Dieu, mais de la manière dont un homme d'une ame pure et d'un esprit sincère peut oser toucher à ce qui est divin et assimiler le sacerdoce temporel et la hiérarchie céleste. Comme en effet il est constant que dans la milice des cieux, certains esprits sont commandés par d'autres, et que ceux qui sont destinés à obéir, remplissent, au moindre signe des puissances supérieures, les diverses fonctions qui leur sont déléguées, il est évident que ceux des esprits célestes qui approchent le Très-Haut de plus près reçoivent de lui les ordres qu'ils ont à expliquer et à transmettre aux autres, afin que ceux-ci s'en pénètrent et les exécutent. De même, comme l'homme exige qu'il soit porté un grand respect au pouvoir dont il est revêtu, toutes choses doivent nécessairement se rapporter à la gloire de la suprême puissance ; car, puisque l'homme est soumis à l'homme et l'esprit céleste à l'esprit céleste, il faut, par dessus tout, se montrer soumis à Dieu, dont la munificence est pour les hommes la source de toute supériorité, et dont les instructions nous rendent facile la connaissance de nous-mêmes, et nous donnent l'heureuse faculté de nous élever, par la foi et l'espérance, jusqu'à la contemplation des choses divines. L'homme de Dieu, qui ne voulait pas laisser périr les inspirations qui lui venaient d'en haut, faisait écrire sous sa dictée, et quelquefois écrivait de sa main, toujours sur des tablettes enduites de cire, afin de pouvoir substituer des expressions plus douces et plus agréables aux premières dont il s'était servi. Il continuait cependant d'apaiser les discussions qui s'élevaient entre les églises, calmait le plus souvent par de douces exhortations les querelles importunes qu'excitaient des clercs désunis entre eux, et parfois même se voyait contraint d'en venir à de sévères réprimandes pour ramener la tranquillité : les tempêtes se dissipaient à sa voix, et ceux qui étaient venus à lui agités d'un esprit de sédition, et répandant à grands flots une bile âcre dans leurs discours, s'en retournaient pleins d'amour pour la paix.

Entre beaucoup d'autres seigneurs, le comte Thibaut s'attacha particulièrement à Bernard, rechercha son amitié par une foule de bonnes œuvres, voua sa personne et ses biens au service de Clairvaux, remit son ame entre les mains du saint abbé, et, déposant les grandeurs de son haut rang, se montra parmi les serviteurs de Dieu dans ce monastère, non en maître, mais en simple confrère, à tel point qu'il obéissait à tout ce que lui commandaient les derniers de la maison. Ce comte achetait donc, pour les nouveaux couvens de l'ordre, des fonds de terre, leur construisait des bâtimens, fournissait à leurs dépenses, et partout où ces serviteurs de Dieu étendaient leur race, il leur

envoyait de grosses sommes d'argent. Il ne se contentait pas, comme Salomon à Jérusalem, de bâtir un seul temple pour le Seigneur; dans tous les lieux où des moines portant l'habit de Clairvaux s'établissaient, il apportait ses soins à pourvoir à tout ce qui leur était nécessaire, pensant élever ainsi pour le Christ, comme s'il eût été présent sur la terre, une demeure qui fût vraiment sienne. Enfin il laissait à la volonté de l'homme de Dieu de lui adresser tous ceux, quels qu'ils fussent, qui manquaient de moyens pour se consacrer à l'œuvre du Seigneur, et, dès qu'ils lui venaient de sa part, il satisfaisait aux frais nécessaires. L'abbé, voyant l'ame de ce seigneur si pleine d'ardeur pour le bien, enflamma sa piété, et voulut surtout qu'il obéît aux inspirations intérieures de sa foi. « Il lui conseilla donc de fonder des temples im-
« mortels, et de distribuer ses aumônes avec une
« telle sagacité que, fructifiant sans cesse et produisant
« des pousses vigoureuses toujours renaissantes, elles
« enfantassent constamment de nouvelles aumônes.
« Il lui apprit ensuite à secourir de mille manières les
« malheureux, que la pauvreté, semblable à une guêpe
« piquante, tourmentait çà et là de ses cruels aiguil-
« lons ; il lui recommanda de donner aux uns des
« vêtemens, aux autres des alimens, et lui suggéra
« l'idée de visiter lui-même les hôpitaux, sans se laisser
« rebuter par l'aspect du malade, parce que c'est
« doubler le prix du bienfait que d'aller soi-même
« voir, réchauffer, consoler et rappeler pour ainsi dire
« à la vie les infortunés. Enfin il lui enseigna com-
« ment il devait humilier les oppresseurs des pauvres,
« défendre l'orphelin et la veuve, montrer sa com-

« misération et rendre service, régler ses paroles
« dans le jugement des affaires, pourvoir au repos
« de l'Eglise, ne recourir au glaive que quand il le
« fallait, et se bien pénétrer de cette vérité que
« c'est un devoir pour les grands, et la plus impor-
« tante des obligations que leur impose leur rang,
« de veiller sans cesse à secourir les bons et à punir
« les méchans. »

Ces instructions et d'autres non moins salutaires du même genre, le comte les reçut en homme raisonnable et avec respect. Il convertit le luxe de sa cour et le faste qui accompagne la grandeur, en humilité et en honorable simplicité; nul n'osa plus se permettre de faire ou de dire en sa présence quelque chose d'inconvenant, et les siens s'étudiant même à lui plaire en cela, soit qu'ils feignissent, soit qu'ils suivissent les mouvemens d'un cœur sincère, ils faisaient souvent eux-mêmes les choses auxquelles ils voyaient leur maître se complaire davantage. Ainsi donc ceux qui l'approchaient le plus familièrement introduisaient auprès de lui des malheureux injustement persécutés, ou lui indiquaient des malades qui languissaient gissant dans les places publiques et tous ceux, quels qu'ils fussent, que dévoraient l'amertume et la misère; quant à lui, plein de joie qu'on lui offrît des occasions d'exercer sa bienfaisance, il embrassait avec une vive reconnaissance ceux en qui il reconnaissait plus de sollicitude pour les actes d'humanité de cette espèce. Comme l'homme de Dieu ne souffrait pas qu'aucun des siens demeurât dans la cour du comte ou fût même l'intermédiaire de ses dons, Thibaut fit venir deux religieux de l'ordre des Prémontrés qu'il préposa à la distribution de ses aumônes, et sur lesquels il s'en remit du soin de parcourir les châteaux et les bourgs où il s'arrêtait : tout le temps qu'il y séjournait, il voulait que les malades et les lépreux fussent abondamment nourris de sa propre table ; il faisait de plus répandre sur les autres indigens, par le ministère de ces deux religieux, des aumônes considérables et toujours proportionnées au rang et aux besoins de chacun, soit en vivres, soit en vêtemens. Enfin il donna dans son palais un tel pouvoir à ces bons moines, qu'ils commandaient en maîtres tout ce qu'ils voulaient aux bouteillers, panetiers, cuisiniers et autres domestiques, et faisaient emporter tout ce qui leur plaisait, sans que personne osât s'y opposer ou venir en référer au comte, même quand ces religieux paraissaient se laisser aller en quelque chose à trop de prodigalité. Car ces hommes craignant Dieu, et qui ne desiraient pas moins lui plaire qu'au comte, ne retranchaient rien de la munificence de ce seigneur, qui leur avait enjoint de satisfaire, de son argent, à tout ce qu'exigeait la charité la plus étendue, et ils ne voulaient pas être ingrats envers le Très-Haut, en se montrant avares et négligens, quand l'ordre de Dieu et la bienfaisance sans bornes du comte leur prescrivaient d'être larges et actifs dans la dispensation des secours aux pauvres. Il entrait encore dans les attributions qu'on leur avait confiées, de prodiguer les soins de l'hospitalité aux moines et autres pieux personnages que différentes affaires amenaient à la cour de Thibaut, et de fournir, des greniers et des approvisionnemens du comte, à tous leurs besoins. Quand l'hiver exerçait ses rigueurs, ces deux religieux parcouraient les environs, portant dans des sacs faits exprès des vêtemens confectionnés pour les pauvres, comme des peaux, des casaques, des chaussures dans l'apprêt desquelles la graisse n'était pas épargnée, et qu'ils distribuaient aux indigens des villages. Dans le comté de Thibaut, les secours de sa bienfaisance ne manquaient à personne, et c'était un port où tous les naufragés trouvaient un refuge assuré. Dans les temps de famine, ce seigneur ne vendait pas, comme Pharaon, ses blés au peuple, et ne réduisait pas à son exemple l'Égypte en servitude, pour prix du grain qui sortait de ses magasins; mais profitant des conseils divins du saint abbé, comme de ceux d'un second Joseph, il ouvrait gratuitement ses greniers aux pauvres, n'épuisait pas son peuple d'argent, n'enlaçait pas les affligés dans les filets de la fourberie; et n'accaparant pas pour lui seul les biens de tous, il n'accumulait pas sur la terre des trésors privés, mais thésaurisait plutôt dans le ciel. Ce dispensateur infatigable d'aumônes distribuait avec la plus grande joie son argent et ses approvisionnemens de denrées.

Cependant une horrible et bien cruelle épreuve vint accabler de tout son poids cet homme qui ne soupirait qu'après les biens célestes. Le roi et les grands l'attaquèrent; la terre s'en émut et trembla, comme si Dieu eût été irrité contre lui; presque tous ses domaines furent en proie au pillage et à l'incendie dévastateur; l'armée du roi couvrit la surface de sa terre et porta le carnage de tous côtés. Il n'était sûr pour lui ni d'attendre ses persécuteurs pour leur résister, ni de marcher à leur rencontre; car les siens l'avaient abandonné pour

lui faire hautement la guerre, et ceux qui lui restaient encore étaient demeurés plutôt pour le trahir que pour l'aider de leurs secours. De cruelles angoisses le pressaient donc de toutes parts ; ignorant tout-à-fait quelles gens étaient véritablement siens, il ne pouvait ni se défendre sûrement dans son château, ni prendre au dehors les mesures nécessaires, et il en était réduit à se méfier aussi complétement de la perfidie des transfuges ennemis, que de la duplicité de ses propres hommes. Dans ces tristes extrémités, tournant ses regards vers le Seigneur, il implora le secours d'en haut ; ne désespérant pas de la miséricorde céleste, il appela l'homme de Dieu, dont il recherchait et suivait spécialement les conseils, et en reçut pour réponse, « qu'il devait
« se persuader que le Seigneur flagelle tous ceux
« de ses enfans qu'il admet dans son sein ; que de
« pareilles corrections purgent et éprouvent l'ame ;
« que Job couché sur son fumier jouissait d'une
« plus véritable gloire que, quand environné de
« son armée, il était assis sur son trône et exempt
« de toute affliction. Le saint homme lui remon-
« tra encore comment Salomon avait péché dans le
« repos, et, corrompu par les félicités de la paix,
« s'était précipité dans le vice, tandis que David,
« son père, poursuivi par Absalon l'un de ses fils,
« et voyant tout Israël armé contre lui, avait per-
« sévéré dans les voies de la guerre. Il lui rappela
« enfin que Satan avait souffleté l'apôtre lui-même
« qui, par sa fermeté à supporter cette tribulation
« sans s'émouvoir, avait mérité d'entendre ces pa-
« roles de la bouche du Seigneur : Ma puissance

« éclate davantage dans la faiblesse [1]; parce qu'en
« effet, dans la vie de ce monde, c'est la prospé-
« rité qui nous rend inattentifs, et l'adversité qui
« nous fait vigilans. »

Le vénérable comte Thibaut, entendant ces paroles, se sentit merveilleusement ranimé, et ordonna d'apporter en toute hâte, au milieu de ceux qui l'entouraient, deux vases d'or d'un poids immense et d'un admirable travail, dans lesquels étaient incrustées des pierres précieuses de la plus grande valeur, que son oncle Henri, roi des Anglais, avait, lors de la solennité de son couronnement, fait placer à table devant lui pour étaler sa gloire et ses richesses. Arrachant de son cœur tout amour pour de tels objets, il fit arracher les pierres précieuses des montures qui les attachaient, ordonna de briser l'or en pièces, de vendre le tout, et avec l'argent qu'on en retirerait, de bâtir des tabernacles plus précieux que l'or et les diamans aux yeux de Dieu. Cependant Amalech ne cessait pas d'exercer ses fureurs contre Israël; mais Moïse élevant ses mains au ciel, Israël resta maître de la victoire, et les ennemis furent contraints de reculer. Le saint abbé toujours ardent à s'entremettre comme conciliateur dans toutes les querelles, cédant aux pleurs dont ses frères remplissaient le monastère, et aux cris qu'ils poussaient vers le Seigneur, se précipita entre les deux armées; aussitôt, et quoique ce fût encore le moment de la colère, une réconciliation s'opéra, et ses divines exhortations se faisant jour

---

[1] IIe. Épître de saint Paul aux Corinthiens, chap. XII, v. 9.

entre les deux partis, les tempêtes s'apaisèrent, la tranquillité se rétablit entre le comte et le roi, et l'on vit régner la sérénité tant souhaitée d'une douce paix.

FIN DU SECOND LIVRE.

VIE
DE
SAINT-BERNARD;
LIVRE TROISIÈME
PAR GEOFFROI, MOINE DE CLAIRVAUX.

PRÉFACE.

Plusieurs hommes distingués ont, par leurs écrits, transmis à la postérité, pour la plus grande gloire du Christ et l'édification de tous, la mémoire de notre très-illustre père, Bernard, abbé de Clairvaux. Certes, ils ont trouvé une abondante matière, et suivant que chacun l'a pu, ou que la vérité lui a été bien connue sur les actions de ce saint personnage, ils ont rapporté, non pas toute sa vie, mais seulement quelques parties de son histoire. Il a paru à certaines personnes que, sur un tel sujet, celui-là devait, moins que tout autre, garder le silence qui avait été l'enfant et le nourrisson de la sainteté, de l'honneur et de la bienfaisance de Bernard, et qu'après environ treize ans, la mort enfin, mais la mort seule, avait pu arracher du sein de ce grand homme. Ce malheur, je ne dois et ne puis ni me le rappeler, ni le redire, sans que les sanglots me suffoquent! Puisses-tu, père très-saint, te complaire aujourd'hui dans l'ouvrage de ce nourrisson, comme autrefois, et pendant quelque temps, tu as paru te complaire en son zèle. Et quel autre t'a jamais dû davantage, te fut aussi dévoué, a été plus complétement tien? La mort cruelle a, je l'avoue, déchiré de sa dent funeste, et déchiré durement, les liens qui m'unissaient à toi; mais elle ne les a pas brisés tout entiers; elle les a coupés, mais non détruits; elle en a pris sans pitié la portion qui lui était dévolue; elle m'a enlevé le bonheur de te voir, la douceur de t'entendre, et tout ce qu'il y avait de corporel dans mon obéissance; mais elle n'a pu m'ôter la foi dans ton secours, même actuel; elle ne m'a point arraché l'espérance de jouir un jour encore de ta vue; enfin, elle n'a pas étouffé en moi cette affection d'un dévoûment filial que le souvenir de tes bienfaits passés a si bien enraciné dans mon cœur. Au surplus, certes, et je le sais très-bien, je manque de l'instruction et de l'éloquence nécessaires au grand œuvre que j'entreprends, plus qu'à aucun autre; mais, ni le génie d'Origène, ni la faconde de Cicéron ne suffiraient à célébrer tes hauts faits, et à chanter dignement tes louanges. Il ne faut point désespérer cependant qu'un lecteur sage ne s'attache davantage aux fruits qu'il peut recueillir du récit de tes actions, qu'aux feuilles sans aucun prix où sont consignées mes paroles; qu'il ne goûte la saveur des unes plus qu'il ne se rebutera de la sécheresse des autres; et qu'il n'éprouve moins de répugnance à mâcher celles-ci qu'il ne trouvera de délices à se nourrir de ceux-là. Les choses qu'on a vues de ses yeux, on les raconte en effet, pour l'ordinaire, avec plus de certitude et de sincérité que celles qu'on a entendu rapporter; et les liqueurs transvasées dans une troisième coupe s'aigrissent plus facilement. On boit avec plus de plaisir l'eau puisée à sa source, dans un lit étroit, à la vérité, mais qu'elle vient remplir d'un filet jaillissant, que l'onde puisée dans un ruisseau qui déjà s'est étendu au loin, ou dans un fleuve considérable. Ainsi donc, sans rien emprunter aux livres de ceux qui ont écrit ou sur les premières années de notre très-bien heureux père, ou même sur celles du milieu de sa vie, et pour ne pas paraître ne bâtir que sur des fondemens élevés par d'autres, mon ouvrage se renfermera plus spécialement dans les choses à la plupart desquelles j'ai assisté comme témoin. Cependant j'y joindrai aussi celles, quoiqu'en petit nombre, que j'ai connues par le rapport de frères dignes de toute confiance, et qui étaient présens quand elles se sont passées. Cet ouvrage, toutefois, le lecteur le trouvera divisé en trois livres : le premier traitera particulièrement de ce qui paraît concerner la manière de vivre, les mœurs et la doctrine de ce bienheureux père ; dans le second, je rapporterai beaucoup des grandes choses qu'a faites ce saint homme, et j'en compléterai l'utile récit dans le troisième. Il est bon d'avertir, au surplus, que dans la narration des faits, je m'attacherai plus à la liaison et aux rapports de similitude qui existeront entre eux, qu'à la suite des temps. Ainsi donc, ni ses miracles, ni certaines de ses œuvres ne sont rapportés en mon ouvrage suivant l'ordre dans lequel ils se sont passés ; mais quelques-uns ont été insérés çà et là dans mon récit, selon qu'ils m'ont paru y trouver une place plus convenable. Tout écrit, en effet, qui s'embellit et s'appuie d'exemples tirés du sujet même, semble plus solide, et est d'ordinaire tenu pour plus agréable : il en est de lui comme d'un monument soutenu par des colonnes d'une exacte proportion. J'ai donc transposé quelques faits, et pour les réunir à d'autres semblables, et parce que ceux qui étaient d'un même genre se liaient mieux entre eux. Cela, cependant, je ne l'ai fait que dans les deux premiers livres. Quant au troisième, la marche de la narration suit, presque en tout, l'ordre exact des temps.

VIE
DE
SAINT-BERNARD.

LIVRE TROISIÈME
PAR GEOFFROI, MOINE DE CLAIRVAUX.

CHAPITRE PREMIER.

Récit sommaire des mœurs et des vertus de Saint-Bernard.

Toujours le Seigneur met son orgueil dans ses saints; aussi a-t-il, dans son admirable majesté, glorifié, comme tout le monde le sait, par des prodiges et des miracles nombreux, le nom de son fidèle serviteur Bernard, abbé de Clairvaux. Au surplus, ainsi que Bernard l'a dit de saint Malachie, le premier et le plus grand miracle qu'on vit en lui fut lui-même. D'un visage serein, modeste dans ses manières, circonspect dans ses paroles, réservé dans ses actions, assidu à la méditation des choses saintes, d'un zèle pieux pour l'oraison, il avait appris souvent, et par sa propre expérience, comme lui-même l'enseignait aux autres, à se reposer plus en toute chose sur l'efficacité de la prière que sur ses efforts et sa propre habileté. Il se montrait grand et ferme dans la foi, confiant avec magnanimité dans l'espérance, et prodigue dans la charité ; il brillait au dessus de tous par son humilité, et tenait le premier rang par la piété. Sage dans ses conseils, actif et habile en affaires, jamais il n'était moins oisif que dans le repos. Recevant avec une sorte de plaisir les humiliations, il n'accueillait les hommages qu'avec pudeur et embarras. Doux par ses mœurs, saint par ses mérites, couvert de gloire par ses miracles, il abondait en sagesse, en grâce et en vertu devant Dieu et devant les hommes. Le Seigneur avait doué cette sainte ame d'un auxiliaire tout semblable à elle, en lui adaptant un corps formé par l'effet d'une bénédiction toute spéciale. Dans tout le physique de ce saint homme paraissait une grâce particulière, plus spirituelle cependant que charnelle : sur son visage resplendissait un éclat moins terrestre que vraiment céleste ; ses yeux rayonnaient d'une pureté d'ange et d'une simplicité de colombe ; la beauté intérieure de cet homme était telle qu'elle se manifestait au dehors par certains indices évidens ; et dans toute sa personne paraissaient abondamment répandues la perfection et la grâce qu'il possédait au plus haut point au dedans de lui. La chair ne surchargeait pas son corps extrêmement mince, et sa peau très-fine se teignait sur les joues d'un léger incarnat ; l'habitude de la méditation et les efforts de la componction absorbaient tout ce qu'il y avait de chaleur en lui. Le blanc se mêlait au blond dans sa chevelure, et sa barbe qui tirait sur le roux était, vers la fin de sa vie, parsemée de poils blancs. Sa taille moyenne et bien prise semblait cependant plutôt élevée que petite. Du reste, son ame, ce trésor inappréciable, était logée dans une enveloppe d'argile entièrement brisée et rompue de toutes parts. Sa chair, en effet, souffrait d'une foule de maux et d'infirmités que Dieu lui envoyait pour que la force de son ame se développât ainsi dans toute sa perfection. La plus dangereuse de ses incommodités était le resserrement de son gosier, tellement étroit qu'il ne donnait passage à rien de sec, et n'admettait qu'avec peine quelques alimens solides; mais c'était surtout de la faiblesse de son estomac et de l'altération de ses viscères qu'il souffrait davantage. Ces maux le tourmentaient continuellement, et beaucoup d'autres venaient souvent s'y joindre pour l'accabler. Il mettait sa principale étude à se dérober à l'admiration et à se conduire comme le premier venu d'entre ses moines; mais la gloire, qui fuit d'ordinaire ceux qui s'efforcent de la saisir en s'écartant de la bonne voie, poursuivait le saint homme qui l'évitait. Il avait souvent à sa bouche, et toujours dans le cœur, ce proverbe : « Celui qui fait ce que personne ne fait, tout le « monde l'admire. » C'est dans cette conviction que Bernard se soumettait chaque jour davantage à la règle et à la vie commune, ne laissant rien paraître dans ses actions qui eût quelque chose d'une observance particulière et plus rigoureuse. C'est encore par suite de cette idée qu'il aima mieux quitter le cilice qu'il avait porté secrètement pendant plusieurs années, que de s'exposer à ce qu'on sût qu'il en était revêtu, disant que celui-là ne veut pas assez demeurer ignoré qui ne se conforme pas strictement à ce qui lui est commun avec les hommes de la même profession que lui. Mais aussi dans ces devoirs, égaux pour tous, il portait une pureté toute particulière et une piété qui n'avait rien d'ordinaire, ne négligeait rien, et donnait aux plus petites choses une attention et un zèle soutenus. Aussi avait-il coutume, d'après sa propre expérience, de définir le vrai sage, celui pour qui chaque chose est ce qu'elle doit être. .

Dès ses plus jeunes ans il sut si bien échapper aux attraits de la gourmandise, qu'il perdit en grande partie la faculté de pouvoir même distinguer la saveur des choses. Combien de fois n'arrivait-il pas que, trompé par la pieuse supercherie de ceux qui le servaient, il but certaines liqueurs pour d'autres? Une fois entre autres, il avala, sans s'en apercevoir, de l'huile qu'on lui versa par erreur, et on ne le reconnut que parce que quelqu'un qui entrait s'étonna de lui voir les lèvres toutes grasses. Des petits morceaux de pain détrempés dans de l'eau chaude, et de légers bouillons composaient toute sa nourriture ; encore n'en prenait-il que très-peu, et son estomac en rejetait-il la plus grande partie sans l'avoir digérée. Ainsi donc, pour qu'il ne trouvât aucune volupté à manger, il y avait pour lui danger à avaler quelque aliment, douleur à le garder après l'avoir pris, et fatigue à le rendre. Par là, certes, la bonté divine traita son fidèle serviteur suivant ses propres desirs, permettant qu'il ne fût pas privé des avantages d'une abstinence plus qu'ordinaire, et que cependant il pût, en cachant cette vertu sous l'apparence de la nécessité, se soustraire à l'admiration qu'il ne cessait de fuir. En parlant du vin, il nous disait souvent qu'il était décent à un moine de ne faire qu'en goûter quand il lui fallait en prendre, et de bien montrer qu'il ne vidait pas son verre. Ce précepte, lui-même l'observait si rigoureusement que, toutes les fois qu'il souffrait qu'on lui servît du vin, le verre dans lequel on lui présentait à boire, quoique fort petit, paraissait, lorsqu'on l'enlevait de dessus la table, être à peine moins plein que quand on l'avait apporté, et cela non après qu'il avait bu un seul coup, mais après son repas entier, quel qu'il fût. Ne pouvant se tenir debout que très-difficilement, il était presque constamment assis et se remuait fort rarement. Toutes les fois qu'il réussissait à se soustraire aux affaires, on le voyait priant, lisant, écrivant, instruisant ses frères, et travaillant à leur édification, ou bien absorbé dans de saintes méditations. Il avait acquis, dans ce dernier genre d'exercice tout spirituel, la grâce particulière de n'y trouver jamais ni ennui ni difficulté. C'était avec une aisance parfaite qu'il se renfermait en lui-même, promenait ses regards dans toute l'étendue de son cœur, et en développait l'intérieur, dans sa solitude pleine et entière, aux yeux du Christ, ainsi que d'habitude il recommandait aux autres de le faire. Tous les instans, quelque courts qu'ils fussent, tous les lieux lui étaient bons pour méditer. Cependant, quel que fût son goût pour cette occupation, soit que la crainte de Dieu le poussât, ou que les inspirations de l'Esprit saint le dirigeassent, il la fiasacriit toujours aux travaux d'un avantage général et plus positif, accoutumé qu'il était à rechercher en toute chose, l'utile, non pour lui seul, mais pour le plus grand nombre. Autrement, dans quelque nombreuse assemblée et au milieu de quelque tumulte qu'il se trouvât, il savait, à moins que l'affaire qui se traitait n'exigeât ses soins, recueillir son esprit avec une facilité merveilleuse, et jouir de cette solitude intérieure dont il portait partout l'habitude en lui-même, sans donner la moindre attention à tout ce qui se disait et se faisait entendre autour de lui.

CHAPITRE II.

De la visite que fit Bernard à Hugues, évêque de Grenoble, et aux Chartreux, et de l'admirable surveillance de ce saint homme sur ses sens.

APRÈS que ce serviteur de Dieu eut passé quelques années à Clairvaux, il lui vint en pensée, et par piété, de visiter le saint homme Hugues, évêque de Grenoble, et ses frères chartreux ; le susdit prélat, sentant qu'il y avait quelque chose de divin dans la présence de l'hôte qui venait le voir, le reçut avec tant de reconnaissance et de respect, qu'il se prosterna devant lui jusqu'à terre, et alla presque jusqu'à l'adorer. Le serviteur du Christ, voyant un évêque d'un âge fort avancé, célèbre dans le monde et remarquable par la sainteté de sa vie, se jeter à ses pieds, fut vivement troublé. Lui-même, alors, se précipita aux pieds du prélat, en reçut enfin dans cette posture le baiser de paix, et se plaignit, non sans de profonds gémissemens, de voir ainsi son humilité couverte de confusion par l'hommage que lui rendait un si grand personnage. De ce moment, il obtint une place si grande et si intime dans le cœur de cet évêque, que ces deux enfans de la gloire céleste ne firent plus qu'un cœur et qu'une ame, et jouirent mutuellement l'un de l'autre en Jésus-Christ. C'est ainsi que la reine de Saba, parlant de Salomon, rapporte qu'elle et lui se félicitaient d'avoir trouvé l'un dans l'autre beaucoup plus que n'avaient dit les bruits répandus par la renommée.

Le serviteur du Christ fut accueilli à la Chartreuse par le très-vénérable Guigue, prieur, et par tous les autres religieux, avec la même affection et le même respect. Tous furent transportés de joie de trouver ce saint homme, maintenant qu'ils le voyaient, tel qu'il s'était fait connaître à eux par la lettre qu'il leur avait adressée. Cependant, au milieu de toutes les autres choses qui édifiaient ces bons moines, il y en eut une qui troubla quelque peu le susdit prieur Guigue; ce fut de voir la mule sur laquelle était monté le vénérable abbé, bien enharnachée et n'ayant rien qui ressentît la pauvreté religieuse. Le digne rival de Bernard en vertu ne garda pas le silence sur ce qui avait frappé son esprit, mais en parla à un de ses frères qui accompagnait l'abbé, et avoua que cela l'étonnait et le tourmentait. Celui-ci ayant rapporté au saint abbé les propos qu'il avait entendus, l'homme de Dieu, non moins surpris à son tour, demanda quelle était donc cette monture dont on parlait. Il était en effet venu dessus de Clairvaux jusqu'à la Chartreuse, sans jamais l'avoir ni remarquée, ni même vue, et ignorait totalement, et encore même au moment présent, ce qu'était cet animal. Cette mule en effet n'était pas la sienne, mais lui avait été prêtée par un certain moine de Cluny, son oncle, qui demeurait dans le voisinage de Clairvaux, et était restée harnachée comme elle était quand ce religieux s'en servait. Le prieur dont on a déjà parlé plusieurs fois, entendant quelle était la réponse du saint homme, admira beaucoup comment ce serviteur de Dieu pouvait si parfaitement fermer les yeux à toutes les choses du dehors, et occuper son esprit au dedans de lui-même, qu'il n'eût pas aperçu, pendant l'espace d'une si longue route, ce qui l'avait blessé, lui, au premier coup d'œil. C'est encore ainsi qu'ayant durant tout un jour cheminé le long du lac de Lausanne, il ne le vit en aucune manière, ou remarqua si peu qu'il l'avait vu, que le soir, à la couchée, ses compagnons s'étant mis à parler de ce lac, il leur demanda où il était, et les confondit tous d'étonnement.

Dès le principe il avait toujours ardemment souhaité se délivrer du soin de toute affaire, ne jamais sortir pour aller en quelque lieu que ce fût, et rester renfermé dans son monastère. Croyant dans la suite avoir trouvé, dans la faiblesse de son tempérament, un prétexte favorable pour réaliser ce projet, il le déclara un beau jour, et y tint même pendant quelque temps ; mais enfin il fut contraint de sortir de son couvent par les nécessités pressantes où se trouvaient l'Eglise du Seigneur ainsi que le souverain pontife, et par le commandement de tous les abbés de son ordre, aux avis desquels, lui, le véritable père de tous, déférait en toutes choses comme s'ils eussent été ses pères. Ce fut aussi d'après ce que lui prescrivirent ces mêmes abbés, que dans les dernières années de sa vie, il porta, outre le capuchon et la tunique, un morceau de drap fait en laine, et taillé en forme de petit manteau, et un bonnet de même étoffe; mais quant à des fourrures de peau, jamais il ne voulut consentir à s'en servir, malgré les maux cruels et les infirmités dont son corps était tourmenté. La pauvreté lui plut toujours dans ses vêtemens; mais jamais il n'y put souffrir la saleté, disant qu'elle était l'indice d'un esprit négligent, ou qui se glorifiait follement en soi-même, ou qui affectait au dehors un orgueil purement humain. Sa démarche et toutes ses manières, parfaitement modestes et bien réglées, portaient l'empreinte de l'humilité, répandaient une odeur de piété, attestaient la grâce d'en haut, commandaient le respect, remplissaient d'une sainte joie et édifiaient à son seul aspect ceux qui le voyaient. Quant au rire, nous disons ce que nous avons entendu fréquemment sortir de sa propre bouche, lorsqu'il s'étonnait de voir des hommes consacrés à la vie religieuse se permettre des éclats de rire, qu'il ne se souvenait pas de s'être jamais, depuis les premières années de sa conversion, abandonné au rire d'une manière telle qu'il ne lui fallût pas plus d'efforts pour le laisser éclater que pour le contenir, et qu'il avait plutôt sur ce point à se stimuler qu'à se retenir.

CHAPITRE III.

Du peu de recherche, de la modestie et de la grâce qu'on remarquait tout ensemble dans ses discours, et de son empressement à fuir les dignités.

Dieu, qui prédestina Bernard dès le sein de sa mère aux travaux de la prédication, lui donna, dans un corps débile, une voix forte, et qui se faisait bien entendre. Ses discours, toutes les fois qu'il en trouvait l'occasion et à quelque personne qu'il s'adressât, avaient pour but l'édification des ames; toujours il les mettait à la portée de ses auditeurs, pourvu, cependant, qu'il connût leur capacité, leurs mœurs et leurs occupations habituelles. Ainsi il parlait aux rustiques habitans de la campagne, comme s'il n'eût jamais été nourri que dans les champs; de même, quand il s'adressait aux autres classes d'hommes, quelles qu'elles fussent, on aurait cru qu'il s'était exclusivement adonné aux travaux dont elles s'occupaient. Lettré avec les érudits, simple avec les simples, abondant en instructions pleines de science et de vertu avec les hommes éminens par leur esprit, dans son ardent désir de gagner tout le monde au Christ, il appropriait son langage aux besoins de tous. Toujours il était attentif et habile à observer le précepte qu'en écrivant au pape Eugène il énonçait hautement et dans l'abondance de son cœur : « Si des plaisanteries, dit-il à ce pontife [1], se

[1] *De Considerat.*, liv. II, chap. XIII.

« présentent quelquefois à l'esprit, peut-être est-il
« permis de les laisser échapper, mais jamais on ne
« doit les répéter et y insister : c'est avec prudence
« et réserve qu'il faut s'y livrer ; aussi est-il bon de
« recourir promptement à quelque chose de sérieux,
« qu'on écoute non seulement avec plus de profit,
« mais même avec plus de plaisir, et qui apprend à
« dédaigner les choses oiseuses. »

Combien Dieu avait donné à Bernard une éloquence conciliatrice, persuasive et pleine d'érudition, combien il savait toujours parfaitement quand et comment il devait parler, à quelles gens il convenait de distribuer les consolations ou les prières, les exhortations ou les réprimandes, c'est ce que connaîtront, jusqu'à un certain point, ceux qui liront ses écrits ; mais cependant ils le sauront beaucoup moins bien que ceux qui ont fréquemment entendu ses discours. En effet, une telle grâce était répandue sur ses lèvres, et il y avait tant de véhémence et de feu dans ses paroles, que sa plume même, quoique parfaite, ne pouvait conserver ni rendre toute cette douceur et toute cette chaleur. Le miel et le lait découlaient de sa langue, et néanmoins une loi de feu était dans sa bouche, selon ce qui est dit dans le Cantique des cantiques : « Vos lèvres sont comme une bande-
« lette d'écarlate, et votre parler est agréable [1]. »
Aussi, par suite de cet heureux don, lors même qu'il parlait aux peuples de la Germanie, il s'en faisait écouter avec un étonnant attachement ; leur piété semblait plus puissamment édifiée par ses discours, que cependant ces gens, parlant une autre langue,

---

[1] Cant., chap. IV, v. 3.

ne pouvaient comprendre, qu'elle ne l'eût été par les phrases, quoiqu'intelligibles pour eux, de l'homme le plus habile qui eût discouru après lui pour interpréter ce qu'il venait de dire; et la vertu de ses paroles les remuait plus fortement. Ce fait étonnant, les coups dont les Germains se frappaient la poitrine, et les larmes qu'ils répandaient avec abondance, l'attestaient avec certitude. Ce saint abbé citait les Ecritures si à propos et avec une telle facilité qu'on aurait cru, non pas qu'il en suivait le texte, mais qu'il le devinait, pour ainsi dire, et qu'il le pliait comme il le voulait, en cédant à la seule inspiration de l'Esprit saint qui les a dictées. Le Seigneur qui, en effet, l'appelait à faire entendre sa voix au milieu de l'assemblée des fidèles, l'avait rempli de l'esprit de sagesse et d'intelligence, afin que, conformément à ce qu'on lit dans le livre de Job [1] : « Il pénétrât jus- « qu'au fond des fleuves, et produisît au jour les « choses les plus secrètes. » Aussi a-t-il déclaré que, pendant qu'il priait et méditait, il avait vu toute la sainte Ecriture placée pour ainsi dire à ses pieds, et développée à ses regards.

Qui pourrait, au surplus, publier dignement et assez admirer le désintéressement avec lequel ce saint homme a prêché l'Evangile ? Il crut en effet que ce ne serait point assez de ne solliciter pour lui-même, de la générosité de ses auditeurs, aucuns biens périssables, s'il ne refusait aussi les dignités ecclésiastiques qu'on lui offrait souvent. Ce fut peu pour lui de combattre sans demander de prix, il ne consentit pas même à recevoir des marques d'honneur. Comme

---

[1] Job, chap. XXVIII, v. 11.

un autre David enfin, au moment de marcher au combat, il allégua que les armes dont, dans son temps surtout, il voyait tant de gens accablés, étaient trop pesantes pour lui, et il triompha plus glorieusement, avec son armure simple et légère. La vertu divine, en effet, lui avait départi le don de la grâce à un tel degré que, quoiqu'il eût préféré de demeurer au dernier rang dans la maison du Seigneur, il s'y éleva cependant plus haut que certains autres hommes revêtus des plus grandes dignités, et que de dessous, pour ainsi dire, le boisseau de son humilité, il éclaira davantage l'Eglise de sa lumière, que d'autres placés sur le chandelier. Certes, plus il se montra humble, plus il servit à répandre les saintes doctrines parmi le peuple de Dieu, au milieu duquel il ne voulut jamais occuper le haut rang de docteur. Bienheureux, en effet, celui qui, comme le dit Bernard lui-même de l'un des saints, a aimé la loi mais n'a pas prétendu à briller dans la chaire! Combien, certes, n'a pas mérité de goûter la félicité d'être assis dans la chaire des vertus celui qui dédaigna de se placer dans la chaire des dignités ! En un mot il travailla en homme fort et juste à la prédication de l'Evangile, et se tint toujours éloigné, en homme sage et modéré, de tout poste élevé dans l'Eglise. Jamais, au surplus, il ne mit la moindre arrogance dans ses refus; mais élu fréquemment aux fonctions les plus importantes et les plus honorables, il fit si bien, avec la coopération de la grâce céleste, qu'il évita d'être contraint à les accepter. Moïse, saint homme très-certainement, céda le pontificat à son frère Aaron, mais Moïse avait un extrême embarras dans la langue; quant à notre Bernard, aucune nécessité ne le tint écarté de l'œuvre évangélique, il n'en a fui que les seuls honneurs, et par humilité. C'est donc à bien juste titre qu'il a joui d'une faveur toute particulière auprès de Dieu et des hommes, celui qui fit fleurir l'Evangile sans vouloir, pour prix de son travail, non seulement des richesses temporelles, mais même l'élévation à quelque dignité ecclésiastique, non cependant sans servir fructueusement au salut de ses frères, et qui, s'efforçant toujours d'être utile au peuple de Dieu, n'a jamais supporté l'idée de lui commander. Il ne sortait de son monastère, même pour prêcher la parole du Seigneur, que rarement, et encore était-ce pour aller dans des lieux voisins; mais toutes les fois que quelque nécessité le contraignait de quitter Clairvaux, il annonçait la parole de Dieu, tant en particulier qu'en public, et la répandait sur toutes les eaux, quelles qu'elles fussent. Cela, il le faisait souvent d'après l'ordre exprès du souverain pontife, et aussi sur le moindre desir des autres évêques, partout où il arrivait qu'il se rencontrât quelqu'un d'entre eux ; car plus il se grandissait en s'humiliant en toutes choses, plus il marquait de déférence aux prélats, sentant mieux que personne quel respect on devait aux ministres de Jésus-Christ.

CHAPITRE IV.

Du mauvais succès d'une expédition en Orient, et des murmures qui s'élevèrent à ce sujet contre le saint homme.

Nous ne devons pas taire que Bernard ayant excité par ses prédications à marcher pour la délivrance de Jérusalem [1], certains hommes, soit par ignorance, soit par malignité, s'élevèrent contre lui en criant au scandale, vu que cette expédition eut une issue malheureuse. Cependant nous pouvons affirmer qu'il ne fut pas le premier moteur de cette affaire. Le bruit du fâcheux état où se trouvait Jérusalem avait déjà remué fortement l'ame d'une foule de gens; déjà aussi l'homme de Dieu avait été sollicité par le roi des Français, non pas une seule fois seulement, mais plusieurs, et pressé par des lettres apostoliques, de se mêler de la chose. Il ne consentit cependant à parler et à donner son avis sur un tel sujet, que lorsqu'enfin le souverain pontife lui eut prescrit, par une épître adressée à tous les fidèles, comme l'interprète naturel de l'Eglise romaine, d'exposer aux peuples et aux princes la nécessité de la croisade. La teneur de cette lettre était que les uns et les autres devaient, par pénitence et pour la rémission de leurs péchés, aller à Jérusalem, soit pour délivrer leurs frères, soit pour sacrifier leur vie pour eux. Ces choses et d'autres semblables

[1] En 1146.

pourraient se redire ici avec vérité, mais il vaut mieux raconter ce qui arriva de mieux aussi. Bernard prêcha donc l'expédition de la manière la plus convaincante, avec le secours du Seigneur, qui confirma la vérité des discours de son serviteur par les miracles dont on va parler. Combien ces miracles furent grands et multipliés! qu'il serait difficile de les compter, et plus encore de les raconter! Dans le temps on avait bien commencé à les écrire, mais à la fin le nombre des prodiges à rapporter surpassa les forces de l'écrivain, et la grandeur du sujet excéda les facultés de l'auteur qui avait entrepris de le traiter. On vit en effet jusqu'à vingt malades, et même davantage, guéris de divers maux dans un seul jour, et il ne se passa guères de jour qu'il ne se fît de pareils miracles; en un mot, dans ce temps, le Christ permit que son serviteur, par son attouchement et ses prières, fît voir des hommes sortis aveugles du sein de leur mère, marcher des boiteux, guérir des étiques, entendre des sourds et parler des muets, et les rendît ainsi à un état de santé d'autant plus admirable qu'ils en avaient reçu un plus fâcheux.

L'Eglise d'Orient n'obtint pas, il est vrai, le bonheur d'être délivrée par l'expédition dont il s'agit; mais au moins l'Eglise céleste se remplit d'ames pieuses, et put se réjouir. Que si, dans cette occasion, il a plu au Seigneur d'arracher non pas le corps de beaucoup d'orientaux aux païens, mais l'ame de plusieurs occidentaux au péché, qui osera lui dire « : Pourquoi, « Seigneur, en as-tu agi ainsi? » Quel homme vraiment sage ne s'affligera pas bien plus sur le malheur de ceux qui sont revenus à leurs anciens crimes, ou même à des crimes pires que ceux qu'ils avaient commis précédemment, que sur la mort de ceux qui ont rendu au Christ leur ame purifiée par une foule de tribulations diverses et nourrie des fruits de la pénitence? Au surplus, permis aux Egyptiens, permis aux enfans de ténèbres, qui ne sont capables ni de voir, ni de proclamer la vérité, de dire : « Il les a tirés « d'Égypte avec adresse, pour les tuer dans le dé- « sert[1]. » Le Christ, notre sauveur, supporte patiemment cette injure que compense largement le salut d'un si grand nombre d'ames. Notre vénérable père se souvint de ces paroles de l'Ecriture, quand il dit entre autres choses : « S'il faut absolument que l'on « fasse une de ces deux choses, de murmurer contre « Dieu ou contre moi, j'aime mieux voir les murmures « des hommes tomber sur moi que sur le Seigneur. « Ce m'est un bonheur que Dieu daigne se servir de « moi comme d'un bouclier pour se couvrir. Les coups « de langue déchirans des calomniateurs, et les « dards empoisonnés des blasphémateurs, je les reçois « volontiers sur moi, si je puis empêcher ainsi qu'ils « n'arrivent jusqu'au Très-Haut. Je ne refuse pas d'être « humilié, pourvu qu'on n'attaque pas sa gloire. » Ces paroles sont celles mêmes dont Bernard se sert dans le second livre de son ouvrage sur *la Considération*. Il arriva cependant qu'au moment même où le premier bruit de la déroute lamentable de l'armée des Croisés retentit dans les Gaules, un père vint présenter son fils aveugle au serviteur de Dieu, pour qu'il lui rendît la lumière, et réussit à force de prières à vaincre ses refus. Le saint, imposant donc les

---

[1] Exode, chap. XXXII, v. 12.

mains à cet enfant, demanda au Seigneur que, si c'était vraiment sa parole que lui Bernard avait fait entendre dans sa prédication sur la croisade, et si l'Esprit saint l'avait réellement inspiré quand il parlait sur ce sujet, le Très-Haut daignât le prouver en ouvrant à la lumière les yeux de cet aveugle. Tandis qu'après cette prière on en attendait le résultat, l'enfant s'écria : « Que dois-je faire maintenant car je vois ? » Aussitôt s'éleva une immense clameur parmi les assistans. Là étaient en effet un grand nombre non seulement de religieux, mais encore de séculiers, qui, reconnaissant que le jeune enfant voyait, furent grandement consolés, et rendirent à Dieu des actions de grâces.

Nous croyons au surplus que quelques personnes auront observé, non sans peine, que, comme Bernard l'avait souvent annoncé, à leur connaissance, dans la même semaine où l'ame bienheureuse de l'homme de Dieu fut délivrée des liens de la chair, l'Eglise de Jérusalem reçut de puissantes consolations de la munificence divine. C'est alors qu'en effet fut prise Ascalon, cette place très-forte, qui n'était distante que de peu de milles de la cité sainte, et la menaçait d'un éminent danger. Les Chrétiens, après s'être fatigués cinquante jours et plus devant cette place, n'avaient fait contre elle aucun progrès : aussi ce ne fut pas sous des efforts humains, mais sous la puissance divine qu'elle succomba. Il ne sera pas même hors de propos d'insérer ici les propres mots qu'il écrivit cette même année à un excellent chevalier du Temple, son oncle, alors officier et maintenant grand-maître de la milice du Temple. « Malheur à nos princes, dit-il, dans

« la terre du Seigneur, ils n'ont rien fait de bon, et dans
« leurs domaines où ils sont revenus en toute hâte, ils
« déploient une invincible malice, et ne savent pas com-
« patir à l'affliction de Joseph. Nous espérons cepen-
« dant que le Seigneur ne repoussera pas son peuple
« et ne délaissera pas son héritage. Que dis-je? la droite
« de Dieu sera la force de ce peuple, et son bras lui
« prêtera son secours, afin que tous connaissent qu'il
« vaut mieux espérer dans le Très-Haut que dans les
« grands de la terre. » Mais c'en est assez sur ce sujet.

CHAPITRE V.

Des erreurs de Pierre Abailard et de Gilbert de La Porée, réfutées par les soins de Saint-Bernard.

Il est bon maintenant de rappeler, pour l'édification de la postérité, combien la sainte Eglise s'est utilement servie de la science de l'homme de Dieu pour corriger les mœurs des catholiques, comprimer les fureurs des schismatiques et réfuter les erreurs des hérétiques, sans compter, en effet, tous ceux auxquels il apprit à vivre, au milieu du siècle, avec sobriété, justice et piété. A combien ne persuada-t-il pas de faire mieux encore et de quitter le siècle? La preuve évidente en est que, tant qu'il vécut, il ne cessa de peupler les solitudes de la terre de gens qu'il amenait à déserter le monde. C'est de son ministère que paraissent avoir été dites dans le sens corporel ces paroles du prophète : « Il a changé
« les déserts en des étangs, et la terre qui était sans
« eau en des eaux courantes; et il y a établi ceux qui

« étaient affamés; ils y ont bâti une ville pour y
« demeurer, semé des champs et planté des vignes
« qui ont produit une grande abondance de fruits; il
« les bénit, et ils se multiplièrent extrêmement, et il
« augmenta leurs bestiaux¹. » Quelle fut encore dans
les jours du schisme général l'assiduité du serviteur
de Dieu à se tenir, pendant le déchirement de l'Eglise, en la présence du Seigneur, afin de détourner
sa colère; avec quel succès il pria, apaisa Dieu et
en obtint que ce déchirement cessât; comment, enfin,
la réconciliation s'opéra publiquement au temps même
où les haines étaient les plus animées, il n'est pas nécessaire de le développer plus au long; il nous suffira de rapporter les paroles que lui écrivait à cet égard
le pape Innocent. « Combien, lui mande-t-il, n'a pas
« été ferme et persévérante la constance avec laquelle
« la ferveur de ta piété et ta sagesse ont appris à soute-
« nir la cause du bienheureux saint Pierre et de ta
« sainte mère, l'Eglise romaine, que le schisme de
« Pierre de Léon mettait tout en feu ! Avec quelle
« force, te présentant comme un rempart inexpugna-
« ble pour la défense de la maison de Dieu, n'as-tu
« pas bravé toutes les fatigues, pour éclairer, par l'a-
« bondance d'argumens que fortifiait une raison puis-
« sante, les ames des rois, des princes et d'une foule
« d'autres personnes appartenant soit à l'Eglise, soit
« au siècle, et les ramener à l'unité de l'Eglise catho-
« lique, à la soumission envers le bienheureux Pierre
« et à notre obéissance ! Le grand avantage que l'E-
« glise de Dieu et nous nous avons retiré de tes tra-
« vaux, rend cela manifeste aux yeux de tous. » Mais

¹ Psaum. 106, v. 35-38.

il est bon de rapporter en peu de mots en quelle chose ce fidèle et prudent serviteur a encore servi la foi non moins courageusement.

Dans ce temps existait Pierre Abailard, fameux docteur, célèbre dans l'opinion de tous par sa science, mais qui avançait sur la foi des dogmes dangereux. Comme ses écrits remplis des plus grands blasphêmes commençaient à se répandre de toutes parts, des personnages érudits et fidèles rapportèrent à l'homme de Dieu les nouveautés profanes qu'ils renfermaient, tant dans leurs expressions que dans leur sens. Bernard qui, avec sa bonté et sa bénignité ordinaires, desirait redresser l'erreur d'Abailard, mais non le couvrir de confusion, lui adressa secrètement de sages avertissemens, et en agit envers lui avec tant de raison et de modestie que celui-ci touché de componction promit de s'en remettre sur tous les points à son jugement et de se corriger. Mais ce même Pierre n'eut pas plutôt quitté l'homme de Dieu, que stimulé par d'iniques conseils, vain des forces de son esprit et se fiant malheureusement à sa grande expérience dans l'art de disputer, il rétracta l'engagement plus sage qu'il avait pris. Suppliant en outre l'évêque de Sens, métropolitain de la province, de réunir dans son église un nombreux concile, il accuse l'abbé de Clairvaux d'attaquer ses livres en secret, ajoute qu'il est prêt à défendre ses ouvrages à la face de tout le monde, et prie que, si le susdit abbé a quelque chose contre lui, il soit appelé à ce concile. Il est fait ainsi qu'il le demande ; mais notre abbé refuse d'abord nettement de se rendre à l'invitation qu'on lui adresse et de venir à ce concile, disant que cette affaire n'est pas sienne. Cependant ensuite, cédant aux conseils d'hommes importans et craignant que, par l'effet de son absence, le scandale ne s'augmente parmi le peuple et les forces ne croissent à son adversaire, il consent enfin à se mettre en route; mais ce n'est pas sans tristesse et sans larmes qu'il fait cet effort sur lui-même, ainsi qu'il le dit dans une lettre au pape Innocent, où il détaille pleinement et clairement toute cette affaire.

Le jour arrive enfin où, devant une nombreuse assemblée du clergé [1], le serviteur de Dieu présente les écrits de Pierre Abailard et en désigne les passages erronés. En définitif, on donne à celui-ci le choix, ou de nier que ces ouvrages soient de lui, ou de reconnaître humblement et de rectifier ses erreurs, ou de répondre, s'il le peut, aux raisons et aux preuves tirées des saints Pères qu'on lui opposera; mais lui qui ne voulait pas se repentir et se sentait hors d'état de résister à l'esprit de sagesse qui parlait contre lui, en appelle, pour gagner du temps, au siége apostolique. Bernard, cet admirable défenseur de la foi catholique, lui dit alors qu'il devait être bien certain qu'on ne se porterait à aucune rigueur contre sa personne, le conjure de répondre librement et en toute sécurité, lui demande seulement d'entendre et de supporter avec patience tout ce qu'on aurait à lui objecter, et lui répète qu'il ne sera frappé d'aucune sentence. Mais cela même Abailard le refuse complétement; aussi avoua-t-il dans la suite aux siens, comme eux-mêmes le disent, qu'à cette heure il sentit sa mémoire se troubler presque entièrement, sa raison s'obscurcir et son sens intérieur s'évanouir. Malgré cette obstina-

[1] Le concile de Sens, en 1140.

tion, le concile renvoya cet homme libre, mais sévit contre son abominable erreur, et s'abstint de toucher à sa personne, mais condamna ses dogmes dépravés. Comment, au reste, ce Pierre, qui s'écartait tant de la foi de Saint-Pierre, aurait-il pu trouver un refuge auprès de la chaire du bienheureux Pierre? Aussi le pontife, qui occupait le siége apostolique, enveloppant dans la même sentence et les doctrines hérétiques et leur auteur, condamna les ouvrages d'Abailard au feu et l'écrivain au silence.

Il en arriva de même de Gilbert, surnommé de La Porée, évêque de Poitiers, homme fort exercé dans les lettres sacrées, mais qui osa scruter des mystères trop sublimes pour sa faible intelligence. Ne comprenant pas avec un esprit simple l'unité de la sainte Trinité et la simplicité de la divinité, et n'écrivant pas avec foi, il distribuait à ses disciples un pain caché, leur versait une eau secrète, et n'avouait pas facilement aux hommes de quelque poids ce qu'il admettait ou rejettait. Il craignait en effet le sort dont Pierre Abailard l'avait, dit-on, menacé à Sens par ces mots : Il y va maintenant de ta propre maison, celle qui l'avoisine est en feu. A la fin cependant, comme les fidèles commençaient à se scandaliser fortement à ce sujet, et que les murmures allaient croissant, Gilbert fut cité devant une assemblée du clergé, et reçut l'ordre de représenter l'ouvrage dans lequel il avait vomi des blasphêmes, certes très-graves, mais enveloppés sous des paroles qui en déguisaient l'horreur. Dans le concile donc que tint le vénérable pape Eugène à Rheims [1] avec la plus grande solen-

[1] En 1148.

nité, Bernard, le plus remarquable champion qu'eut dans son temps la sainte Eglise, combattit corps à corps ce Gilbert. D'abord, il mit dans un jour évident tout ce que cet évêque s'était efforcé de cacher sous des subtilités de mots; ensuite, dans une discussion qui dura deux jours, il en fit voir le faux, tant par ses propres raisonnemens que par des témoignages puisés dans les saints Pères; mais remarquant clairement que plusieurs de ceux qui occupaient le premier rang dans ce concile, tout en reconnaissant les blasphêmes que contenait la doctrine de Gilbert, cherchaient cependant à détourner de lui la peine qu'il méritait, il se sentit enflammé d'un saint zèle, et appela spécialement à son aide l'Eglise Gauloise. Enfin, dans une assemblée générale, où se trouvaient les pères de dix provinces, ainsi que d'autres évêques et beaucoup d'abbés, on opposa aux nouveaux dogmes un nouveau symbole que dicta l'homme de Dieu. Chacun de ceux qui étaient présens le souscrivit de son nom, afin qu'il fût bien connu de ceux de la première assemblée que leur zèle à tous n'était pas moins irréprochable que leur foi : ainsi donc, en définitif, l'erreur dont il s'agit fut condamnée par le jugement apostolique et l'autorité de l'Eglise universelle. L'évêque Gilbert, interrogé s'il se soumettait à cette même condamnation, la reconnut, désavoua publiquement ce qu'il avait écrit et annoncé précédemment, et obtint par là qu'on usât d'indulgence envers lui. Ce qui détermina surtout à en agir ainsi, c'est que, dès le principe, il avait eu la précaution de ne s'engager dans cette discussion qu'en promettant de se soumettre sans aucune obstination au jugement de l'Eglise, et de réformer librement et de lui-même ses opinions.

CHAPITRE VI.

De l'hérésie de Henri, réprimée dans le Toulousain, et des miracles opérés par Saint-Bernard dans ce pays.

Dans le Toulousain, un certain Henri, autrefois moine, alors vil apostat, menait la vie la plus infâme, et, enseignant la doctrine la plus pernicieuse, s'était emparé, par des paroles pleines de persuasion, de l'esprit léger des peuples de ce pays ; comme l'apôtre l'a prédit de certaines gens, il parlait la langue du mensonge et de l'hypocrisie, et ne se servait jamais que de paroles feintes : cet homme, au reste, se déclarait manifestement l'ennemi de l'Eglise, et attaquait avec une égale irrévérence et ses sacremens et ses ministres. Déjà cependant sa malice avait obtenu de grands succès : en effet, notre vénérable père abbé, dans une lettre adressée sur ce sujet au seigneur de Toulouse, dit entre autres choses : « On trouvait de
« tous côtés des églises sans troupeaux, des troupeaux
« sans prêtres, des prêtres auxquels on ne portait
« pas le respect qui leur est dû, et enfin des chrétiens
« qui ne reconnaissaient plus le Christ ; le chemin
« de la vie en Jésus-Christ était fermé aux petits
« enfans des chrétiens, car on leur refusait la grâce
« même du baptême ; on tournait en dérision les
« prières et les ablutions pour les morts, l'invocation

« des saints, les excommunications lancées par les
« prêtres, les pélerinages des fidèles, la construction
« des basiliques, le repos prescrit pendant les jours
« de fêtes solennelles, la consécration du chrême
« et de l'huile sainte ; en un mot, on couvrait de
« mépris toutes les institutions de l'Eglise. »

Dans cette pressante conjoncture, le saint homme, dont l'église de ce pays avait souvent réclamé le secours, se laissa enfin persuader alors par les sollicitations du révérendissime Albéric, évêque d'Ostie et légat du siége apostolique, et se mit en route. A son arrivée, le peuple de cette contrée le reçut avec une piété incroyable et comme un ange envoyé du Ciel. Il ne put demeurer long-temps parmi ce peuple, parce qu'il ne fut au pouvoir de personne de contenir la foule de ceux qui se précipitaient sur ses pas, tant était grand le nombre de ceux qui accouraient jour et nuit pour demander sa bénédiction, et solliciter son assistance. Il prêcha toutefois pendant quelques jours dans la cité de Toulouse et quelques autres endroits que ce misérable hérétique avait fréquentés davantage et plus cruellement infectés de sa doctrine ; partout il allait éclairant beaucoup de gens simples dans leur foi, raffermissant ceux qui chancelaient dans la bonne voie, ramenant les égarés, relevant ceux qui étaient entièrement tombés, pressant et accablant de son autorité les corrupteurs des ames et les obstinés, de manière qu'aucun d'eux n'avait tant de présomption que d'oser, je ne dis pas lui résister, mais paraître en sa présence et même se montrer. Au surplus, quoiqu'alors l'hérétique fût parvenu à fuir et à se cacher, cependant les chemins lui furent tellement interceptés, et il trouva les moindres issues si bien fermées, que pouvant à peine espérer de se voir en sûreté quelque part, il fut enfin pris, chargé de chaînes et livré à l'évêque. Pendant ce voyage, le Seigneur fut glorifié dans son serviteur par plusieurs miracles; car les uns, dont les cœurs étaient égarés par des doctrines impies, revinrent à la foi, et d'autres, dont les corps languissaient épuisés par diverses maladies, obtinrent leur guérison.

Il est dans ce même pays un lieu nommé Sarlat, où, quand le sermon fut achevé, on présenta au serviteur de Dieu plusieurs pains pour être bénis, ainsi que cela se pratiquait partout. Lui, élevant les mains et faisant le signe de la croix, les bénit au nom du Seigneur, et dit : « Si les malades de cette ville, qui « auront goûté de ces pains, recouvrent la santé, vous « reconnaîtrez alors que c'est nous qui vous enseignons « des choses vraies, et que les hérétiques vous en an« noncent de fausses. » A ces paroles, le vénérable évêque de Chartres, l'illustre Geoffroi, qui était présent et tout proche de l'homme de Dieu, fut saisi de crainte, et reprit : « Oui, s'ils mangent de ces pains avec une « foi sincère, ils seront guéris. » Mais le saint abbé, plein d'une confiance sans borne en la puissance du Seigneur, répliqua : « Non, je n'ai point dit cela, mais bien que « tous ceux qui en goûteraient seraient guéris, afin « que tous connaissent que nous sommes des hommes « véridiques et les vrais envoyés de Dieu. » Alors tant de malades goûtèrent de ce pain et revinrent à la santé, que le bruit de ce miracle se répandit dans toute la province, et que l'homme de Dieu, passant à son retour par des endroits voisins, évita et craignit de reparaître en ce lieu, à cause de la foule intolérable qui se serait réunie sur ses pas.

Le principal miracle que le Christ opéra par l'intermédiaire de son serviteur dans la cité de Toulouse fut la guérison d'un certain clerc paralytique. Cet homme vivait dans la maison des clercs réguliers de saint Saturnin, dont il faisait partie ; l'homme de Dieu qui, à la prière de l'abbé et des autres frères, visitait cette maison à l'entrée de la nuit, trouva ce clerc mourant et paraissant rendre le dernier soupir. Le fidèle serviteur de Jésus-Christ consola ce malheureux, lui donna sa bénédiction, sortit, et, comme il l'a depuis avoué, s'adressa dans son cœur au Seigneur avec non moins de confiance que de foi, disant : « Qu'attendez-vous, « Seigneur mon Dieu? Ce peuple a besoin de prodiges ; « nous gagnerons peu sur lui par nos paroles, si vous « ne les confirmez et faites suivre par des miracles. » Au moment même, le paralytique sautant en bas de son lit accourut, suivit et atteignit Bernard, et baisa, comme il le devait, les traces de ses pas sacrés avec la plus grande piété. Un des chanoines, ses confrères, le rencontrant comme il s'avançait en toute hâte, est saisi de frayeur et crie, pensant voir un fantôme. Comment, en effet, aurait-il cru que ce moribond pût se lever de son grabat ? aussi s'enfuit-il persuadé que c'était bien plutôt l'ame de son confrère qui, après avoir quitté son corps, lui apparaissait sous la forme d'un fantôme. Mais enfin, la vérité de la chose se fit bien connaître tant à lui qu'aux autres. Les frères ne cessèrent bientôt de parler entre eux de ce miracle ; on accourut pour jouir de l'agréable vue du malade guéri. L'évêque légat fut un des premiers à venir.

Tous se rendent ensuite à l'église, précédés de celui qui a recouvré la santé; tous chantent à l'envi les louanges du Seigneur, et le clerc paralytique mêle sa voix à ces chants; le peuple se précipite en foule de toutes parts, le Christ est béni, la foi triomphe et l'infidèle est confondu; la piété se glorifie et l'impiété sèche de honte. Quant à l'homme de Dieu, dès qu'il est rentré dans la cellule qu'il occupe, il ordonne de bien regarder à toutes les issues et de fermer exactement toutes les portes, de peur qu'aucune entrée ne reste ouverte au peuple qui courait en foule autour de sa demeure. Pour Bernard, car ainsi s'appelait le clerc qui avait été guéri, bien loin de se montrer ingrat au bienfait corporel qu'il avait reçu, il ne fut que plus désireux des remèdes spirituels, suivit le serviteur du Christ, embrassa la vie monastique à Clairvaux et prit l'habit de l'ordre. Renvoyé depuis par le saint homme dans le pays de Toulouse et nommé abbé en ce lieu, il y est aujourd'hui à la tête d'un monastère qu'on nomme Valdeau.

CHAPITRE VII.

Des mœurs douces du bienheureux Bernard, de ses brillantes vertus, et de ce que lui-même pensait touchant ses propres miracles.

Comme cependant, durant toute la route que fit le saint homme en revenant de la province de Toulouse, les miracles qu'il opérait devenaient grands de plus en plus et se multipliaient de jour en jour, il ne faut point omettre de dire quels sentimens occupaient, au milieu

de tant de prodiges, l'ame de celui qui avait appris du Christ l'humilité du cœur et la mansuétude. Discutant ce sujet avec lui-même et dans le fond de ses pensées, et s'en expliquant ensuite dans toute l'abondance de son cœur, il en parlait dans ces termes à quelques-uns des moines ses frères : « Je me
« demande avec un profond étonnement ce que si-
« gnifient ces miracles, et pourquoi Dieu a trouvé
« bon de faire de telles choses par de telles mains. Il
« me semble n'avoir rien lu dans les pages des saintes
« Ecritures sur cette espèce de miracles. En effet,
« les prodiges sont opérés quelquefois par des hom-
« mes saints et parfaits, et quelquefois aussi par des
« imposteurs. J'ai bien la conviction d'être loin de la
« perfection, mais j'ai aussi celle d'être étranger à
« toute imposture. Je sais que je ne possède pas les
« mérites des saints qui se sont illustrés par des pro-
« diges, mais j'ai la confiance que je n'appartiens pas
« à cette classe d'hommes qui exécutent beaucoup de
« grandes choses au nom du Seigneur, et sont cepen-
« dant complétement inconnus au Seigneur. » De ces choses et d'autres semblables, il en conférait souvent et en secret avec des hommes tout spirituels. Dans les derniers temps de sa vie, il crut avoir trouvé la vraie route pour sortir de ces difficultés. « Les miracles de
« l'espèce en question, disait-il, ont lieu, je ne
« l'ignore pas, en vue non de la sainteté d'un seul,
« mais du salut de beaucoup ; Dieu considère dans
« l'homme par lequel il effectue de telles choses, non
« pas tant sa perfection que l'opinion qu'on a de lui,
« et c'est ainsi qu'il met en recommandation parmi
« les peuples les vertus qu'on croit à celui-ci. Ces pro-

« diges en effet se font, non pour ceux par qui ils se
« font, mais bien plutôt pour ceux qui les voient ou
« les entendent raconter. Ces choses, le Seigneur les
« opère dans la fin, non de prouver que ceux dont il
« se sert pour les mettre à fin sont plus saints que les
« autres, mais d'inspirer aux autres plus d'amour et
« de zèle pour la sainteté. Il n'y a donc rien qui m'ap-
« partienne en propre dans les miracles exécutés par
« moi ; ils sont, je le reconnais, le résultat de la re-
« nommée dont je jouis plus que de ma vie ; et ils
« arrivent moins à ma considération que pour l'aver-
« tissement des autres. » Si nous ne nous trompons,
celui qui pèsera soigneusement dans son esprit ces
sages paroles admirera, comme il le doit, l'ame de
ce saint homme ; appréciateur équitable du mérite, il
pensera qu'opérer tant de merveilles n'est pas une
plus grande preuve de perfection et de prodige, que
de les expliquer ainsi après les avoir faites ; enfin encore il ne croira pas moins utile pour lui-même d'imiter les sentimens de Bernard, que d'admirer ses actions, et de savoir tout ce qu'il y avait de remarquable
dans ses mœurs, que de connaître ce qu'on voyait de
miraculeux dans ses œuvres. Mais quel homme serait
capable de s'élever jusque-là ?

Et certes, en effet, la douceur et la pureté avaient,
par une sorte d'accord, établi sur un pied égal leur
demeure dans le cœur de cet homme de Dieu. Chacune de ces deux vertus y était sans doute admirable
en elle-même ; mais l'union de toutes deux en lui
était plus admirable encore. Ce qui explique comment
les vœux de tout l'univers se réunissaient si unanimement et si exclusivement sur ce seul homme, c'est

qu'en lui la douceur rendait la pureté aimable, comme la pureté prêtait des charmes à la douceur. Aussi eût-il été difficile de prononcer s'il obtenait plus de respect que d'amour. Quel était en effet l'homme d'une vie si rigide qu'il ne respectât pas au plus haut degré l'abbé de Clairvaux? Quel était aussi l'homme d'une conduite si dissolue qu'il ne se sentît pénétré pour lui des sentimens les plus affectueux? Lui-même, certes, portait un cœur rempli des affections les plus douces; mais qu'il savait bien les réprimer toutes les fois que l'occasion l'exigeait! Très-humain dans ses sentimens, il se montrait cependant plus courageux encore dans sa foi. Pour être court, nous ne citerons à cet égard qu'un seul exemple, et nous le citerons comme lui-même le rapporte dans son discours vingt-sixième, sur le Cantique des cantiques. Ce fut avec les yeux secs qu'il célébra les funérailles de son frère, et d'un frère qui lui était si nécessaire et si cher, Gérard; ce fut avec les yeux secs qu'il livra son corps à la tombe, et cela pour que sa tendresse ne parût pas surpasser en lui sa foi. A peine, en effet, pouvait-il enterrer même un étranger, sans répandre des larmes, ou plutôt il ne lui arriva jamais de le faire. La main de Dieu l'avait donc formé si parfaitement propre à travailler pour le Seigneur avec grand fruit, que chez lui la douceur faisait disparaître ce que les mœurs avaient d'austères, et que cependant sa sainteté leur conservait toute leur autorité. A qui, en effet, tant de bénignité aurait-elle été à charge? qui ne se serait senti honoré de tant de bonté? Nous lisons, touchant Salomon, que toute la terre desira voir son visage : voilà, certes, un grand éloge; mais peut-être Bernard n'y a-t-il pas moins de droit que Salomon. Il n'est guère croyable, en effet, que ce roi, dans toute sa gloire, ait obtenu de l'univers une faveur plus générale que celle dont notre abbé a joui dans son humilité; bien plus, il paraîtrait extrêmement difficile de trouver, dans une histoire quelconque, un seul homme qui, pendant qu'il vivait encore au milieu des hommes, se soit acquis dans toute la terre un nom aussi célèbre et aussi généralement chéri, de l'orient au couchant, et du nord au midi.

Pour ne parler que des contrées d'où l'on sait que sont venues des preuves certaines, et qui subsistent encore aujourd'hui, de cette célébrité, on eut de Bernard l'opinion la plus haute dans l'Eglise d'orient, sous le soleil occidental de l'Hibernie, au sud jusques aux frontières les plus reculées des Espagnes, au septentrion, enfin dans les îles qui touchent à la Dacie et à la Suède. Il recevait fréquemment des lettres de tous les pays, et en écrivait partout. De toutes parts on lui envoyait des offrandes et on sollicitait sa bénédiction. Enfin, tel qu'un cep riche et vigoureux, il étendit ses rameaux de tous côtés; il faut toutefois en excepter la terre de Jérusalem, où, à cause des incursions des payens et de l'insalubrité de l'air, il ne consentit jamais à envoyer de ses frères, quoique le roi de cette contrée eût fait préparer un lieu propre à les recevoir. Aussi, certes, il ne parut pas s'être trop avancé, ni avoir proféré quelque chose d'inconvenant, cet évêque qui, après la sainte mort de Bernard, voulant consoler ses religieux, dit, entre autres choses, à la louange de cet abbé, que sa voix s'était répandue dans toute la terre et que ses paroles avaient retenti jusqu'aux dernières bornes de l'univers; et cependant l'humilité de son cœur surpassait encore la sublime renommée de son nom, et le monde tout entier ne pouvait autant l'élever que seul il se rabaissait lui-même. Tous le réputaient le premier des hommes, mais lui se regardait comme le dernier; et celui que tous préféraient à eux-mêmes ne se préférait lui-même à personne. Enfin, comme il nous l'a dit souvent, au milieu des honneurs insignes et des témoignages de faveur que lui prodiguaient les peuples ou les personnages les plus élevés en dignité, il se considérait comme transformé en un autre homme, ou plutôt se croyait réellement absent, et se défiait de tout cela comme d'un songe. Au contraire, dès que le plus simple de ses frères lui parlait avec un entier abandon, comme ils avaient l'habitude de le faire, et qu'il lui était permis de jouir pleinement de son humilité, il se réjouissait de s'être retrouvé lui-même et d'avoir pour ainsi dire recouvré sa propre personne. Cette modestie innée en lui dès l'enfance, il y persévéra jusqu'à son dernier jour; aussi arrivait-il de là que, quoiqu'il fût si grand et si distingué par la gloire de sa parole, cependant, ainsi que nous l'avons entendu souvent le déclarer, jamais il ne se présenta sans crainte et ne parla sans trouble au milieu d'une assemblée quelque peu imposante qu'elle fût, préférant toujours garder le silence, à moins qu'il ne se sentît stimulé par les aiguillons de sa propre conscience, la peur de Dieu, ou la charité pour le prochain.

Quant à sa patience, nous n'ignorons pas combien elle a été cruellement exercée et éprouvée par les tribulations que lui a envoyées le Seigneur. En effet, depuis les premiers momens de sa conversion jusqu'au jour où ce saint homme déposa sa dépouille charnelle, il eut à supporter tant d'afflictions que, pour ceux qui le connaissaient, sa vie ne paraissait être qu'une sorte de mort prolongée. Du reste, dans ses rapports avec les hommes, des occasions plus rares, il est vrai, ont pu mettre sa patience à des épreuves peut-être moins fortes; mais on peut dire, en peu de mots, qu'alors aussi on ne l'a jamais vu manquer de cette vertu. Comme il avait coutume de dire « que sa patience était de « trois espèces, selon qu'il souffrait ou des offenses « en paroles, ou des dommages dans ses biens, ou « des lésions en son corps, » nous citerons pour chacune de ces trois espèces un exemple de sa patience, et nous prendrons les premiers faits qui se présentent à notre esprit. Ce serviteur de Dieu avait un jour écrit à un certain évêque attaché à la cour et au conseil du roi, l'avertissant, à propos de quelques paroles échappées à ce prince, de lui donner des avis et des conseils meilleurs. Ce prélat, violemment irrité, lui répondit une lettre fort dure, et qui, dans la salutation mise en tête, selon l'usage, portait ces mots : « Salut, et non esprit de blasphême; » comme si le saint homme, ce qui fait horreur à dire, lui avait écrit ce dont il s'agit dans un esprit de blasphême. Le très-doux serviteur de Dieu se souvenant de la réponse du Seigneur, « je n'ai point en moi le démon, » répliqua simplement, ainsi que le contient sa lettre encore existante aujourd'hui : « Je ne crois point avoir le moins « du monde l'esprit de blasphême : je ne sache pas « même avoir jamais injurié, ou seulement voulu in- « jurier qui que ce soit, et surtout le prince de ma « nation. » Dans la suite, il ne tint pas cet évêque pour moins cher, ne le traita pas avec une amitié moins intime, et la salutation injurieuse rapportée ci-dessus fut pour lui comme non avenue.

L'abbé de Farfa avait appelé de Clairvaux une colonie de religieux auxquels il se proposait de bâtir un couvent; le pontife romain empêcha que la chose ne se fît, et, s'emparant de ces moines pour lui-même, les plaça dans un autre endroit. Le susdit abbé, homme vraiment grand et d'une insigne piété, s'en affligea beaucoup, et, rassemblant une somme d'environ six cents marcs d'argent, il en fit un dépôt contre une reconnaissance, vint trouver l'homme de Dieu, lui offrit cet argent, et le pria de fonder avec ces fonds, de l'autre côté des Alpes, le nouveau monastère qu'il n'avait pas eu le bonheur d'obtenir dans son propre pays. On envoya pour toucher la somme, mais elle fut entièrement perdue. Quand on vint l'annoncer à l'homme de Dieu, il ne répondit que ces paroles : « Béni soit le « Seigneur qui nous a délivré d'un tel fardeau ! Quant « à ceux qui ont pris cet argent, il faut leur pardonner « avec douceur; ils sont Romains, la somme leur « a paru considérable, et la tentation était bien forte. » Il s'était cependant beaucoup félicité de ce don, et calculait qu'avec cet argent, qu'on lui enleva par la violence et la fraude, il pouvait fonder environ dix monastères, ou du moins acquérir les terres nécessaires pour les bâtir; toutefois il ne voulut pas engager de procès, aimant mieux laisser aux autres l'avantage sur lui que de l'obtenir sur eux.

Un jour vint à Clairvaux un certain clerc, de ceux qu'on nomme réguliers, qui pressa avec quelque importunité Bernard de l'admettre parmi ses moines;

le saint abbé l'engagea à retourner à l'église à laquelle il appartenait, et refusa de le recevoir. Pourquoi donc, « dit le clerc, as-tu tant recommandé la perfection « dans tes livres, si tu refuses tes secours à celui « qui souhaite y parvenir? » Puis violemment agité par l'esprit de malice et de colère, comme on le reconnut évidemment par la suite, il ajouta : « Si je tenais « maintenant ces livres, je les mettrais en pièces. » « Je crois, lui répondit l'homme de Dieu, que tu n'as « lu dans aucun de ces livres que tu ne pourrais arriver « à la perfection dans ton couvent ; dans tous mes « écrits, si j'ai bonne mémoire, je recommande de « corriger ses mœurs et non de changer de demeure. » Le clerc alors, se jetant comme un véritable furieux sur Bernard, lui porta dans la mâchoire un coup tellement rude que la rougeur parut sur-le-champ, et qu'à la rougeur succéda l'enflure. Tous ceux qui étaient présens se précipitent à l'instant sur le sacrilége, mais le serviteur de Dieu les retient, s'écrie et les adjure, au nom du Christ, de ne toucher ce malheureux en aucune manière, mais de le mettre dehors doucement, d'en avoir grand soin, et de veiller à ce que personne ne lui fasse le moindre mal. Enfin, il en donna l'ordre si positivement que ce misérable, qui tremblait de frayeur, fut reconduit et mis dehors sans avoir reçu la plus petite injure.

Le serviteur de Dieu brillait encore à un haut degré par une si grande hardiesse d'esprit, et y joignait toutefois tant de mansuétude et d'humilité, qu'il semblait ne craindre personne et respecter en même temps tout homme, quel qu'il fût : très-rarement il avait recours aux réprimandes et leur préférait les

avertisssemens et les prières ; c'était toujours de premier mouvement et malgré lui, jamais par aigreur de cœur, qu'il employait des paroles amères. Aussi l'admirait-on d'autant plus de la facilité avec laquelle il réprimait ; il craignait en lui-même tout emportement de ce genre. Il s'étonnait, en effet, du mauvais caractère de ces hommes qui, quand une fois ils sont par hasard fortement émus, ne se décident qu'à grand'peine à admettre une excuse, quelque raisonnable qu'elle soit, ou une satisfaction, quelque humble qu'elle puisse être, et trouvent un si triste plaisir à s'abandonner à leur colère passionnée, qu'ils haïssent tout remède qu'on pourrait y apporter, se bouchent les oreilles, ferment les yeux, se cachent le visage avec les mains, et s'efforcent de toutes manières d'empêcher que leur violence, une fois excitée, ne puisse être calmée ou guérie. Il y a plus, les réprimandes du saint homme, une réponse rude et arrogante les terminait quelquefois non moins aisément qu'une observation douce et modeste; aussi quelques personnes disaient-elles de lui qu'il se montrait ferme avec qui lui cédait, et pliait devant qui lui résistait. Il soutenait, en effet, « que discuter est agréable quand on s'explique réci-
« proquement avec douceur; utile, lorsqu'il y a
« modération au moins d'un côté, mais dangereux si
« l'on ne montre d'aménité ni d'une part ni de l'autre :
« car, ajoutait-il, dès que d'un côté comme de l'autre
« on parle avec rudesse, il n'y a plus réprimande, mais
« dispute, il n'y a plus instruction, mais querelle. Aussi
« vaut-il mieux dissimuler pendant quelque temps
« le mécontentement qu'on veut témoigner, et at-
« tendre que la colère soit passée afin de corriger plus

« utilement des esprits déjà radoucis ; ou si même le
« cas l'exige, il faut suivre le conseil du sage qui dit :
« L'insensé ne se corrige pas par des paroles. »
Quant au peu d'utilité qu'on tire des reproches reçus
impatiemment, il en parle dans son discours sur le
Cantique des cantiques, et dit entre autres choses :
« Plût à Dieu qu'il ne fût jamais nécessaire de répri-
« mander personne! ce serait bien le mieux. Puis-
« que cependant nous péchons tous en beaucoup
« de choses, garder le silence sur les péchés ne
« m'est pas permis, à moi à qui mon ministère impose
« l'obligation de reprendre les pécheurs ; mais du
« moins c'est la charité qui, dans ce cas, me fait
« agir. Que si je blâme et m'acquitte du devoir qui
« est mien, mais que les réprimandes que j'aurai
« lancées contre quelqu'un ne produisent pas l'effet
« que j'en attends, n'atteignent pas le but que je
« visais, et reviennent sur moi sans avoir porté
« coup, comme un trait qui rebondit sur l'objet qu'il a
« frappé, que pensez-vous, mes frères, qui se passe
« alors dans mon esprit? Ne dois-je pas être attristé
« ou tourmenté ? Pour emprunter quelque chose des
« paroles du maître, dans l'impuissance où je suis de
« puiser à la source de sa sagesse, je me sens tiraillé
« des deux côtés, je ne sais que préférer, ou de me
« complaire dans mes paroles, parce que j'ai fait ce
« que j'ai dû, ou de m'en repentir, parceque je n'ai
« pas obtenu le succès que je desirais. » Plus bas il
ajoute : « Vous me direz peut-être qu'il m'en revient
« un bien réel, que j'ai déchargé mon âme d'un
« devoir, et que je suis innocent du sang de l'homme
« auquel j'ai dit et conseillé d'abandonner la mauvaise

« voie où il était engagé afin de vivre dans l'éternité;
« mais, quand à ces choses vous en ajouteriez une
« foule d'autres semblables, elles ne me consoleraient
« pas le moins du monde du chagrin de voir périr
« un de mes enfans. Est-ce donc, en effet, ma propre
« satisfaction, et non pas bien plutôt sa guérison que
« j'ai cherchée dans la réprimande que je lui adressais?
« Quelle est la mère, qui, quoique bien certaine
« d'avoir déployé auprès de son enfant malade tous
« les soins et le zèle qui étaient en son pouvoir, s'est
« jamais abstenue pour cela de pleurer sa mort,
« quand elle a vu enfin ses espérances frustrées et
« toutes ses peines sans succès? » Mais en voilà suffisamment sur ce sujet.

Le bienheureux Bernard était, au surplus, tellement ami de la douceur et de la paix, que si quelque méchant lui demandait avec trop de rudesse et lui extorquait quelque promesse à son corps défendant, il consentait bien difficilement à le renvoyer ensuite avec un refus et sans avoir rien obtenu. Comme lui-même l'avouait, il était dans son caractère de haïr toute espèce de scandale : supporter l'idée de la peine de quelque homme que ce fût lui semblait pénible ; ne pas au contraire la ressentir fortement surpassait ses forces ; jamais aussi ne méprisait-il personne, c'était beaucoup pour lui d'être une pierre d'achoppement pour un seul individu, à quelque rang qu'il appartînt, tout en mettant au dessus d'un tel chagrin la justice et la vérité de Dieu. Toutes les fois, en effet, qu'il lui fallait reprendre quelque action des autres ou s'opposer à leurs tentatives, il le faisait avec tant de prudence que ceux même qui se trouvaient le plus fortement blessés croyaient avoir lieu de se féliciter, dans leur propre pensée, de sa conduite à leur égard: aussi en avons-nous vu plusieurs, et de ceux même de qui on pouvait le moins l'espérer, rechercher dans la suite sa bienveillance, ou même s'attacher à ses pas, avec toutes les marques d'un attachement sincère. On assure cependant qu'il eut des ennemis, afin que ce lui fût une occasion d'acquérir de nouveaux mérites. Au surplus la gloire de son nom brillait d'un éclat si particulier que cette haine emportée séchait plutôt encore de désespoir que d'envie, et craignait de se faire connaître: il y a plus, elle se sentait vaincue par sa douceur et son humilité, étouffée par ses bienfaits, accablée par sa bonté. Nul n'était plus habile, en effet, à triompher des dispositions malveillantes, et à les tourner en bien: la preuve en est dans ce qu'il écrit à certains religieux, auxquels il dit entre autres choses: « Je m'attacherai à vous malgré « vous, je m'y attacherai malgré moi-même; je me « donnerai à ceux qui me repoussent, j'aimerai ceux « qui me payent d'ingratitude, j'honorerai ceux qui « me méprisent. »

Ce saint abbé aimait, certes, en effet, tous les hommes, d'un tel amour de frère qu'il se sentait, comme lui-même le confessait, d'autant plus profondément affecté de voir certaines gens irrités contre lui, qu'il lui semblait ne leur avoir donné aucune occasion de courroux. Doué du cœur le plus tendre pour les autres, il s'affligeait plus de l'humeur que son prochain concevait gratuitement contre lui, qu'il n'était consolé par le sentiment de la pureté de sa propre conscience; il espérait peu, en effet, pouvoir guérir un mal, quand il n'en découvrait pas la source, et disait que ce lui serait, au contraire, une grande consolation de trouver chaque fois le moyen de satisfaire, ou son prochain mécontent de lui, ou Dieu irrité contre son prochain. Mais avec juste raison, pour tous les hommes, le bien ou le mal spirituel le touchait, sans contredit, plus que tout autre ; aussi le plus grand de ses desirs et la plus vive de ses joies étaient de voir les progrès des ames dans la bonne voie et la conversion des pécheurs : cependant il compatissait avec la plus tendre affection aux souffrances corporelles de ses semblables, et portait si loin l'humanité qu'il s'appitoyait, non seulement sur les hommes, mais encore sur les animaux privés de raison, les oiseaux et même les bêtes féroces. Ce sentiment de commisération ne demeurait pas stérile chez lui, et souvent il lui arriva, quand il était en route, et qu'il voyait, soit un lièvre fuyant devant les chiens et sur le point d'être pris, soit un oiseau prêt à tomber sous la serre d'un faucon, de faire le signe de la croix, de délivrer ainsi miraculeusement le pauvre animal, et de dire aux chasseurs qu'ils faisaient de vains efforts, et que jamais, lui présent, ils ne réussiraient à satisfaire leur avide fureur.

CHAPITRE VIII.

Des écrits de Saint-Bernard, et de la manière dont il y a peint son ame toute entière.

Nous venons de resserrer en peu de mots, et de rendre, aussi bien que nous l'a permis notre talent, ce que nous avions à dire des saintes mœurs de notre père. Au reste, ce grand homme se montre avec beaucoup plus d'éclat dans ses ouvrages, et se fait complétement connaître dans les lettres sorties de sa plume : il semble y avoir donné de lui-même une image si fidèle, et s'y être si bien représenté comme dans un miroir, qu'il paraît qu'on peut lui appliquer à juste titre ce mot de saint Ambroise : « C'est à lui
« de chanter ses propres louanges, et déjà couronné
« de lauriers par l'esprit, c'est à lui de se couronner
« de nouveau par ses propres écrits. » Si quelqu'un, en effet, desire savoir combien, dès le commencement de sa carrière, Bernard s'est fait voir scrutateur vigilant et juge sévère de lui-même, qu'il jette les yeux sur le premier de ses ouvrages, touchant les divers degrés de l'humilité ; si l'on veut rechercher ensuite jusqu'où allait le pieux dévouement de son cœur vraiment religieux ; il faut passer à ses Homélies à la louange de la Vierge-Marie, et au livre qu'il a publié sur le devoir d'aimer Dieu. Souhaite-t-on de connaître combien fut fervent son zèle contre les vices des autres et les siens mêmes? Qu'on lise l'écrit qu'il appelle

Apologétique; suivez-le dans ses dissertations sur les préceptes et les règles de conduite, vous apprendrez, combien, au milieu même de son zèle, sa discrétion fut toujours vigilante et circonspecte. Le discours d'exhortations qu'il adressa aux chevaliers du Temple prouve que nul ne fut plus fidèle à recommander et à rendre facile par ses conseils une vie pieuse, quelque carrière qu'on ait embrassée. A quel point il fut reconnaissant du don de la grâce que Dieu lui avait accordé, c'est ce qu'attestent ses discussions aussi subtiles que pleines de foi sur la grâce et le libre arbitre. Quiconque étudiera avec attention tout ce qu'il a écrit au pape Eugène sur la Considération, y reconnaîtra bien vite avec quelle éloquence et quelle facilité il s'exprimait, et quelle riche instruction il possédait dans les grandes comme dans les petites choses. Le soin qu'il a mis à composer la vie du saint évêque Malachie montre quel zèle sincère il apportait à publier hautement la sainteté des autres. Dans ses discours sur le Cantique des cantiques, on trouvera un admirable investigateur des mystères, et un ouvrier habile à élever un magnifique édifice de vertus; dans les épîtres, enfin, qu'il a dictées pour diverses personnes et sur différens sujets, tout lecteur réfléchi remarquera de quelle ardeur de cœur il chérissait toute justice et haïssait toute injustice.

Jamais, en effet, ce fidèle serviteur du Christ ne recherchait en rien son propre avantage; mais tout ce qui regardait le Christ, il le soignait comme un bien vraiment sien. Quels crimes n'a-t-il pas attaqués? quelles haines n'a-t-il pas éteintes? quels scandales ne calma-t-il point? quels schismes ne guérit-il pas?

quelles hérésies laissa-t-il sans les réfuter? Vit-il au contraire éclater de son temps, et dans quelque pays que ce fût, rien de saint, d'honnête, de décent, d'aimable et qui fût la preuve d'une bonne renommée, d'une vie vertueuse, d'une conduite louable, sans le fortifier par son autorité, le réchauffer du feu de sa charité, le grandir par ses soins? Est-il une chose bonne qu'il n'eût pas souhaité de tous ses vœux rehausser encore davantage, pour peu qu'elle commençât à s'élever, et qu'il ne travaillât de toutes ses forces, selon les temps et les lieux, à réédifier s'il la voyait tomber? Quel homme machinant quelque méchant projet ne redoutait pas son zèle et son autorité? Quel est celui qui, se proposant un but honorable, et quand il a pu recourir aux conseils de sa sainteté, n'a pas desiré sa faveur, et sollicité son appui? Quel mortel, se plaignant avec une foi sincère de quelque tribulation, a jamais approché du temple sacré, sans être persuadé que la Divinité s'était cachée dans le cœur de ce saint homme, et l'a fait sans en rapporter quelque secours efficace? Toujours il prodiguait à l'homme triste des consolations, à l'affligé de l'aide, à l'esprit incertain des conseils, au malade des remèdes, au pauvre des aumônes. Il se faisait, en un mot, l'esclave de tous, comme s'il ne fût né que pour le service de l'univers entier; en même temps c'était avec une telle indépendance de tous qu'il s'occupait des soins de sa conscience, qu'on l'eût cru exclusivement adonné à la surveillance et à la garde de son propre cœur.

L'apôtre célèbre, il est vrai, le partage des grâces d'en haut entre les serviteurs de Dieu [1]; et si on veut

---

[1] Ire. Épître de saint Paul aux Corinth. c. 12.

se livrer sur ce point à une recherche attentive, on trouvera divers hommes qui, dès le commencement du monde, ont été distingués par des dons divers du Seigneur. Nous lisons, en effet, que, parmi les hommes éminens dans la foi, les uns se sont illustrés par des miracles sans nombre, les autres ont possédé l'esprit prophétique et connu miraculeusement les choses futures comme si elles étaient présentes, et celles qui étaient cachées comme s'ils les voyaient devant leurs yeux. Les écrits des anciens nous montrent ceux-là livrés à l'abstinence la plus dure et s'appliquant à vivre avec une extrême parcimonie; ceux-ci méprisant, en vue d'humilité, les dignités du monde, et plaisant ainsi infiniment au Créateur du monde ; d'autres enfin, savans dans l'art de la parole, instruisant les hommes à la science du salut, afin que, suivant la promesse de la sainte Écriture, ils puissent briller comme des astres resplendissans dans le sein d'une éternité sans fin. Nous ne l'ignorons pas, il en est qui ont accru leur réputation de sainteté en donnant tous leurs soins à bâtir des monastères ; plusieurs aussi, s'occupant avec succès à calmer les désordres et les troubles qui désolaient ce monde et à faire fleurir les affaires de l'Eglise de Dieu, se sont rendus utiles par l'action ; tandis que d'autres, spirituellement oisifs et absorbés dans de saintes méditations, ont acquis la plus grande gloire par la contemplation. Mais de tous ces dons divers, quel est celui qui semble avoir manqué à notre Bernard? Il y a plus, quel est celui qui ne résidait pas en lui à un assez haut degré pour suffire à l'illustrer quand il n'eût possédé aucun des autres? En effet, pendant qu'il a vécu, l'Eglise a eu le bonheur de retirer de grands avantages de son activité, tant dans une foule d'affaires qu'on a rappelées ci-dessus que dans beaucoup d'autres; et cependant le don de la contemplation a brillé en lui du plus vif éclat, comme le prouvent tant les visions et les révélations qui lui ont été envoyées par le Seigneur, que ses propres écrits où abondent les pensées inspirées par l'Esprit saint. En outre, les fruits qu'ont portés les monastères auxquels le Seigneur a donné des règles par son entremise, sont si nombreux et si évidens qu'ils sautent d'eux-mêmes aux yeux des hommes, sans qu'il soit besoin de les vanter par aucun écrit. Au surplus, toute la génération qui suivra pourra trouver, dans la multitude même de ces monastères, le document le plus certain pour apprécier combien celui qui répandait de tous côtés un si grand nombre de ses moines en avait rassemblé pour le service du Christ. Quant à ce qui regarde ses autres perfections, déjà nous avons parlé de son humilité, de son mépris pour les grandeurs, et même de l'excessive sobriété de sa vie; nous aurons soin encore de traiter, sous un autre titre, de ce qui concerne ses prophéties et la manifestation de ses vertus, et de citer quelques faits choisis entre beaucoup d'autres. Maintenant, comme l'annonce notre préface, nous allons raconter, dans le livre suivant, quelques-unes de ces choses dans lesquelles il a donné, par des signes extérieurs, des preuves multipliées de sa perfection

LIVRE QUATRIÈME.

CHAPITRE PREMIER.

Du retour de Saint-Bernard de Rome, et des reliques des Saints qu'il rapporta de cette ville. — De diverses grâces arrivées miraculeusement à plusieurs par les mérites de Bernard, mais à son propre insu.

Ainsi que Bernard de Clairvaux, le serviteur de Dieu, s'en félicite et en rend grâces au Tout-Puissant, dans son vingt-quatrième discours sur le Cantique des cantiques, le Seigneur daigna jeter du haut des cieux un œil plein de bonté sur son troisième retour de la ville de Rome, et sourire d'un visage serein au succès avec lequel il avait étouffé la rage de lion de Pierre de Léon [1], mis fin à la malice des schismatiques, et rétabli la paix dans l'Eglise entière. Celle des Gaules le reçut avec de tels transports de satisfaction qu'elle semblait ne pas montrer moins de joie de son retour qu'elle n'en témoignait de la tranquillité rendue à la chrétienté. Lui s'en étonnait, et se plaignait souvent de ce qu'au moment où, après tant de tourmens et d'importantes conférences avec une foule d'hommes, il espérait pouvoir sur-le-champ dire adieu au monde et revenir, comme de

---

[1] Le texte porte, *rabies leonina*, calembourg qu'on ne peut rendre en français.

nouveau, au seul et vrai but d'une sainte vie, il se voyait accueilli par des félicitations plus nombreuses que jamais, et honoré des plus grands hommages. En revenant donc de Rome, le saint abbé rapporta de précieuses reliques des corps saints des apôtres et des martyrs, et crut avoir ainsi retiré de ses travaux un fruit qui n'était pas d'une médiocre valeur. Parmi ces reliques se trouvait une dent du bienheureux Césaire ; et il est bon de raconter comment il l'obtint. Comme donc on lui présentait la tête bien entière du susdit martyr pour qu'il en prît ce qu'il voudrait, il demanda qu'on voulût bien lui en accorder une seule dent. En vain les religieux venus avec lui se donnèrent-ils, pendant quelque temps, mille peines pour arracher ce trésor qu'on leur octroyait, ils ne purent y réussir en aucune manière ; deux ou trois couteaux qu'ils avaient employés se brisèrent, et la dent restait toujours sans être ébranlée le moins du monde. Alors Bernard leur dit : « Il nous faut prier, car nous ne pourrons avoir « cette dent à moins que le martyr lui-même ne nous « la donne. » Ayant donc prié, il s'approcha respectueusement et enleva de ses deux doigts, avec une incroyable facilité, ce qu'auparavant des instrumens de fer n'avaient pu seulement remuer.

Les religieux du Temple de Jérusalem, vrais modèles d'une milice fidèle, commencèrent vers ce temps à avoir dans Rome une nouvelle maison. Comme notre susdit père abbé, leur protecteur spécial, revenait, ils gardèrent sa tunique dans la persuasion que d'immenses bénédictions y étaient attachées. La même année un de leurs prêtres, saisi d'une fièvre très-grave, tomba malade de manière à ne laisser aucune espérance. Les forces lui manquèrent bientôt complétement, et il parut réduit à toute extrémité. Il se fit alors porter dans la chapelle et couvrir de la susdite tunique du bienheureux Bernard; dans cet état, il semblait n'attendre que l'arrivée de sa dernière heure. Transporté tout à coup d'une certaine aliénation d'esprit, et comme délivré déjà des liens de la chair, il crut voir son propre corps privé de la vie dans ce même lieu où il gissait étendu, environné d'une multitude de prêtres qui tenaient des livres ouverts et célébraient ses funérailles avec les solennités d'usage. A l'instant même une certaine figure respectable, portant le visage et l'habit du saint abbé, lui parut descendre de l'autel, faire signe aux prêtres de se taire, et leur défendre de la voix de regarder comme mort un homme dont le Seigneur avait accordé la vie aux prières de l'abbé de Clairvaux. Revenant alors à lui, ce prêtre se sentit parfaitement guéri, et raconta aux frères la vision qu'il avait eue. Cet homme, ainsi que nous l'avons appris récemment de gens dignes de foi, existe encore aujourd'hui, habite dans la province d'Aquitaine, et confesse hautement, à la louange de celui dont les mérites lui ont obtenu la vie, le bienfait qu'il a reçu du Ciel. Que si quelqu'un admirait peu ce fait, qu'il réfléchisse que, parmi les prodiges si nombreux qui ont illustré le bienheureux Nicolas, on cite, dans la commémoration annuelle du jour de sa naissance, comme l'un des plus étonnans, que demeurant fort loin du séjour habité par l'empereur Constantin, il apparut à ce prince, et le détourna de faire périr certains individus.

Il n'y a nulle différence entre ce fait et celui que

nous allons raconter. Gérard, abbé de Mores, monastère voisin de Clairvaux, nous a assuré avoir vu un jour Bernard tourner autour du chœur de ses religieux de Clairvaux, occupés à chanter des psaumes, et, comme il le faisait fréquemment, exciter ceux qu'il trouvait engourdis à psalmodier avec plus d'onction et d'une voix plus haute pendant le reste des offices de la nuit. Comme le jour suivant on disait, en causant familièrement auprès du saint homme, qu'il était venu la dernière nuit, lui, plus tard qu'il ne fallait, visiter ses frères pendant qu'ils chantaient matines, il répondit : « Cette nuit, j'étais en proie à des « souffrances physiques ; mais mon esprit s'est rendu « là où ne pouvait aller mon corps. » Gérard fut saisi de frayeur quand il entendit le saint abbé assurer qu'il ne s'était pas trouvé en corps à l'église, tandis que lui l'avait vu si long-temps des yeux du corps, faisant le tour des deux chœurs de religieux, réveillant, suivant sa coutume, tous ceux qui dormaient, et touchant chacun d'eux de la main.

Dans le temps où le saint abbé était encore retenu à Rome, il arriva qu'un certain religieux, nommé Robert, tomba dangereusement malade à Clairvaux. Ce moine vit en songe un jeune homme, semblable en tout au frère infirmier, qui lui ordonnait de venir avec lui ; il lui parut qu'il suivit en effet ce jeune homme marchant devant lui, et arriva sur une haute montagne ; que là il trouva le Seigneur Jésus avec ses anges, et l'entendit qui disait à son conducteur, « conservez-moi cet homme ; » et que même le Seigneur confia au cœur de lui, pauvre infirme, certains ordres qu'il envoyait par lui à son couvent chéri de

Clairvaux. Le matin donc étant venu, ce religieux, que l'on croyait prêt à mourir, se mit sur son séant, à la grande surprise de tous, et alla appeler le seigneur Godefroi, alors prieur de Clairvaux, et maintenant évêque de Langres. Quand celui-ci fut présent, le malade dit, entre autres choses : « Le Seigneur vous com-
« mande de construire de vastes bâtimens propres à
« contenir les habitans que lui-même va vous envoyer
« en grand nombre ; il veut aussi que vous prescriviez
« aux frères qui travaillent dans les granges de se con-
« duire honnêtement, et de donner de bons exemples
« aux hommes du siècle ; car malheur à celui par le-
« quel un seul se perdra. » Comme, après environ vingt jours, ce moine, toujours tourmenté de la même maladie, paraissait sans aucun espoir d'en réchapper, il vit notre admirable père Bernard, quoique absent de corps, venir réellement en esprit à Clairvaux, le visiter sur son lit de douleur, chanter près de lui les hymnes du matin avec une grande multitude de frères, et passer là toute cette nuit auprès de lui. Dès que le jour fut venu, ce même religieux fut parfaitement guéri, et raconta à ses confrères de quelle manière il avait été sauvé.

Beaucoup de gens ont eu, nous le croyons, les oreilles frappées de la renommée de Guillaume, homme vénérable, qui, autrefois seigneur de Montpellier, vit maintenant en vrai pauvre du Christ et en humble moine dans le monastère qu'on nomme Grandselve. Nous avons appris par son récit ce que nous allons rapporter, comme lui-même disait l'avoir entendu de la bouche même de celui auquel la chose était arrivée. Dans la ville d'Auch, métropole de la

Gascogne, un certain chevalier gisait infirme; un mal cruel s'était emparé des parties inférieures de son corps, à partir des reins jusqu'en bas; étendu dans son lit depuis fort long-temps, il était en grande partie déjà perclus. Touché de componction et plein de confiance dans la miséricorde du Seigneur, il se fit porter, quoique à grande peine, auprès du serviteur de Dieu Bernard, dont les vertus miraculeuses faisaient un bruit éclatant, et qui se répandait de tous côtés. Déjà il avait marché pendant plusieurs jours, n'avançant pas moins dans la foi et la piété que dans sa route. Dieu, ayant pitié de ce malheureux, daigna le secourir miraculeusement dans ses infirmités, et lui éparguer une plus longue fatigue. Un homme, en effet, se présente à sa rencontre dans le chemin, et lui demande qui il est et où il va; puis, instruit par le malade de la cause qui le contraint d'entreprendre ce voyage, cet homme répond: « Je t'enjoins, « de la part de ce saint que tu vas chercher, de t'en re- « tourner; et sache que, dès que tu seras rendu chez « toi, tu te trouveras en pleine santé. » Dieu, par la volonté de qui toutes ces choses se passaient, persuada au chevalier de croire à ce qu'on lui annonçait; il rebroussa donc chemin, et, en revenant, il ressentit peu à peu l'effet de la grâce miséricordieuse qui lui avait été promise; si bien qu'avant même qu'il atteignît sa maison, il avait déjà reçu le don d'une complète guérison.

Mathilde, reine des Anglais, témoigna un jour de tels sentimens d'amour et de vénération pour ce même serviteur de Dieu, que lorsqu'il vint à Bologne, elle sortit de la ville, et alla au devant de lui avec tout le peuple, et à pied, quoique grosse et déjà même fort pesante. Quelques jours après vint le moment où cette princesse devait accoucher; elle fut alors si dangereusement malade qu'elle-même et toute sa maison désespéraient entièrement de sa vie. Déjà même elle avait disposé de tout ce qui lui restait de mobilier en faveur des églises et des pauvres, et on préparait le linceul royal dans lequel on devait l'ensevelir, comme si sa mort était proche. Tout à coup cette reine, se souvenant de l'homme de Dieu, invoqua son nom avec une foi sincère; sur-le-champ, et avant même qu'elle eût terminé cette invocation, son accouchement, qui semblait laisser si peu d'espoir, se termina sans danger. Mathilde, appelant à juste titre l'enfant de Bernard le fils qui lui était né ainsi, ne tarda pas ensuite à envoyer un messager fidèle à cet illustre abbé qui l'avait secourue si miraculeusement, pour lui rendre des actions de grâces. Quant à lui, toutes les fois qu'il arrivait qu'on lui fît quelque message semblable, il le repoussait avec autant d'humilité que de gaieté, et avait coutume de dire : « Ce prodige doit, « certes, m'être autant attribué qu'à tout homme qui « n'y a pris aucune part. »

Dans un monastère nommé Beauvau, situé près de la ville de Besançon, était un certain individu possédé du démon, et qui, à l'instigation de Satan, disait et faisait des choses étonnantes. Comme donc, malgré les prières multipliées des frères, l'esprit de malice persistait dans son crime, le vénérable abbé de ce couvent, Ponce, qui existe encore aujourd'hui, se souvint qu'il possédait une étole dont notre bienheureux père s'était servi quelque temps pour offrir à Dieu la sainte victime de notre salut. Sans perdre un instant, il revêt cette armure à laquelle le Seigneur avait communiqué sa puissance, et attaque avec confiance l'ennemi du genre humain. A peine Ponce a-t-il touché le seuil de la porte de la cellule où était étendu le malheureux possédé, que sur-le-champ l'esprit malin s'avouant vaincu s'écrie d'une voix horrible : « Oui, je sors, je me retire à l'instant, demeurer « plus long-temps m'est impossible. » L'abbé répondit alors : « Par le nom de Dieu et les mérites du bien-« heureux auquel appartient cette étole, je te com-« mande de sortir d'ici promptement, ou tu périras. » Aussitôt le démon s'enfuit loin de cet homme, et cet homme fut délivré du démon. Quel autre que Bernard n'eût triomphé, peut-être, il est vrai, avec quelque danger pour son ame, de voir que les esprits infernaux lui étaient tellement soumis qu'ils lui cédaient quoiqu'il fût absent? Mais, quant à lui, lorsque l'abbé Ponce lui annonça ce prodige, il n'en parut nullement ému, et, se moquant beaucoup de ceux qu'il voyait remplis d'une grande admiration à ce récit, il répondit en ces termes : « Pourquoi donc n'aurions-« nous pas à deux prévalu facilement contre un seul « ennemi? Certes, Dieu a bien pu chasser sans peine « ce démon, surtout quand on m'a, comme vous le di-« tes, donné pour compagnon et auxiliaire au Sei-« gneur. » C'était, en effet, à de pareilles réponses qu'il recourait d'ordinaire en semblables matières. Ce saint homme, qui ne faisait pas montre d'humilité, mais la professant avec franchise et sincérité, savait certainement très-bien qu'on dissuade plus efficacement les hommes de leur admiration pour des choses qui les étonnent, par quelque observation ingénieuse et détournée, que par une dénégation ouverte, qui, par cela même qu'elle manifeste une modestie plus louable, augmente plutôt qu'elle ne diminue l'estime que les hommes font de nous. Aussi Bernard, parlant sur ce sujet d'après sa propre expérience, dit-il quelque part : « L'homme, vraiment humble, veut être réputé peu de « chose, et non pas être préconisé comme humble. »

CHAPITRE II.

De l'esprit prophétique et de la révélation des choses futures qui brillèrent en Bernard.

C'est aussi un fait très-connu que Bernard, quoique vivant encore dans sa chair, apparut en esprit à un certain religieux, et lui annonça le jour de sa mort. Ce frère, novice, et jeune homme d'une vie exemplaire et d'un bon naturel, était malade à Clairvaux. Le jour n'était pas loin où, suivant l'usage, après son année d'épreuve, il aurait revêtu le nouvel homme, si toutefois il n'avait pas auparavant dépouillé entièrement l'homme; car consommé dans le bien, il avait en un temps très-court accompli son terme, et son ame s'était rendue agréable au Seigneur. Le cinquième jour donc, avant celui qui devait être son dernier jour, un certain frère Gérard, aujourd'hui abbé du monastère de Longpont, étant venu visiter ce moine, celui-ci, rempli d'une grande joie, lui dit, entre autres paroles inspirées par la grâce d'en haut : « Voici « que dans cinq jours d'ici je mourrai; car aujour-

« d'hui même, notre père, le seigneur abbé, m'est
« apparu suivi d'une foule de moines, et me ranimant
« par de douces consolations, il m'a prédit que je
« mourrais dans cinq jours. » Ce discours se répandit
parmi les religieux, et cette prophétie devint publique
avant le moment où elle devait s'accomplir. Le jour
indiqué était donc attendu de tous, et du bienheureux moine avec plus d'impatience encore que des
autres. Déjà ce cinquième jour touchait à l'instant où
la nuit arrive, et le malade élevait de plus en plus son
ame vers le Seigneur. Enfin, vers la onzième heure,
luttant contre les dernières attaques de la mort, ayant
les yeux, comme il est ordinaire, fermés à la lumière,
et ne reconnaissant plus personne, il s'avançait rapidement vers sa fin. A ce moment le saint père abbé
vient le voir, le rappelle presque du sommeil éternel,
le retient pour ainsi dire à l'instant où il part de ce
monde, et ne permet pas qu'il s'en aille sans recevoir
ses adieux. A sa voix le moribond ouvre les yeux et
le contemple quelque temps avec un visage sur lequel brille une sérénité qui a quelque chose de miraculeux. Tous, nous admirions cet homme mortel et
déjà mourant, qui triomphait de la mort au point
d'être transporté de joie à son dernier moment, et
nous présentait parfaitement la douce image peinte
par le poëte dans ce vers :

Incipe, parve puer, risu cognoscere matrem[1].

Alors notre saint père abbé le consola, lui ordonna
de ne rien craindre, de se rendre tout droit au-

---

[1] Commence, jeune enfant, à montrer à ta mère par ton sourire que tu la connais. VIRG., Eclog. 4.

près de notre Seigneur Jésus-Christ, et de lui offrir les humbles salutations de la pauvre famille de Clairvaux. Le moribond répondit à ces mots, autant qu'il le put, par un signe de tête et un mouvement des lèvres, ferma de nouveau les yeux, et sur l'heure même s'endormit dans la paix éternelle.

Nous avons su que beaucoup de choses ont été révélées à ce serviteur de Dieu par l'Esprit saint, et que beaucoup d'autres aussi ont été prédites par lui, sans révélation préalable. Nous allons en citer un petit nombre en exemple. Comme ce saint abbé était un jour dans la ville de Noyon, en la maison de l'évêque Simon, on lui amena Hervey de Beaugency, enfant plein de grâces, issu du sang royal, et neveu du prélat. La nuit suivante, le Christ fit voir en songe à son serviteur ce qui devait arriver long-temps après de cet enfant. Il lui parut en effet que, comme dans la célébration de la messe, il donnait le baiser de paix à un certain ange qui le reportait ensuite à cet enfant. N'élevant aucun doute sur le sens de cette révélation, Bernard annonça que ce même Hervey renoncerait au monde, et deviendrait un jour un pieux serviteur du Christ. Cette prophétie fut bientôt si célèbre et si répandue qu'Hervey lui-même nous avoua dans la suite que pendant son adolescence, et toutes les fois qu'il se sentait pressé par l'aiguillon de sa conscience qui lui faisait quelque reproche, il lui était toujours venu à l'esprit qu'après la prédiction si formelle du saint homme, il était impossible qu'il mourût sous l'habit séculier. Au surplus, il ne fut point trompé dans cette espérance. En effet, le vénérable Waleran, premier abbé du monastère d'Ourscamp, lui donna l'habit de moine, et s'acquittant des fonctions vraiment évangéliques, lui transmit le baiser de paix que lui-même avait reçu de la bouche de notre saint père abbé. Depuis, la vie de cet Hervey fut pure et telle qu'il se montra complétement digne de l'oracle rendu sur lui par Bernard. Il succéda au susdit Waleran dans l'administration du couvent d'Ourscamp ; et tout récemment, quoique parfaitement sain et bien portant, il connut à l'avance et prédit sa mort prochaine, que lui annonça et lui révéla dans une vision ce même Waleran.

Le fait que nous allons joindre à celui-ci est tout-à-fait semblable. Notre saint père abbé, voyageant un jour dans le territoire de Paris, l'évêque Etienne, et tous ceux qui se trouvaient également présens, le conjurèrent instamment de venir dans leur cité, mais ne purent l'obtenir. Il évitait en effet avec le plus grand soin toutes les réunions publiques, à moins que quelque raison importante ne le contraignît de s'y trouver. Le soir donc, il avait réglé sa route pour le lendemain par un autre côté ; cependant, dès que le jour parut, sa première parole aux religieux qui l'accompagnaient fut pour leur dire : « Allez prévenir l'évêque que nous irons à Paris, « comme il nous l'a demandé. » Les clercs, accoutumés à desirer entendre de sa bouche la parole de Dieu, se réunirent donc en très-grand nombre autour de lui ; tout à coup, trois d'entre eux, touchés de componction, abandonnent les vaines études pour se vouer au culte de la seule vraie sagesse, renoncent au siècle et s'attachent aux pas du serviteur de Dieu. Regardant fixement le premier des trois à l'instant où celui-ci se levait tout en parlant et sollicitait la permission de le suivre, Bernard se pencha quelque peu, et dit à l'oreille à un certain religieux assis plus près de lui : « J'ai, cette nuit dans une vision, vu venir à moi ce « même clerc, aussi distinctement que je le vois main- « tenant, et c'est pour lui que le Seigneur nous a con- « duit ici. » Ce clerc, en effet, ayant fait son novi- ciat, vécut dans la suite avec une dévotion et une pureté qui le firent beaucoup chérir de Dieu et des hommes, et après quelques années, obtint à Clairvaux une fin bienheureuse et le repos éternel. Un jour que l'homme de Dieu était dans la ville de Troyes, ses vénérables fils, Gaudri et Gérard, quoique déjà déli- vrés des liens de la chair, lui apparurent : ils avaient été, selon la chair, l'un son frère, et l'autre son oncle. Ils passaient rapidement devant ses yeux et comme pressés de s'éloigner : lui les rappela et voulut les re- tenir; mais ils lui répondirent qu'il leur fallait aller auprès de leur frère, le moine Geoffroi, leur com- pagnon dès le premier temps de leur conversion à la vie monastique, et qui avait courageusement servi Dieu en bâtissant beaucoup de monastères. Aussitôt, le saint père abbé réveille les frères qui l'accompa- gnent, ordonne de partir et de se hâter, arrive au mo- nastère le jour même; et trouve, comme il l'avait prédit à ceux qui le suivaient, ce Geoffroi touchant à ses der- niers momens.

Le roi des Français, Louis-le-Vieux [1], irrité un jour contre certains évêques de son royaume, les chassa

---

[1] C'est Louis-le-Gros qu'il appelle Louis-le-Vieux, par opposition à Louis-le-Jeune, et qui avait chassé de leur siége l'archevêque de Tours et l'évêque de Paris.

de leur siége et de leur cité. Cet homme, si digne d'être révéré, Bernard, travaillant de tout son pouvoir à faire rentrer ces prélats en paix, écrivit au roi sur ce sujet plusieurs lettres dont il existe encore des copies. Il arriva qu'un jour que ce saint père abbé étant présent, beaucoup d'évêques, qui desiraient fléchir la colère du monarque, se prosternèrent jusqu'à terre avec l'humilité la plus entière, et embrassèrent ses pieds, mais sans parvenir, par cette soumission, à obtenir grâce. L'homme de Dieu, ému à cette vue d'un religieux courroux, reprit, le lendemain, sévèrement le prince de ce qu'il avait ainsi méprisé les prêtres du Seigneur, et lui annonça librement ce dont lui, Bernard, avait eu révélation la nuit même. « Cette « obstination, dit-il au roi, sera punie de la mort du « roi Philippe, ton premier né. Je t'ai en effet vu en « songe, toi et ton fils cadet, Louis, prosterné aux « pieds de ces mêmes évêques que tu as traités hier « avec tant de dédain ; et, sur-le-champ, j'ai compris que Philippe serait promptement ravi du milieu de nous, et que tu viendrais solliciter son remplacement au trône par Louis, de cette Eglise que « tu opprimes maintenant. » Le roi vit, en effet, peu de temps après, s'accomplir cet événement malheureux. Philippe mourut, et son père ne négligea rien pour faire sacrer ce Louis-le-Jeune, qui règne heureusement aujourd'hui.

CHAPITRE III.

De divers événemens à venir prédits par Bernard, par esprit prophétique.

Le Seigneur délivra non moins miraculeusement que miséricordieusement le très-fidèle prince comte Thibaut, éprouvé par une cruelle tribulation. Ce seigneur, très-puissant dans le royaume et le second après le roi, était cependant fort adonné à l'aumône, et professait le plus grand zèle pour la piété et tous les serviteurs de Dieu ; mais il aimait spécialement et avec un dévouement sans bornes Bernard de Clairvaux. Le Seigneur souffrit qu'il fût livré à de telles afflictions, et attaqué par tant d'ennemis, que le Roi et presque tous ses puissans voisins ayant conjuré sa perte, on désespérait déjà si bien qu'il pût échapper à leurs coups, que publiquement chacun insultait à sa piété, rabaissait son amour pour les serviteurs de Dieu, et dépréciait ses aumônes. On disait hautement que les moines et les hommes, convertis au Seigneur, étaient pour lui des soldats et des archers inutiles. Ce n'était pas même seulement parmi les étrangers, mais dans les propres villes et châteaux de Thibaut que ces blasphêmes se faisaient entendre. Enfin, plusieurs évêques et d'autres personnages, au nombre desquels était aussi l'homme de Dieu, s'étant un jour rassemblés, ils s'occupèrent et discoururent de toutes ces choses. Un certain évêque, très-célèbre dans ce temps, et qui jouissait d'une grande autorité et d'une

haute réputation de prudence, dit : « Le comte Thi-
« baut est dans les mains du roi, et il n'est per-
« sonne qui puisse l'en tirer. » Un autre prélat répondit : « Il est quelqu'un qui peut délivrer le
« comte. » L'autre, tout étonné, lui demanda quel
était donc celui qu'on croyait si puissant. A la fin, entendant qu'il s'agissait de Dieu, qui pouvait, certes,
tirer Thibaut du danger, puisqu'il peut tout, il
s'emporta vivement, et répliqua : « Sans doute, il le
« peut, s'il se manifeste clairement, s'il saisit son
« glaive exterminateur et frappe de tous les côtés;
« mais c'est ce qu'il n'a pas fait jusqu'à présent. »
Comme donc les affaires du susdit seigneur étaient
dans un état désespéré, que les étrangers le pressaient avec vigueur, que presque tous les hommes
puissans d'entre les siens qui l'avaient trahi ne le
combattaient pas moins violemment, et que le petit
nombre de ceux qui semblaient lui rester, mais que lui
rendait même suspects la défection des autres, étaient
encore pour lui un sujet de tourmens, le vénérable
Godefroi, évêque de Langres, consultait fréquemment et intimement l'homme de Dieu et lui demandait ce que le Seigneur lui révélait sur ce qui se passait. Déjà Bernard lui avait plusieurs fois répondu
que Dieu ne lui montrait rien à cet égard que tribulation sur tribulation. A la fin cependant, un jour
que le prélat l'interrogeait encore sur ce sujet, il dit :
« Dans cinq mois d'ici la paix sera faite. » Le dernier
jour du cinquième mois, en effet, la paix fut conclue
à sa prière et sur son intervention, afin qu'il ne fût
douteux pour personne que c'était surtout par les efforts et les mérites du saint abbé que ce pieux seigneur

se voyait délivré de périls si cruels et si imminens.

Quelques années après de graves inimitiés s'élevèrent entre ce même roi des Français et Geoffroi comte des Angevins. Le motif était que ledit comte avait, malgré la défense du roi, assiégé, dans son château fort, le noble homme Gérard de Montreuil, fait prisonniers, lui, sa femme, ses enfans et ses proches, et détruit de fond en comble ce château fort. Beaucoup d'évêques et de grands s'étant réunis pour cette affaire, le saint homme fut chargé de traiter des moyens de rétablir la paix; tout à coup le comte, tourmenté par les vapeurs d'une bile noire et amère, les quitte tous sans même les saluer, saute sur son cheval et se retire : tous alors restent confondus. Déjà l'assemblée, désespérant de la paix, allait se séparer, et le susdit Gérard, s'approchant de l'homme de Dieu, prenait congé de lui avec le chagrin d'un homme qui retourne dans la prison où l'attend la mort. Il n'était venu en effet à cette conférence que sous la garantie d'otages qu'il avait donnés. Comme l'homme de Dieu s'efforçait de le consoler, lui, pleurant et sanglottant plus fortement, disait : « Ce n'est pas de mon « sort que je me plains, mais je verse des larmes « sur tous les miens, destinés à mourir avec moi. » Touché de compassion, le bienheureux lui répondit : « Ne craignez rien, soyez sûr que le Seigneur se- « courra vous et les vôtres, et cela plutôt même que « vous n'osez l'espérer. » Se ressouvenant alors en effet d'une vision qu'il avait eue en venant à ce colloque, et dans laquelle il s'était vu lui-même prêt à aller lire l'Evangile, et demandant la bénédiction du saint évêque Malachie, il fut dans la ferme confiance que la paix se ferait sans le moindre doute. De fait, Gérard, après s'être éloigné de Bernard, n'avait pas encore touché le seuil de sa maison, qu'un homme, accourant tout à coup à la rencontre du saint abbé, lui annonça que le comte Geoffroi revenait. Tous furent frappés d'admiration en apprenant que l'effet suivait de si près la promesse du saint homme ; car le comte revint au même instant, et la paix tant desirée fut aussi conclue sur-le-champ. Ce même comte avait été, à raison de cette même affaire, chargé des liens de l'excommunication par ordre exprès du souverain pontife ; mais il refusa obstinément de s'humilier comme il le devait, et de confesser son péché pour en obtenir l'absolution. Il y a plus ; comme c'était un homme emporté, qui se croyait innocent et injustement frappé d'anathème, il priait Dieu de ne jamais lui remettre une telle faute. C'est pourquoi le saint père abbé se sépara de lui, le cœur plein d'une profonde tristesse, et lui dit, en homme qui possédait à fond les saintes Ecritures : « On se servira envers vous de la même « mesure dont vous vous serez servi envers les au- « tres [1]. » Le même jour, comme certaines personnes causaient entre elles de cette action impie du comte, et observaient qu'il avait gravement failli, le serviteur de Dieu, enflammé d'un saint zèle, s'écria : « Sa té- « mérité sera aussi cruellement punie ; il ne se peut, « certes, en aucune manière, que dans le cours de « cette même année, le comte ou ne meure, ou ne « ressente quelque autre preuve évidente de la ven- « geance et de la colère céleste. » Ces paroles, beaucoup de gens les entendirent eux-mêmes, ou les ap-

---

[1] Évangile selon saint Matthieu, chap. VII, v. 2.

prirent des autres, et elles s'accomplirent si promptement que le comte mourut au bout de quinze jours.

Le serviteur du Christ, étant un jour entré dans les Etats de Germanie, se hâtait d'arriver à Mayence pour rétablir la paix entre le roi Lothaire [1] et les neveux de l'empereur Henri son prédécesseur, savoir Conrad, qui après Lothaire succéda à la couronne, et Frédéric, père de ce Frédéric élu après Conrad, et qui occupe aujourd'hui le trône impérial. Le vénérable métropolitain de Mayence, Albert, envoya au devant de l'homme de Dieu un certain clerc, personnage honorable, nommé Mascelin. Comme donc ce Mascelin eut dit à Bernard qu'il était envoyé par son seigneur pour le servir, l'homme de Dieu, l'ayant un peu considéré, lui répondit : « C'est un autre seigneur qui t'a « envoyé pour le servir lui-même. » L'Allemand, saisi de frayeur et cherchant avec surprise ce que voulait dire Bernard, assurait fermement qu'il avait été chargé de venir vers lui par son maître l'archevêque de Mayence. Alors le serviteur du Christ reprit : « Tu « te trompes, il est un plus grand maître qui t'a en-« voyé, c'est le Christ. » Cet homme, comprenant enfin où paraissait tendre ce discours, répliqua : « Peut-être pensez-vous que j'ai l'intention de me « faire moine ? Loin de moi cette pensée ; jamais l'i-« dée ne m'en est venue et ne s'est élevée dans mon « cœur. » Malgré cet éloignement qu'il témoignait, le serviteur de Dieu n'en persista pas moins à affirmer que de toutes manières il fallait qu'il arrivât, non pas ce que Mascelin avait résolu lui-même, mais ce que le

---

[1] Lothaire de Saxe, qui alors ne portait pas encore le titre d'empereur, n'ayant pas été couronné.

Très-Haut avait décidé sur lui. Dans ce voyage même, en effet, ce clerc converti au Seigneur dit adieu au siècle, et, ainsi qu'il lui avait été prédit, suivit le serviteur du Christ, avec plusieurs autres personnes honorables et lettrées que celui-ci avait enrôlées, vers ce temps, pour la vie monastique.

Dieu changea par une semblable conversion le cœur de Henri, frère du roi des Français, et qui aujourd'hui illustre le siége de Beauvais. Il arriva, en effet, que ce prince étant venu pour entretenir l'homme de Dieu sur quelque affaire du siècle, et ayant visité les religieux rassemblés, se recommanda à leurs prières. Parmi les saintes exhortations que lui adressa le vénérable père abbé, il lui dit : « J'espère fermement de « la bonté du Tout-Puissant que vous ne mourrez pas « dans l'état où vous êtes aujourd'hui, et que vous « apprendrez promptement par votre propre expé- « rience combien vous seront utiles ces prières que « vous avez demandées à ces bons frères. » Le jour même cela s'accomplit, non sans l'admiration d'un grand nombre de gens ; et tout le monastère fut transporté de la plus grande joie à la conversion de ce jeune homme. Cependant ses compagnons et toute sa famille pleuraient comme s'ils l'eussent cru déjà mort. Un certain Parisien nommé André se lamentait plus qu'aucun des autres, traitait Henri d'homme ivre et d'insensé, et n'épargnait ni les injures, ni les blasphèmes. Henri, au contraire, en homme très-raisonnable, suppliait instamment le serviteur de Dieu de donner tous ses soins à la conversion de cet André. A cette demande, l'homme de Dieu répondit, en présence d'une foule de gens qui l'écoutaient : « Laissez

« aller cet homme; son ame est maintenant tour-
« mentée d'un amer chagrin; mais n'ayez de lui aucun
« souci, car, n'en doutez pas, il est à vous. » Comme
Henri, concevant de ces paroles bien plus d'espérance encore, insistait pour que Bernard parlât à
André, l'homme de Dieu, jetant sur lui un regard
plus sévère, s'écria : « Qu'est-ce ceci? Ne vous ai-je
« pas dit déjà que cet homme était à vous ? » Lorsque
André, qui était présent, eut entendu ces mots, lui
qui était d'une grande méchanceté et fort éloigné de
se convertir à une vie sainte, roula tout bas en lui-
même, ainsi qu'il l'avoue maintenant, ces criminelles
pensées. « Pour le coup je crois par ceci que tu es un
« faux prophète; car je suis sûr que ce que tu viens
« de dire n'aura pas lieu; et certes je ne manquerai
« point de te le reprocher dans quelque assemblée
« solennelle en présence du Roi et des grands, afin
« que ta fourberie soit connue de tous. » Mais que
Dieu est admirable dans ses desseins sur les enfans des
hommes! Comme il se rit de leurs vains efforts, et
sait atteindre le but qu'il se propose quand et de la
manière qu'il le veut! En effet, le lendemain cet
André s'en alla appelant toutes sortes de maux sur
le monastère où il laissait son maître, et souhaitant
que la vallée où il était bâti fût détruite de fond en
comble avec tous ses habitans. Tous ceux qui avaient
ouï la prédiction faite sur lui par le saint homme
n'étaient assurément pas peu émus et étonnés de voir
cet homme quitter ainsi l'abbaye; mais le Seigneur
ne souffrit pas que leur peu de foi et leur pusillanimité fussent mises à une plus longue épreuve. Ce jour
seul fut encore laissé à André pour voyager et se dé-

battre pour ainsi dire contre la grâce d'en haut. La nuit suivante, vaincu, et en quelque sorte enchaîné par l'esprit de Dieu qui l'entraînait à soi et lui faisait violence, il ne peut attendre le jour, se lève avant l'aurore, revient en toute hâte au monastère, et nous fait voir en lui un autre Saul, ou plutôt un autre Saul changé en un second Paul.

Parmi tous ceux que le Christ arracha aux vanités de la vie du siècle par le ministère de son serviteur, il vint des régions de la Flandre beaucoup de nobles et d'hommes savans et lettrés qui embrassèrent, sous la conduite de Bernard, le saint esclavage de Jésus-Christ. Le premier d'entre eux fut ce Geoffroi de Péronne, qui remplit dans la suite l'office de prieur à Clairvaux, et mourut dans cette charge [1]. Certes, à l'égard de tous ces Flamands se sont bien accomplies ces paroles de l'Evangile : « Il y en a beaucoup qui vous diront, le « Christ est ici ou il est là [2]. » On travailla en effet de mille manières à leur persuader de choisir un autre ordre et d'autres couvens pour y faire profession; déjà ils étaient sur le point de se disperser, lorsque le serviteur de Dieu se présenta à eux ; aux paroles inspirées par la grâce d'en haut qui coulent de sa bouche, leur ancienne hésitation se dissipe entièrement, et tous se rendent à ses avis avec une volonté ferme et irréfragable. Ceci n'arriva pas certainement sans qu'il se fît dans l'esprit de quelques-uns d'entre eux un changement subit et tout-à-fait inattendu. Enfin, comme le susdit Geoffroi suivait l'homme de Dieu au monastère, il se sentit agité d'une violente tentation ; un des frères

---

[1] En 1146.
[2] Évangile selon saint Matthieu, chap. XI, v. 8 et 23.

l'ayant considéré dans ce moment lui dit : « Qu'est-ce
« donc? pourquoi ton visage est-il ainsi renversé, et
« paraît-il profondément enveloppé d'un nuage de tris-
« tesse ? — Hélas! répond Geoffroi, je sais trop que
« désormais je ne goûterai plus un seul moment de
« joie. » Ce frère vivement affecté, ayant rapporté ces
paroles au serviteur de Dieu, celui-ci voyant près du
chemin dans lequel on s'avançait une sainte basilique,
y entra et se mit en prières; les autres cependant attendaient en dehors, et Geoffroi, accablé d'ennuis, s'était
endormi sur une pierre. Quand tous deux, enfin, eurent
terminé, Bernard son oraison, et Geoffroi son somme,
ce dernier parut à ses compagnons aussi content et
joyeux qu'ils l'avaient vu triste auparavant. Le frère
dont on a parlé plus haut, lui reprochant alors les paroles de chagrin et de découragement qui lui étaient
échappées, Geoffroi lui dit : « Tout à l'heure, il est
« vrai, j'affirmais que je n'aurais plus un moment de
« joie, mais maintenant je puis assurer que je n'en
« connaîtrai plus un seul de tristesse. »

Dans les premiers temps de son noviciat, ce même
Geoffroi tourmenté par sa piété filiale pour le salut de
son père, homme noble et puissant, qu'il avait laissé
dans le monde, supplia du ton le plus affectueux le
saint abbé de demander à Dieu la conversion de son
père. « Ne craignez pas pour lui, répondit l'homme de
« Dieu, il sera un moine éprouvé dans cette maison de
« Clairvaux, et je l'ensevelirai de mes mains. » Les
deux choses se vérifièrent; le père de Geoffoi devint
un moine parfait, et fut enterré dans Clairvaux par le
saint père abbé, ainsi que celui-ci l'avait prédit.
Comme si en effet ce père de Geoffroi n'eût pu mourir

pendant l'absence de Bernard, il fut malade quinze mois, et quoique portant, pour ainsi dire, en lui-même une fréquente et même continuelle menace de la mort, il se soutint cependant jusqu'au retour du saint abbé, qui, comme il le lui avait annoncé, devait le mettre dans la tombe.

La reine de France[1], femme de ce Louis-le-Jeune dont il a été parlé ci-dessus, avait vécu plusieurs années avec ce prince sans lui donner d'enfant. Le saint homme s'était rendu auprès du roi pour négocier une certaine paix, et cette princesse s'efforçait de le contrecarrer dans cette affaire. Comme Bernard l'engageait à se désister de ses projets, et à donner au roi de plus sages conseils, elle commença dans la conversation à se plaindre de sa stérilité, le priant humblement de lui obtenir de Dieu une grossesse et un accouchement heureux. « Si vous faites, répondit le saint homme, « ce que je vous recommande, de mon côté je prierai « le Seigneur de vous accorder ce que vous sollici- « tez. » La princesse le promit, et la paix ne tarda pas à se conclure. Mais une fois qu'elle fut terminée, le roi, à qui la reine avait rapporté les paroles de l'homme de Dieu, le pressa en toute humilité de réaliser sa promesse, et celle-ci s'accomplit si promptement que l'année suivante, vers la même époque, la reine accoucha.

Renard, seigneur abbé de Cîteaux, qui sortait de Clairvaux, et que le saint père abbé chérissait comme un fils, et révérait comme un père, se rendit en Provence pour mettre l'ordre dans certains monastères. L'homme de Dieu alors à Clairvaux, parlant de lui

[1] Éléonore d'Aquitaine.

avec un certain religieux, s'écria transporté d'une inspiration subite : « Le seigneur de Cîteaux est mort, « ou sur le point de mourir. » Ce frère ne fut pas médiocrement surpris de ces paroles; mais son étonnement devint bien autrement grand lorsque, quelques jours après, il entendit annoncer la mort de cet abbé.

L'année même où notre saint père abbé devait sortir de cette vie, trois jeunes gens d'une ville voisine, appelée Bar-sur-Aube, touchés de la grâce, se convertirent, et entrèrent dans le monastère de Clairvaux ; bientôt le troisième d'entre eux, poussé par l'esprit malin, retourna à son vomissement. Cet événement inspira aux religieux de vives inquiétudes pour le salut des deux autres jeunes gens, et en leur présence même, ils en parlèrent à l'homme de Dieu. Bernard, regardant les deux jeunes gens, dit : « Aucune tenta-« tion n'affligera celui-là ; quant à celui-ci, beaucoup « l'éprouveront, mais il prévaudra contre toutes. » Ces choses, nous les avons entendu annoncer par lui, et vu se vérifier. Aussi représentions-nous fréquemment à ce dernier, toutes les fois qu'il succombait presque sous la tentation, et commençait à penser à nous quitter, qu'il était impossible que le démon triomphât de lui, puisque le saint homme avait dit qu'il ne serait vaincu par aucune tentation. Une fois que le serviteur de Dieu, alors dans son couvent de Clairvaux, passait la nuit en oraison, et priait le Seigneur avec son recueillement accoutumé, il arriva que, dans le même temps, un certain pauvre, vraiment pauvre d'esprit, mourut dans le bâtiment destiné à loger les étrangers, et que le saint père abbé entendit des chants célestes qui accompagnaient son ame s'élevant vers

Dieu. Le lendemain matin, il interrogea les frères qui avaient assisté aux derniers momens de cet homme, et apprit d'eux que l'heure de sa mort était précisément celle où il avait entendu lesdites voix s'élevant vers le ciel.

CHAPITRE IV.

Des admirables et divers biens opérés par Bernard, spécialement dans le royaume des Gaules.

Le bienheureux évêque Malachie, dont le saint homme a soigneusement écrit la vie pleine de vertus, ayant, selon le desir de son cœur, rendu, dans l'abbaye de Clairvaux, son ame bienheureuse au ciel, notre vénérable abbé offrit, pour son passage en l'autre vie, la sainte victime du salut. Tout à coup il connut, par une révélation d'en haut, la gloire dont jouissait ce saint prélat; cédant alors à l'inspiration qui lui vient du ciel, et lorsqu'il a terminé le sacré sacrifice, il change la formule de l'oraison qui suit, récite la collecte réservée pour les fêtes des saints Pontifes, au lieu de celle où il est fait commémoration des morts, et dit : « Seigneur qui as daigné égaler le bienheureux « pontife Malachie à ceux qui ont obtenu par leurs « mérites d'être sanctifiés, permets, nous t'en conju- « rons, que nous qui célébrons aujourd'hui la solen- « nité de sa mort, nous imitions les exemples de sa « vie. » Ensuite s'approchant respectueusement des précieux restes de cet évêque, il les baise avec la plus ardente piété. Il ne voulut cependant ni découvrir à qui que ce fût, ni même décrire dans la vie dudit prélat, la nature et les détails de la vision dont il s'agit; quand on le pressait beaucoup de les faire connaître, il se contentait de répondre que cette vision touchait de trop près à sa propre personne. Il n'est certes pas douteux qu'il a de même tenu secrètes une foule de choses semblables, que le Seigneur a voulu qui demeurassent cachées. Ainsi, par exemple, étant un jour à Verdun, qui est une des cités de Lorraine, comme il offrait sur le tombeau du très-révérend Albéric, évêque d'Ostie, mort récemment, le saint sacrifice en commémoration de la vie louable de ce pontife, il changea pareillement la collecte à la fin de la messe; on ne lui demanda point quelle vision il avait eue; jamais non plus il ne s'expliqua sur ce sujet; et personne cependant ne pensa qu'il eût pu faire une telle chose sans une révélation positive.

Quant à ce qui regarde le don de la grâce par lequel Bernard rendait la santé aux malades, le Christ opéra par les mains de son serviteur tant de merveilles insignes en ce genre, qu'il semble qu'on pourrait appliquer ici ce que Jean l'évangéliste dit de Jésus-Christ lui-même : « Jésus a fait encore beaucoup « d'autres choses; et si on les rapportait en détail, je « ne crois pas que le monde même pût contenir les « livres qu'on en écrirait[1]. » Nous en citerons du moins un petit nombre, et uniquement pour exemples. Dans un lieu que les habitans nomment Château-Villain, et qui est, disent-ils, à six milles de distance de Clairvaux, était une femme enceinte et

[1] Évangile selon saint Jean, chap. XXI, v. 25.

qui avait passé de beaucoup le temps où elle aurait dû accoucher; déjà plusieurs mois s'étaient écoulés; et comme elle n'accouchait pas, on s'étonnait de plus en plus. Sa délivrance fut enfin tellement retardée, qu'on la croyait atteinte d'une maladie, et qu'on la jugeait plutôt enflée que grosse. Qui se serait en effet persuadé qu'un enfant pût demeurer une année entière enfermé dans le sein de sa mère? Cette femme désespérée se fait conduire, dans cet état, au monastère de l'homme de Dieu; la malheureuse s'arrête à la porte, et expose la triste cause de sa venue au frère portier. A la prière de cette infortunée, celui-ci, touché d'un malheur tellement inouï, va trouver en suppliant le saint père abbé, lui raconte le cas fâcheux dans lequel se trouve cette femme, et remplit fidèlement l'objet de la mission dont il s'est chargé. O admirable opération de la vertu divine qui se hâte d'autant plus de terminer miraculeusement cet accouchement qu'il avait été miraculeusement aussi plus différé! Comme si cet enfant n'eût attendu si long-temps pour naître que la seule intervention du saint homme, la femme accouche au moment même, et le remède devançant celui qui l'apportait, le frère, en revenant à la porte, ne trouve plus de trace du mal qu'il était allé annoncer à l'abbé.

Vers un autre temps, sur le territoire d'Auxerre, et dans une ville qu'on appelle Cosne, une certaine femme était en danger depuis plusieurs jours; elle avait bien porté son enfant jusqu'au moment d'en accoucher, mais les forces lui manquaient pour se délivrer. Comme le serviteur du Christ était alors venu dans la ville, cette femme lui fit demander sa bénédiction; il lui envoya de l'eau qu'il avait bénie; a malade en goûta, et sur-le-champ elle mit au monde un garçon auquel le vénérable évêque de Chartres, Geoffroi, donna le baptême, et imposa le nom de Bernard. Dans ce même voyage, et sur le territoire du même diocèse, comme une multitude de fiévreux sollicitaient, ainsi qu'ils avaient coutume de le faire partout, de la bonté de l'homme de Dieu, du pain qu'il eût béni, un certain Gérard, clerc d'un château qu'on appelle Clamecy, ignorant et moqueur, blasphémait contre la foi de ce peuple. Mais, au milieu même de ses discours blasphématoires, il fut saisi d'une fièvre violente et contraint de suivre, jusqu'à Auxerre, l'homme de Dieu qui s'en retournait. Ayant alors confessé ses péchés à Bernard lui-même, il en obtint, à force de prières, cette même espèce de bénédiction dont il s'était raillé, et qui rendit la santé à un grand nombre de gens qui la reçurent, afin que tous pussent arriver ainsi à connaître et à comprendre Dieu par la seule puissance de qui s'opéraient de tels miracles.

Nous avons vu, dans le pays de Meaux, un chevalier rendre à l'homme de Dieu les actions de grâces les plus empressées, de ce qu'à peine il eut goûté du pain béni par lui, il se sentit complétement guéri d'une fièvre quarte dont il avait été si cruellement tourmenté pendant près de dix-huit mois, qu'à l'heure de l'accès, il tombait dans une espèce de frénésie et ne connaissait pas même sa mère. Nous avons aussi entendu le vénérable Gérard, évêque de Limoges, attester qu'un certain jeune homme de sa famille, blessé mortellement à la tête, gisait étendu par terre, rendant des flots d'écume et ayant déjà perdu l'esprit ; qu'alors on lui introduisit dans la bouche une parcelle d'un pain béni par l'homme de Dieu, et qu'il en éprouva si promptement la vertu toute puissante, qu'à l'heure même il se leva sain et sauf. C'est le cas de ne point omettre de dire ici que cette bénédiction du saint abbé préservait si bien la substance même du pain de toutes les atteintes de la corruption, que nous avons vu quelques gens qui ont conservé de ce pain pendant sept ans et plus, sans qu'il perdît rien de sa couleur et de sa saveur. Il n'y a que peu de jours, les vénérables abbés Gérard et Henri, qui arrivaient des régions de la Suède, nous attestèrent, lorsque nous nous entretenions avec eux de ces merveilles, qu'ils avaient encore avec eux un pain béni onze ans auparavant par Bernard, et qui était parfaitement sain. Nous savons que quelques-uns des nôtres ont aujourd'hui de ce pain, qui n'est pas dans un état différent ; et nous sommes fondés à croire qu'il s'en trouve de pareils chez beaucoup d'autres personnes. Nous allons, au surplus, rapporter une preuve évidente, et certes assez concluante, de ce prodige.

L'archevêque des Danois, Eskile, homme vraiment grand, et digne d'être hautement honoré, vénérait avec une affection sans égale, et chérissait avec une piété toute particulière notre saint père abbé ; ayant bâti un monastère tout neuf et obtenu de lui ce qu'il souhaitait ardemment, un essaim tiré de sa sainte congrégation, il ne se trouva pas content de ne le voir que dans ses enfans ; un désir si violent de le voir lui-même s'empara de son esprit, que ce prélat, homme d'un si grand poids, et qui, dans les îles danoises, jouissait d'une immense autorité, tant ecclésiastique que civile, abandonna tous ses biens, et s'exposa lui-même à une foule de fatigues et de dangers, pour venir trouver Bernard; quant aux frais qu'il fit pour cela, en parler n'importe guères, quoique nous l'ayons entendu protester qu'il avait dépensé, dans ce voyage, six cents marcs et plus d'argent. Il vint donc à Clairvaux, cet homme tout à la fois si humble et si sublime qu'avaient attiré, des extrémités de la terre, non pas la curiosité d'entendre des leçons de science, mais le zèle de la foi et la plénitude de la piété. Combien il versa de larmes, et quel il se montra, non seulement à l'égard de celui qu'il honorait si uniquement, mais encore avec les plus infirmes des religieux quels qu'ils fussent, il n'est pas facile de le dire. Comme enfin il était sur le point de retourner dans sa patrie, et desirait pouvoir emporter et conserver plus long-temps du pain béni par le serviteur de Dieu, il ordonna, par une précaution toute humaine, que ce pain fût remis dans un four, de la même manière que ceux qui traversent les mers ont coutume d'emporter avec eux du pain béni cuit deux fois. Le saint l'ayant appris ne souffrit pas une telle erreur dans un homme si pieux, et lui reprochant amicalement que sur ce point sa foi se fût trouvée faible, lui dit : « Serait-il donc vrai que la bénédiction « de Dieu ne pût pas mieux conserver le pain que ne « le ferait une seconde cuisson ? » Refusant ensuite de bénir le pain que l'archevêque avait fait préparer, il ordonna qu'on lui en apportât de tout ordinaire, le bénit, et dit au prélat : « Prenez ce pain avec vous,

« et n'ayez ensuite aucune crainte qu'il se corrompe. » Eskile en prit donc, retourna vers les siens, et se vante encore aujourd'hui de voir son manque de foi démontré par l'évidente vérité du fait même. Il n'a pu se résoudre, en effet, à ne pas venir visiter le tombeau de notre saint père abbé, ne l'aime pas maintenant moins qu'autrefois, ne se confie pas en lui moins qu'il ne le faisait pendant que Bernard était vivant, ne doute en aucune façon qu'il ne vive aujourd'hui de la véritable vie ; et nous a déclaré, quant au pain qu'il a emporté, que jusqu'ici, quoique la troisième année soit déjà passée, la foi et la bénédiction du bienheureux Bernard l'ont conservé parfaitement frais.

Des hommes religieux venus avec ce même archevêque nous ont aussi raconté un miracle bien digne de mémoire, opéré dans un des monastères, que ce prélat, comme nous l'avons rappelé ci-dessus, a fondés dans son diocèse : « Dans notre pays, nous di-
« rent-ils, était un jeune homme noble, et proche
« parent de l'archevêque, selon la chair, mais peu
« chéri de lui, à cause de ses vices nombreux. Atta-
« qué d'une maladie très-grave, il n'obtint qu'à grand
« peine que le prélat vînt le visiter, et se fit conduire
« ensuite par lui-même dans un de ces monastères
« qu'il avait bâtis. Là il renonça au siècle avec la plus
« entière componction de cœur, persista plusieurs
« jours dans une humble et fidèle pénitence, mais
« n'en continua pas moins d'être de plus en plus tour-
« menté par la maladie. Celle-ci s'aggravant chaque
« jour davantage, ce jeune homme reconnut qu'il était
« menacé d'une fin prochaine. Ayant souhaité alors

« avec une admirable affection la présence des moi-
« nes et de l'abbé, il les avertit, du ton de la plus tou-
« chante piété, de saisir leurs armes spirituelles, pour
« protéger efficacement à la sortie de ce monde son
« ame confiée à leurs soins, et lui donner le guide in-
« dispensable qui pouvait seul la conduire sûrement
« au milieu des traits cruels de tous les ennemis qui
« la menaçaient. Lorsque, ensuite de cette demande,
« muni déjà des saints sacremens, et plein d'un pieux
« espoir dans l'intercession de ces serviteurs de Dieu
« et la miséricorde du Seigneur, il eut rendu le der-
« nier soupir en laissant tous les assistans dans la plus
« ferme confiance sur son salut, les religieux se mi-
« rent à offrir, avec tout le recueillement possible,
« pour la recommandation de son ame, le salutaire
« sacrifice du corps du Seigneur.

« Tout à coup l'ennemi du salut des hommes, con-
« cevant, comme cela paraît indubitable, une vio-
« lente colère de la délivrance d'une ame dont il
« croyait s'être à jamais rendu maître depuis long-
« temps, et donnant, avec la permission de Dieu, un
« libre cours à sa rage cruelle, remplit d'une fureur
« subite l'un des frères. Ce malheureux homme pous-
« sait d'horribles cris, et à peine les mains d'une foule
« de gens suffisaient-elles à le retenir. A la fin on vint
« à bout, avec les plus grands efforts, de l'emporter
« et de l'attacher dans son lit ; là, tourmenté du desir
« de déchirer avec ses dents ses propres membres et
« ceux des assistans, il était en proie aux plus dures
« souffrances, et parlait, non pas la langue qui jus-
« qu'alors lui avait été familière, mais une langue toute
« nouvelle et inintelligible pour tous ceux qui l'en-

« touraient. Sans rien comprendre de ce qu'il disait,
« ils l'entendaient proférer si nettement, et avec si peu
« de difficulté, des mots qui ne manquaient pas d'une
« certaine grâce, qu'ils croyaient, sans le moindre
« doute, que c'était véritablement dans quelque lan-
« gue connue qu'il s'exprimait. Après plusieurs heu-
« res, comme les frères, profondément troublés, ré-
« fléchissaient avec anxiété à ce qu'ils pourraient faire
« et se fatiguaient à le rechercher, l'un d'eux, inspiré
« par le Seigneur, conçoit un projet salutaire, rap-
« pelle que l'archevêque, cette même année, a déposé
« dans le couvent de saintes reliques, telles que des
« cheveux, des poils de la barbe, et une dent de
« notre bienheureux père abbé Bernard, et ouvre l'a-
« vis de les apporter et de les placer sur la poitrine
« du malade. A peine l'a-t-on fait, que l'esprit de ma-
« lice se mit à crier en langue germaine et avec d'hor-
« ribles vociférations par la bouche de cet infortuné :
« Otez, ôtez ceci, éloignez Bernard. Ah! ajouta-t-il,
« ah, Bernard! combien tu es devenu pesant! que je te
« trouve lourd et insupportable pour moi! » Quand il eut
« dit ou plutôt hurlé ces mots et d'autres semblables, il
« se fit un court silence, et tout à coup le pauvre moine,
« délivré par la miséricorde de Dieu, ouvrit les yeux, et,
« comme un homme qui s'éveille et sort d'un profond
« sommeil, regarda avec étonnement les frères qui
« l'environnaient, ainsi que les liens nombreux dont il
« était chargé, et demanda avec une sorte de honte
« pourquoi on lui avait mis ces liens et ce qui lui était
« arrivé. De ce moment il redevint, par les saints mé-
« rites de notre bienheureux père, aussi sain de corps
« et d'esprit qu'il l'était autrefois, ne se ressouvint en

« aucune manière, et n'ouvrit jamais la bouche de ce
« qu'il avait dit ou fait dans le triste état où il était
« tombé. » Ces choses, nous les avons apprises par
le témoignage du très-révérend Eskile, archevêque
des Danois, à l'occasion du pain béni par l'homme de
Dieu, et rapportées ici, non sans anticiper en quelque
sorte sur l'ordre des temps. Maintenant, au surplus,
reprenons la suite de ce qui nous reste à dire.

Ce n'était pas seulement aux hommes, mais encore
aux troupeaux et aux bestiaux, que profitait fréquemment la bénédiction du saint homme ; aussi réprimanda-t-il un jour sévèrement le frère cellérier de
son couvent de ce que, sans l'en prévenir, il avait
laissé périr des animaux, qui auraient pu servir à
secourir les pauvres. A dater de ce moment-là, il
prit l'habitude de bénir du sel, et ordonna de le
donner aux animaux du monastère ; alors la maladie
contagieuse, qui s'était déclarée parmi eux, cessa
sur-le-champ. Nous avons encore appris, et vu par
nous-mêmes, que, dans d'autres couvens, Bernard,
apprenant que les animaux des religieux mouraient,
employa le même remède, et quelquefois sans attendre qu'on l'en priât, donna le premier l'idée
d'y recourir. Une fois que le saint homme passait la
nuit dans un certain domaine appartenant aux moines
de Chezy, et qu'on appelle Gaude, on lui présenta un
jeune homme dont la langue était embarrassée, il le
bénit, et le guérit si bien que très-peu de jours
après, revenant par le même endroit, il le vit près de
lui sain et sauf, et plein de la plus vive reconnaissance.
Dans les mêmes contrées, en un bourg nommé Augour,
le peuple lui amena, comme il passait, une femme

attaquée de frénésie ; Bernard lui imposa les mains, pria sur elle, la renvoya guérie, et continua sa route. Nous avons vu depuis, dans ce même bourg, cette femme accourir au devant de l'homme de Dieu, en lui rendant de profondes actions de grâces.

Dans les régions même les plus éloignées, et partout où l'attiraient les besoins de l'Eglise, le don des miracles l'accompagna. Dans le diocèse de Toulouse, que parcourut un jour notre saint père abbé, comme nous l'avons dit dans le livre précédent, et où il se rendit célèbre par une foule de prodiges étonnans, à un château, qu'on appelle Vertfeuil, un enfant estropié des deux mains et des deux pieds, dès le sein de sa mère, avait recouvré l'usage de ses deux pieds et de l'une de ses mains, par l'intercession d'un certain martyr; quant à son autre main, elle était restée estropiée : notre saint père abbé la guérit par sa seule bénédiction, comme si la Divinité lui en eût réservé la cure, afin qu'il fût bien connu de tous qu'il participait aux dons que Dieu accorde à ses saints. On appelle Cahors une certaine cité d'Aquitaine, par laquelle passa vers le même temps l'homme de Dieu. Entre d'autres bienfaits miraculeux qu'il répandit dans ce lieu sur une foule de malades, on cite un des serviteurs de l'évêque même de cette cité, qui avait perdu la lumière d'un des deux yeux par suite d'une blessure grave, et la recouvra par l'imposition des mains de Bernard. Dans le territoire d'Angoulême, en un lieu nommé Châtelar, après qu'en présence des vénérables évêques Lambert d'Angoulême et Gérard de Limoges, le serviteur de Dieu eut offert la sainte hostie de notre salut, on lui présenta un enfant que sa mère avait mis au monde avec les extrémités inférieures et supérieures entièrement difformes; les coudes, arrondis en forme de boules, se joignaient aux genoux, repliés eux-mêmes sur le nombril, et ses pieds étaient adhérens à son derrière. Bernard fit d'abord, sur chacun des membres de cet enfant, le signe de la croix, les toucha, les étendit sur-le-champ avec une merveilleuse facilité, et les remit dans leur état naturel; puis enfin, prenant sa main, il le redressa, et le renvoya marchant avec toute liberté dans ses mouvemens. Le peuple cependant louait le Seigneur à grands cris pour tant de dons prodigieux accordés à son serviteur : il est vrai que le jour suivant, encore dans le territoire de Limoges, et en un bourg nommé Saint-Germain-Laval, on vit plusieurs miracles éclater par le moyen de Bernard. De toutes parts, en effet, accouraient en foule des hommes tourmentés de différentes maladies, et lui, par la vertu qu'il tenait de Dieu, les guérissait tous. Parmi eux, était là un enfant d'environ dix ans, aveugle de naissance: on l'amena en présence de tout le peuple, à l'homme de Dieu, qui, crachant sur ses doigts, frotta de sa salive les yeux de cet enfant aveugle-né, fit une courte prière, et lui ouvrit les yeux au nom du Christ.

CHAPITRE V.

Des divers miracles que fit le bienheureux Bernard dans la Germanie, à Constance, Bâle, Francfort, Trèves, etc.

Le bienheureux abbé, étant un jour entré dans le royaume de la Germanie, y brilla, par le don de guérison, d'un éclat tel qu'on ne saurait ni l'exprimer par des paroles, ni le croire quand on essaie de le peindre. Des gens, alors sur le territoire de Constance, et aux environs d'un bourg qu'on nomme Donningen, mais de ceux qui ont vu de leurs yeux, et recherché la vérité des faits avec le plus de soin, attestent que dans un seul jour, et par la seule imposition des mains, Bernard a rendu la vue à onze aveugles, guéri dix manchots, et redressé sur leurs jambes dix-huit boiteux. Au surplus pour que notre récit ne paraisse pas trop pauvre au milieu de cette abondance de prodiges, nous en choisirons dans le grand nombre, et nous en transmettrons à la postérité, quelques uns connus pour avoir été opérés dans les lieux les plus célèbres de la Germanie. Comme le serviteur de Dieu arrivait à Constance, et que la renommée de ses vertus miraculeuses se répandait de toutes parts, l'abbé d'Auge, monastère antique et célèbre, situé dans une des îles du lac Léman, envoya vers lui un pauvre homme aveugle qu'il soutenait de ses aumônes, et qui revint sur-le-champ voyant clair. Il est un lieu nommé Heytereseim, appartenant au diocèse de cette même ville, mais beaucoup plus éloigné ; là, comme dans tous les autres endroits de ce pays que traversa Bernard, le Seigneur se glorifia dans son serviteur par de nombreuses merveilles ; un aveugle-né y recouvra la vue par l'imposition des mains du saint homme ; là encore, celui-ci rendit l'ouïe et la parole à un malheureux sourd et muet de naissance. Dans la cité de Bâle, il prêcha selon sa coutume devant tout le peuple, afin qu'en lui s'accomplît aussi ce qui est écrit des saints apôtres, qu'ils allèrent en tous lieux, et y prêchèrent la parole de Dieu : ensuite le Seigneur daigna l'aider de sa coopération, et confirmer par les miracles suivans les discours de son serviteur. On lui présenta une femme muette, il pria, et elle parla sur-le-champ ; on lui amena un boiteux, et il marcha ; on lui conduisit un aveugle, et il vit.

Auprès de la cité de Spire, en présence de Conrad, roi des Romains, qui, dans ce moment, accompagnait pieusement l'homme de Dieu de l'église à son logement, les habitans placèrent un jeune garçon boiteux sur le chemin de Bernard, et le prièrent de daigner lui imposer les mains. A peine eut-il fait le signe de la croix que cet enfant se redressa sur-le-champ, se tint ferme sur ses pieds, et marcha sans aucune gêne, aux acclamations de la foule qui louait le Seigneur. Dans la chapelle de l'évêque de cette même ville, et aux yeux du roi, il rendit la vue à une certaine femme aveugle, et fit marcher un boiteux de naissance. Le Christ opéra dans cette ville beaucoup d'autres prodiges par les mains de Bernard ; mais il suffira d'en citer, en preuve, quelques-uns. Le pieux monarque lui ayant présenté, de ses propres mains, plusieurs pauvres infirmes, obtint d'avoir à remercier le saint homme de la guérison de ce grand nombre de gens. Ce ne fut pas seulement à Spire, mais aussi à Francfort, cité du diocèse de Mayence, que le serviteur de Dieu s'illustra par des actes innombrables de son pouvoir surnaturel. De tous les points, ceux qui souffraient venaient à lui, et le concours était si grand qu'un certain jour le susdit roi Conrad, n'ayant pu contenir la foule qui étouffait le bienheureux, quitta son manteau, enleva Bernard dans ses propres bras, et l'emporta hors de la basilique. Entre beaucoup de gens qui, dans cette ville, furent rendus à la santé, était un certain vieillard paralytique du voisinage, homme notable et généralement honoré ; ce ne fut qu'à force de sollicitations des siens et à grand'peine, qu'on parvint à le faire arriver jusqu'à l'homme de Dieu ; celui-ci récita, selon sa coutume, une très-courte prière, et aussitôt on vit le vieillard droit, parfaitement guéri, et non seulement exempt d'infirmités, mais plein d'une telle vigueur qu'en le regardant, on eût pu le prendre non pour un malade rétabli, mais réellement pour un autre homme. Comme il s'en allait d'un pas ferme, ceux qui l'accompagnaient se préparaient à enlever le lit dans lequel ils l'avaient apporté ; mais l'un des assistans, Hugues, archidiacre de l'église de Toul, se souvenant du paralytique de l'Evangile, rappela le vieillard, et lui dit : « Ne sors pas ainsi ; non, « ne retourne pas chez toi les mains vides, emporte « ton lit et va. » Cet archidiacre lui charge alors le lit sur les épaules, et le renvoie ; l'autre part, marche légèrement, et tout le peuple, dès qu'il le voit, en loue hautement le Seigneur. Dans ce même lieu, était un enfant sourd et muet dès le sein de sa mère ; on le monta par le moyen d'une échelle, on l'approcha par une fenêtre de l'homme de Dieu, qui le toucha de la main, et il recouvra l'ouïe et la parole. Là encore une certaine femme paralytique, du même pays, riche et honorée, retrouva la santé qu'elle avait perdue depuis longues années. Tandis qu'elle s'en allait sautant de joie, tous ceux qui la voyaient se sentaient remplis de plaisir; mais les hommes d'armes qui l'avaient apportée et présentée au bienheureux, se félicitaient plus que tous les autres, croyant que leur pieuse dévotion était pour quelque chose dans cette cure miraculeuse. Vers le même temps, comme le saint traversait un bourg appelé Bobbard, situé sur les rives du Rhin, et qu'il allait guérissant dans la contrée des maux de toute espèce, on mit à ses pieds un paralytique étendu sur un grabat. Sur le bruit de la puissance surnaturelle de Bernard, cet homme s'était fait apporter du bourg susdit jusque sur son passage; notre abbé, lui imposant les mains, au milieu même de tout le peuple, le renvoya chez lui parfaitement guéri et redressé.

La même année, comme le serviteur du Christ entrait dans la cité de Trèves, le peuple entier, ainsi que cela se faisait partout, se précipite à sa rencontre. On lui présente alors deux sœurs qui, depuis quatre ans, avaient perdu la lumière des deux yeux; faisant sur chacune d'elles le signe de la croix, il leur rend la vue du jour, et toutes deux voyant alors distinctement le serviteur de Dieu, le suivent avec les autres. Comme cet homme doué de la grâce apostolique venait d'offrir, dans la basilique de cette même ville, à l'autel du bienheureux apôtre Pierre, l'immortelle victime, on lui amène un boiteux, et il marche, un aveugle, et il voit, une femme sourde, et elle entend. Cette dernière racontait qu'elle avait été avertie en songe de venir trouver l'homme du Seigneur, et que par sa bonté, elle recouvrerait l'ouïe. Le serviteur de Dieu passait par Coblentz, château noble, appartenant au diocèse de Trèves, et situé sur les bords de la Moselle, à l'endroit où cette rivière tombe dans le Rhin; comme déjà il avait un peu dépassé cet endroit, on lui apporta un boiteux, il fit sur lui le signe de la croix, ordonna qu'on le mît par terre, et qu'on le laissât marcher; personne n'obéissait; alors le boiteux lui-même se met à crier sur-le-champ que, sans qu'il sache comment, le nerf de sa cuisse, si fort retiré jusqu'ici, vient de se relâcher de soi-même, et de s'étendre comme celui de son autre genou; ce qu'il avait essayé de faire, sans jamais y réusir en aucune façon. Tous s'étonnent; on veut avoir sur-le-champ la preuve de ce qu'il avance; on le dépose à terre, à la place même; là il marche, et chacun reste convaincu qu'il est guéri et sans aucune trace de son infirmité.

CHAPITRE VI.

Des divers et célèbres miracles opérés par Bernard à Cologne, Aix-la-Chapelle, Liége et Cambrai, ainsi qu'en Espagne.

Nous ne devons point passer Cologne sous silence. Cette ville est grande; le serviteur de Dieu y déploya aussi une grande puissance, et les peuples l'y honorèrent avec une grande piété. On montre, en effet, encore aujourd'hui dans le couvent du bienheureux apôtre Pierre, ainsi que nous le tenons de personnes véridiques, un jeune homme, autrefois boiteux, marchant à présent avec la plus parfaite aisance, qui, conduit devant l'homme de Dieu, a recouvré la faculté de marcher par la seule imposition de ses mains, ce qui le fait surnommer généralement fils de Bernard. L'abbé Henri de Suède, dont nous avons fait mention ci-dessus, nous a rapporté tout récemment qu'une femme noble, autrefois épouse de son frère, tomba dans la frénésie par suite du chagrin que lui causa la mort de son mari, et demeura si long-temps dans cet état qu'on se vit contraint de l'enchaîner ; on la présenta dans ladite ville de Cologne à notre saint père Bernard, et à peine eut-il fait sur elle un léger signe de croix au milieu de la foule qui se pressait de toutes parts autour de lui, qu'elle retrouva son ancienne raison et une parfaite santé, pendant qu'on la remportait chargée de liens comme à l'ordinaire. Dans cette même cité une fille sourde fut amenée par ses nobles parens au saint père abbé ; ils disaient que dans son enfance ils l'avaient envoyée à un couvent de religieuses, qu'elle y avait bientôt après perdu l'ouïe, et était demeurée depuis plusieurs années affligée de cette infirmité. Le saint abbé fit sur chacune de ses oreilles le signe de la croix, les toucha, lui redonna ainsi l'ouïe, et la rendit à ses parens, entendant parfaitement bien. Pendant que ceci se passait, une femme d'un rang honorable, citoyenne de Cologne, s'approcha de Bernard. Elle était privée de toute faculté de voir de l'un de ses deux yeux, et se plaignait d'avoir, depuis quinze ans, dépensé inutilement de grosses sommes d'argent avec les médecins; le bienheureux, rendant sur-le-champ, par un seul signe de croix, la vue à son œil malade, lui donna gratis la lumière que lui-même avait reçue gratis d'en haut. On amena dans la basilique du bienheureux Pierre une autre vénérable matrone, étendue sur son lit : le serviteur du Christ la fit sur-le-champ se relever, et lui ordonna de s'en retourner saine et sauve et sur ses pieds : depuis long-temps les nerfs des cuisses de cette femme s'étaient tellement retirés qu'elle ne pouvait en aucune manière se redresser ni se tenir sur ses pieds. Ceux des témoins oculaires qui ont observé le plus attentivement les faits assurent que, pendant les trois jours que le saint homme séjourna dans la ville dont il s'agit, par l'effet de ses prières et de l'imposition des mains, il redressa sur leurs jambes douze boiteux, guérit deux manchots, fit voir cinq aveugles, et rendit la parole à trois muets, ainsi que l'ouïe à dix sourds.

Tandis qu'à Aix-la-Chapelle et dans cette chapelle du palais des Rois, si fameuse dans tout l'Empire romain, le bienheureux célébrait le sacrifice solennel de la messe, le Roi des rois et le maître des puissances de la terre, guérit, par la main de ce même serviteur, un boiteux ainsi que quatre aveugles, et rendit par son pouvoir, auquel rien ne peut résister, la faculté de marcher à l'un, et la vue aux autres. Vers le même temps, et sur le territoire de ceux de Liége, outre une multitude d'autres prodiges que nous passons sous silence pour être plus courts, le Seigneur, à la prière de Bernard, ouvrit, auprès d'une ville qu'on appelle Fontaine, les yeux d'un aveugle-né;

non seulement les yeux de cet homme ne voyaient rien, mais ses paupières mêmes étaient fermées et paralysées ; le bienheureux, les ouvrant avec ses doigts sacrés, rendit, grâces à la bonté divine, à ces paupières leur force, et aux pupilles leur clarté : aussitôt l'aveugle admirant la lumière du jour jusqu'alors inconnue pour lui, s'écria, avec les plus vifs transports de joie : « Je vois le jour, je vois tous les hommes, « je les vois couverts de leurs chevelures. » Frappant ensuite dans ses mains, et trépignant de plaisir, il ajoutait : « Grand Dieu, de ce moment du moins je « ne me blesserai plus les pieds contre les pierres. » Dans la ville de Cambrai, encore, lorsque l'homme de Dieu célébrait le saint office de la messe, on lui présenta un enfant sourd et muet de naissance : sur-le-champ il entendit et parla. Ceux des assistans qui étaient plus près de lui le placèrent alors sur un gradin de bois, afin que, de ce lieu plus élevé, il pût saluer le peuple avec la parole qui venait de lui être rendue. Il ne faut, certes, pas s'étonner si, touché d'une admirable piété, le peuple célébra ce prodige par des cris d'admiration. Quant aux grandes choses que Dieu opéra si miraculeusement dans le royaume de Germanie par les mains de son serviteur, c'est assez sans doute de ce peu de faits que nous avons cités entre beaucoup d'autres.

Pour l'Espagne, il n'y fut pas en personne, et cependant les preuves de sa sainteté y éclatèrent. Comme en effet ce fidèle et sage serviteur de Dieu rassemblait de toutes parts et propageait ensuite partout le fruit précieux de la croix du Seigneur, il advint qu'il envoya quelques-uns de ses enfans dans les Espagnes, desirant récolter quelque bon fruit dans ce pays comme il l'avait fait chez les autres nations. Du nombre de ces enfans de Clairvaux était un certain Albert, artisan dans un lieu nommé Sobrado : attaqué d'une très-grave maladie, il gisait déjà depuis long-temps sur son lit, sans avoir l'usage d'aucun de ses membres. Il pria son abbé qui se rendait en France¹ d'instruire le saint père Bernard de sa maladie, et de le supplier d'avoir pitié de l'un des siens. Le jour même où le bienheureux priait à Clairvaux pour ce pauvre paralytique, d'après la demande de son abbé, les paroles toutes puissantes de Bernard et la vertu de son oraison coururent si rapidement qu'au moment même Albert crut sentir qu'on lui répandait un vase plein d'eau sur la tête, et se trouva guéri en Espagne. L'abbé, à son retour, ayant vu le susdit frère en parfaite santé, l'interrogea soigneusement sur le mode et l'époque de sa guérison, et acquit l'entière certitude qu'au moment même où le serviteur de Dieu priait dans les Gaules, le religieux avait été délivré de son mal en Espagne.

Puisque nous voici à parler des Espagnes, disons aussi ce qui est arrivé à l'égard du très-révérend homme de Dieu, Pierre, évêque des Asturies. Ce Pierre, noble de naissance, moine de profession, et de la piété la plus active, fut saisi, dans un certain couvent qu'il dirigeait en ce temps-là, d'une si violente douleur de tête qu'il ne pouvait ni observer les jeûnes prescrits par la règle, ni rester un seul ins-

---

¹ *Qui se rendait en France* n'est pas dans le latin, mais a paru nécessaire pour expliquer le mot *regressus* placé plus bas, et qui prouve que l'abbé avait fait un voyage en France.

tant sans un bonnet de fourrure. Apprenant les merveilles que la renommée publiait sur les miracles opérés par l'homme de Dieu, il chargea un certain frère d'aller porter ses supplications à Bernard, et réclamer instamment le secours de son intercession. Le saint homme lui envoya le bonnet de laine dont lui-même se servait, et promit que, grâce à la puissance divine, il serait un remède sûr pour sa tête malade. Pierre reçut avec le plus grand respect et la plus vive piété ce vêtement béni qu'on lui adressait. Se confessant donc aussi soigneusement qu'il le put de tous ses péchés, il se revêtit de son étole sacerdotale, et enfin prit et mit sur sa tête le bonnet du serviteur du Christ avec autant de confiance qu'il eût touché la frange de la robe du Christ lui-même. Le fruit de cette foi et l'effet de la bénédiction ne se firent pas attendre; Pierre lui-même s'étonna de la promptitude avec laquelle il ressentit le bienfait du remède; et depuis lors jusqu'à ce jour, guéri et quitte de toute douleur pareille, il montre à tous combien est grande cette vertu surnaturelle dont il a mérité d'éprouver le pouvoir. En effet, une fois élu évêque, il a partagé en deux la précieuse relique qu'il tenait du saint homme, a emporté pompeusement avec lui, et enfermé dans le trésor de son évêché une des deux moitiés, et déposé l'autre avec une égale vénération dans son couvent, voulant ne frustrer d'une si abondante source de bénédictions ni le monastère dont on le tirait, ni le siége épiscopal auquel on l'élevait.

CHAPITRE VII.

Des miracles faits par Bernard dans sa propre patrie, et dans le voisinage de Clairvaux.

Il nous faut maintenant revenir aux prodiges qu'opéra Bernard dans son propre pays. C'est à cause de ceux-là surtout qu'on peut l'appeler plus que prophète, puisque la réputation de prophète ne lui manqua pas, même dans sa patrie. Un certain Henri, homme considérable et puissant dans le palais et parmi les serviteurs du duc de Bavière, était depuis longtemps affligé d'un mal affreux et digne de pitié, qui faisait désespérer de sa vie ; sentant au dedans de ses entrailles quelque chose qui semblait vivre et se remuer, il s'abandonnait souvent à des actes de frénésie, sans pouvoir ni se calmer, ni recevoir aucune consolation. Reconnaître la cause de ses terreurs et de ses souffrances était impossible, à moins de les soupçonner l'ouvrage du démon. C'est dans cet état que Henri, amené de Bavière à Clairvaux, obtint, grâces aux prières de l'homme de Dieu, une guérison complète. Le saint lui traçant en outre la règle de vie et les préceptes qu'il devait suivre le renvoya chez lui bien portant. Jusqu'au moment actuel, ainsi que nous l'avons appris par des rapports certains, cet homme s'est montré si persévérant dans son obéissance au serviteur du Christ, que non seulement il se contente de ses émolumens, mais que même il se livre à des œuvres de piété ; aussi le changement de ses mœurs paraît-il plus merveilleux encore que sa guérison. Sur le fleuve de la Seine est une métairie nommée Mussy-l'Evêque, distante de quelques milles seulement de Clairvaux; on apporta de ce lieu un hydropique à l'homme de Dieu, qui lui imposa les mains, pria sur lui, et ceignit son ventre énormément tuméfié de sa propre ceinture, qu'il lui laissa, en lui ordonnant de la rapporter, quand une fois il aurait recouvré la santé. La cure de cet homme ne tarda pas long-temps, peu à peu son enflure disparut; vers le vingtième jour enfin, il revint à l'abbaye, maigre et bien portant, et rendit, tout à la fois, à son sauveur sa ceinture et de vives actions de grâces. Comme Bernard sortait, dans un autre moment, de l'enceinte du monastère, on lui présenta un vieillard paralytique, d'un bourg voisin, nommé Meurville; s'arrêtant quelque peu, il fit une courte oraison, guérit ce vieillard par ses prières, et lui dit de s'en aller. Quand celui-ci partit, le peuple, qui s'était rassemblé en foule sur le passage de l'homme de Dieu, loua le Seigneur, non sans répandre beaucoup de larmes. Comme le bienheureux rentrait un jour d'une course au dehors, on mit à ses pieds, aux portes mêmes du monastère, un enfant sourd et muet; il cracha dans ses mains, toucha la langue de l'enfant, et lui mit les doigts dans les oreilles; aussitôt les barrières qui bouchaient les oreilles de ce petit malheureux disparurent, et les liens qui enchaînaient sa langue se brisèrent.

A trois lieues environ du monastère est un bourg appelé Marenville; un jour que le saint homme y passait, il toucha et guérit une jeune fille manchotte, que nous avons su dernièrement être encore en vie et bien portante. Vers le même temps et dans le même pays, à un château qu'on nomme Bourlemont, deux chevaliers conféraient ensemble sur le pouvoir surnaturel de notre bienheureux père abbé ; l'un d'eux qui avait moins de foi, dit : « S'il guérit ce jeune garçon que voici, « alors je croirai fermement en sa puissance. » L'enfant dont parlait cet homme était un certain sourd et muet, nourri auprès d'eux, et qui jamais n'avait ni entendu, ni parlé. Quelques jours après, comme notre saint père abbé passait près de ce château, ces deux chevaliers emportent l'enfant, et le lui présentent ; il lui impose les mains, fait le signe de la croix sur sa bouche et ses oreilles, lui adresse quelques mots, et le renvoie parlant et entendant, à Rissenel bourg de la même contrée. On peut voir encore à présent un adolescent, nommé Simon, et assez connu, qu'on amena boiteux au susdit serviteur de Dieu, et qui, par l'imposition de ses mains, reprit la faculté de marcher. Bar-sur-Aube est une cité distante, dit-on, de trois lieues du monastère de Clairvaux ; là, l'homme de Dieu fit souvent éclater les œuvres de la vertu divine. En effet, sans compter tous ses miracles, que nous négligeons de rechercher avec soin, et dont la multitude lasserait encore toute notre curiosité, le Christ, dans cette ville, daigna, d'après la prière et la simple imposition des mains de son serviteur, mais en différentes fois, redresser sur leurs pieds quatre boiteux, fit voir deux aveugles, et rendit également l'ouïe et la parole à deux sourds et muets. Près de l'autre Bar, situé sur la Seine, par le seul attouchement de Bernard, un aveugle recouvra la vue ; un paralytique guérit, et un enfant que sa mère avait mis au monde boiteux marcha droit.

Quand notre très-révérend pape Eugène III, qui, de moine de Clairvaux et d'abbé du couvent de saint Anastase dans la ville de Rome, fut élevé à la chaire apostolique, vint dans les Gaules, le saint homme l'accompagna partout. Celui-ci ne brillait pas moins par les dons d'un véritable apôtre, que celui-là par la dignité apostolique. Le concours des hommes affligés de toutes sortes de maladies était si grand auprès du bienheureux, que quelquefois, lorsque le souverain pontife entrait pieusement dans quelque basilique, où Bernard célébrait les solennités de la messe, et que le saint sacrifice terminé, tous ceux qui demandaient d'être guéris s'approchaient, comme d'ordinaire, le pape se trouvait presque étouffé par la foule, et ne pouvait s'en tirer qu'à grand'peine, avec le secours de ceux qui le servaient. Parmi le grand nombre des miracles que fit notre père, quand il suivait ce successeur des apôtres, nous en rapporterons deux, que ne nous permettent pas de taire les transports de joie qu'ils excitèrent, et dont nous avons été témoins. On nomme Charletre un bourg situé entre le château de Provins et la rivière de Seine ; là, un enfant âgé de près de dix ans gisait paralytique depuis la première année de sa vie ; il ne pouvait ni baisser, ni reculer la tête, et il fallait que quelqu'un la fît mouvoir. Sa mère et ses autres proches l'apportèrent sur un matelas, et le mirent aux pieds du saint homme, lorsqu'il traversait la voie publique, près du lieu dont on vient de parler ; faisant le signe de la croix sur cet enfant, Bernard le leva de dessus le matelas, le mit tout droit sur ses pieds, et lui commanda de s'en aller. Sur-le-champ ce petit garçon se mit à sauter et à se promener, en louant le Seigneur ; puis il suivit si longtemps le saint qui continuait son chemin, qu'enfin celui-ci, malgré les refus et le chagrin de l'enfant, lui ordonna de s'en retourner. Certes, ce ne fut pas à tort que tous ceux qui virent ce prodige firent éclater une grande admiration, et s'abandonnèrent à des transports de joie ; parmi tous se distingua surtout le frère cadet du paralytique, qui, se précipitant dans les bras de son frère, pour ainsi dire ressuscité, le couvrait de baisers, et tirait les larmes des yeux du plus grand nombre des spectateurs. Quatre ans après, la mère de cet enfant le présenta de nouveau, dans le même bourg, au bienheureux, et lui enjoignit de baiser les pieds du saint homme, disant : « C'est celui qui t'a redonné la vie, et rendu à ta mère. »

Dans la même année [1] tous les abbés s'étant réunis, suivant la coutume, à Cîteaux, le susdit vénérable pape vint à leur assemblée ; il y prit place au milieu d'eux, et comme l'un d'entre eux, avec une charité fraternelle, plutôt qu'il ne la présida en vertu de son autorité apostolique, là, le soir étant venu, et après que l'assemblée se fut séparée, comme le serviteur de Dieu se retirait dans la cellule où il couchait, on lui présenta un jeune pâtre attaqué de surdité ; ce garçon, né dans le voisinage, avait été long-temps auparavant, et lorsqu'il veillait à la garde de son troupeau, frappé, comme nous l'apprîmes dans la suite, d'une terreur subite et perdit entièrement l'ouïe. Le saint père abbé prie, lui impose les mains, et lui demande s'il entend : « Oui, j'entends, seigneur, » s'écrie ce garçon ravi d'étonnement et d'enthousiasme ; puis il

[1] En 1148.

embrassa Bernard si étroitement que celui-ci eut grand'peine à s'arracher de ses bras. Le bruit de cette guérison se répandit promptement; le jeune pâtre fut présenté au souverain pontife, ainsi qu'aux autres personnages alors réunis, et ce miracle acquit une immense célébrité. Le saint abbé s'était rendu à un monastère nommé Charlieu, dans le diocèse de Besançon; beaucoup des abbés de son ordre l'accompagnèrent; une certaine matrone de ce pays, boiteuse depuis longues années, lui fut amenée dans un char et présentée. Après une courte prière, il fit sur cette femme le signe de la croix, la remit droite sur ses jambes, au nom du Seigneur, et la guérit si parfaitement qu'à l'heure même elle s'en retourna chez elle bien portante. Vers le même temps, il y avait dans le couvent de Morimond, l'une des principales abbayes de l'ordre de Cîteaux, un moine qui gisait dans son lit, tellement perclus par la paralysie qu'il était privé de l'usage de presque tous ses membres, et ne pouvait remuer ni les mains ni les pieds. Le bienheureux, à son arrivée, visite ce paralytique, et, sur sa demande, lui impose les mains : sur-le-champ le malade éprouve l'efficacité d'un tel secours; mais pour que la grâce qui opérait ce prodige se fît mieux sentir, ce moine recouvra par degrés le mouvement, d'abord d'une de ses mains, ensuite de l'autre; enfin, et au moment où Bernard allait partir, cédant à la prière du malade, il le couvrit de son propre manteau, et à l'instant celui-ci reprit le libre usage de son corps. Dans le monastère d'Auberive, un jeune religieux avait une telle extinction de voix qu'il ne pouvait ni chanter les psaumes avec les autres frères, ni se faire entendre de qui que ce fût, à moins qu'on ne s'approchât de très-près. Le saint homme, pendant qu'il visitait cette maison, bénit un pot rempli de vin et d'eau, et en donne à boire à ce moine; peu après, une sueur froide et de l'odeur la plus suave s'échappe de la poitrine du malade; le jour même, celui-ci, délivré de son incommodité, se met à chanter au chœur comme tous les autres frères, et l'effet de cette cure se soutient encore aujourd'hui. Beaucoup de gens ont connu un pieux jeune homme, autrefois enfant de l'église de Lyon, aujourd'hui moine de Cîteaux, et qui s'efforce d'imiter la sainte vie de son oncle paternel, saint Hugues, évêque de Grenoble, dont il a mérité de porter le nom. Le saint homme ayant appris sa conversion à la vie monastique, s'en réjouit d'autant plus qu'il avait été lié d'une amitié toute particulière avec son oncle, et lui écrivit des lettres de félicitation. Il arriva vers ce même temps que ce jeune homme fut pris de la fièvre, et gravement malade; ayant alors reçu une lettre de Bernard, il la prit avec toute la vénération qu'il devait au saint homme, la suspendit à son col, avec une pieuse foi, comme un remède propre à le guérir, et se félicite, encore à présent, d'avoir obtenu par ce moyen le retour complet de sa santé.

Comme le saint père abbé écrivait un jour au couvent de Trois-Fontaines, on lui amena un clerc; de ceux qu'on nomme réguliers, fort avancé en âge et aveugle; Bernard lui imposa les mains, fit selon son usage une courte prière, et le renvoya voyant clair à son église. Dans la cité de Troyes, une foule de miracles éclatans s'opérèrent par le serviteur de Dieu:

nous en citerons deux faits en présence de Godefroi, évêque de Langres, et d'Henri, évêque de Troyes. Dans la maison même de ce dernier prélat, une jeune fille toute contrefaite lui fut présentée par ses proches et les notables du lieu, qui lui adressèrent en sa faveur d'instantes prières. Le concours des spectateurs était si grand, que quand le serviteur de Dieu eut fait sur elle le signe de la croix, et que la modelant, pour ainsi dire, entre ses mains sacrées, comme une molle argile, il l'eut remise droite et invitée à marcher ainsi redressée, elle ne put trouver de place pour se mouvoir. On s'avisa enfin de la placer sur une grande table qui était proche; la jeune fille se tenant droite, se promena dessus avec la plus grande liberté de mouvemens, à la vue de tout le peuple, qui poussait de grands cris à la louange du Seigneur; nous avons appris récemment, de ceux qui ont connu cette femme, qu'elle est encore vivante aujourd'hui dans cette même ville. Une mère conduisit à notre saint père abbé sa fille muette à qui une attaque d'épilepsie avait ôté toute faculté de parler; sur-le-champ et par la seule imposition des mains du serviteur de Dieu, les liens qui enchaînaient la langue de cette jeune fille se rompirent, et elle parla librement. Dans un endroit du même diocèse, nommé Dormans, un père présenta son fils aveugle au saint homme, au moment où il venait de célébrer la messe; celui-ci crachant sur ses doigts frotta de sa salive les paupières de l'enfant, et le remit voyant clair à son père. Non loin de ce bourg, dans un lieu nommé Argilly, de même après la célébration de la messe, et au moment où il sortait de l'église,

Bernard fit le signe de la croix sur une femme boiteuse, qui depuis long-temps vivait là en mendiant, la guérit, et remplit d'admiration et de joie la foule du peuple, qui s'était rassemblé de toutes parts. A la sortie encore de la ville qu'on appelle Rosnay, on mit devant l'homme de Dieu qui passait un homme paralytique, placé sur une charrette, et dont le corps était tellement maigri, qu'il semblait ne plus présenter que l'image de la pâle mort. Bernard fit sur lui le signe de la croix, et ordonna qu'on le mît à terre et qu'il marchât; cet homme parfaitement guéri suivit aussitôt à pied sa charrette, à la vue de la foule frappée d'une grande stupeur, et faisant retentir l'air des louanges du Seigneur.

Dans un autre temps, comme le bienheureux passait par le château de Brienne, très-voisin de Clairvaux, il rencontra, sur son chemin, un peuple immense qui venait au devant de lui ; car, toujours et partout, une multitude innombrable accourait de toutes parts sur son passage. En présence de cette foule il toucha et redressa sur ses jambes une femme boiteuse, native de ce lieu, que nous avons vue là, dans la suite, se précipiter sur ses pas avec les autres, et lui rendre plus que tous les autres de vives actions de grâces. Dans le pays de Sens, au château qu'on nomme Trainel, au milieu même des saintes solennités de la messe, une femme dont la cécité était bien connue depuis dix ans de tous les gens de l'endroit, recouvra la vue, à l'étonnement de tous aussi, par l'imposition des mains de l'homme de Dieu. A Montereau encore, où l'Yonne et la Seine se réunissent, et en présence du très-pieux prince le comte Thibaut, ainsi que d'un grand nombre d'autres personnages puissans, on amena devant l'homme de Dieu, pendant qu'il offrait le saint sacrifice, une femme paralytique; après avoir accompli les solennités de la messe, il toucha cette femme, la remit droite, et la renvoya chez elle à l'heure même si bien guérie que, comme elle s'en était retournée sur ses pieds, le grabat dans lequel on l'avait apportée resta vide dans l'église, où nous le vîmes depuis. Comme le serviteur du Christ passait par le château de Joigny, dans le même diocèse, on lui amena, sur la voie publique, une femme aveugle; il s'arrêta, fit une courte oraison, et imposa les mains à cette infortunée, dont le Seigneur ouvrit alors les yeux. Dès qu'on reconnut qu'elle voyait, la joie fut grande parmi tous ceux qui étaient présens; ils se criaient les uns aux autres: « Anne voit, Anne voit; » car tel était le nom de cette femme; et la foule qui accourait de toutes parts allait toujours croissant.

Cependant le saint homme, accélérant sa marche, cherchait à échapper à la multitude; déjà il sortait du château, quand un certain adolescent, privé de l'usage d'un de ses yeux, depuis l'instant où sa mère l'avait mis au monde, le suivit et parvint à l'atteindre; sur-le-champ, et à l'aide de la seule bénédiction de notre père, ce jeune homme recouvra la vue, et la joie de tout le peuple qui suivait en redoubla. Un jour que le bienheureux s'était rendu à Auxerre, il entra, pour faire sa prière, dans l'église des moines où repose en paix le confesseur du Seigneur, le glorieux évêque Germain; comme il en sortait, après avoir fini ses oraisons, une pauvre femme boiteuse, rampant sur ses genoux et sur ses mains, le supplia d'avoir compassion d'elle; Bernard ayant fait sur cette infortunée le signe de la croix, la prit par la main, la redressa sur ses jambes, et se retirant, il la renvoya parfaitement guérie, en lui disant de s'en aller sur ses pieds, au tombeau du susdit confesseur, rendre grâce à Dieu. Chably est le nom d'un bourg qui possède une magnifique basilique, bâtie en l'honneur du bienheureux Martin, et dont le terrain fait encore partie des possessions de l'église de Tours, où repose le corps de ce très-glorieux confesseur de la foi. Le peuple présenta au serviteur de Dieu, qui traversait ce bourg, un adolescent boiteux; à peine le saint eut-il prié que ce jeune homme, parfaitement droit sur ses jambes, se mit à marcher avec aisance; et tous les assistans le conduisirent à l'église du bienheureux Martin, en louant magnifiquement le Seigneur qui avait suscité l'esprit de son cher Martin dans Bernard.

CHAPITRE VIII.

De différens prodiges et miracles que fit çà et là Bernard, et dont il avait auparavant connu l'événement par des visions.

Le Christ a daigné instruire à l'avance et miraculeusement par des visions son fidèle serviteur de quelques-unes des guérisons qui s'opérèrent par ses mains; lui-même en a pressenti, par la vertu de son ame, un grand nombre au moment où elles avaient lieu; il en est enfin quelques-unes auxquelles il s'est porté sans qu'on l'en priât, et à la seule suggestion du Saint-Esprit. Dans la crainte que notre narration ne paraisse s'étendre à l'infini, nous nous contenterons d'en rapporter quelques exemples, et nous en avertissons en passant, de peur que quelqu'un ne s'étonne que nous parlions si brièvement de si grandes merveilles. De fait, nous en avons tant vu s'accomplir en si peu de temps, que nous ne pouvons les raconter aussi promptement qu'elles se sont opérées; et, quoiqu'on ait coutume de dire que rien n'est plus facile que la parole, il paraissait plus facile pour le serviteur de Dieu, grâces aux dons qu'il avait reçus d'en haut, de faire des prodiges, qu'il ne l'est pour nous de redire tous ceux qu'il a faits. Un jour que notre saint père abbé sortait du monastère, un certain homme du pays même lui présenta son fils à guérir; Bernard, en effet, consentait fort difficilement à imposer les mains aux infirmes, quels qu'ils fussent, dans l'intérieur même du couvent, dans la crainte que, s'il s'y réunissait un grand concours de peuple, la discipline ne se relachât, ou que le repos du moins ne fût troublé. Le susdit garçon était fou, privé de toute raison, boiteux, sourd et muet; à l'instant même, par le seul effet de l'oraison du bienheureux, et de l'imposition de ses mains, cet enfant, délivré de toute infirmité, entendit, parla, marcha, parut doué d'une raison saine, et cessa tout-à-fait d'être tourmenté de la fureur et de l'inquiétude qui l'agitaient auparavant. Comme le père, homme pieux, conduisait ce même enfant ainsi guéri à une chapelle de la mère de Dieu, pour lui rendre des actions de grâces, les frères parlaient entre eux, et s'interrogeaient sur les infirmités si multipliées de ce jeune

garçon. Le saint père abbé leur dit alors : « C'était un
« châtiment de Dieu et une cruelle vexation de l'es-
« prit malin. J'ai vu en effet, en songe, la nuit der-
« nière et dans le même lieu (c'était près de la rivière
« d'Aube que cet enfant avait été guéri), j'ai vu pré-
« senter devant moi un jeune garçon tout semblable
« à celui-ci, l'esprit malin sortir de son corps, et
« ce petit infortuné recouvrer sur-le-champ l'usage
« de ses membres et la santé. » Le bienheureux, parlant toujours de cette même vision, ajouta : « Comme
« je m'avançais un peu plus dans le chemin où nous
« sommes actuellement, et près de ce bourg voisin
« (il désignait ainsi l'endroit qu'on nomme Long-
« champ), il me parut qu'on amenait une jeune fille
« boiteuse, et que le Seigneur lui rendait la faculté
« de marcher. » A ce discours, les frères s'étonnèrent, bien plus frappés de l'attente du prodige qui
allait s'opérer, que du souvenir de celui qui venait
de se faire. Le monde, en effet, a-t-il jamais entendu
parler de rien de semblable? On arriva donc au bourg
susdit, et on y trouva effectivement une jeune fille
boiteuse attendant l'homme de Dieu qui devait passer, comme elle-même était attendue par les frères
qui passaient, selon ce qui leur avait été prédit par
Bernard. Présentée donc à l'homme de Dieu par ceux
qui l'avaient apportée, cette jeune fille, dès qu'il eut
fait sur elle le signe de la croix, reprit, par la bonté
du Seigneur, la possibilité de marcher, et s'en alla
en payant un très-haut tribut de justes actions de
grâces.

L'année suivante, il advint que le saint homme fut
obligé de se rendre à Langres où avait éclaté une vio-

lente querelle entre l'évêque et le clergé de cette cité. Le premier jour il travailla, mais inutilement, à rétablir la paix; le lendemain, dès que le jour fut venu, comme il se préparait à partir, il dit aux frères qui l'accompagnaient : « Une vision m'a annoncé, « cette nuit, qu'à mon entrée dans l'église, on m'a- « mènerait une femme boiteuse, et qu'elle serait gué- « rie. » Une heure environ après, les clercs s'étant de nouveau réunis, ils se réconcilièrent avec leur évêque, au moment même où tout le monde en désespérait, et, par leurs instantes prières, ils contraignirent le bienheureux d'entrer dans la basilique du martyr Mammert, pour exhorter le peuple à soulager, par des aumônes, les maux de la famine qui régnait alors. Pendant qu'il prêchait, et ainsi qu'il l'avait prédit, on lui présenta une femme boiteuse, dont il redressa les jambes, au grand étonnement de tous les spectateurs, et plus encore de ceux qui voyaient ce miracle s'opérer précisément comme ils se souvenaient d'avoir entendu dire qu'il arriverait.

Dans le pays de Trèves est un antique monastère; un jour que l'homme de Dieu y célébrait solennellement la messe, et qu'une multitude innombrable s'y était réunie, Gontran de Sures, bourg voisin dudit couvent, en fit apporter une femme privée de l'usage des jambes. Depuis long-temps, réduite à ramper sur la terre, elle ne pouvait, en aucune manière, se redresser; et tenant un petit escabeau dans chacune de ses mains, elle s'était habituée à traîner après elle ses reins à moitié morts par la paralysie. Comme la foule du peuple empêchait que cette malheureuse ne pût parvenir jusqu'à l'homme de

Dieu, elle fut tout à coup guérie au milieu même de la basilique, se mit à marcher et à chanter, et rendit grâces au ciel, non sans répandre beaucoup de larmes. Le peuple, ivre de joie, prit les escabeaux de cette femme, et les porta sur l'autel pour qu'ils y restassent en l'honneur du Très-Haut, et de Bernard son serviteur. Notre saint père abbé nous déclara que, la nuit précédente, cette cure lui avait été prédite dans une vision : « Il lui semblait, dit-il, se trouver dans « cette même basilique, et au milieu de la foule qui « l'environnait de tous côtés, toucher en passant cette « même femme, mais secrètement et sans être aperçu, « la voir guérie sur-le-champ, et se féliciter beau- « coup, et avec une vive joie, de n'avoir été recon- « nu de personne. » Le même jour, la lumière céleste brilla aux yeux de l'homme de Dieu, dont la bénédiction rendit la faculté de marcher à deux femmes qui boitaient, et la vue à deux autres qui étaient aveugles. Il arrivait, au surplus, très-souvent, que pendant qu'il se livrait à l'oraison, ce serviteur de Dieu reconnaissait en lui la présence de la vertu divine ; mais il avouait qu'exprimer par des paroles la manière dont il en sentait la manifestation excédait entièrement son pouvoir.

Quelquefois, après avoir fait en passant le signe de la croix sur des infirmes, Bernard annonçait qu'ils étaient guéris ; alors si quelqu'un de ceux qui l'entendaient parler ainsi retournait sur ses pas, il trouvait la chose faite comme il avait été dit. Un jour qu'il sortait de la cité de Bâle, il fit le signe de la croix sur un certain sourd, et continua son chemin. Après avoir fait quelques pas, il appela Alexandre de

Cologne et lui dit : « Retournez à la ville, et informez-
« vous si ce sourd entend. » Alexandre s'en retourna
donc et trouva cet homme entendant très-bien. Pareillement encore, et ce même jour, ayant fait le
signe de la croix sur un autre homme privé de l'usage
d'un de ses deux yeux, il passa son chemin et dit :
« Le Seigneur a ouvert le mauvais œil de cet infor-
« tuné. » Le susdit Alexandre, étant de nouveau retourné sur ses pas pour vérifier le fait, reconnut qu'il
en était ainsi. Cet Alexandre est celui qui, pour jouir
des saintes instructions de l'homme de Dieu et contempler la manifestation de ses dons surnaturels, le
suivit, dit adieu au siècle avec environ trente autres,
et, peu de temps après, fut ordonné par Bernard
abbé du monastère qu'on appelle Grand-Selve, dans
le diocèse de Toulouse. Dans celui de Constance et
près du château de Fribourg, Bernard ayant imposé
les mains à un aveugle, envoya quelqu'un s'assurer
s'il voyait, et on le trouva voyant. Il en arriva de même
de deux autres aveugles dans le pays de Cologne,
près du monastère appelé Brumvilliers, et comme ils
déclaraient voir, le bienheureux confessa que lui-
même avait aussi senti que la vertu du don de Dieu
opérait.

Sur le territoire de Sens, et dans le bourg qui porte
le nom de Saint-Florentin, on présenta une femme
sourde à l'homme de Dieu; il lui imposa les mains,
et sentit, par l'inspiration du Saint-Esprit, que le don
d'en haut avait son effet. Cette femme, cependant,
encore imbécile et turbulente, comme il est naturel
à cette espèce de gens, et comme elle-même avait
coutume de l'être auparavant, criait à tue tête qu'elle

n'entendait rien. Le lendemain matin, comme elle ne reparaissait point, et que personne ne donnait des renseignemens sur son compte, le saint homme sachant bien que la vertu divine s'était manifestée sur cette créature, ordonna qu'on la lui amenât. On la trouva entendant parfaitement, et elle vint glorifiant le Seigneur, et rendant des actions de grâces à son serviteur. Ce même père quittait la cité de Metz, et comme il arrivait, partout le peuple empressé le reconduisait, ayant à sa tête Etienne son évêque, Renaud son frère, comte de Bar, et d'autres personnes en grand nombre, tant de l'ordre des clercs que de celui des chevaliers. Cependant il se vit dans le cas, sur quelques paroles que lui avaient dites l'évêque et d'autres qui étaient venus vers lui, de prier le noble homme, Henri de Salm, d'accorder la paix à la cité de Metz et à son peuple qu'il traitait en ennemi cruel. Celui-ci refusait nettement, et ne voulait ni abjurer sa haine ni se laisser fléchir par aucunes prières. Pendant que ces choses se passaient, surviennent d'autres gens qui présentent un sourd au bienheureux homme de Dieu, et le conjurent de daigner lui imposer les mains. Mais lui, enflammé du zèle de la foi, et laissant éclater sur son visage, comme il lui arrivait quelquefois dans les circonstances pressantes, une sorte de colère et d'autorité plus qu'humaines, se retourne vers le chevalier, et lui dit : « Tu dédai-« gnes de nous entendre, nous que ce sourd va en-« tendre sur-le-champ et en ta présence même. » Imposant alors les mains sur cet homme, il fait sur lui le signe de la croix, et lui met les doigts dans les oreilles. Aussitôt celui-ci entend, et Henri tout tremblant de frayeur se précipite aux pieds de l'homme de Dieu, lui demande humblement pardon, et souscrit volontiers à tout ce qui lui avait été demandé.

Un jour que le serviteur du Christ traversait la ville de Brienne, il vit une femme aveugle qui mendiait sur la place : l'ayant considérée quelque temps pendant que, comme à son ordinaire, elle demandait l'aumône aux passans, il lui dit : « Tu sollicites de l'argent, et Dieu « te donnera la vue. » S'approchant donc, il la toucha et lui ouvrit les yeux. Cette infortunée, éprouvant tout à coup un bonheur si fort inespéré, n'admirait pas moins la grandeur de la miséricorde divine que la lumière du jour, jusqu'alors inconnue pour elle. Parmi les premières boutures qui sortirent de l'abondante vigne de Clairvaux, le monastère d'Igny, planté dans le diocèse de Rheims, prit heureusement racine. Un jour que le saint homme était allé le visiter, il passait au retour par un bourg voisin de la rivière de la Marne, et qu'on nomme Rivoles ; un homme puissant et qui le chérissait de l'amour le plus dévoué, Samson, archevêque de Rheims, l'accompagnait et le reconduisait avec la vénération qu'il lui montrait toujours. Tout à coup ils voient un vieillard boiteux, qui se tenait dans le chemin pour mendier, et auquel l'un des religieux donna l'aumône. Le saint abbé, qui suivait, avait déjà dépassé cet homme ; mais il se retourne, et l'ayant fixé quelques instans avec attention, il demande à ceux qui étaient présens de quoi souffre ce malheureux, et ordonne qu'on le lui amène. Ceux-ci, soupçonnant qu'il allait lui donner quelque chose de plus que n'avait fait le frère, lui répondent : « Sei- « gneur, il est boiteux et ne peut marcher, nous lui

« porterons l'aumône que vous voudrez lui faire. »
Bernard leur répond en ces mots : « Prenez cet homme
« et me l'apportez. » Les autres, ignorant ce qu'il
prétendait faire, se regardaient les uns les autres
dans un grand étonnement : enfin, le reconnaissant,
ils se mettent à crier : « C'est l'abbé de Clairvaux, il
« guérira certainement cet infortuné. »

Bernard s'efforçait en effet, toutes les fois qu'il le
pouvait, de n'être point reconnu dans les hameaux,
défendait à ses compagnons de le découvrir à aucun
de ceux qui se présentaient sur sa route, et de rien
dire de lui, et leur recommandait, quand on s'in-
formerait de ceux qui passaient, de répondre qu'ils
étaient des moines, ou de nommer quelqu'une des
personnes qui l'accompagnaient. Le serviteur de Dieu
étant donc reconnu cette fois, les spectateurs se précipitent de toutes parts, enlèvent cet homme de terre,
l'emportent et le mettent aux pieds de Bernard qui,
lui imposant l'une et l'autre main sur la tête, levant
les yeux vers le ciel, et faisant une courte prière, dit
qu'on le mette à terre, et lui ordonne de marcher.
Ce pauvre homme s'en excuse et dit : « Je ne le puis.
« — Eh bien ! moi, reprend le saint homme, je te le
« commande au nom du Seigneur, et par sa toute-
« puissance ; va et sois guéri dès cette heure même. »
Qu'ajouterons-nous encore ? Mis sur-le-champ à terre,
ce boiteux est sur-le-champ redressé sur ses jambes,
et sur-le-champ marche librement ; mais rempli
de stupeur, et ravi en extase de ce qui lui est arrivé. A cette vue, tous ses voisins et les gens connus
du pays louaient et remerciaient Dieu qui, dans l'a-
bondance de sa miséricorde, avait fait pour ce mal-

heureux homme au-delà de ses mérites et de ses vœux même. Aussi, encore aujourd'hui, les habitans montrent le lieu où a éclaté un signe si manifeste de la vertu divine, et où ce vieillard boiteux et paralysé depuis longues années de toute la partie inférieure du corps et entièrement privé, des reins jusqu'en bas, de l'usage de ses membres, obtint la santé lorsqu'il ne demandait qu'une obole. Ce voyage fut le dernier que fit le saint homme dans le territoire de Rheims : ce miracle eut lieu en effet un an seulement avant que Bernard déposât sa dépouille mortelle. Nous avons à traiter, dans une autre partie de notre narration, de cette heureuse consommation de tous les actes de l'heureuse vie de ce très-saint homme; mais celui-là se tromperait qui croirait qu'on peut raconter tous les merveilleux prodiges qu'a opérés ce serviteur de Dieu, et il n'est pas moins nécessaire d'en passer beaucoup sous silence qu'impossible de les réunir tous ici.

LIVRE CINQUIÈME.

CHAPITRE PREMIER.

De la paix rétablie par les soins de Bernard entre la cité de Metz et certains princes voisins, et des miracles qu'il fit à cette occasion.

Lorsque le Seigneur se disposait à donner à son serviteur bien aimé Bernard, abbé de Clairvaux, le sommeil d'une pieuse mort, auquel celui-ci aspirait depuis si long-temps, et à le faire jouir du repos de ses élus, après tant de sueurs et des travaux si grands et si multipliés, on vit l'esprit se montrer en lui de plus en plus actif, à mesure que la chair affaiblie s'épuisait. Le saint homme en effet, connaissant qu'il allait bientôt atteindre le prix de sa course, s'élançait dans la carrière avec plus de rapidité que d'ordinaire, et sentant que sa demeure terrestre était menacée d'une prochaine dissolution, il soupirait avec des vœux plus ardens après la demeure céleste, habitation éternelle que n'a pas faite la main des hommes. La flamme de ce saint desir, ne pouvant se renfermer dans le cœur si pur de Bernard, éclatait fréquemment au dehors par des signes certains, et ses paroles de feu décelaient la violence de l'ardeur intérieure qui le consumait, de même que dans la vision des saints animaux, le prophète décrit, entre autres choses, les étincelles qui sortent d'eux, comme il en sort de l'airain le plus luisant[1]. Son corps étendu sur un misérable lit était éprouvé par toutes sortes d'infirmités ; mais son ame non moins libre et non moins forte s'exerçait, sans se laisser abattre, à toutes les choses qui sont de Dieu : au milieu de ses plus grandes douleurs, il ne cessait de méditer ou de dicter sur quelque sujet sacré, de prier avec amour et de prodiguer avec un pieux zèle ses instructions à ses religieux. Dans l'oblation de la victime du salut, qu'il s'abstint à peine de célébrer quelquefois jusqu'à son dernier soupir, son esprit, par sa vigueur, soutenait seul ses membres qui, pour ainsi dire, ne tenaient plus ensemble, et il s'offrait ainsi lui-même comme une victime agréable à Dieu et d'un doux parfum. C'est vers ce temps que, dans une lettre adressée à son oncle André, chevalier du Temple, et que l'on regardait comme une des plus fermes colonnes du royaume de Jérusalem, il lui dit : « Je dépéris, et je ne « pense pas avoir encore un long séjour à faire ici-« bas. »

Dans ces jours-là survint une affaire qui exigea l'envoi d'un des religieux dans les régions de la Germanie, pour y traiter de certaines choses. Cette mission fut confiée à cet Henri, moine, que six ans auparavant notre saint père abbé avait ramené, ainsi que plusieurs autres, du territoire du diocèse de Constance. Celui-ci, au moment de partir, redoutait les dangers d'un long voyage, car on était dans la saison

[1] Ezéch., chap. 1, v. 7.

de l'hiver; mais ce qu'il craignait le plus, c'était qu'il n'arrivât que le saint père sortît de cette vie avant que lui-même fût de retour, et qu'ainsi son absence ne le privât de participer à la dernière bénédiction de Bernard. Celui-ci lui dit, en le bénissant : « N'ayez « aucune inquiétude, vous reviendrez sain et sauf, et « vous me retrouverez tel que vous le souhaitez.» Il le renvoya donc tout consolé par ces paroles. Ce frère étant parti traversait, dans le territoire de Strasbourg, un fleuve pris par la gelée; tout à coup la glace se rompt sous les pieds de la mule qu'il montait, et l'onde l'entraîne avec violence sous la croûte qui couvre le fleuve. Que pouvait-il faire ainsi englouti dans l'eau et enfermé de tous côtés par la glace? Il se souvint de son père Bernard : il se ressouvint aussi de sa prédiction, qui ne pouvait en aucune manière être vaine. Aussitôt, comme lui-même l'atteste encore aujourd'hui, il lui parut voir ce saint père abbé, présent devant ses yeux, et tant de sécurité se répandit autour de lui qu'il ne sentit, ni le choc impétueux des ondes, ni la rigueur du froid, ni la moindre difficulté de respirer, ni enfin aucune incommodité. Bientôt après, entraîné par une force toute divine et sans qu'il s'aidât lui-même d'aucun effort, il se trouva ramené contre le courant du fleuve, au même trou par lequel il venait de tomber, s'accrocha aux bords de la glace, sortit intrépidement de dessous l'eau, se tira de ce danger sans le moindre mal, remplit sa mission, revint sain et sauf, et trouvant toutes choses exactement comme le saint homme lui-même le lui avait promis, il en rendit à Dieu de vives actions de grâces. Aussi le voit-on encore aujourd'hui prier sur le tombeau du bienheureux, avec d'autant plus de piété qu'il a la certitude d'avoir été, par les mérites de Bernard, arraché lui-même comme d'un tombeau, et d'un tombeau, certes, bien horrible; mais nous ne voulons pas nous étendre en longs discours sur ce sujet. Que d'autres rapprochent, s'il leur plaît, les miracles anciens de celui-ci, qu'ils établissent que notre religieux n'a pas été délivré moins miraculeusement, et d'un moindre péril que le jeune Placide sauvé par le bienheureux Benoît; que ceux même qui ont vu ce frère rendu par le fleuve, qu'emprisonnait une épaisse couche de glace, le comparent à Jonas vomi par la baleine, il nous suffit, quant à nous, d'avoir fait une narration courte et simple.

Pendant que le saint père abbé, encore gisant sur son modeste lit, terminait courageusement le cours de sa vie dans son monastère de Clairvaux, une plaie extrêmement grave vint frapper les habitans de Metz. Comme ils étaient sortis en forces imposantes contre des princes voisins, par lesquels cette importante ville s'indignait de se voir tourmentée au-delà de ce qu'on peut imaginer, ils tombèrent en grand nombre aux mains d'une poignée d'ennemis, renfermés entre les défilés de Froidmont, comme on les appelle, et le fleuve de la Moselle; et forcés dans cette position de lutter corps à corps avec leurs ennemis, ils virent, en une seule heure, à ce qu'on rapporte, tomber plus de deux mille des leurs, les uns massacrés par le glaive, les autres, en plus grand nombre, noyés dans le fleuve. Cette noble cité, saisie d'une violente indignation, se préparait de toutes ses forces à venger sa défaite; tandis que d'un autre côté le succès et un riche butin avaient rendu ses ennemis plus forts et plus audacieux. Toute la province se voyait menacée d'une dévastation certaine, lorsque leur vénérable métropolitain, Hilin, archevêque de Trèves, s'affligeant douleureusement pour eux des maux passés, en redoutant de plus terribles encore pour l'avenir, et plein d'une pieuse sollicitude pour ses enfans en Jésus-Christ, eut recours à l'unique refuge en une nécessité si pressante, et sollicita le secours de l'homme de Dieu. Venant donc à Clairvaux, il se prosterna en toute humilité aux pieds de Bernard et de tous les religieux, pria, supplia le bienheureux de daigner s'opposer à tant de maux prêts à fondre sur le pays, et auxquels nul autre que lui ne semblait pouvoir mettre un terme. Le Seigneur, qui toujours avait dirigé les voies de son fidèle serviteur, et s'en était servi dans des affaires difficiles, comme d'un excellent instrument, avait, peu de jours auparavant, donné quelque relâche aux souffrances corporelles de Bernard. C'est dans ce temps qu'écrivant au vénérable Hugues, évêque d'Ostie, il lui mandait : « Ce que vous avez entendu dire est vrai ; « je suis malade à la mort ; pourtant me voici rappelé « à la véritable mort du chrétien ; mais, je le sens, ce « ne sera pas pour long-temps. » Regardant cette vie mortelle plutôt comme une mort que comme une vraie vie, il se plaignait d'être rappelé, non de la mort mais à la mort, quand il se sentait arraché au trépas, quoiqu'il eût l'intime conviction que sa fin ne serait pas long-temps différée.

La divine Providence qui tenait son ame dans sa main, et en disposait à son gré, arrangea souvent les choses à l'égard du saint homme, de manière qu'à la grande admiration de tous, chaque fois que quelque circonstance importante exigeait son intervention, son esprit triomphait de tout; les forces du corps ne lui manquaient pas, et il supportait la fatigue mieux que les hommes les plus robustes. Une fois, en effet, que les affaires qui l'appelaient étaient terminées, Bernard, revenant pour ainsi dire à son état naturel, était en proie à des infirmités sans nombre, et, rendu au repos, à peine paraissait-il vivre, lui qui, quand il était occupé, ignorait sa propre faiblesse physique. Dans cette dernière occasion, il fut donc si manifestement et si merveilleusement soutenu par une vertu toute céleste, qu'il semblait puiser des forces nouvelles dans sa fatigue même; mais il arriva que quand ce fidèle médiateur pressa les deux partis, campés sur les rives opposées du fleuve de la Moselle, de s'entendre sur les conditions de la paix, celui des deux qu'enflait d'orgueil le grand massacre qu'il avait fait de ses ennemis, refusa avec une animosité obstinée ce qu'on exigeait de lui. A la fin, tous ceux de ce parti se retirèrent tout à coup, comme agités par les furies, quittant l'homme de Dieu sans même lui donner le salut d'adieu, et ne laissant aux gens de Metz que le chagrin de désespérer de la paix. Ce ne fut, certes, pas par suite de quelque mépris pour lui, mais plutôt par un mouvement de respect qu'ils prirent ainsi le parti de la retraite; ils craignaient, en effet, que si leurs hommes demeuraient en sa présence, il ne fléchît aisément leurs ames, quelque dures qu'elles fussent; mais lui ne réfléchissait pas à toute l'action qu'il pouvait exercer même sur les absens, au moyen de l'esprit divin qui jamais n'était absent de lui. Déjà la conférence se rompait au milieu du plus grand tumulte; déjà on ne pensait plus des deux côtés qu'à recourir aux armes, et l'on n'écoutait que des projets sinistres; lorsque le saint homme consolant les frères qui l'avaient accompagné, leur dit : « Ne vous trou- « blez pas, cette paix si desirée se fera, quoiqu'avec « beaucoup de difficulté. » Puis leur expliquant comment il le savait, il ajouta : « Il me parut, dans mon « sommeil de la nuit, que je célébrais une messe solen- « nelle; comme je terminais la première oraison, que « je me souvins que le Cantique des anges, c'est-à- « dire le *Gloria in excelsis deo*, aurait dû précéder « suivant l'usage; je rougis, et entonnant ce cantique « que j'avais omis, je le chantai jusqu'à la fin avec « vous. » Déjà plus de la moitié de la nuit était passée, lorsque le saint homme reçut une députation, chargée de lui exprimer le repentir des susdits seigneurs. Se tournant alors avec une grande joie vers les siens, il leur dit : « Reconnaissez maintenant que selon la pro- « messe qui nous a été faite, il faut nous préparer à « chanter le *Gloria* et le cantique de paix. » Les deux partis furent donc rappelés à une nouvelle conférence, on traita de la paix pendant plusieurs jours, et les grands obstacles qui s'y opposaient de l'un et de l'autre côté auraient fait désespérer de la voir se conclure, si tous n'eussent trouvé un motif de consolation dans la connaissance que tous aussi avaient de la ferme promesse faite par le saint abbé, que la paix se rétablirait. Le retard qu'elle éprouva ne servit pas peu à ceux surtout qui, affligés de divers maux, recherchaient auprès de Bernard des remèdes aux souffrances de la chair, ou même qui, voyant le saint homme, en étaient édifiés dans leur foi. Leur concours était si grand, en effet, que la multitude et son importunité mettaient des empêchemens presque insurmontables à ce qu'on pût suivre des négociations propres à asseoir la paix sur des bases solides. A la fin on choisit pour les conférences une île située au milieu du fleuve; les principaux de chacun des deux partis s'y rendirent sur de petits bâtimens ; là, toutes choses furent réglées comme l'arrêta l'intègre arbitre ; et tous se réconcilièrent en se donnant réciproquement la main droite et le baiser de paix.

Entre toutes les guérisons miraculeuses que le Seigneur opéra dans ce lieu par les mains de son serviteur, la plus célèbre fut la cure d'une certaine femme, que la plus cruelle maladie accablait depuis huit ans; tous ses membres, agités par un violent tremblement et des mouvemens convulsifs, s'entrechoquaient rudement. Comme donc il semblait que les plus graves obstacles s'élevaient contre la paix, et avaient presque fait évanouir tout espoir de la conclure, cette femme tremblante, comme on l'a dit, de tout son corps, et non moins horrible à voir que misérable, vint, par un effet particulier de la volonté du Seigneur, trouver le bienheureux; les peuples accoururent en foule pour être témoins de ce qui se passerait; le serviteur de Dieu se mit en prière, et peu à peu, et sous les yeux même de tous les spectateurs, l'agitation convulsive de cette femme se calma, et cette infortunée revint incontinent à la plus parfaite santé. Ce prodige émut d'une telle admiration les cœurs même les plus durs, que tous les assistans, se frappant la poitrine, furent en-

viron une demi-heure à pousser des acclamations et à répandre des larmes. A la fin l'empressement et le concours de ceux qui se précipitaient aux pieds de l'homme de Dieu, et baisaient les traces de ses pas, furent si grands, qu'il eût été presque étouffé par la foule si ses religieux ne l'eussent enlevé, placé dans un bateau, et un peu éloigné du rivage. Les princes s'approchèrent alors de lui, et comme il les suppliait, ainsi qu'il l'avait déjà fait, de donner la paix à la cité de Metz, ils lui dirent en soupirant : « Il nous faut
« bien écouter favorablement celui que nous voyons
« si chéri et si fort écouté de Dieu même ; puis, quand
« nous l'aurons écouté, il nous faudra faire beaucoup
« pour celui pour qui le Seigneur fait tant de choses sous
« nos propres yeux. — Ce n'est pas pour moi, répondit
« le saint homme, toujours prêt dans sa sagesse à dé-
« cliner, comme il le devait, une telle gloire ; mais
« pour vous que le Très-Haut opère ces merveilles. »

Le même jour, par un miracle pareil et dans un moment non moins favorable, le Seigneur plia vers la paix les cœurs des gens de Metz. En effet, le saint, étant entré dans leur ville, pressait l'évêque et le peuple d'en venir à un accommodement; mais l'échec qu'ils avaient reçu les aigrissait d'autant plus violemment qu'ils s'étaient vus contraints de céder à ceux auxquels ils avaient espéré résister vigoureusement, et plus que ceux-ci ne l'auraient voulu. Dans ce moment même, une femme paralytique, appartenant à cette même ville, se présenta devant le saint homme ; celui-ci, lui imposant les mains et priant, daigna étendre sur elle le propre manteau dont il se servait, et, le donnant à tenir à l'évêque qui était proche, se mettre lui-même dessous avec elle, et toucher ses membres affaiblis. A peine eut-il terminé sa prière et donné sa bénédiction à cette infortunée, qu'elle se leva, et, à l'admiration de tous, marcha avec l'entier usage de ses membres au milieu de ceux qui l'avaient apportée dans un lit. Tandis encore que le bienheureux était dans un bateau sur le fleuve de la Moselle, pour éviter d'être étouffé par la foule intolérable de ceux qui accouraient de toutes parts, un aveugle, l'un des gens qui desiraient être guéris par lui, criait sur le rivage qu'on le conduisît à Bernard. Comme celui-ci était déjà passé, l'aveugle, entendant un pêcheur qui naviguait dans une autre barque à la suite du saint abbé, détacha le manteau dont il était couvert, le tendit à cet homme, et le lui donna sous la condition qu'il le recevrait dans son bateau. La chose se fait, et dès que l'aveugle arrive auprès du saint, il recouvre la vue par la seule imposition de ses mains et avec une rapidité égale à la grandeur de la foi qu'il a montrée; et il crie, pénétré d'une pieuse admiration, qu'il voit les collines, les hommes, et tous les autres objets qui l'entourent.

A peu de milles de distance de ce lieu est un monastère qui porte le nom de Saint-Benoît. Là était un jeune garçon boiteux, entièrement privé de l'usage de ses membres depuis les reins jusqu'en bas, ne se remuant qu'à l'aide de ses mains et de ses reins, et traînant après lui ses pieds paralysés : son père l'avait amené quatre ans auparavant des contrées de la Bourgogne, et laissé dans ce couvent où, depuis ce temps, il ne vivait que des aumônes des religieux. Comme donc la renommée publiait et célébrait dans tout le pays l'arrivée de notre bienheureux père, et les prodiges que le Seigneur opérait par lui, les frères du susdit couvent placèrent ce jeune garçon sur une charrette, et le conduisirent à Bernard, qu'ils supplièrent de venir, avec sa commisération accoutumée, au secours de ce malheureux. Le saint homme, acquiesçant à leur demande, imposa les mains à cet infirme, pria sur lui, et le rendit à l'heure même aux moines, parfaitement guéri, se tenant et marchant ferme ; enfin, et comme nous en avons eu récemment la certitude par l'abbé de ce même couvent, aujourd'hui encore ce garçon, toujours bien portant, suit et garde les troupeaux des religieux; et si quelqu'un desire savoir son nom, nous ajouterons qu'il s'appelle Jean. Un autre boiteux qui vivait dans le voisinage du même monastère fut encore guéri dans le même temps, et recouvra la faculté de marcher par la seule bénédiction du saint père abbé. Près de la ville de Toul et dans un lieu qu'on nomme Gondreville, le même homme de Dieu rendit la lumière à une femme aveugle, et cela sous les yeux de beaucoup de gens accourus de tout le pays d'alentour. Au surplus, il serait trop difficile, ou plutôt de toutes manières impossible, de rassembler ici toutes les merveilles que Bernard opéra pendant ce voyage. Mais il n'est point dans notre dessein de rechercher minutieusement les miracles de cette espèce qu'il a faits, et de consacrer notre travail à raconter en détail les saints travaux de sa puissance surnaturelle. Ce voyage, ô père très-chéri ! fut l'heureux terme de tes courses, et ta dernière œuvre. C'est par la négociation non moins utile que difficile d'une paix aussi nécessaire qu'inespérée, que tes travaux ont reçu leur complément du Roi de toute gloire, du Seigneur ton Dieu, qui jamais ne cessa de t'honorer dans toutes tes saintes entreprises, de te glorifier en son nom, et de glorifier son nom en toi.

CHAPITRE II.

De la mort du saint homme très-heureuse pour lui, mais très-affligeante pour ses frères.

Dès que le saint abbé eut terminé la réconciliation des gens de Metz avec les princes voisins, et rendu la paix à tout ce pays, il revint à son monastère, extrêmement accablé par les infirmités de son corps qui s'affaiblissait de plus en plus. Il s'approchait chaque jour de sa fin avec cette joie du cœur et cette satisfaction de l'ame que montrerait un nautonnier qui, prêt à entrer dans le port, baisserait peu à peu les voiles. Il disait clairement à ses religieux : « Voici les paro-
« les que je vous adressais lorsque j'étais malade dans
« l'hiver qui vient de finir. Le malheur que vous avez
« craint jusqu'ici ne vous arrivera pas encore; mais,
« si je m'en crois moi-même, c'est l'été prochain
« que mon corps est menacé de dissolution. » Hélas! combien n'avons-nous pas appris manifestement par notre propre expérience ce que les Evangiles sacrés rapportent des saints apôtres, que quand le Seigneur leur prédisait sa passion, ses paroles étaient un mystère caché pour eux, et qu'ils ne pouvaient comprendre. Faut-il, au reste, s'étonner que nos ames aient été

amenées difficilement à croire ce qui les glaçait d'horreur, surtout quand, compatissant au chagrin de ses enfans, Bernard s'abstenait de revenir sur ses tristes prédictions? C'est, au surplus, par ses actions mêmes qu'il semblait s'écrier en quelque façon : « J'ai con-
« sommé les œuvres que mon père m'avait données à
« accomplir. » On le voyait en effet de plus en plus cesser d'agir, se détacher de toute affection terrestre, se concentrer avec un continuel recueillement dans ses saints desirs, et s'en servir comme d'autant de liens pour s'accrocher plus fortement au rivage éternel qu'il voyait déjà proche, et y aborder plus sûrement. Aussi, enfin, comme le vénérable évêque du siége de Langres, Godefroi, le pressait de s'occuper de quelques affaires importantes à régler, et s'étonnait qu'il n'y donnât aucune attention, le saint homme lui répondit : « Ne soyez pas surpris, car je ne suis
« déjà plus de ce monde. »

Cependant notre saint père abbé, qui portait dans ses entrailles un fonds inépuisable de compassion et de miséricorde, voyant ses frères et ses enfans les plus chers maigrir et sécher misérablement dans la crainte et l'attente de la cruelle désolation et de la perte lamentable dont ils étaient menacés, cherchait à les ranimer par les plus douces consolations. Il leur recommandait une inébranlable charité comme le moyen d'enfoncer plus profondément l'ancre de leur espérance et de leur foi dans le golfe[1] si sûr de la clémence divine ; il promettait enfin que, même après sa mort, il ne leur manquerait pas au besoin.

[1] *Sinus*, *sein* ou *golfe*; ce dernier mot a paru préférable à cause de l'image de l'ancre.

C'était avec plus d'onction que mes discours ne pourraient l'exprimer, qu'il s'efforçait, par ses prières et ses supplications entrecoupées de sanglots, d'imprimer dans nos' ames la crainte de Dieu, les sentimens d'une sainte chasteté, et l'amour de toutes les perfections. Il nous pressait et nous conjurait avec larmes de tâcher, si jamais il nous avait, par ses exemples ou par ses discours, inspiré quelques vertus, de persévérer avec fermeté dans cette bonne voie, et d'y avancer à l'envi. En un mot, il nous disait comme l'apôtre, en d'autres termes mais dans le même esprit : « Nous vous supplions et vous « conjurons par le Seigneur Jésus, qu'ayant appris de « nous comment vous devez marcher dans la voie « de Dieu pour lui plaire, vous y marchiez en effet de « telle sorte que vous y avanciez de plus en plus [1]. » Et plût à Dieu que ses avis persuasifs eussent été aussi efficaces sur nous qu'ils étaient affectueux! Que si quelqu'un, au surplus, desire connaître la nature de la maladie de Bernard, il existe, à ce sujet, une lettre que lui-même écrivit à un de ses amis très-peu de jours avant sa dernière et sainte séparation d'avec nous. Cette lettre, nous nous sommes décidés à l'insérer dans notre narration, parce que, quoiqu'elle soit étrangère à ce que nous rapportons de ce saint homme, nous trouvons un plaisir extrême dans les paroles qui lui échappent sur lui-même.

« Nous avons reçu, en esprit de charité, et non « avec les sentimens d'un plaisir mondain, les té- « moignages de votre charité. Quel plaisir, en ef- « fet, peut atteindre un être que des peines amères

[1] Ire. Épître de saint Paul aux Thess., chap. IV, v. I.

« revendiquent tout entier? Ne pouvoir plus rien man-
« ger est, en quelque sorte, la seule jouissance que
« je connaisse encore. Le sommeil m'a totalement
« abandonné, de peur que dans cet amer moment,
« un repos bienfaisant ne vienne suspendre en moi la
« sensation de la douleur. Je ne souffre guères que
« d'une défaillance d'estomac. Elle exige que, la
« nuit comme le jour, on me soutienne avec un li-
« quide quelconque, mais toujours en très-petite
« quantité à la fois. Quant à tout aliment solide,
« mon estomac s'y refuse absolument; le peu qu'il veut
« bien recevoir, il ne le prend jamais sans une violente
« souffrance; mais il en redoute une plus vive encore
« s'il reste entièrement vide. Que s'il se résigne à ad-
« mettre quelquefois quelque chose de plus que de cou-
« tume, même en très-petite quantité, c'est alors que
« la douleur est au comble, mes jambes et mes pieds
« sont enflés, comme il arrive d'ordinaire aux hydro-
« piques. Au milieu de tous ces maux, et pour ne rien
« taire à un ami inquiet de l'état de son ami, même sur
« ce qu'il y a de plus intérieur dans l'homme, je vous
« dirai, sans rechercher des expressions scientifiques,
« que, chez moi, l'esprit est toujours prompt dans une
« chair infirme. Priez le Sauveur, qui ne veut pas la
« mort du pécheur, de ne pas retarder, mais de pro-
« téger mon heureuse sortie de ce monde. Ayez soin
« surtout de fortifier de vos vœux, à son départ de
« cette terre, les pas d'un homme privé de tous mé-
« rites aux yeux de Dieu, afin que celui qui ne cesse
« de tendre des embûches au genre humain ne puisse
« trouver en moi aucune place où il enfonce sa dent,
« et fasse une blessure. Cette lettre, je l'ai écrite moi-

« même, tout malade que je suis, pour que les carac-
« tères tracés par une main qui vous est si bien con-
« nue, vous soient une preuve de toute mon affec-
« tion. »

Cette lettre, le saint père abbé l'écrivit, comme nous l'avons dit, et ainsi que le démontrent ses propres paroles, au moment même où la mort était suspendue sur sa tête. Le lecteur attentif pourra, certes, reconnaître, au moins en partie, par la teneur de cette lettre, combien le cœur de Bernard était saint, jusqu'où allaient, au milieu même de la destruction de son corps, la tranquillité de son esprit, la sérénité de son ame, et la suavité de ses pensées; et comme il avait, malgré l'excès de sa confiance dans le Seigneur, une humilité profonde. Il lui sera possible aussi d'apprécier et de se représenter jusqu'à un certain point notre inconcevable chagrin dans un si cruel malheur; s'il est doué de sentimens pieux et charitables, il se peindra facilement la pâle troupe des enfans du saint homme, leurs figures décomposées, leurs visages inanimés, leurs joues inondées de larmes, et leurs poitrines brisées par les sanglots et les soupirs. Quels n'étaient pas, en effet, le tumulte de nos pensées et l'orage qui bouleversait nos ames quand nous nous voyions ravir, en notre présence, et sous nos yeux même, un si précieux trésor, et qu'il ne nous restait ni espoir de le retenir au milieu de nous, ni moyen de le suivre? C'était un père qui semblait nous quitter, et quel père! C'était, en quelque façon, nous qui le possédions en propre, quoique véritablement il appartînt en commun à tout le monde. Il était, en effet, tellement un sujet de gloire pour tous les bons, et de terreur pour les méchans, qu'on pouvait lui appliquer, avec vérité, ces paroles du psaume : « Les justes le verront, et se« ront remplis de joie, et nul méchant n'osera ouvrir « la bouche.[1] » Bernard, tu as été le port pour les hommes battus par la tempête, le bouclier des opprimés, et, comme le bienheureux Job le disait de lui-même, l'œil de l'aveugle, et le pied du boiteux. Tu as été le modèle de toute perfection, le type de la vertu, et le miroir de la sainteté. En toi Israël a placé sa gloire, et Jérusalem sa joie; en toi ton siècle a mis ses délices, et tu es seul l'honneur de ton temps. Olivier chargé de fruits, vigne abondante, palmier fleuri, cèdre riche en rejetons, platane élevé, tu es pour le palais du Seigneur, un vase d'élection et de triomphe, un vase d'or massif et orné de pierres précieuses de tout genre; massif par ta foi et ta sainteté, et enrichi de diverses onctions, comme d'autant de diamans. C'est toi, la plus forte et la plus brillante colonne de l'église, la puissante trompette de Dieu, et le plus doux organe du Saint-Esprit, qui encourageais les pieux par tes félicitations, excitais les tièdes, soutenait les faibles. Ta main et ta langue, remèdes infaillibles pour les maladies physiques et morales, guérissaient l'une les corps, l'autre les ames; tu avais des manières et une figure simples; ton visage était doux, et ton aspect gracieux. Tu as eu une vie utile, et une mort précieuse; car Jésus-Christ fut ta vie, et la mort te fut un gain. Si la première eut, peut-être, pour nous plus d'avantages, la seconde, certes, t'a été bien plus profitable. Ce qui te fut si

[1] Psaume 106, v. 42.

utile, ne peut sans doute que nous être agréable, si nos sentimens sont selon la piété. Au surplus, quoique ce soit piété à nous, père chéri, de nous réjouir avec toi de ce que tu es heureusement entré dans les joies du Seigneur, ce ne nous est pas, toutefois, une impiété de pleurer sur nous que ton départ laisse en proie plus cruellement que de coutume, à un double sentiment d'horrible peine, puisque la vie nous est un ennui et la mort un objet de terreur. Si la piété nous ordonne aussi de nous féliciter avec toi qui, par un heureux passage de la vie à la mort, t'es approché de ce torrent de volupté, dont la soif te dévorait si ardemment, on ne doit pas cependant nous accuser d'impiété, si nous déplorons notre sort, nous à qui tout bonheur de vivre est enlevé, sans qu'aucune assurance nous soit donnée de bien mourir. Si elle est pieuse cette congratulation que nous t'offrons, ame heureuse, qui maintenant triomphes dans la plénitude de la lumière céleste, elles n'ont pourtant rien d'impie ces lamentations que nous faisons sur nous-mêmes, pauvres abandonnés. Après la merveilleuse clarté au milieu de laquelle nous avons jusqu'ici vécu avec tant de joie, les ténèbres où nous sommes plongés nous inspirent une plus forte horreur ; après cet âge d'or que nous voyions, il y a encore si peu de temps, supporter cet âge de fer qui lui succède nous est plus cruel. Mais revenons à la suite de notre narration, et payons, autant que nous le pourrons, un juste tribut d'hommages à la fin de notre patron, fin si triste pour nous, et si triomphale pour lui.

Peu avant donc que notre père sortît de ce monde, tous les enfans qu'il avait engendrés, selon l'Evangile,

s'approchant de lui, et remuant fortement son ame pleine de charité, par leurs larmes et leurs supplications, lui parlèrent en ces termes : « Père, n'aurez-
« vous donc point pitié de ce monastère? Ne vous
« laisserez-vous pas toucher de compassion pour nous,
« que vous avez nourris du lait de votre sein mater-
« nel, avec toute l'affection de l'amour, et que vous
« avez consolés et réchauffés dans vos bras paternels?
« Comment pouvez-vous consentir à exposer à tant
« de dangers les ouvrages, fruits de vos travaux, que
« vous avez exécutés en ce lieu? Comment abandon-
« nez-vous ainsi des fils que vous avez tant chéris jus-
« qu'à ce jour? » Bernard alors pleurant avec ceux qui pleuraient, élevant vers le ciel ses yeux où brillait la douceur des colombes, et sentant tout son esprit rempli de l'esprit apostolique, les assura qu'il se sentait pressé entre deux partis opposés, ignorait lequel il devait choisir, et remettait le tout au jugement de la bonté divine; que d'un côté sa tendresse paternelle le poussait à céder aux vœux de ses enfans, et à demeurer avec eux; que de l'autre l'amour du Christ l'entraînait, et lui faisait souhaiter de quitter la terre. Cependant l'humilité, si profondément et depuis si long-temps enracinée dans son ame, l'avait toujours amené à dire, avec la plus intime conviction de cœur, qu'il n'était qu'un inutile serviteur de Dieu, et à se regarder comme un arbre stérile qui, de sa vie, ne pouvait porter aucun fruit avantageux pour lui-même ou pour les autres, quels qu'ils fussent. Il avait coutume, en effet, de dire, dans ses conversations familières,
« qu'il avait peine à se persuader que les hommes le
« crussent réellement aussi utile pour eux qu'ils le

« disaient ; il assurait qu'il avait eu à soutenir, sur
« ce sujet, de grands combats entre ses propres pen-
« sées ; qu'il ne lui paraissait pas raisonnable que
« tant d'hommes véridiques voulussent tromper, ni
« que tant d'hommes sages pussent être trompés,
« tandis que lui, cependant, ne savait comment les
« absoudre d'erreur. » Lui, que tout le monde admirait, était seul, il est vrai, chose plus admirable encore, à ne point voir la splendeur de ses œuvres et de ses conseils ; semblable à cet homme juste et saint des anciens temps[1], qui disait de lui-même,
« qu'il n'avait jamais regardé le soleil dans son plus
« grand éclat, ni la lune, lorsqu'elle était la plus
« claire. »

Lorsqu'enfin tous les liens qui retenaient Bernard dans son enveloppe extérieure, se brisant déjà de toutes parts, eurent ouvert un libre passage à son ame qui soupirait après ce moment, quand brilla le grand jour qui devait faire luire pour lui le jour éternel, les évêques voisins et une foule immense d'abbés et de religieux se réunirent pour assister à sa mort. Vers la troisième heure du jour environ, ce merveilleux flambeau de son temps, le saint et bienheureux abbé Bernard passa heureusement, et sous la conduite du Christ, de son corps voué à la mort dans la terre des vivans; du milieu de ses enfans qui l'entouraient et chantaient les psaumes en chœur, malgré les larmes et les sanglots qui les suffoquaient, il alla rejoindre les troupes joyeuses de tant de bienheureux que son exemple avait envoyés devant lui dans le ciel, les bataillons des saints empressés de le féliciter,

---

[1] Job, chap. xxxi, v. 26.

et les armées des anges accourant au devant de lui. Ame bienheureuse, ainsi t'élevaient les droits si éclatans de tes propres mérites ! Ainsi te suivaient les pieux hommages des enfans que tu laissais ici-bas ! Ainsi encore t'attiraient vers eux les saints desirs des habitans d'en haut! Jour heureux et vraiment serein où le Christ a brillé pour toi dans le plein éclat du soleil de midi! Jour heureux! il t'attendait tous les jours de sa vie avec les plus impatiens desirs, t'appelait de tous ses soupirs, reportait sur toi ses fréquentes méditations, et se fortifiait pour toi par ses prières! Heureux passage de la fatigue au repos, de l'espoir à la possession de la récompense, du combat au prix de la victoire, de la mort à la vie, de la foi à la pleine connaissance de Dieu, du voyage au retour dans sa patrie, et de ce monde à celui qui en est le père! Nous savons qu'une foule de personnes ont eu, relativement à la mort de ce saint homme, des visions nombreuses et qui ne sont nullement indignes d'être rapportées ; mais il serait trop difficile de rechercher chacune d'elles en particulier, et trop long de les décrire toutes. Jusqu'à ce moment, en effet, son amour paternel pour ses enfans, amour plein vraiment aujourd'hui, que dis-je, plus plein actuellement que jamais de vie et de vigueur, a daigné, en plusieurs lieux et en mille manières, sécher leurs larmes et adoucir leur chagrin par de fréquentes révélations, afin qu'ils pussent goûter plus de douceur à se réjouir sur lui, et s'affliger avec moins d'amertume sur eux-mêmes. Si cependant le lecteur desire connaître quelques-unes de ces merveilles, et celles particulièrement qui n'exigeront pas un récit trop prolixe, nous croyons plus à propos de les réserver pour un dernier chapitre qui leur sera spécialement consacré.

Cependant, tout en continuant ce qui nous reste à dire, faisons-nous autant de violence que nous le pourrons, pour détourner notre ame des cruels gémissemens et des cris de désespoir qu'on entendit éclater dans notre malheureux troupeau, quand notre pasteur sortit de cette vie. N'en attristons pas ces pages; serrons fortement nos yeux, et frappons l'une contre l'autre nos paupières, pour faire disparaître les larmes dont fut inondée notre vallée, lorsqu'elle vit sa lumière s'éloigner d'elle. Cette vallée devait, hélas! faire boire le calice de sa douleur à toute cette Eglise, dans le sein de laquelle, jusques alors, elle avait toujours versé le bonheur, répandu la joie, et fait couler les consolations. Tandis que Bernard, ce ministre et ce prêtre fidèle du Très-Haut, entrait heureusement dans le sanctuaire de l'admirable tabernacle, pour offrir son ame, hostie sainte et agréable, sur l'autel même du Seigneur, son corps arrangé suivant les règles prescrites, et revêtu des ornemens sacerdotaux, fut porté dans la chapelle de la bienheureuse mère de Dieu. De nombreuses troupes de nobles et de gens du commun accoururent sur-le-champ de tous les lieux voisins, et remplirent la vallée tout entière de gémissemens, de pleurs et de cris déchirans. Aux portes du couvent, les femmes, ce sexe plus sensible que le nôtre, se lamentaient d'autant plus amèrement que la discipline de notre ordre leur interdisait inexorablement l'entrée du monastère, même en ce moment, tandis qu'il était permis aux hommes d'approcher des restes bienheureux du saint homme.

Le pasteur mort demeura deux jours exposé au milieu de son troupeau; la grâce pleine de douceur que respirait autrefois son visage était plutôt augmentée que diminuée, attirait les yeux de tous les assistans, enlevait leurs cœurs, et entraînait leurs affections dans le tombeau prêt à recevoir Bernard. Cependant la foule du peuple, qui, de toutes parts, se précipitait dans le couvent, augmentait sans mesure; déjà même on était embarrassé de l'empressement et du concours de ceux qui aspiraient à toucher les pieds du bienheureux, lui baisaient les mains, et approchaient de son corps des pains, des ceintures, de l'argent et d'autres objets qu'ils voulaient conserver, comme portant avec eux la bénédiction du ciel, et devant leur servir dans des nécessités urgentes. C'était surtout pour le troisième jour de la solennité que des gens en bien plus grand nombre encore devaient se réunir de tous les côtés, se tenaient prêts dans les lieux les plus voisins, et attendaient l'heure où le corps sacré de Bernard serait déposé dans la tombe. Mais le second jour, vers les midi, la multitude qui s'était rassemblée à Clairvaux fut si grande, et ces hommes venus d'une foule de lieux différens assiégèrent, pour ainsi dire, tellement dans leur pieux zèle le saint corps, qu'on ne put obtenir d'eux aucun égard pour les religieux, et presque aucun même pour les évêques. Ceux-ci donc craignant que quelque chose de semblable, ou même de plus fâcheux encore, n'arrivât le troisième jour, devancèrent l'heure de l'enterrement, consommèrent de grand matin le divin sacrifice, avec toute la pompe qu'ils avaient mise pendant les deux jours précédens à célébrer des messes, et à chanter des psaumes sans aucune interruption, déposèrent ce baume si pur dans le vase destiné à le recevoir, et placèrent dans un cercueil de pierre cette pierre précieuse, cette perle incomparable.

Après donc avoir heureusement employé le temps de sa vie, et à l'âge d'environ soixante-trois ans accomplis, le bien-aimé du Seigneur, Bernard, premier abbé du couvent de Clairvaux, et père de plus de cent soixante autres monastères, s'endormit dans le sein du Christ, et au milieu des bras de ses enfans, le 20 du mois d'août; il fut enseveli le 22 du même mois, en face du saint autel de la bienheureuse vierge mère du Christ, dont il avait toujours été le prêtre le plus pieux. Dans son tombeau et sur son cœur, on plaça une petite boîte, contenant des reliques du bienheureux apôtre Thaddée; on les lui avait envoyées, cette année même, de Jérusalem; et, par un sentiment de foi et de piété, il avait ordonné de les mettre sur son corps, afin qu'au jour de la résurrection générale, il se trouvât, pour ainsi dire, ne faire qu'un avec cet apôtre. Avant, toutefois, que le très-sacré corps de Bernard fût déposé dans la tombe, un des moines, tourmenté depuis longues années du mal caduc, s'approcha de ses précieux restes, et sollicita leur secours avec une foi sincère. Nous le connaissons, il est encore vivant à présent, et à dater du moment où il a eu recours au bienheureux, il n'a éprouvé aucun retour de ladite infirmité.

Ces choses ont eu lieu la même année où notre bienheureux pape Eugène III, l'un des enfans que notre saint père abbé initia à la vie sainte de religieux, passant de la clarté, ou plutôt des ténèbres d'ici-bas à la lumière d'en haut, fit éclater ses mérites, par de nombreux et illustres miracles, dans la ville même où il avait régné si glorieusement. Dans cette année, la onze cent cinquante-troisième depuis l'incarnation de notre Seigneur, Anastase, successeur d'Eugène, remplissait le siége de l'Eglise romaine ; l'Empire Romain avait pour chef l'illustre Frédéric, et sur le royaume des Français régnait le très-pieux Louis, fils de Louis ; le trône de l'Eglise universelle et l'empire sur toute créature visible et invisible étant occupé par Jésus-Christ, fils de Dieu, Dieu lui-même, qui vit et règne avec son père et le Saint-Esprit, dans les siècles des siècles. *Amen.*

CHAPITRE III.

De diverses révélations arrivées après la mort du saint père abbé.

Devant nous borner à ne dire que quelques mots sur les révélations dont il a été parlé plus haut, commençons par un fait qui fut prédit sept ans avant le moment où il s'accomplit. Dans le couvent étaient deux religieux qui causaient ensemble de la sainte vie et des bienheureuses actions du vénérable père abbé; l'un des deux élevé, depuis les premiers jours de son adolescence, dans le monastère, dit à l'autre : « Savez-vous combien d'années notre très-bienheu- « reux père a encore à vivre ici-bas? — Je l'ignore, « répondit celui-ci. — Eh bien, moi, reprit le premier, « je sais qu'il doit encore rester six ou sept ans dans

« son enveloppe charnelle. » Comment ce religieux avait acquis une telle connaissance, c'est ce que nous n'avons jamais pu pénétrer le moins du monde ; lui-même, en effet, n'en a rien dit dans le moment, et est mort avant notre saint père abbé ; mais le discours qu'il a tenu, nous l'avons appris par le rapport de l'autre religieux, qui vit encore aujourd'hui, et s'étonne d'autant plus de ce qu'il a entendu dans le temps, qu'il voit les choses arriver, comme il les avait ouï annoncer autrefois. Ce frère, au surplus, est un homme tel que nous n'élevons aucun doute sur la vérité de son témoignage ; et nous croyons impossible que quiconque le connaîtra n'ait pas en lui une entière confiance. Ce n'est pas seulement, au reste, l'époque de la mort de Bernard, mais encore, ce qui ne paraît pas digne d'une moindre admiration, le nom et la personne de son successeur qu'il déclare avoir connu alors, d'après ce que lui avait prédit l'autre moine. Dans le même temps, en effet, celui-ci lui annonça que le seigneur Robert deviendrait abbé de Clairvaux, après notre bienheureux père abbé. Quant aux expressions indéterminées dont se servait ce moine, en disant « que Bernard vivrait six ou sept ans, » elles semblent avoir indiqué ce qui s'est trouvé vrai, que sa mort ariverait après la sixième, mais dans le cours de la septième année.

Le terme fatal était déjà proche, et notre saint père abbé se hâtait d'atteindre le but. Son mal, en effet, augmentait tellement, comme nous l'avons raconté au commencement de ce livre, qu'il paraissait que ses souffrances perfectionnassent sa vertu, et annonçassent une fin prochaine. Les frères, cependant, ne cessaient de demander sa conservation à Dieu, par des prières et des supplications aussi pressantes qu'ils le pouvaient. Le saint homme, ayant éprouvé, pendant quelque temps, un peu de mieux selon le corps, et reconnaissant que leurs prières retardaient l'accomplissement de ses vœux, rassembla tous ses religieux, et leur parla en ces propres termes : « Pourquoi rete- « nez-vous ici-bas un pauvre homme ? Soyez donc plus « forts, et montrez-vous plus courageux ; épargnez- « moi, je vous en conjure, épargnez-moi, et permet- « tez que je sorte de ce monde. » Avant ceci, et lorsque tous les frères, frappés de crainte à l'idée du cruel malheur qui les menaçait, humiliaient leurs ames dans l'oraison, l'un d'eux eut la vision que nous allons raconter. Il lui parut qu'une multitude innombrable accourait, avec de grands transports de joie, au devant de l'homme de Dieu, hors de l'enceinte des murs du monastère ; dans cette foule, ce religieux, qui avait la vision, ne reconnut que les quatre personnes qui marchaient en avant de tous les autres : c'était le grand Geoffroi, évêque de Chartres, qui chérissait tendrement Bernard, en était tendrement chéri, et dont celui-ci a parlé avec tant d'éloges, dans son quatrième livre des Considérations; Humbert, qui avait été le premier abbé du monastère d'Igny et les deux frères du bienheureux, Gui et Gérard. Accueilli de tous avec respect, et se livrant à une conversation amicale avec ces quatre personnages, après leur avoir donné le baiser de paix, le saint et bienheureux père abbé demeura long-temps au milieu d'eux, tandis que le reste de la foule attendait à l'écart. Les hommes susdits ayant enfin salué Bernard, dirent qu'il fallait qu'ils se retirassent. Il pâlit alors, la tristesse répandue sur son visage trahit le chagrin qui le dévorait intérieurement, et il s'écria : « Quoi donc! « voulez-vous ainsi partir sans moi? » Mais les autres lui répondirent : « Tes desirs et les nôtres ne peuvent « être satisfaits que quand le temps des choses nou- « velles sera venu. » Ce temps des choses nouvelles dont ils parlaient, était celui où se recueillent les fruits nouveaux, et l'événement le prouva clairement peu après, puisque Bernard mourut dans le mois d'août. Le frère à qui cette vision s'était manifestée raconta, le lendemain matin, ce qu'il avait vu et entendu, et consola ainsi ses autres compagnons qui redoutaient, comme imminente, la mort du père abbé. On était alors dans l'hiver.

Vers ce même temps, une autre vision vint confirmer la précédente, et cela pour que la complète vérité de toutes les deux prouvât, jusqu'à la dernière évidence, avec quelle évidence aussi Dieu avait révélé dans toutes deux ce qui devait arriver. Voici donc la vision qu'eut un certain frère. Le bienheureux se préparait à se rendre à Jérusalem ; déjà, il était au moment de se mettre en route ; alors le vénérable Eudes qui, dès ses plus jeunes ans, avait embrassé, avec un courage digne d'éloges, la vie religieuse dans le monastère de Clairvaux, et remplaçait ordinairement le prieur dans ses fonctions, lorsqu'il s'absentait, s'approcha de Bernard avec respect, et lui dit qu'il allait le précéder. La vérité de cette vision se manifesta clairement lorsqu'on vit que cet Eudes, homme agréable à Dieu, après s'être heureusement acquitté de sa commission sur la terre, précéda vers la Jérusalem céleste, où l'on a la véritable connaissance de la paix de l'ame, le saint père abbé, qui se disposait à le suivre peu après, et à partir pour le même voyage.

Peu de jours encore avant celui où Bernard quitta si heureusement la terre, un certain abbé, qui habitait dans son voisinage, et lui était dévoué d'une vive affection, le vit en songe revêtu des habits sacerdotaux les plus précieux, resplendissant de la gloire la plus éclatante, et conduit à l'autel avec la solennité la plus pompeuse. A son entrée, la vaste église parut retentir des accens d'une foule de voix fortes qui criaient: « Il nous est né un enfant. » Bernard en effet était un véritable enfant, doux et humble de cœur, et recevant avec l'innocence de l'enfant qui vient de naître le royaume de Dieu. Charmés des mérites qu'il avait apportés en naissant, la foule des anges et toute l'assemblée des saints se félicitaient qu'il naquît pour elles, tandis qu'il nous semblait mourir; et d'un commun accord elles triomphaient, non par des chants qui pussent s'entendre, mais par des vœux unanimes, de ce qu'il commençait à vivre pour elles, tandis qu'il cessait de vivre pour nous. Si, en effet, toute la région céleste est transportée de joie par la pénitence d'un seul pécheur, quelles joies ne doit-on pas croire qu'elle a montrées à l'arrivée de celui qui lui avait donné tant de joies par la conversion et la pénitence d'un si grand nombre de pécheurs? Qui pourrait, en effet, compter combien de gens, qui ne quittèrent cependant ni les vêtemens, ni la vie du siècle, combien encore d'hommes et de femmes qui avaient passé du monde dans d'autres congrégations que celle de Clairvaux, le Seigneur conduisit à la pénitence et au salut, par le ministère de son fidèle serviteur! Qui pourrait encore supputer le nombre de ceux qui, sous sa règle, et dans cent soixante monastères, furent dirigés par la bonté de Dieu dans les voies de la pénitence! Sans parler, en effet, ni de ceux qui avaient heureusement achevé le cours de leur vie, ni de ceux qui étaient allés former des colonies dans d'autres lieux, le jour où notre très-heureux père abbé mérita de s'élancer de Clairvaux vers la sainte et brillante montagne, il laissa, en ne faisant mention que de ceux qui semblaient être plus spécialement ses enfans et habitaient son monastère, environ sept cents ames dévouées au service du Seigneur. Faut-il donc s'étonner après cela qu'on le croie cher à la cour céleste, agréable au Roi du monde, et accueilli au ciel avec des transports de triomphe et de joie? En qui la grâce d'en haut fût-elle plus féconde que dans ce saint homme, qui travailla pour le Seigneur aussi heureusement qu'efficacement, et plus que tous ceux non seulement de son temps, mais encore d'une foule de générations passées, qui a tant fait produire le talent d'argent qui lui fut confié, qui enfin a rapporté de si grands profits du négoce qu'on lui avait donné à diriger? Mais c'en est assez sur sur ce sujet; arrêtons-nous de peur que quelqu'un ne nous accuse de ne pas rester dans les bornes de cette briéveté que nous avons promise.

Revenons donc à l'abbé dont nous avons parlé plus haut, et qui vit si nettement en songe la naissance de Bernard, comme enfant du ciel, la nuit même qui fut la dernière que notre saint père, prêt à quitter le monde le lendemain matin, passa au milieu de nous. Il apparut dans le couvent de cet abbé, au vénérable prieur de cette maison, lui fit ses adieux, et lui dit: « Sache bien que je m'en vais et ne resterai pas plus long-temps ici-bas. » Celui-ci rapporta sur-le-champ cette vision à son abbé, qui accourut en toute hâte à Clairvaux, et trouva que ce jour-là même le saint abbé était passé de cette vie dans l'autre, ainsi que lui-même l'avait annoncé.

Le frère Guillaume de Montpellier, dont nous avons fait mention ci-dessus, fut autrefois un homme célèbre dans le siècle, mais devint bien plus célèbre encore par sa fuite du siècle. S'étant fait moine dans le couvent de Grandselve, il vint visiter avec le plus pieux respect notre saint père abbé; au moment de s'en retourner dans son monastère, il se plaignait avec larmes de ce qu'il n'aurait probablement plus le bonheur de le revoir. L'homme de Dieu lui dit alors: « Ne craignez rien, vous me verrez certainement encore. » Le pieux Guillaume attendait l'effet de cette promesse; tout-à-coup, et la nuit même où le bienheureux père abbé sortit de cette vie, Guillaume obtint la félicité de le voir lui apparaître dans le monastère même de Grandselve, et de l'entendre lui dire : « Frère Guillaume? » Celui-ci répondit : « Me « voici, seigneur.—Viens avec moi, » reprit Bernard, et tous deux alors marchèrent ensemble et parvinrent à une montagne très-élevée. Le saint demanda à son compagnon s'il savait où ils étaient arrivés ; comme celui-ci confessait qu'il l'ignorait, le bienheureux ajouta : « Nous voici à la base du mont Liban, toi « maintenant demeure ici, et moi je monterai sur la

« montagne. » Guillaume lui ayant demandé pourquoi il voulait ainsi monter sur la montagne: « Je
« desire m'instruire. » Guillaume tout étonné dit alors :
« Et de quoi voulez-vous donc, père, vous instruire,
« vous que nous croyons n'avoir pas aujourd'hui
« votre égal en science?—Ici-bas, reprit le saint, il n'y
« a nulle science, nulle connaissance du vrai; la plé-
« nitude de la science est plus haut, plus haut est la
« réelle connaissance de la vérité. » A ces mots Bernard, renvoyant Guillaume, se mit à monter en sa présence sur cette montagne si haute. Guillaume, tandis qu'il le regardait aller, se réveilla en sursaut, et entendit tout à coup ces mots, qui retentirent autrefois du haut du ciel aux oreilles de Jean :
« Bienheureux les morts qui sont morts dans le Sei-
« gneur. » Le lendemain matin en racontant ces choses à son abbé et à ses frères, il leur dit que le saint père Bernard avait passé de cette vie dans l'autre. Eux notèrent le jour, s'enquirent avec soin du fait, et le trouvèrent tel que Guillaume le leur avait annoncé. Courage, saint père abbé, toi qui as dans cette vallée de larmes préparé tant de cœurs à monter au ciel, tu es monté heureusement de la vallée de Clairvaux sur la montagne du Liban, montagne de candeur, séjour de pleine lumière et de sublime clarté; avec des mains innocentes et un cœur pur tu t'es élevé jusqu'à la montagne du Seigneur, et au trésor du salut; tu es parvenu jusques aux riches sources de la sagesse et de la science, où tu vois avec des yeux purs la pure vérité, où, comme tous les saints, tu n'as qu'un seul maître, le Christ, et où vous êtes tous les disciples de Dieu seul. Traîne-nous à ta suite,

nous t'en conjurons, et du haut de cette montagne sainte, jette un œil de miséricorde sur ta chère vallée; assiste-nous dans nos travaux, secours-nous dans nos périls, et tends-nous la main pour monter après toi. Ce qui soutient notre confiance, c'est ta bonté, que nous avons autrefois tant éprouvée, et qui, loin d'être épuisée aujourd'hui, est bien plutôt portée à son comble. Il y a plus, cette même confiance, la vision que nous allons rapporter la fortifie en nous.

La nuit qui suivit le jour où le corps sacré du bienheureux fut confié à la tombe, notre saint père abbé manifesta clairement quelle tendre sollicitude il conserverait pour ses enfans, et combien il aimerait encore jusqu'à la fin des siècles les siens qu'il avait tant chéris dans ce monde. Environné d'une grande gloire, le visage et les vêtemens éclatans de splendeur, il apparut à un certain frère, et comme celui-ci desirait le retenir, il passa outre promptement, en disant: « Je ne suis venu que pour un certain frère « simple d'esprit. » Au récit de cette apparition, les religieux furent saisis d'admiration; mais, vers la troisième heure du jour, la vérité de cette vision fut hautement prouvée. Il mourut alors, en effet, un certain frère fort renommé pour sa simplicité d'esprit, et comme cela est tout-à-fait croyable, Bernard, qui avait dit venir pour ce frère, enleva au ciel avec lui cette ame heureuse de s'y présenter sous la conduite d'un tel guide. Quelques jours encore étant passés, il se fit voir dans un appareil magnifique à un autre des religieux, blâma la douleur que nous avions montrée de son départ d'au milieu de nous, prodigua des paroles de consolation et la promesse d'une éternelle félicité pour ceux qui persévéreraient dans la soumission à sa règle et dans sa doctrine, puis ajouta : « Sache et dis « à tes frères que dans la chapelle est le corps d'un « certain saint dont j'ai le vêtement. » Bernard voulait parler de l'évêque Malachie. Il avait, en effet, gardé la tunique dont ce saint était enveloppé quand il s'endormit heureusement dans l'éternité, s'en servait pour célébrer la messe, et, au moment de mourir, avait ordonné qu'on l'y ensevelît, comme lui-même avait enseveli dans sa propre tunique le saint prélat. Ce fait était demeuré, jusqu'au moment de cette vision, complétement ignoré du moine dont il s'agit, et de plusieurs autres. Heureux pontife, dont le saint père abbé a, vivant et mort, tant célébré les mérites ! Heureuse charité, qui ne s'est pas éteinte après le trépas ! Heureuse amitié que n'a point rompue la cruelle séparation du tombeau ! Quelle gloire pour ces pères de n'avoir point été séparés dans la mort, après s'être tant aimés dans la vie !

Quarante jours encore après, un certain abbé de l'île de la Grande-Bretagne obtint la grâce d'éprouver heureusement sur sa propre personne la vertu de la sainte amitié de ces deux hommes. Comme vers le temps dont nous parlons, il se rendait, suivant l'usage, à Cîteaux avec les autres abbés ses collègues, saisi d'un double mal qui faisait presque désespérer de sa vie, une pleurésie et une fièvre quotidienne, il fut contraint de s'arrêter à Clairvaux. Il était déjà tellement affaibli par la longueur de ses souffrances, que les religieux, qui ne l'avaient pas abandonné un instant, n'attendaient plus que le moment où son âme allait sortir de ce monde. Comme cependant son esprit était tourmenté, non pas tant du regret de quitter cette vie que de la désolation que ressentiraient ses enfans en Jésus-Christ de ce qu'il serait mort dans un pays étranger, il demanda instamment qu'on le portât au tombeau de notre saint abbé. Après y avoir prié avec autant de ferveur qu'il le pouvait, il eut l'idée de visiter aussi le sépulcre du bienheureux évêque Malachie, placé dans la partie septentrionale de la même chapelle, et de solliciter le secours de ce saint. Mais craignant la fatigue, et comme déjà plein de sécurité sur le retour de sa santé, il n'accomplit pas ce projet qu'il avait formé. Le lendemain appelant de nouveau les religieux, il les pria de lui prêter leur secours pour se rendre encore à la chapelle. Ceux-ci qui craignaient qu'il n'y eût à cela quelque danger pour lui, s'en excusaient; mais lui leur dit : « De manière ou « d'autre il faut que j'aille au tombeau de Malachie ; « car la nuit passée, comme je sommeillais légèrement, « je me suis senti tout à coup réveillé en sursaut, et « j'ai entendu une voix qui me disait : tu es déjà guéri « de l'une de tes deux maladies ; si tu veux l'être de l'au-« tre, va trouver l'évêque. » Les frères firent donc ce qu'il exigeait, et sur-le-champ il fut fait ainsi qu'il lui avait été dit ; dans la journée même il se sentit complétement guéri, reprit son chemin très-peu de jours après, et retourna en pleine santé auprès des siens.

En cela, père très-chéri, nous reconnaissons ton esprit, ton zèle et ta sagesse. Ce qui est ton œuvre propre, tu le rapportes à ton collègue, afin de le faire participer à l'honneur et à l'amour qui t'appartiennent, et tu te trouves plus véritablement et plus heureusement glorifié dans les cieux quand tu l'es avec lui. Mais, au fait, toutes ces choses, grand Dieu, sont ton œuvre et un don de ta bonté. C'est toi qui, dès le commencement des temps, as rempli de la présence de ta divinité cette terre que tu dois remplir tout entière un jour de la gloire de ta majesté; c'est toi qui, en attendant ce moment, visites, avec une bonté particulière, une portion de cette terre et certains lieux que tu as préférés d'avance dans ton éternelle sagesse, pour y répandre la grâce spéciale de la sainteté. Fais, Seigneur, que toujours les fruits abondent dans notre vallée, que tu as daigné illustrer par ces deux saints, astres de la plus sublime clarté, afin qu'elle fût plus *claire* encore de fait que de nom ; conserve notre maison où est conservé le double dépôt si précieux pour toi du corps de ces saints; permets qu'il arrive pour nous, conformément à tes paroles, que là où est ton trésor, là soit aussi ton cœur, là soient ta grâce et ta miséricorde, là soit l'œil de ta continuelle bonté sur tous ceux qui y sont réunis en ton nom, qui est au dessus de tous les noms, comme toi-même, Dieu à jamais béni, tu es au dessus de tout, dans les siècles des siècles ! Amen.

Le juste Bernard, dont le Seigneur a voulu que le souvenir fût éternel, n'a pas perdu, de son côté, le souvenir de ses enfans ; après sa mort même il a fait et accompli pour eux, par ses miracles, ce que, de son vivant, il leur avait annoncé par ses prophéties. Dans les œuvres de sa puissance, on retrouve, pleins de vie et d'effet, les discours qu'il tint à ses enfans bien-aimés, et qui sont comme le testament, digne de toute confiance, qu'il leur laissa. « Je don-

« nerai, leur dit-il, un soin assidu à ma famille de
« Clairvaux ; sans cesse je fertiliserai, en l'arrosant de
« ma bénédiction, cette plantation que j'ai faite; et
« je me montrerai si bien présent par mes bienfaits,
« qu'il ne semblera pas que je me sois jamais absenté
« du milieu de vous. » Partout, en effet, il cherche
pour nous des motifs de consolation ; c'est à tel point
que récemment on l'a vu s'occuper, jusque dans les régions au-delà des mers, de venir à notre secours. Il
arriva, en effet, plusieurs années après la mort de ce
saint homme, que les signes de sa sainteté brillèrent
dans tout leur éclat, au sujet même de l'étendart de
la croix de Jésus-Christ, et que celui même qui consacra la croix montra combien était pure l'ardeur
avec laquelle Bernard ambitionnait de nous assurer
le puissant secours de la croix de vie. Comme Syracon, chef des Turcs, se disposait à fondre sur la ville
d'Alexandrie et la province d'Egypte adjacente, pour
les soumettre à son empire, le roi de Jérusalem, le
très-chrétien Amaury, s'avança, sur la demande des
Sarrasins d'Egypte, pour voler au secours de cette
contrée dont il tirait des tributs ; en homme qui sait
se précautionner contre l'avenir, il craignait que les
Turcs, si par hasard ils parvenaient à établir leur domination en Egypte, ne fissent souffrir de grands dommages aux Chrétiens, en raison du voisinage des pays,
et ne le privassent lui-même des sommes qu'il percevait
en Egypte à titre de tribut. Rassemblant donc des chevaliers et une armée, il part, se porte, en toute hâte,
au devant de Syracon, et va toujours en s'avançant
jusqu'au lit du fleuve du Nil, qui, après être sorti
des sources qui arrosent le paradis terrestre, féconde

les arides régions de l'Egypte. Arrivé sur les bords du fleuve, Amaury s'en ouvre le passage au moyen d'un pont de bateaux, laisse à la garde de ce pont, sur les deux rives, un grand nombre d'hommes d'armes et de fantassins, poursuit lui-même, à la tête de trois cents chevaliers, Syracon qui fuyait devant lui, et le presse vivement, ainsi que sa nombreuse armée composée de quatorze mille Turcs et de trois mille combattans arabes. Déjà Syracon et les siens n'avaient plus, dans leur fuite, qu'un jour de marche d'avance sur ce roi impétueux; d'un côté comme de l'autre, on voyait sans cesse arriver des messagers partis des pays qui séparaient les deux armées; les uns persuadaient au roi de Jérusalem de fondre sur cette multitude en désordre, déjà vaincue par la fatigue et la faim, et lui annonçaient qu'il l'écraserait facilement. Les autres, au contraire, exhortaient les Turcs à s'arrêter, les assurant que, nombreux comme ils étaient, ils cerneraient et battraient fort aisément la poignée d'hommes qui suivait le roi. L'armée de Syracon fait donc volte-face, et ces soldats, qui naguères étaient emportés par une fuite précipitée, attendent maintenant le roi de Jérusalem, et se préparent au combat. La nuit venue, les deux partis placent leur camp près d'une rivière dont le lit, fort étroit, séparait seul l'une et l'autre armée. Comme le roi, couché dans le creux de son bouclier, prenait quelque repos, le bienheureux Bernard lui apparaît en songe, lui remet devant les yeux et lui reproche tous ses péchés, lui disant qu'il n'est pas digne de porter, dans le combat qui va se livrer, le morceau de bois de la croix de vie, qu'il avait coutume de garder toujours suspendu à son

col. Aussitôt, ce roi saisi de trouble et de terreur, demande pardon, et confesse, en pleurant, ses péchés au saint qui venait de lui parler. Alors le bienheureux Bernard, approchant sa main, s'empare de la croix sainte qui pendait au col du roi, puis bénissant ce prince, en faisant sur lui un triple signe de cette croix sainte, il le console, et lui dit : « Roi, confie-
« toi dans ce signe, alors tu vaincras, et au milieu
« même du plus grand péril auquel tu te sois jamais vu
« exposé, tu échapperas à tes ennemis, sans en re-
« cevoir aucun mal. » A ces mots, il paraît vouloir se retirer, emportant avec lui la croix qu'il avait prise au col du monarque; mais celui-ci le retenant lui dit :
« Je ne te laisserai point aller que tu ne m'aies rendu
« ma croix. » Alors le saint lui répond : « Cesse, roi,
« cesse de me retenir; j'ai d'autres enfans auxquels il
« faut que je procure, avec cette croix, les bénédic-
« tions du ciel. » A ces mots, le sommeil du roi se dissipe, l'aurore paraît, le soleil répand les flots de son éclatante lumière, et les deux armées s'approchent, à l'envi l'une de l'autre, pour engager le combat. Le petit corps des troupes du roi s'élance sur l'immense multitude qui lui fait face. Au milieu de cette foule, Amaury paraît comme englouti dans l'abîme de la mer. Cependant, guidé par l'étendard de la croix, il étend par terre les ennemis de la croix du Christ; mille hommes tombent à sa gauche, plusieurs milliers mordent la poussière à sa droite, et de tous côtés les Chrétiens courent triomphans au nom du Christ; mais pendant qu'ils se divisent pour combattre sur divers points, le roi reste tout seul sur un tertre formé par le sable amoncelé; il est d'autant plus près de devenir

la proie de la mort et du carnage, qu'il se trouve plus loin des siens, et privé de tout espoir de secours ; déjà il voit, du lieu élevé où il est placé, les Turcs accourant sur lui de tous côtés ; déjà il attend le trépas prêt à fondre sur lui, et n'a plus d'autre espoir de salut que la certitude de n'être point connu des ennemis. Se souvenant alors de la vision qu'il a eue, et faisant en lui-même les vœux dictés par la piété, il promet à Dieu et à saint Bernard que, s'il échappe vivant aux mains de ses ennemis, il enverra aux enfans que ce saint a laissés à Clairvaux la croix que le bienheureux avait réclamée pour eux. Tout à coup trente des chevaliers de ce prince, le reconnaissant de loin, provoquent les Turcs à tourner leurs armes contre eux, les engagent dans une lutte violente, et détournent ainsi sur eux-mêmes toute la fureur du combat, afin que le roi demeure caché aux ennemis, et à l'abri de leurs coups. Quinze autres guerriers de la milice sacrée du Christ, voyant ce qui se passait, se précipitent impétueusement au milieu des rangs les plus épais des Turcs, et y portent le désordre, selon ce qui est écrit : « Parmi leurs milliers, un seul homme en « mettra mille en fuite, et deux hommes en feront fuir « dix mille. » Ces quinze chevaliers réunis donc aux trente autres dispersent et massacrent tous les ennemis qui se présentent, rejoignent leur roi, et lui apportent la victoire et la joie. C'est ainsi qu'il arriva que ce prince, suivant ce qui lui avait été prédit par notre saint père abbé, sur l'avantage dont lui serait la sainte croix, et grâces aux mérites de ce bienheureux, obtint du ciel une faveur signalée. Ce même monarque fit ensuite de sa propre bouche, et avec le plus grand detail, le récit de la vision dont il a été parlé plus haut à Richer, abbé du saint Sépulcre. Peu après, l'histoire en fut fidèlement transmise aux régions des Gaules par cet abbé, homme, certes, d'une vie pure, dont le témoignage méritait toute confiance, et non moins étranger aux corruptions du monde, qu'au dessus de tout soupçon de mensonge. Grâces en soient rendues à Dieu! Amen.

FIN DE LA VIE DE SAINT-BERNARD.

TABLE DES MATIÈRES

CONTENUES

DANS CE VOLUME.

Suite de la Vie de Guibert de Nogent. 1
Livre IIIe. Comment il arriva que Gaudri, évêque de Laon,
   mourut dans les tortures, et que l'église et
   la ville presque tout entières furent la proie
   des flammes. . . . . *ibid.*
  Chapitre premier. . . . . *ibid.*
  Chap. II. 2
  Chap. III. 4
  Chap. IV. 9
  Chap. V. 19
  Chap. VI. 24
  Chap. VII. 29
  Chap. VIII. 33
  Chap. IX. 45
  Chap. X. 51
  Chap. XI. 59
  Chap. XII. 63
  Chap. XIII. 73
  Chap. XIV. 79
  Chap. XV. 85
  Chap. XVI. 98
  Chap. XVII. 102
  Chap. XVIII. 106
  Chap. XIX. 111
  Chap. XX. 116
  Chap. XXI. 125

TABLE DES MATIÈRES.

Vie de Saint-Bernard, par Guillaume, abbé de Saint-Thierri, Arnaud de Bonneval et Geoffroi de Clairvaux. . Pag. 133
Notice sur la vie de Saint-Bernard. 135
Préface. 145

LIVRE PREMIER.

Chapitre premier. Des parens de Saint-Bernard. — De leur insigne piété dans l'éducation de leurs enfans. — Du caractère et des belles mœurs de Bernard encore enfant. . 149

Chap. ii. De la vertu de Bernard enfant, qui repousse les soins d'une femme sorcière. — De la vision qu'il eut du Sauveur et de la mort de sa mère. 152

Chap. iii. Du soin de Bernard à garder sa chasteté. — De son projet d'une vie religieuse, et comment il attira au même dessein ses frères et ses autres compagnons. . . 155

Chap. iv. De l'entrée de Bernard dans l'Ordre, et de la ferveur de son noviciat; combien il était sobre et dormait peu; combien il recherchait le travail extérieur, et de ses admirables progrès dans la Sainte-Écriture. 169

Chap. v. Du commencement de Clairvaux. — De la misérable façon de vivre des premiers moines, et de l'accroissement divin de la maison. 177

Chap. vi. De la grande confiance de Bernard en Dieu, au milieu des angoisses. — De son amour de la perfection et de la conversion de sa sœur. 179

Chap. vii. De l'ordination de Bernard comme abbé. — Du soin de sa santé, et de l'excellente discipline religieuse déjà en vigueur à Clairvaux. 185

Chap. viii. De la grande sévérité de sa vie, et de son application sans relâche, parmi les continuelles incommodités d'une santé détruite. 193

Chap. ix. Des miracles qu'il a faits, et comment ses proches le préservaient admirablement du danger de l'orgueil. 199

Chap. x. Du bienfait de la santé rendu à plusieurs autres. 202

Chap. xi. Du miracle de la lettre écrite à la pluie sans être

mouillée, et de plusieurs autres faits surprenans. Pag. 206
CHAP. XII. De l'altercation de Bernard avec le diable. — La sainte Vierge lui rend la santé. — Il guérit l'abbé Guillaume. 210
CHAP. XIII. De la renommée de sa sainteté répandue en tous lieux, et de l'admirable propagation de l'ordre de Clairvaux. — Du don de prophétie qui lui a été accordé. 215
CHAP. XIV. De quelques autres bienfaits du Ciel obtenus par son moyen. — Et comment il fuyait les honneurs et les dignités. 222
BOUCHARD, abbé de Balerne, a fait ajouter cette note à l'ouvrage précédent. 227

LIVRE SECOND.

PRÉFACE d'Arnauld, abbé de Bonneval. 229
CHAPITRE PREMIER. Du pontificat d'Innocent II, fortement et heureusement défendu par les soins de Saint-Bernard. — Du voyage de ce pape dans les Gaules, et de l'humiliation de l'Empereur. 233
CHAP. II. Du synode tenu à Pise par Innocent. — De la réconciliation de ceux de Milan à l'Église, par les soins de Bernard, et des possédés guéris par lui dans cette ville. 244
CHAP. III. De l'expulsion des démons de divers corps qu'ils occupaient, tantôt par la vertu de l'eucharistie, tantôt par celle du pain et de l'eau bénite, tantôt par le signe de la croix; ainsi que d'autres œuvres utiles et miraculeuses. 251
CHAP. IV. De divers démoniaques guéris, et de l'admirable humilité de Bernard qui, au milieu de tant d'illustres miracles, pensa toujours de soi-même avec une égale modestie. 261
CHAP. V. Bernard revient d'Italie, et le monastère de Clairvaux est transféré dans un lieu plus vaste. 270
CHAP. VI. Du schisme d'Aquitaine terminé par les soins de Bernard, et d'une femme miraculeusement délivrée d'un démon incube. 276

CHAP. VII. De l'affaire du schisme de Rome, et des succès obtenus à cet égard auprès de Roger, roi de Sicile. Pag. 289

CHAP. VIII. Des évêques que diverses églises tirent de Clairvaux. — De l'insigne piété du comte Thibaut et de sa cruelle tribulation. 303

LIVRE TROISIÈME.

PRÉFACE de Geoffroi de Clairvaux 315

CHAPITRE PREMIER. Récit sommaire des mœurs et des vertus de Saint-Bernard. 319

CHAP. II. De la visite que fit Bernard à Hugues, évêque de Grenoble et aux Chartreux, et de l'admirable surveillance de ce saint homme sur ses sens 324

CHAP. III. Du peu de recherche, de la modestie et de la grâce qu'on remarquait tout ensemble dans ses discours, et de son empressement à fuir les dignités. 328

CHAP. IV. Du mauvais succès d'une expédition en Orient, et des murmures qui s'élevèrent à ce sujet contre le saint homme. 333

CHAP. V. Des erreurs de Pierre Abailard et de Gilbert de La Porée, réfutées par les soins de Saint-Bernard. . . 337

CHAP. VI. De l'hérésie de Henri, réprimée dans le Toulousain, et des miracles opérés par Saint-Bernard dans ce pays. 343

CHAP. VII. Des mœurs douces du bienheureux Bernard, de ses brillantes vertus, et de ce que lui-même pensait touchant ses propres miracles.. 347

CHAP. VIII. Des écrits de Saint-Bernard, et de la manière dont il y a peint son ame toute entière. 361

LIVRE QUATRIÈME.

CHAPITRE PREMIER. Du retour de Saint-Bernard de Rome, et des reliques des Saints qu'il rapporta de cette ville. — De diverses grâces arrivées miraculeusement à plusieurs par les mérites de Bernard, mais à son propre insu. . . 366

Chap. ii. De l'esprit prophétique et de la révélation des choses futures qui brillèrent en Bernard. . . . Pag. 374
Chap. iii. De divers événemens à venir prédits par Bernard, par esprit prophétique. 380
Chap. iv. Des admirables et divers biens opérés par Bernard, spécialement dans le royaume des Gaules. 391
Chap. v. Des divers miracles que fit le bienheureux Bernard dans la Germanie, à Constance, Bâle, Francfort, Trèves. 403
Chap. vi. Des divers et célèbres miracles opérés par Bernard à Cologne, Aix-la-Chapelle, Liége et Cambrai, ainsi qu'en Espagne. 407
Chap. vii. Des miracles faits par Bernard dans sa propre patrie, et le voisinage de Clairvaux. 413
Chap. viii. De différens prodiges et miracles que fit çà et là Bernard, et dont il avait auparavant connu l'événement par des visions. 423

LIVRE CINQUIÈME.

Chapitre premier. De la paix rétablie par les soins de Bernard entre la cité de Metz et certains princes voisins, et des miracles qu'il fit à cette occasion. 433
Chap. ii. De la mort du saint homme très-heureuse pour lui, mais très-affligeante pour ses frères. 444
Chap. iii. De diverses révélations arrivées après la mort du saint père abbé. 457

FIN DE LA TABLE.

www.ingramcontent.com/pod-product-compliance
Lightning Source LLC
Chambersburg PA
CBHW050253230426
43664CB00012B/1938